国际减贫理论与前沿问题
（2021）

Theory and Frontier Issues in International Poverty Reduction

主　编　谭卫平
副主编　夏庆杰

中国财经出版传媒集团

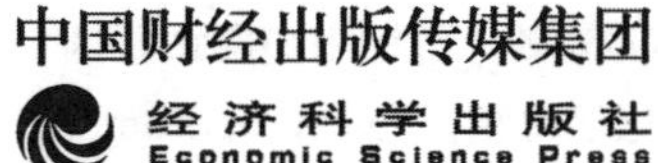

图书在版编目（CIP）数据

国际减贫理论与前沿问题.2021/谭卫平主编.
—北京：经济科学出版社，2021.11
ISBN 978-7-5218-2969-3

Ⅰ.①国… Ⅱ.①谭… Ⅲ.①贫困问题-世界-文集
Ⅳ.①F113.9-53

中国版本图书馆 CIP 数据核字（2021）第 210961 号

责任编辑：吴　敏
责任校对：王苗苗
责任印制：范　艳

国际减贫理论与前沿问题（2021）
主　编　谭卫平
副主编　夏庆杰
经济科学出版社出版、发行　新华书店经销
社址：北京市海淀区阜成路甲 28 号　邮编：100142
总编部电话：010-88191217　发行部电话：010-88191522
网址：www.esp.com.cn
电子邮箱：esp@esp.com.cn
天猫网店：经济科学出版社旗舰店
网址：http：//jjkxcbs.tmall.com
北京季蜂印刷有限公司印装
710×1000　16 开　22.25 印张　410000 字
2021 年 11 月第 1 版　2021 年 11 月第 1 次印刷
ISBN 978-7-5218-2969-3　定价：89.00 元
（图书出现印装问题，本社负责调换。电话：010-88191510）

《国际减贫理论与前沿问题（2021）》
编委会

主　编：谭卫平

副主编：夏庆杰

成　员：贺胜年　陈玉杰　邓高超　顾思蒋
　　　　邢羽丰　孙倚帆

编者的话

2009年，在联合国开发计划署（UNDP）“增强中国国际扶贫中心开展南南合作能力（CPR/O9/2109）”项目的支持下，中国国际扶贫中心启动了《国际减贫动态》编译项目。《国际减贫动态》旨在反映国际减贫与发展理论和前沿问题，介绍减贫与发展的前沿研究、全球热点、典型案例。《国际减贫动态》自发行以来，受到减贫与发展领域相关政府部门、研究机构和相关人士的广泛好评。为了进一步传播《国际减贫动态》，扩大社会影响，与更多的读者分享这些成果，中国国际扶贫中心从2010年开始，每年从多期《国际减贫动态》中选取部分文章，编辑出版《国际减贫理论与前沿问题》系列丛书。这套丛书出版后，深受社会各界特别是各省（自治区、直辖市）扶贫办及扶贫干部的欢迎。

《国际减贫理论与前沿问题（2021）》是本系列译丛的第十本，包含从2020年各期《国际减贫动态》中选取的12篇文章。本书分为四个专题：减贫理论、前沿问题、减贫实践和国别案例，涉及当前国际减贫领域关注的理论方法和实践问题。

中国国际扶贫中心已获得本书中所选用文章的中文翻译权和出版权。在编译过程中，出于本书的实际需要，对部分文章的内容进行了适当的调整。在此，编委会感谢本书中各篇文章的原作者及所在机构对于授权编译相关文章给予的大力支持和帮助。

2021年1月15日

目　录

第一部分　减贫理论

第二部分　前沿问题

第三部分　减贫实践

第四部分　国别案例

第一部分
减贫理论

全球化如何影响经济增长、结构变化和减贫的关系？

——基于国际比较视角的分析

阿拉德纳·阿加瓦尔*

摘　要： 本文使用全球147个国家1991～2015年的数据，研究经济增长、结构变化和减贫之间的关系。在自由市场模式下，结构变化与增长之间的关系是复杂的，这种复杂性反过来又会使得经济增长的减贫效果复杂化。本文提出了一个概念性的框架，用于解释全球化如何影响增长和结构的动态变化。本文认为，关于增长和结构变化关系的传统观点，其核心是假设各部门内和部门间的经济活动通过前向和后向联系而紧密关联。全球化可能会改变这种连通性，并对各个行业产生不同的影响。其结果是，增加值和就业的结构性变化可能不相称，从而对部门的生产率产生不确定的影响。我们的研究假设，各因素之间的趋同对于提高生产率、促进结构性变化和发挥增长的减贫效应至关重要。使用动态面板下的广义矩估计（GMM）结果支持了这一假设。这些发现对发展中国家增长的可持续性和相应的结构变化过程提出了质疑，并呼吁政府进行更深入的战略干预，以促进以制造业为重点的大范围经济发展。

一、引　言

大量证据表明，全球在减少极端贫困方面取得了前所未有的进展，自1990年以来的减贫成就更为突出。而人们普遍认为，1990年是当前全球化时代的开端。根据世界银行（2016）的数据，1990～2013年，极端贫困人口（按2010年价格计算，每日生活费用低于1.90美元）的占比从35%下降到10.7%，绝对人数从19亿人降至7.67亿人。不仅如此，以基尼系数衡量的世界不平等程度也从1988年的0.88下降到2013年的0.65（世界银行，2016）。主流经济学家认为，这些趋势是全球化的重要成果。与全球化相关的发展中国家的经济快速增长有助于减少全球贫困和不平等（Bourguignon，2004；Dollar and Kraay，2002；Dollar et al.，2014）。然而，许多人认为，增长与贫困之间的关系并不像文献中所描述的那样简单。有证据表明，各国在将增长转化为贫困和减少不平等的能力方面存在巨大差异（Ravallion，2001；Kappel et al.，2005；Škare and Družeta，2016；Melamed，2011；Bigsten and Levin，2004）。

* 作者简介：阿拉德纳·阿加瓦尔（Aradhna Aggarwal）是哥本哈根商学院国际经济、政府与商务系教授，《国际新兴市场》（*International Journal of Emerging Markets*）杂志高级编辑。

这使得经济学家们提出疑问，为什么各国的减贫率与经济增长率之间存在巨大差异？一些人认为，增长的减贫效应取决于初始条件，特别是初始的不平等水平（Angelsen and Wunder，2006；Squire，1993；Lipton and Ravallion，1995），而其他人则关注是什么因素驱动了增长，强调教育投资的作用（Thomas et al.，2000；Eicher and Garcia-Penalosa，2001）、农村多样化（Christiaensen and Kaminski，2015）、劳动密集型技术的使用、良好的政府治理（Thomas et al.，2000）或政府的扶贫政策（Cook，2006）。按照这种思路，通过“结构变化”联系经济增长与减贫，成为本文的研究主题（Cook，2006；Tello，2015；Williams，1991）。本文借鉴了“新结构经济学”的基本原理，认为如果经济增长伴随着生产率的提高，那么结构变化就能确保工人获得足够的回报，使他们及其家属的消费水平高于贫困线水平。更具体地说，本文认为与提高生产力有关的经济增长和结构改革是减少贫困的一个重要因素。在这里，结构变化指的是经济活动和生产要素的部门组成的变化（Machlup，1991；Silva and Teixeira，2008）。从历史上看，经济增长总是伴随着某种结构性变化，而这种变化与经济增长和减贫之间存在一种相互加强的关系（参见 Silva and Teixeira，2008）。然而，在全球化时代，许多发展中国家似乎正在挑战这种实践规律。这些发展中国家经历了长期的经济增长，但这种增长既没有带来生产力的提高，也没有带来相应的减贫成果。这一观察结果一方面促使许多人重新审视经济增长与结构变化之间的关系（Aggarwal，2018；Fagerberg，2000；Timmer and Szirmai，2000；Kaniovski and Peneder，2002；Dietrich，2012；Vu，2017；de Vries et al.，2012；Mcmillan et al.，2014；Pieper，2000；Roncolato and Kucera，2014；Üngör，2014；Yilmaz，2016）；另一方面促使人们重新思考经济增长和贫困的关系（Škare and Družeta，2016；Bigsten and Levin，2004）。然而，关于结构变化和贫困联系的文献仍然很少（Aggarwal and Kumar，2015；Chatterjee，1995；Cook，2006；Hasan et al.，2013；Lavopa and Szirmai，2012；Kim et al.，2017；Tello，2015）。本文在以下三个方面对这个领域作出了贡献。

首先，本文提出了一个概念框架，解释了全球化如何使经济增长和结构变化之间的关系变得具有异质性和复杂性，以及这种变化如何反过来影响当前发展中国家的贫困率。现有文献将经济增长、生产率提高与结构变化之间没有显著关系的现象归因于一个国家的内部条件，比如自然资源的丰裕程度、政策制定者决定的货币价值和劳动力的市场粘性（Macmillan et al.，2014）。然而，迄今为止，全球化如何阻碍这种经济增长和结构变化之间潜在的联通，并破坏经济增长、结构变化和减贫之间相互加强的关系，并没有得到充分理解。其次，本文提出了一种新的方式来衡量生产力提高导致的结构变化。过去的文献中广泛使用的两个最常见的结构变化指标是部门增加值份额的变化（Clark，1940；Fischer，1939；Cook，2006；Szirmai and Verspagen，2015）和部门就业份额的变化（Chenery et al.，1986；Timmer and de Vries，2009）。继迪特里希（Dietrich，2012）之后，出现了一系列文献，使用部门 GDP 份额或就业份额数据测算结构性变化幅度。把部门增加值和就业份额作为结构改革的替代指标，这是基于这样的前提：两个因素往往在增长过程中收敛，正如历史上发达国家那样。但是，考虑到当前新兴国家各部门之间存在巨大的生产率差距，这两者可能存在很大差异。因此，任何测算结构变化的指标都应以这一现实情况为基础。此外，没有一个常用的指标表明结构性变化是否有助于经济增长，这对本文的分析至关重要。随着越来越多的人认识到结构变化不一定能促进经济增长，文献中提出了一些促进增长的结构变化指标。例如，麦克米伦等人（Macmillan et al.，2014）在转移份额分解中重点关注了劳动力跨部门转移对增加值的贡献。然而，一些研究者认为，这种方法可能低估了一个经济体的结构变化，因为在转移份额分解中，部分劳动力的部门间转移可能被计入“内部”效应（Timmer and de Vries，2009）。为了解决这个问题，武明雄（Vu，2017）提出了有效结构变化指数，这是对迪特里希（Dietrich，2012）指数的修正，仅考虑那些对劳动生产率增长作出积极贡献部门的就业份额变化，而不考虑就业份额的整体变化方向。这种方法并非完全不受迪特里希指数固有的限制。这里提出的新方法侧重于增加值的部门份额和就业之间的差距，以此衡量促进增长的结构性变化，本文称之为“收敛结构性变化”。在分析中，经济增长和生产率提高的概念将被混同使用。最后，本文可说是使用定量工具来评估生产率提高带来的结构变化对贫困的影响的第一次尝试，研究对象包括 126 个发展中国家，遍布 10 个主要区域。数据来源于 1991 ~ 2015 年的国际数据库。使用由阿雷亚诺和邦德（Arellano and Bond，1991）建立的广义矩估计方法得到的定量结果支持了本文提出的关键假设。我们利用这些分析提出了有关全球化背景下经济增长的一些相关问题，并在结论中强调，除市场友好型改革（McMillan et al.，2014）或再分配政策（世界银行，2016）外，还需要政府进行更深层次的战略性干预，以促进持续的、广泛的经济增长和发展。

本文第二部分讨论增长—结构变化和贫困联系的理论基础。第三部分和第四部分利用联合国统计司的国民核算数据、国际劳工组织（ILO）的劳工统计数据和世界发展指标（WDI）的国内生产总值数据，记录了 20 年来世界所有主要发展中区域的增长和结构转变过程。第五部分根据世界银行在其贫困与公平数据门户上提供的数据，专门分析贫困和不平等的趋势。第六部分汇总了不同部门分析的数据，并使用定量技术调查了促进增长的结构性变化与贫困之间的关系。第七部分给出了政策建议。

二、从历史和现代的角度看经济增长、结构变化和减贫的关系

从历史角度看，现代经济增长最显著的特征之一是伴随着生产和资源的结构性转移，首先从农业转移到工业，然后从工业转移到服务业（Kuznets，1966；Gabardo et al.，2017）。历史时间序列数据有力地证实了当今发达经济体的这种结构转型过程。这种从历史上观察到的增长和结构变化的过程是由三种相互支持的机制支撑的：劳动力拉动（Lewis，1954）、劳动力推动（Nurkse，1953；Rostow，1960），以及就业与增加值的结构动态调整（Alvarez et al.，2011）。这是基于以下假设：一方面，行业之间的需求收入弹性存在差异；另一方面，技术进步的模式也存在行业差异。随着收入的增加，需求从低收入弹性的农产品转向有着高收入弹性的工业部门产品，从而触发了工业的“劳动力拉动”机制。而作用于农业的“劳动力推动”效应则通常与农业生产率的快速增长相关（Ngai and Pissarides，2007；Timmer，2007）。然而，工业部门由于资本积累和技术发展（包括规模经济和范围经济），享有相对较高的生产率，因此，尽管农业部门的生产率也有所提高，但农业在国内生产总值中所占的份额往往较少，而农业部门的劳动力所占份额可能仍然很大。因此，部门的就业和增加值份额往往会出现分歧，具体而言，在农业部门工作的人口相对较多，却只产生比例较小的增加值，进一步恶化了贫困情况。

这就需要在部门增加值份额和就业之间进行动态调整，这种动态来自工业，特别是制造业的迅速扩张。它不仅能够拉动劳动力，还能够通过提高农业投入和该部门的技术质量来提高农业生产率，从而产生“推动劳动力”的效应。而“劳动力拉动”效应减轻了农业部门的压力。因此，农业和制造业之间的生产率差距缩小，它们的增加值和就业份额就会倾向于趋同。两个部门之间的初始生产力差距越小，融合的速度就越快（Timmer，2007）。随着国家经济的进一步发展，高水平的工业活力刺激了服务业的增长和扩张。这导致资源重新分配给服务业，并引发了增加值和就业份额之间的动态收敛过程。但是，增加价值和就业的部门份额并不完全趋同。受规模报酬递增影响的制造业，会持续从低技能密集型的工作向中技能密集型和高技能密集型的工作升级，进一步推动其他部门的追赶动力，从而提高部门整体的生产力并促进经济增长。在国家的支持下，产品和要素市场的动态扩张普遍削弱了劳动力和金融市场的流动性障碍。因此，结构变化过程是一个以制造业为核心的“因果关系累积”强化和加速增长的过程（Chenery et al.，1986；Kaldor，1966；Storm，2015）。

在这一过程中，各部门间的生产率差异趋于收敛，平均收入持续增长，从而导致贫困和不平等现象减少。

传统的增长—结构变化关系的机制需要两个基本条件才能运作。第一，各部门内和部门间的需求动态和经济活动通过前向和后向联系彼此密切相连（Pasinetti，1981；Verspagen，1993）。第二，快速增长的行业与迎头赶上的行业之间的生产率差距一开始并不大，然而通过贸易和全球价值链将一国的经济与全球市场结合起来的全球化可能会破坏新兴经济体的这两个基本条件。

具有比较优势的部门在全球一体化过程中促进了国内生产总值的增长。但是，这些部门的生产力水平大大高于其他部门，影响了其他部门迎头赶上的进程，因此相当不利于结构调整的速度。不仅如此，与其他行业相比，全球一体化程度较高的行业在生产率增长方面要快得多，这可能导致行业增加值与就业之间的差距进一步扩大，而不是趋同。这种情况发生的概率非常大，因为行业内和行业间的连通性（第一个基本条件）受到全球化的影响尤其大。完全贸易的部门的增长实际上可能会造成类似“资源诅咒”的局面，并对“非完全贸易部门”和“不可贸易部门”造成尤为严重的影响。它可能通过价格和需求机制，以牺牲前者为代价，促进后者的增长。

当贸易部门的生产力快速增长，竞争和资本流动加剧为经济体内部的非贸易部门创造了需求时，需求机制才起作用。而对于非完全贸易部门生产的商品和服务需求的任何增长，都可能直接指向国际市场（Krüger，2008；Timmer，2007）。需求上升对非贸易品的相对价格造成压力，刺激了对非贸易部门的投资。相比之下，非完全贸易部门在国内扩张的需求溢出效应很少。由于完全贸易部门本身依赖于全球需求，它们自身的增长潜力可能受到严重限制。即使制造业出现经济专业化的趋势，但由于部门内和部门间联系薄弱，增长可能仍然集中于特定的产业，而对其他产业和部门影响不大，从而阻碍了使制造业成为增长核心的“Kaldor-Verdoorn 动力效应”（Kaldor，1966）。

非贸易部门扩张并引致劳动力拉动效应。这些行业提供了大量的就业机会（Alvarez-Cuadrado et al.，2017）。这些部门的资本和劳动力之间的低替代弹性又促进了劳动力的重新分配。此外，由于不同的原因，专业化和非专业化的贸易部门会产生劳动力推动效应。

在全球化体制下，结构性变化与经济增长之间的联系是复杂的，这反过来又会使结构性变化的减贫效果变得更加复杂。本文要验证的主要假设为：

H_0：只有伴随着促进增长的结构性变化，即通过缩小各部门增加值和就业份额差距，经济增长才能减少贫困。

为了验证这个主要假设，本文检验了一系列子假设，以理解这些复杂性导致的最终结果。

H_1：全球化与经济增长速度加快有关。

H_2：2000 年后的增长加速与部门增加值结构变化加速有关。

H_3：2000 年后新兴经济体部门增加值份额的结构变化不符合所观察到的当今发达国家历史上的模式，而且也没有遵循任何系统的结构变化模式。

H_4：全球化可能会促进经济专业化，以牺牲贸易部门为代价，推动非贸易部门的扩张。

H_5：在新兴经济体中，增加值和就业的结构变化可能并不相称，对跨部门的生产率差异产生了不确定的影响。

接下来，本文将通过分析 9 个主要地区新兴经济体的行业增加值和就业份额变化造成的结构变化模式来检验这些子假设。这 9 个地区分别为：加勒比和中美洲（CCA）、南美洲、撒哈拉以南非洲地区（SSA）、中东和北非（MENA）、南亚、东南亚、东亚、中亚、中东欧（CEE）。

三、全球化和经济增长

H_1：全球化与经济增长速度加快有关。

全球化与通过贸易实现的国际市场一体化以及全球生产网络的出现有关，从主流的新增长理论的角度来看，这些因素正在促进增长。主流理论（Solow，1958）在决定增长的因素中更为关注资源的可得性和效率，强调全球一体化如何通过向一国已显示出比较优势的高生产率部门重新分配资源来提高资源配置效率，从而促进经济增长。新增长理论（Romer，1994）认为，知识流动是全球一体化影响国家增长的关键渠道。全球化促进了知识创造、技术变革和创新。然而，新制度经济学（Acemoglu et al.，2005；North，1990）认为，全球一体化对资源配置和知识传播效率的影响取决于特定的制度和政治环境下所产生的激励和约束。同样，地理视角也被学者重新提起（Diamond，1997；Sachs，2001，2012）。他们在解释全球化对经济增长的影响时，考虑了地理位置、气候和自然资源禀赋。例如，由于无法进入海港或与主要贸易中心相距遥远，国际贸易可能会被严重限制，从而影响经济增长。因此，现有的研究全球化对增长影响的文献仍然没有定论（Samimi and Jenatabadi，2014）。

使用世界银行提供的世界发展指标（WDI）数据库，本文评估了 1960 年以来的世界经济增长模式。该数据库提供了四个系列指标来衡量一个经济体的经济增长：转换为基期美元的 GDP 增长，转换为基期美元的人均 GDP 增长，以购买力平价计算的 GDP 增长及以购买力平价计算的人均 GDP 增长。虽然 GDP 增长是衡量经济表现的主要指标，但是人均 GDP 增长反映的是生活水平的提高，从我们对减贫的分析来看，后者更有现实意义。然而，以基期美元衡量增长可能是不合适的，因为汇率是一个政策问题，不能反映购买力的差异（Bhalla，2002）。按实际购买力平价计算的人均 GDP 是最受欢迎的增长指标。

粗略的分析表明，世界 GDP（按 2010 年美元价格计算）在 1960 年 11.2 万亿美元的基础上 2016 年增加了 66 万亿美元，达到 77.3 万亿美元，年平均增长率为 3.5%。GDP 增长超过了人口增长。2016 年的人均 GDP（按 2010 年美元价格计算）比 1960 年增长了 300%，年均增长率为 2.0%。

然而，对增长趋势的年度分析表明，随着时间的推移，全球增长态势极不平衡。20 世纪 60 年代和 70 年代初，GDP 增长达到 6% 以上，类似的情况之后再未出现。20 世纪 70 年代以后，几乎每一次经济增长的峰值都比之前的峰值要小，至少在 2000 年以前是这样。20 世纪 80 年代，许多国家（包括发达国家和发展中国家）采取了市场化和外部主导的改革，标志着经济理论与实践朝着新自由主义的方向转变。20 世纪 80 年代开始的经济改革在 90 年代变得更加普遍，被称为“全球化”进程。然而，就 GDP 和按不变价计算的人均 GDP 而言，世界并没有从这一转变中得到实质性的好处。在 21 世纪头十年，随着全球化力量的释放，全球经济迅猛增长。2000 年后 GDP 和人均 GDP 增长速度明显上升。这种转变主要体现在以购买力平价计算的 GDP 数据中。初步证据表明，2000 年以后的政策调整有助于世界人口享受经济增长的红利。

为了区分不同国家的增长模式，全球经济体可以用世界银行提供的标准分类方法分为四种收入类别的国家：高收入国家、中高收入国家、中低收入国家和低收入国家。本文研究表明，2000 年以后全球经济增长加速主要是由发展中国家的强劲增长所驱动的。20 世纪 90 年代初，工业化国家一直引领着世界经济增长，2000 年后，高收入国家的增长率大幅放缓，中高收入国家、中低收入国家和低收入国家的经济增速超过了这些国家。

对增长模式的进一步分析表明，2000 年后全球增长加速是空前普遍的。2000 年后，无论以何种指标衡量经济增长，各国之间的增长率差距（增长率的变化系数）都明显缩小。

为了更好地理解这些模式，本文还研究了世界银行自 1987 年以来 205 个国家收入类别的历史分类数据（Fantom and Serajuddin，2016）。结果显示，在 1990 年至 2016 年期间，有 112 个（发展中）国家至少跨过了一个收入门槛。在其余的 93 个国家中，有 43 个国家在 1990 年已经属于高收入国家，其余 50 个国家类型不变。然而，分析显示，大多数国家都是在 2000 年后达到这一成就的。20 世纪 90 年代，只有 28 个国家提高了一个收入门槛水平，而另外 25 个国家则降低了一个收入门槛水平。相比之下，2000 年后世界银行提高了 130

个国家的收入类别。在这些国家中，有22个国家刚刚恢复了它们在20世纪90年代失去的地位，而有108个国家的经济地位有所改善。

按地理区域划分的增长模式的分析表明，几乎所有区域的发展中国家都经历了不同程度的增长加速。为分析便利，世界经济体被分为12个区域：加勒比和中美洲（CCA）、南美洲、撒哈拉以南非洲地区（SSA）、中东和北非（MENA）、南亚、东南亚、东亚、中亚、中东欧、北美（NA）、欧洲其他国家、大洋洲。2000年以后的世界经济增长主要由中亚和中东欧国家的经济恢复所推动。需要指出的是，中亚地区包括位于亚洲的苏联加盟共和国，而中东欧国家是位于欧洲的苏联加盟共和国。这些地区在20世纪90年代苏联解体时遭受了巨大的打击，其中几个国家在20世纪90年代甚至失去了经济排名。尽管如此，2000年之后，一些国家所经历的增长不仅仅是复苏，还越过了之前的收入类别，如波兰、斯洛伐克共和国、拉脱维亚、立陶宛、阿塞拜疆、克罗地亚和捷克共和国。2000年后全球经济强劲增长的另一个主要贡献者是撒哈拉以南非洲地区。这些国家20世纪90年代的增长率为负，2000年以后，增长率提高到2%以上。尽管如此，1990年至2016年未跨越任何阈值水平的50个国家中，有27个国家位于该区域，分布在西非、中非和东非地区。此外，东亚、东南亚和南亚是20世纪90年代表现最好的地区，而且这些地区的增长表现进一步增强。在过去20年里，中国引领了东亚的增长进程，跨越了两个收入门槛。在东南亚，马来西亚、泰国、印度尼西亚、越南和柬埔寨都跨过了一个收入门槛。在南亚，虽然印度主导了增长进程，但孟加拉国、马尔代夫和不丹也经历了经济加速增长的阶段。加勒比和中美洲以及太平洋岛国是唯一平均年增长率略微下降的区域。除南亚（由于印度的飞速增长）、加勒比和中美洲外，所有发展中区域内部的增长率差异在20世纪头十年都有所下降。可能的原因是贸易和外国直接投资自由化带来了更完全的区域一体化。

尽管如上文所述，区域内部的增长率存在趋同趋势，但值得注意的是，增长率的趋同并没有转化为收入水平的趋同。这意味着发展中地区的增长速度不够快，无法赶上发达地区。事实上，除东亚以外，没有任何地区的人均GDP的平均差距缩小；20世纪90年代，中东欧国家经历了差距不断扩大的过程，现在这些国家正努力缩小这一差距。中东和北非、东南亚和中亚地区的收入差距缩小进程似乎已停滞不前。其他地区（加勒比和中美洲、南亚、撒哈拉以南非洲、太平洋岛国、南美）的国家已经完全落后。2008年的全球危机起到了缓和作用，但最近这些国家与其他国家之间的差距再次扩大。

综上所述，全球化进程起源于20世纪80年代的自由主义改革，但它并没有在增长方面带来立竿见影的效果。2000年后出现了转机，大多数新兴国家的经济表现得到提升，这印证了本文的假设。接下来，本文将探讨这种增长趋势是如何与 GDP、就业以及贫困的结构性变化联系在一起的。

经济增长和增加值的结构变化

H_2：2000 年后的增长加速与部门增加值结构变化加速有关。

使用结构变化的绝对值范数（Dietrich，2012）[①] 解决第一个问题：

$$NAV_{s,t} = 0.5^* \sum |X_{it} - X_{is}|$$

其中，$X_{it} - X_{is}$代表 t 年和 s 年部门占 GDP 份额的差异。NAV 指数计算的平均间隔是 15 年：分别使用 10 个发展中地区的 7 个部门 1985 ~ 2000 年和 2000 ~ 2015 年的增加值。涉及的部门为初级部门，制造业，采矿和公用事业，建筑业，贸易、旅馆和修理，交通和通信，其他服务业。该分析是基于 1970 ~ 2015 年联合国统计司的国民核算数据（以基期美元计算）。经过计算后我们发现，21 世纪头十年的增长转变加速了所有地区的结构转型进程。但东亚和东南亚是例外，该地区在 1985 ~ 1990 年期间经历了巨大的结构变化，但自那以后增长就放缓了。

尽管结构变化的速度普遍增加，但存在着广泛的区域差异。按人均 GDP 计算，排在最后三位的地区是撒哈拉以南非洲、南亚和太平洋岛屿地区，其部门在 GDP 中所占比例的结构变化最为显著。前两者的经济增长速度也在加快，但后者就没那么成功了。中东和北非地区的国家除采矿业以外的经济活动的重要性日益提升。拉丁美洲相对高收入的地区结构变化最慢。这些地区在经济增长方面也落后于其他地区。就工业占 GDP 的比例而言，中亚和中东欧的苏联加盟共和国在 1990 年以前就实现了高水平的工业化，这源于苏联体制下大规模的国家工业化计划。这些国家近年来似乎经历了重大的结构性变化，并与东亚和东南亚一样，经济发展水平处于全球中等位置。

H_3：2000 年以后新兴经济体部门增加值份额的结构变化不符合所观察到的当今发达国家历史上的模式，而且也没有遵循任何系统的结构变化模式。

为了检验这一假说，采用 1971 ~ 2015 年各地区的长期部门增加值份额数据进行分析。数据分为四大部门：农业和相关活动、制造业、矿业和公用事业，以及服务业（包括建筑业）。结果表明，结构变化模式具有明显的跨区域差异，这与假设 H_1 一致。例如，农业所占比重在所有地区都有不同程度的下降，但撒哈拉以南非洲地区是个例外，农业所占比重在该地区从 1985 年的

① 文献中也使用了改良的 Lilien 指数（MLI）来衡量结构变化（Lilien，1982）：$MLI = \sqrt{x_{it}x_{is}\left(\ln \frac{x_{it}}{x_{is}}\right)^2}$，$x_{it} > 0$，$x_{is > 0}$。MLI 和 NAV 指数的量级和符号很接近，所以本文仅采用了后者。

12%增长到 2015 年的 16%。制造业在东亚、南亚、东南亚、中东和北非以及中东欧的份额有所上升，但在其他地区，份额则有所下降。服务业所占比重上升似乎是所有地区的共同特征，但东亚和中东欧国家却是例外。2000 年后的虚拟变量（如果年份是 1999 年以后，则 D2000 = 1）系数、1991 ~ 2015 年期间 GDP 的部门份额之间的相关系数也支持了以上的论述。

H_4：全球化会促进经济专业化，以牺牲贸易部门为代价，推动非贸易部门的扩张。

第三个突出的问题是结构变化过程中可贸易和不可贸易部门的增加值份额。部门可分为两类。农业、采矿业和制造业可被视为典型的可贸易部门；建筑业基本上是一个非贸易部门。传统上被认为是不可贸易的服务业正日益成为可以贸易的行业。然而，来自美国的证据表明，平均而言，服务业部门的可贸易性低于制造业部门，而且该部门内部可贸易性方面也存在相当大的差异（Gervais and Jensen，2012；Ariu，2012）。因此，服务业是一个异质性的部门，同时包括可贸易和不可贸易的成分。我们注意到，新兴经济体中有一种趋势，即在全球范围内整合资源，并专门从事三个典型的可贸易行业之一：农业、采矿业或制造业。尽管东亚、东南亚、南亚、中东欧、中东和北非地区的制造业在 GDP 中所占份额有所扩大，但南美、撒哈拉以南非洲和中亚往往专注于资源密集型行业，如采矿业。在人均 GDP 增长方面垫底的中美洲和太平洋岛国，似乎所有典型的可贸易部门对 GDP 的贡献都不大。

从理论上讲，快速增长的专业化部门应该创造收入，并通过行业内和行业间的联系，加强自身的增长，同时提升其他（非专业化）贸易部门的业绩。然而，事实并非如此，在所有这些地区中，可贸易部门的快速增长伴随着非完全贸易部门份额的下降。专业化贸易部门本身的增长是递增的，除东亚之外的地区，制造业的份额大幅增加。另外，建筑业和（或）服务业的份额在所有区域都有扩大的趋势。服务确实有可能进行贸易，但在大多数情况下我们不能排除不可贸易的服务部门扩张的可能性。因此，有迹象表明，完全贸易部门的扩张伴随着非贸易部门的扩张（H_2）。然而，在从这一分析得出任何结论之前，我们需要进一步探讨这些变化对劳动力市场的影响。

四、在比较的框架下审视增加值和就业结构

H_5：在新兴经济体中，增加值和就业的结构变化可能并不相称，对跨部门的生产率差异产生了不确定的影响。

为找到新兴国家增加值份额结构变化模式与发达国家存在差异的原因，本部分将探讨增加值份额变化是否和就业份额的变化有关。此外，还将对关于

H_2 的判断提供进一步的见解。使用上述五个经济部门分类，研究 1990 年以后发达地区和发展中地区的就业和增值份额之间的部门差距。

针对北美和西欧两个发达地区的研究表明，现代发达国家的增长过程中，增加值和就业份额呈现趋同态势。1991 年，这两个地区的增加值和就业份额的差距在正负 5% 之间，随着时间的推移，份额差距进一步缩小。可以看出，在全球化初期，制造业吸收了大量的就业份额，服务业吸收的劳动力份额则相对较小，但生产率更高。随后，制造业的生产率提高，将劳动力重新配置到服务业，使服务业和制造业实现融合。农业和采矿业也继续处于追赶的过程中。

可以看出，在大多数发展中地区，跨部门的增加值和就业份额也有趋同的趋势。

但是，增加值的结构变化和经济增长的趋同模式之间存在区域差异。在增加值份额结构变化最显著的地区，即南亚、中东和北非、中亚，各部门就业占总就业的份额没有出现相应的变化，结果呈现出不合理的趋同。在这些地区，经济增长和部门份额之间也没有显现出系统性的关系。相比之下，东亚、中东欧和东南亚地区则经历了不同程度的动态趋同过程，并且成功地实现了经济增长。南美以及加勒比和中美洲地区在经济增长和增加值份额结构变化方面一直落后，它们在趋同过程中也没有表现出明显的活力。“太平洋岛国”在增加值结构变化方面似乎是最具活力的地区，且呈现出急剧趋同的过程。然而，这并没有反映在它们的经济表现中。

事实上，发展中地区增长—结构变化关系的驱动机制与发达地区制造业驱动的累积因果过程是完全不同的。这是劳动力从典型的可贸易部门重新分配到建筑业和不可贸易的服务部门的结果。在国内增长没有溢出效应的情况下，全球竞争的压力推动而非拉动劳动力，因此，劳动力被吸引到资本和劳动的替代弹性较低的不可贸易部门。为了探讨最终结果如何取决于完全贸易部门、非完全贸易部门和不可贸易部门，以及这些部门最初的生产率，我们把这些地区分为三组：

- 资源密集型部门专业化的地区：可以看出，撒哈拉以南非洲的农业和中亚的采矿业的扩张并没有引发其他行业的劳动力流动，导致小规模的趋同效应。在南美洲，劳动力明显地从农业（由于专业化）重新分配到服务业，而其他行业没有发生动态变化。然而，农业和服务业之间的初始生产率差距很小，这减少了结构性变化提高生产率的潜力，影响了增长。
- 制造业和服务业专业化的地区：东亚和中东欧似乎成功地遵循了传统的增长和结构变革模式。但东南亚、南亚以及中东和北非地区尽管扩大了制造业份额，但在促进经济增长方面却不那么成功，这反映在制造业增长相当缓慢上。南亚是一个有趣的例子。该地区融入全球经济的动力，与其说是制造业，不如说是可贸易服务。由于发达的 IT 产业，这里也成为服务业的结构性变化正在提高生产率的唯一地区。因此，制造业和服务业都在削减劳动力。由于很大一部分劳动力已经被困在农业，劳动力正转入建筑业，而这个行业几乎没有活力。

• 没有明显专业化趋势的地区：太平洋岛国似乎陷入了低生产率陷阱，劳动力从低生产率的农业转向低生产率的服务业，甚至采矿业，其促进增长和减少贫困的潜力很低。加勒比和中美洲地区在增长或结构变化方面没有表现出多少活力。

部门间生产力水平变化系数的结果表明，同假设 H_3 一样，全球化造成了增加值和就业份额变化的不平衡格局，这种格局对部门生产力增长产生了不同的影响，使结构变化、增长和减贫之间的关系复杂化，需要使用定量工具来评估这些关系。

五、相对贫困和绝对贫困

（一）贫困的趋势

本部分基于世界银行在其贫困与平等数据门户网站上最新发布的贫困数据，对过去几年来贫困和不平等的变化情况进行分析。该门户网站提供了三种测算贫困的指标：贫困人口比例、贫困差距和贫困差距平方，均按 2011 年购买力平价计算。贫困人口比率是衡量贫困发生率的一个指标，显示了收入低于预先设定的贫困线的人口百分比。贫困差距和贫困差距的平方分别测算了贫困的深度和严重程度。前者测算的是一个国家或地区的穷人与贫困线的距离，后者更看重那些收入远远低于贫困线的人，而不是那些接近贫困线的人。世界银行（2016）的数据显示，每日生活费低于 1.90 美元的极端贫困发生率从 1990 年的 35% 持续下降到 2013 年的 10.7%，使 11.3 亿人的生活水平得到提升。不仅如此，生活在离贫困线较远的贫困人口也从 8.08 亿人减少到 2.34 亿人（减少了 5.74 亿人），因此贫困差距平方的大小在逐渐接近贫困差距。

1980 年，极端贫困水平的区域差异非常大，中东欧地区的贫困发生率为 2% ~3%，而东亚地区高达 75%。在贫困率高于 40% 的地区（东亚、东南亚、撒哈拉以南非洲、南亚和太平洋岛国）和低于 20% 的低贫困地区（中东欧、中亚、南美、中东和北非）之间存在明显的差异。将东亚和东南亚划分为第一组，这些地区在减贫方面取得了显著成就，并在 21 世纪头十年逐渐与低贫困地区趋同。东亚和东南亚地区的贫困程度和严重程度也随之迅速下降。南亚的发展成就令人印象深刻，但减贫进程相对缓慢，该地区在减少贫困的深度和严重程度方面比降低贫困发生率更为成功。太平洋和南太平洋岛国尽管发生了巨大的结构变化，但在减贫方面仍然落后，在20世纪80年代和90年代，该地区极端贫困增加，21世纪头十年有所改善，但仍有40%的人口生活在极度贫困中。经常与东亚联系在一起的太平洋岛国似乎在减贫方面的表现远不如东亚，尽管生产率高速追赶，但是贫困人口占比仍高达40%。太平洋和南太平洋岛国的贫困差距有所缩小，但仍保持在10%或以上。这些地区的贫困程度也最为突出，而其他地区则趋于相同。在第二组，苏联加盟共和国，特别是中亚国家，随着苏联的解体，其在20世纪90年代贫困急剧增加。但是，这些国家的经济从20世纪90年代末开始复苏。中东欧国家不仅实现了经济复苏，贫困人口比例也比1990年的水平有所下降，而中亚地区恢复到原有水平仍需时间。拉丁美洲也在缓慢地降低贫困率。1981年，拉丁美洲的贫困差距比亚洲地区的差距要小得多，但2013年拉丁美洲仅能将其与亚洲的差距从5%缩小到2.5%左右。这些全球的贫困特征明确暗示了促进增长的结构转型和减贫之间的联系。

（二）不平等的趋势

基尼系数是一种衡量收入不平等的标准方法，范围从0（最平等）到1（最不平等），地区基尼系数有3年是缺失的：1987年、1999年和2013年（Heshmanti，2004）。本文发现，1991年，中东欧国家基尼系数为0.3，南美的基尼系数则超过了0.5。南美、加勒比和中美洲地区的不平等程度最高。21世纪头十年，这些地区的不平等程度有所下降，但是增长—结构变化的动力较弱。同时，这些地区仍然是最不平等的地区。其他存在促进生产的结构变化的地区：撒哈拉以南非洲地区和太平洋岛屿地区是不平等程度位列第三和第四的地区。遵循传统增长模式的东亚和中东欧国家则处于不平等的另一端，值得注意的是，虽然这些地区的贫困人口大幅减少，却无法降低不平等程度。南亚、中亚、东南亚、中东和北非地区的基尼系数为0.3～0.4。中亚以采矿业为主，贫困程度的下降并不明显，但该地区的不平等程度似乎发生了显著下降。总体而言，与贫困不同，不平等模式似乎具有相当大的不确定性。

六、减贫、增长和结构变化的相互关系：定量分析

上述分析表明，发展中地区在增长、结构转型和减贫动力方面存在较大的异质性。在本部分内容中，我们将使用国家数据分析这三个进程之间的相互关系。我们将用于分析增长、结构变化和减贫的不同数据库合并成一个单一的面

板数据，得到 1991 ~2013 年所有区域的 147 个国家的数据。在 147 个国家中，有 126 个是发展中国家。早期的样本数据之间相隔两年，2010 年之后的数据是连续的。分析的重点是 126 个发展中国家 2002 ~2013 年的情况。为了估计增长、结构变化和贫困之间的联系，重点关注促进增长的结构变化对贫困的影响，基于现有文献构建如下模型：

贫困/不平等 =f(收入水平，经济结构，政府分配政策)

由于是面板数据，控制了不可观测的不随时间改变的国家特定因素（包括地理位置、自然资源可用性、历史等）和年份特定因素（经济、政治或国际因素）的影响。因此，用式（1）进行估计：

$$Y_{it} = \alpha_0 + \lambda X_{it} + \lambda S_{it} + \lambda TP_{it} + Tr + T_t + C_i + \varepsilon_{it} \tag{1}$$

其中，Y_{it}表示某一特定国家在 t 年的贫困和不平等比率。贫困的测算指标是贫困人口比例、贫困差距和贫困差距平方。对于不平等，使用两种度量方法：一是基尼系数，二是收入分布的 30% 分位数与 70% 分位数之间的比例。X_{it}是人均 GDP 的对数值，预期其和贫困以及不平等呈负相关。S 是代表促进增长的结构变化的指数。由于结构指标变量是本研究的创新之一，所以有必要向读者解释其含义。该指数是部门增加值和就业份额之差的绝对值，按部门求和后再取相反数得到的结果，即：

$$S = -\sum |(Y_{it} - X_{it})|$$

其中，Y_{it}是 i 行业在 t 年的就业份额，X_{it}是相应的增值份额。S 被认为与贫困和不平等负相关。指数越高，增加值与就业份额的差距就越小，因此贫困与不平等的比例就越小，可称为“趋同结构变化”。除了这个变量，还使用了就业中的制造业和服务业份额作为结构变量，这两者都被假定与贫困和不平等呈负相关。*TP* 代表转移支付，是政府收入分配政策的代理变量，用转移支付占 GDP 的份额衡量。本文同样预期该指标会负向影响收入和不平等。*Tr* 是趋势变量。C_i 代表了随时间不变的国家效应，T_t 是所有国家均相同的时间效应。

式（1）中使用的变量存在内生性，这是由于贫困和不平等与人均 GDP 之间的同时性造成的。例如，当解释人均 GDP 增长对贫困（Lopez and Serven，2006）和不平等（Kuznets，1955）的影响时，也有许多人关注贫困和不平等对人均 GDP 增长的影响（Persson and Tabellini，1994；Alesina and Rodrik，1994；Castello-Climent，2010；Naguib，2017）。为解决这个问题，我们采用了由阿雷亚诺和邦德（Arellano and Bond，1991）提出的广义矩估计（GMM）方法。GMM 方法计算了每个变量的一阶差分，消除了国家固定效应，并使用因变量更高阶的滞后项作为因变量一阶差分的滞后项的工具变量。因此，式（1）可以写成：

$$\Delta Y_{it} = \alpha_0 + \lambda \Delta X_{it} + \lambda \Delta S_{it} + \lambda \Delta TP_{it} + T_t + Tr + \varepsilon_{it} \qquad (2)$$

绝对贫困

对于贫困的分析，首先基于面板数据对一阶差分变量进行两阶段最小二乘法（2SLS）估计，基准年的人均收入被用作经济增长的工具变量。接下来，使用式（2）的 Arelano-Bond（AB）动态面板估计。值得指出的是，我们使用其他度量贫困和结构变化的指标，以及 2SLS 和 AB 两种估计方法来对结果进行稳健性检验。表 1 和表 2 展示了有关绝对贫困的估计结果。

表 1　绝对贫困增长和结构变化，2SLS 面板数据估计

变量	贫困发生率的变化		贫困差距的变化		贫困差距平方的变化	
	(1)	(2)	(3)	(4)	(5)	(6)
收敛的结构变化	-3.00E-04 (-1.18)		-2.40E-04 * (-1.66)		-1.90E-04 * (-1.89)	
人均 GDP 增长	-0.241 *** (-7.97)	-0.233 *** (-7.61)	-0.109 *** (-6.44)	-0.103 *** (-6.03)	-0.0565 *** (-4.64)	-0.0526 *** (-4.25)
转移支付份额的变化	1.07E-04 (0.42)	1.10E-04 (0.43)	1.09E-04 (0.77)	1.24E-04 (0.87)	9.09E-05 (0.89)	1.07E-04 (1.04)
制造业就业份额的变化		-0.000798 (-0.65)		-0.000101 (-0.15)		0.000105 (0.21)
服务业就业份额的变化		-0.0011 (-1.78)		-0.0007 ** (-2.06)		-0.0005 * (-1.97)
趋势项	-0.0000446 (-0.09)	-0.000101 (-0.84)	0.0003667 (1.34)	0.0003393 (1.25)	0.0004627 ** (2.35)	0004506 ** (2.29)
常数项	-0.000347 (-0.08)	0.000358 (0.08)	-0.00326 (-1.32)	-0.00286 (-1.17)	-0.0186325 (-2.48)	-0.0180313 (-2.41)
观测值	664	664	664	664	664	664
时间效应	是	是	是	是	是	是

注：***、** 和 * 分别表示在 1%、5% 和 10% 的水平上显著。——编者注

对于所有的贫困指标，表 1 的 2SLS 结果均证实了收敛的（促进增长的）结构变化与减贫之间的负相关关系。有趣的是，随着贫困的加剧，结构性变化的影响变得越来越显著。与贫困发生率相比，促进增长的结构变化更有效地改善了贫困的深度和严重程度。这可能是因为结构变化将困在生产率极低的工作（农业）中的劳动力重新分配到生产率相对较高的工作（服务业和建筑业），

尽管高生产率部门可能正在将劳动力挤出市场。本文还采用了其他指标衡量结构变化，即制造业和服务业就业份额的变化，结果表明，服务业的扩大具有减贫的作用，而制造业份额变化对贫困的影响不显著。如上所述，生产力趋同主要是由劳动力从农业向生产率相对较高的服务业和建筑业的重新分配所推动的。制造业与这一过程的关系不大。然而，这并不意味着制造业不那么重要了（Szirmai and Verspagen，2015；Szirmai et al.，2013，Szirmai，2012）。这说明制造业的局部溢出效应受到了抑制，原因在于影响其增长动力的部门内和部门间联系薄弱。但不容忽视的是，以制造业为主的东亚、东南亚和中东欧地区的贫困人口下降速度最快。制造业份额迅速增长的中东和北非地区似乎也在减贫方面成效斐然。南亚是个例外，尽管制造业在 GDP 中所占比重不断上升，但结构变化以及减贫并没有显示出多大活力。显然，在全球化的体制下，仅增加制造业份额是不足以减少贫困的。另外，服务业的扩张成为减贫的一个重要因素。这是因为服务业已经取代制造业，成为带来趋同的结构变化的调节机制。但劳动力重新分配到服务业可能会拉低服务业的生产率，使其与农业生产率趋同。

在控制了促进增长的结构变化的影响之后，人均收入的增长仍对所有贫困测算指标产生负面影响。在所有情形中，这一效应在统计上均达到 1% 的显著水平。结果正如预期。增长确实是减贫的关键驱动力（Fosu，2017）。但是，应该注意到，首先，贫困与经济增长之间的正相关关系随着贫困强度的提升在不断变弱。显然，具有合意的结构变化增长对于改善贫困的深度和广度至关重要。其次，与预期相反，政府转移支付似乎没有起到显著的减贫效果。在所有的模型中，转移支付的系数都不显著。最后，在贫困程度模型中，趋势变量在 5% 的水平上显著，表明如果没有增长和结构变化，贫困程度就会增加。

本文也计算了 Arellano-Bond GMM 估计量，表 2 是带有三年滞后项的一阶差分广义矩估计的估计结果。所有的 GMM 回归都使用稳健的标准误。萨根检验拒绝了方程被过度识别的原假设。可以看出，动态面板估计结果证实了两阶段最小二乘法的结果，尽管显著性水平较低。因此，上述关键变量的结果在统计方法上是稳健的。

表 2　　绝对贫困增长和结构变化，Arellano-Bond 估计

变量	贫困发生率的变化		贫困差距的变化		贫困差距平方的变化	
	(1)	(2)	(3)	(4)	(5)	(6)
人均 GDP 增长	-0.129*** (-4.16)	-0.122*** (-3.90)	-0.0611** (-2.85)	-0.0573** (-2.58)	-0.0305 (-1.77)	-0.0281 (-1.61)

续表

变量	贫困发生率的变化		贫困差距的变化		贫困差距平方的变化	
	(1)	(2)	(3)	(4)	(5)	(6)
收敛的结构变化	-0.00021 * (0.51)		-0.00040 * (1.79)		-0.00034 * (1.67)	
转移支付份额的变化	0.000178 (0.71)	0.000128 (0.48)	0.0000330 (0.15)	0.0000451 (0.20)	-0.0000354 (-0.18)	-0.0000209 (-0.11)
趋势项	0.00616 *** (3.54)	0.00693 *** (3.53)	0.00345 * (2.53)	0.00364 ** (2.66)	0.00190 * (1.73)	0.00192 * (1.69)
制造业的就业份额		0.000448 (0.41)		0.000247 (0.31)		-0.0000508 (-0.08)
服务业的就业份额		-0.00123 (-1.41)		-0.000826 * (-1.85)		-0.000583 (-1.52)
常数项	-10.85 *** (-3.41)	-12.36 *** (-3.39)	-6.199 * (-2.48)	-6.545 *** (-2.62)	-3.438 * (-1.72)	-3.456 * (-1.66)
观测值	661	661	661	661	661	661
SAGRAN 检验	92.5 **	93.3 ***	117.2 *	119.7 ***	175.6 ***	180.9 ***

注：***、** 和 * 分别表示在 1%、5% 和 10% 的水平上显著。——编者注

不平等

自库兹涅茨（1955）之后，不平等与增长之间的关系一直是激烈争论的主题（Binatli 2012，Naguib，2017；Molero-Simarro，2017，世界银行，2016）。现有的研究结果模棱两可。我们在这里同时使用 2SLS 和 Arellano-Bond GMM 估计式（1），并采用两种衡量不平等的指标：基尼系数和十分位数。前者代表不平等的平均发生率，而后者则是衡量了“不平等的严重程度”。有关不平等指标存在数据缺失的问题，根据现有数据进行了估算。此外，由于因变量变化微小，一阶差分［式（2）］水平难以使用 2SLS 估计。因此，在控制了滞后变量、时间和趋势的影响之后，对式（1）进行了水平估计。

估计结果如表 3 所示。基尼系数与人均 GDP 之间的关系相当模糊。但是，在十分位数比（不平等的严重程度）和收入水平之间存在正向关系。AB 估计中，这种正向关系更加显著，表明人均 GDP 的增长可能会加剧顶层和底层之间的收入差距。然而，上述结果并不可靠。因为在 AB 估计中，结构变化在 1% 的显著水平上对不平等发生率有负面影响，而对其严重程度却没有明显的影响。可以看出，制造业和服务业就业份额与基尼系数之间存在负相关关系，但服务业就业份额前的系数是显著的，制造业份额的则并不显著。然而，十分

位数比率并没有受到部门份额的显著影响。转移支付变量在表3所有列中都是显著的，并带有一个负号，这证实了政府通过税收和转移等分配政策进行干预，解决不平等问题的假设。例如，根据世界银行（2016）的研究，巴西有条件现金转移计划（CCT）对降低不平等产生了相当大的影响，在21世纪头十年不平等下降的10%～15%要归功于该项计划。最后，与贫困相比，不平等在控制了增长、结构变化和分配的影响之后，呈现出随时间推移而下降的趋势，不过该结果只有在AB估计中才显著。

表3　不平等、结构变化和增长，2SLS估计和Arellano Bond估计

变量	基尼系数				十分位数			
	(1)	(2)	(3)	(4)	(5)	(6)	(7)	(8)
	2SLS		AB		2SLS		AB	
人均GDP	-0.00781 (-1.07)	-0.00765 (-1.03)	-0.00194 (-0.11)	0.0316 (1.47)	0.126 (0.73)	0.140 (0.80)	0.678* (1.84)	0.516 (1.50)
结构化指数	-0.00015* (-1.83)		-0.00055** (-3.25)		-0.00113 (-0.61)		-0.000628 (0.18)	
转移支付占GDP的比重	-0.000144* (-1.72)	-0.000136* (-1.62)	-0.000155* (-1.63)	-0.000219* (-1.95)	-0.00107 (-0.55)	-0.00110 (-0.56)	-0.00338* (-1.76)	-0.00390* (-2.05)
趋势项	-0.000205 (-0.70)	-0.000255 (-0.85)	-0.000305 (-0.30)	-0.00225 (-1.66)	-0.00885 (-1.25)	-0.00752 (-1.05)	-0.0491* (-2.11)	-0.0470* (-2.12)
制造业就业份额		-0.000351 (-0.90)		-0.00111 (-1.08)		0.00406 (0.46)		0.00694 (0.56)
服务业就业份额		-0.000141 (-0.78)		-0.00154* (-2.29)		-0.00384 (-0.93)		0.00732 (0.88)
常数项	0.266*** (4.39)	0.283*** (4.68)	0.793 (0.43)	4.524 (1.81)	-0.275 (-0.20)	-0.259 (-0.19)	90.08* (2.13)	87.08* (2.14)
观测值	648	648	642	642	588	588	581	581
国家固定效应	是	是	是	是	是	是	是	是
时间固定效应	是	是	是	是	是	是	是	是

注：***、**和*分别表示在1%、5%和10%的水平上显著。——编者注

七、结论与政策启示

上述分析表明，与增长相关的促进生产率收敛的结构变化对减少贫困和不平等的各方面均产生了正向影响。然而，挑战在于如何触发并维持这一过程。发展中国家这一进程的机制基础与目前发达国家的大不相同。

在发达国家，制造业总量份额的迅速增加和农业份额的下降在推动经济增长走向更快的发展路径上发挥了关键作用。发达国家的长期增长率依赖于在高回报和高需求收入弹性部门的专业化。以制造业为核心的持续升级和技术变革，推动了以制造业为核心的循环、累积和因势利导的增长过程，进而推动了以行业需求外溢为特征的经济体系的技术依存和互补。

在发展中国家，增长基本上是可贸易和不可贸易部门的相对部门增加值和就业份额不对称变化的结果。最具活力的高生产率贸易部门本身的增长是由全球需求刺激推动的，部门间和部门内扭曲的关系促进了非贸易部门的增长。这一过程的微观基础薄弱且不可持续。一种可能性是，在经济增长的同时，可能不会出现促进经济增长的结构性变化，这取决于贸易专业部门和各部门的初始生产力水平，正如撒哈拉以南非洲、中亚、拉丁美洲甚至南亚出现的情况。这样即使出现趋同的结构性变化，也可能不会长期持续下去。

人们注意到，在大多数情况下，结构性变化会降低服务业的生产率，造成与农业的趋同。因此，经济系统内没有内生驱动部门间生产力增长的动力，这就需要政府的干预。

毫无疑问，全球一体化为发展中国家的增长和繁荣提供了前所未有的机遇。然而，利用这些机会需要国家层面强有力的相应政策。宽基础的国家发展战略以及支持该战略的经济政策至关重要。政策制定者需要确定正确的战略，以确保快速增长行业的广泛溢出效应，要能成功预见实施这一战略的挑战，并设计适当的执行措施，先发制人。

此外，如上所述，制造业是联系增长、结构变化和贫困的关键。制造业战略必须建立在对于推动制造企业发展的关键因素的全面理解之上，如投资现代基础设施，建立知识和技术能力，加强配套机构建设。南亚和东亚在这种政策干预上有所差异。

最后，在生产力促进结构变化的过程中，农业作为一个低生产率部门被忽视了。为了维持其他部门的增长，并加速随增长而来的结构改革进程，必须处理这种政策偏向。

总之，劳动力向现代可贸易部门的转移，特别是向知识和技术密集型部门的转移，可能是增长和减贫的关键。但是，像这样令人满意的结构性变化不是一个自动的过程，也不能由当今世界的市场机制驱动。在这里，政府的作用变得很重要。因此，根据其本身的经济特征进行适当的国家干预对于结构转型和持续减贫至关重要。

参考文献

Acemoglu D. Simon Johnson and James Robinson，2005，Institutions as a Fundamental Cause of Long-Run Growth Chapter 06 in Handbook of Economic Growth，2005，Vol. 1，Part A：385 –472.

Aggarwal A.，2018，Economic Growth，Structural Change and Productive Employment Linkages in India：Did Market Transition Matter? South Asia Economic Journal，19（1）：64 –85.

Aggarwal A. and N. Kumar，2015，Structural Change，Industrialization and Poverty Reduction：The Case of India in Structural Change and Industrial Development in the BRICS. Naudé，W.，Szirmai，A. & Haraguchi，N.（eds.）. Oxford：Oxford University Press，pp. 199 –243.

Alesina A. and Dani Rodrik，1994，Distributive Politics and Economic Growth The Quarterly Journal of Economics，109（2）：465 –490.

Alvarez-Cuadrado，Francisco，Ngo Van Long，and Markus Poschke，2011，“Structural change out of agriculture：Labor push versus labour pull.” American Economic Journal：Macroeconomics，3：127 –158.

Alvarez-Cuadrado，Francisco，Ngo Van Long，and Markus Poschke，2017，Capital-Labor Substitution，Structural Change and Growth. Theoretical Economics，12（2017）：1229 –1266.

Angelsen A. and Sven W.，2006，Poverty and inequality：Economic growth is better than its reputation Chapter in Dan Banik（ed.）：Poverty，Politics and Development：Interdisciplinary Perspectives.

Arellano，M. and Bond，S.，1991，“Some tests of specification for panel data：Monte Carlo evidence and an application to employment equations”，Review of Economic Studies，58（2）：277 –297. doi：10. 2307/2297968.

Ariu A.，2012，“Services Versus Goods Trade：Are They the Same?”，CEPR Discussion Paper 9036.

Bhalla S.，2002，Imagine There's No Country：Poverty Inequality and Growth in the Era of Globalisation，Peterson Institute for International Economics（September 1，2002）.

Bigsten，Arne & Levin，Jorgen，2004，Growth，Income Distribution，and Poverty：A Review，in Growth，Inequality and Poverty：Prospects for Pro-poor Economic Development Anthony Shorrocks and Rolph van der Hoeven Oxford University Press.

Binatli A. O.，2012，Growth and Income Inequality：A Comparative Analysis Economics Research International Volume 2012，Article ID 569890，7 pages.

Bourguignon，F.，2004，The Poverty-Growth-Inequality Triangle，paper presented at Indian Council for Research on International Economic Relations，New Delhi：1 –30.

Castello-Climent A.，2010，Inequality and growth in advanced economies：an empirical investigation, The Journal of Economic Inequality, 2010, 8 (3): 293 -321.

Chatterjee, S. , 1995, Growth, Structural Change and Optimal Poverty Interventions. ©Asian Development Bank. http: //hdl. handle. net/11540/3164. License: CC BY 3. 0 IGO.

Chenery, Robinson, and Syrquin, 1986, Industrialization and Growth: A Comparative Study. A World Bank Research Publication. New York: Oxford University Press.

Christiaensen L. & Kaminski Jonathan, 2016, "Structural change, economic growth and poverty reduction—Micro-evidence from Uganda", Working Paper Series 2322, African Development Bank.

Clark, C. , The Conditions of Economic Progress. McMillan & Co. s London, 1940.

Cook, S. , 2006, Structural change, growth and poverty reduction in Asia: Pathways to inclusive development. Development Policy Review, 24 (s1): s51 -80.

De Vries, de G, A. A. Erumban, M. P. Timmer, I. Voskoboynikov and H. Wu, 2012, "Deconstructing the BRICs: Structural Transformation and Aggregate Productivity Growth", Journal of Comparative Economics, 40 (2): 211 -227.

Diamond, J. , 1997, Guns, Germs, and Steel. New York: Norton.

Dietrich, A. , 2012, Does growth cause structural change, or is it the other way around? A dynamic panel data analysis for seven OECD countries, Empirical Economics, 43 (3): 915 -944.

Dollar, D. , A. Kraay, 2002, "Growth Is Good for the Poor", Journal of Economic Growth, 7 (3): 195 -225.

Dollar D. , T. Kleineberg, and A. Kraay, 2014, Growth, Inequality, and Social Welfare: Cross-Country Evidence Policy Research working paper; no. WPS 6842; World Bank.

Eicher, Theo S. & Garcia-Penalosa, Cecilia, 2001, "Inequality and growth: the dual role of human capital in development", Journal of Development Economics, 66 (1): 173 -197.

Fagerberg, J. , 2000, Technological Progress, Structural Change and Productivity Growth: A Comparative Study Structural Change and Economic Dynamics, 11 (4): 393 -411.

Fantom N. and U. Serajuddin, 2016, World Bank's Classi cation of Countries by Income Policy Research Working Paper 7528, World Bank Working Paper Series.

Fisher, A. G. B. , 1939, "Primary, Secondary and Tertiary Production", Economic Record 15, June 1939: 24 -38.

Fosu, A. K. , 2017, "Growth, inequality, and poverty reduction in developing countries: Recent global evidence", Research in Economics, Elsevier, 71 (2): 306 -336.

Gabardo F. A. , Pereima, J. B. and Einlof P, 2017, The incorporation of structural change into growth theory: A historical appraisal, Economia, 18 (3): 392 -410.

Gervais A. and Jensen J. B. , 2013, Are services tradable? Evidence from US Micro data, NBER paper.

Hasan, R. ; Lamba, S. , Gupta, A. Sen. , 2013, Growth, Structural Change, and Poverty Reduction: Evidence from India. © Asian Development Bank. http: //hdl. handle. net/11540/2060. License: CC BY 3. 0 IGO.

Hartwig, J. , 2012, Testing the growth effects of structural change. Structural Change and Economic Dynamics, 23 (1): 11 –24.

Heshmati A. , 2004, "The World Distribution of Income and Income Inequality: A Review of the Economics Literature", Journal of World Systems Research, 12 (1): 61 –107.

Kaldor, N, 1966, Causes of the slow rate of economic growth in the United Kingdom. Cambridge: Cambridge University Press.

Kaniovski S. and M. Peneder, 2002, On the structural dimension of competitive strategy Industrial and Corporate Change, 11 (3): 557 –579.

Kappel, Lay and Steiner (2005) Uganda: No More Pro-poor Growth? Development policy review, 23 (1): 27 –53.

Kim K. , Sumner A. and Arief Anshory Yusuf, 2017, How inclusive is structural change? the case of Indonesia, ESRC/ GPID Research Network Working Paper 3, UK.

Krüger J. J. , 2008, Productivity and structural change: A review of the literature J. Econ. Surv. , 22: 330 –363.

Kuznets, S. , 1955, "Economic Growth and Income Inequality", The American Economic Review, 45 (1): 1 –28.

Kuznets, Simon, 1966, Modern Economic Growth: Rate, Structure and Spread, New Haven: Yale University Press.

Lavopa, A. and A. Szirmai, 2012, "Industrialization, employment and poverty", UNU-MERIT Working Paper Series, #2012 –081.

Lewis W. A. 1954, Economic development with unlimited supplies of labour Manch. School, 22: 139 –191.

Lilien, D. M. , 1982, "Sectoral Shifts ad Cyclical Unemployment", Journal of Political Economy, 90: 777 –793.

Lipton, M. & M. Ravallion, 1995, "Poverty and policy", Handbook of Development Economics, in: Hollis Chenery & T. N. Srinivasan (ed.), Handbook of Development Economics, edition 1, volume 3, chapter 41: 2551 –2657, Elsevier.

Lopez, H. & Serven, L. , 2006, "A normal relationship? Poverty, growth, and inequality", Policy Research Working Paper Series 3814, The World Bank.

Machlup, F. , 1991, Economic Semantics, 2nd ed. Transaction Pub.

McMillan M, D. Rodrik and I. Verduzgo_Gallo, 2014, Globalisation, Structural Change, and Productivity Growth, with an Update on Africa World Development, 63: 11 –32.

Melamed M. , 2011, Does development give poor people what they want? Background Note, Overseas Development Institute, February.

Molero-Simarro R. , 2017, Growth and inequality revisited: The role of primary distribution of income. A new approach for understanding today's economic and social crises Cambridge Journal of Economics, 41 (2): 367 –390.

Naguib, C. , 2017, The Relationship between Inequality and Growth: Evidence from new data, Swiss Journal of Economics and Statistics (SJES), 153 (3): 183 - 225.

Ngai and Pissarides, 2007, "Trends in Hours and Economic Growth", IZA Discussion Papers 2540, Institute for the Study of Labor (IZA).

North, D., 1990, Institutions, Institutional Change and Economic Performance, Cambridge: Cambridge University Press.

Nurkse, R., 1953, Problems of Capital Formation in Underdeveloped Countries. New York: Oxford University Press.

Pasinetti L. L., 1981, Structural Change and Economic Growth Cambridge University Press, Cambridge.

Persson T. and G. Tabellini, 1994, Is Inequality Harmful for Growth? American Economic Review, 84 (3): 600 - 621.

Pieper U. 2000, Deindustrialization and the social and economic sustainability Nexus in developing countries: Cross-country evidence on productivity and employment, J. Dev. Stud., 36 (4): 66 - 99.

Ravallion, M., 2001, "Growth, Inequality and Poverty: Looking Beyond Averages", World Development, 29 (11): 1803 - 1815.

Ravallion, M., 1995, Growth and poverty: Evidence for developing countries in the 1980s. Economics Letters, 48: 411 - 417.

Romer, P., 1994, New goods, old theory, and the welfare costs of trade restrictions, Journal of Development Economics, 43 (1): 5 - 38.

Roncolato L. and D. Kucera, 2014, Structural drivers of productivity and employment growth: a decomposition analysis for 81 countries, Camb. J. Econ., 38: 399 - 42.

Rostow, W. W., 1960, The Stages of Economic Growth, London: Cambridge University Press.

Sachs, J. D., A. Warner, 2001, The Curse of Natural Resources. European Economic Review.

Sachs, J. D., 2012, From Millennium Development Goals to Sustainable Development Goals, The Lancet, 379 (9832): 2206 - 2211.

Samimi P, Jenatabadi HS, 2014, Globalisation and Economic Growth: Empirical Evidence on the Role of Complementarities. PLoS ONE 9 (4): e87824. https://doi.org/10.1371/journal.pone.008782.

Silva E. G. and A. C. Teixeira, 2008, "Surveying structural change: Seminal contributions and a bibliometric account", Structural Change and Economic Dynamics 19.

Škare M. & Druzeta R. P, 2016, Poverty and economic growth: A review, Technological and Economic Development of Economy, Volume 22, Issue 1.

Solow R. M., 1956, A Contribution to the Theory of Economic Growth, The Quarterly Journal of Economics, 70 (1): 65 - 94.

Storm, S., 2015, Structural Change, Development Change, 46 (4): 666 - 669.

Szirmai A. and Verspagen B., 2015, Manufacturing and economic growth in developing countries, 1950-2005 Structural Change and Economic Dynamics, 34: 46 - 59.

Szirmai, A., 2012, "Industrialization as an Engine of Growth in Developing Countries, 1950-2005", Structural Change and Economic Dynamics, 23 (4): 406-20, http://www.sciencedirect.com/science/article/pii/S0954349X1100018X.

Szirmai, A., Naudé, W. A. and Alcorta, L. eds., 2013, Pathways to Industrialization in the 21st Century, Oxford: Oxford University Press.

Tello, M. D., 2015, Poverty, growth, structural change and social inclusion programs: A regional analysis of Peru Regional and Sectoral Economic Studies, 52 (2): 59 - 7.

Thomas, V., M. Aailami, A. Dhareshwar, D. Kaufmann, N. Kishor, R. López, and Y. Wang, 2000, The quality of growth. Washington, D. C.: World Bank.

Timmer, M. P, 2007, The Structural Transformation and the Changing Role of Agriculture in Economic Development: Empirics and Implications Wendt Lecture, American Enterprise Institute Washington, D. C.

Timmer, M. P. and A. Szirmai, 2000, "Productivity growth in Asian manufacturing: the structural bonus hypothesis examined", Structural Change and Economic Dynamics, Elsevier, 11 (4): 371 - 392.

Timmer, M. P. and G. J. de Vries, 2009, "Structural change and growth accelerations in Asia and Latin America: a new sectoral data set", Cliometrica, 3 (2): 165 - 190.

Üngör M., 2014, Productivity Growth and Labor Reallocation: Latin America versus East Asia.

Vu. K. M., 2017, Structural change and economic growth: Empirical evidence and policy insights from Asian economies.

Williams, D. R., 1991, Structural Change and the Aggregate Poverty Rate, Demography, 28 (2): 323 - 332.

World Bank, 2016, Taking on Inequality, Poverty and Shared Prosperity, The World Bank, Washington.

Yilmaz G., 2016, Labor productivity in the middle income trap and the graduated countries, Central Bank Review, 16 (2): 73 - 83.

评估约翰逊向贫困宣战的成效：用全收入贫困测算重新审视历史记录

理查德·V. 伯克豪泽、凯文·柯林斯、
詹姆斯·埃尔威尔、杰夫·拉里莫尔*

摘　要：本文评估了约翰逊总统发起的向贫困宣战的减贫成效。基于1963年制定的20%贫困基准线，虽然这个基线的制定方法较为武断，但与政策密切相关。现有的贫困测算标准都不能完全按照约翰逊总统制定的标准来测算，为填补这一差距，我们开发了一种全收入贫困测算标准，其贫困阈值与1963年的官方贫困率水平相匹配。全收入贫困测算标准包含了现金收入、税收和主要实物转移，而且每年都更新经通货膨胀调整的贫困阈值。最终我们发现，尽管官方公布的贫困率从1963年的19.5%下降到2017年的12.3%，但基于约翰逊总统制定的标准的全收入贫困率从19.5%下降到了2.3%。如今，几乎所有美国人的收入都超过了20世纪60年代经通货膨胀调整后的阈值。虽然人们对最低生活标准的期望有所变化，但自向贫困宣战以来，与绝对贫困的斗争取得了重大进展。

一、引　　言

林登·约翰逊总统在1964年1月8日的国情咨文中说："此时此地起，本届政府向美国的贫困无条件宣战"（Johnson，1965：114）。在两个月后的一次演讲中，他概述了自己的宣言："我呼吁全国向贫困开战，我们的目标是彻底战胜贫困。数以百万计的美国人——占我们总人口的1/5——没有享受到我们大多数人所享有的富足，机会的大门对他们关闭了。"

自约翰逊总统宣布向贫困开战以来已经过去55年。即便如此，政策制定者和学者们仍在争论其结果究竟如何。例如，里根总统在1988年的国情咨文中说，"联邦政府向贫困宣战，但是贫困赢了"（Reagan，1990：87）。同样，2014年，国会议员保罗·瑞安（Paul Ryan）写道，"贫困率达到了这一代人的最高水平"。其他文献也认为，虽然减贫取得了实质性进展，但同时也明确指出约翰逊总统对贫困的战争还远未结束。例如，美国经济顾问委员会（2014）和威莫等人（Wimer et al.，2016）使用另一种贫困测算方法，发现自1967年以来贫困人口减少了约40%。2018年，经济顾问委员会甚至发现，"基于物质福利的历史标准和条件，我们对贫

* 作者简介：理查德·V. 伯克豪泽（Richard V. Burkhauser）供职于康奈尔大学政策分析与管理系，凯文·柯林斯（Kevin Corinth）供职于美国经济顾问委员会，詹姆斯·埃尔威尔（James Elwell）供职于美国税收联合委员会，杰夫·拉里莫尔（Jeff Larrimore）供职于美国联邦储备局。

困的战争基本上已经结束，而且取得了最终的胜利”（CEA，2018：29）。

现有的贫困测算方式都不能准确地评价约翰逊总统的减贫“战役”是否成功。具体来说，当前的测算方式或是没有基于约翰逊总统1963年制定的约20%的贫困比率进行评估，又或是忽视了重要的减贫计划。美国人口普查局的官方贫困指数（OPM）显示，美国的贫困率从1963年的19.5%下降到2017年的12.3%。然而，全部的贫困下降均发生在1963年到1973年。在此期间，官方公布的贫困率从19.5%降至11.1%。自那以后，贫困率从未低于1973年的水平。2017年，这一比率为12.3%，表明自20世纪70年代初以来，减贫几乎没有再取得什么进展。里根（1990）和瑞安（2014）认为，这一官方贫困率证明了减贫进展缓慢。

然而，学者们认为官方的贫困率是有缺陷的。他们一直认为官方统计未能将实物福利和基于税收增加的转移支付计入在内。1995年美国国家科学院委员会的一份报告概述了官方贫困测算方法的局限性（Citro and Michael，1995）。基于这份报告，美国人口普查局还发布了一份关于贫困测算的补充材料（SPM）来解决其中的一些问题。学者们开发了其他的贫困测算方式，包括绝对补充贫困测算（Absolute-SPM）（Wimer et al.，2016）和消费贫困测算（CPM）（Meyer and Sullivan，2003，2012a，2012b，2018）①。

这些替代措施解决了官方贫困措施的一些缺点，并显示在过去50年中贫困大幅度减少。然而，我们认为这些措施并没有评估约翰逊总统定义的反贫困战争。

要评价减贫，贫困测算方法必须满足三个基本条件。首先，必须设定贫困线，使1963年的贫困率与约翰逊总统制定的相同。其次，经通货膨胀调整后，1963年的贫困线必须保持不变。最后，必须包含所有反贫困项目，包括实物转移支付和税收转移支付。

为弥补这一缺陷，我们创建了全收入贫困测算标准（FPM）。该指标与官方贫困指标对1963年的贫困率测算结果一致，与约翰逊的基线贫困率（Johnson，1965）相匹配。我们使用个人消费支出（PCE）物价指数进行通货膨胀调整，保持贫困阈值不变。此外，与官方的贫困测算标准不同，我们将所有收入来源包括在内，包括食品券（现称为补充营养援助计划，简称SNAP）、学校午餐计划、住房援助和医疗保险的市场价值。我们将家户（household）而非家庭

① 尽管威莫等人（Wimer et al.，2016）将他们的测算称为“锚定-SPM”，但我们在本文中将其称为绝对-SPM，因为这种测算方式的贫困阈值的实际值随时间保持不变。正如我们稍后将讨论的那样，我们使用这个术语是为了避免在本文中产生混淆，并将其与基于官方标准的贫困测算区别开来。这是因为威莫等人（Wimer et al.，2016）以特定年份的补充贫困率为基准。

（family）作为个人共享资源的单位。

按照约翰逊制定的标准，2017 年全收入贫困率为 2.3%，远低于 12.3% 的官方贫困率。如今人们对最低生活标准的期望已经高于 20 世纪 60 年代的水平，但按照约翰逊总统最初的标准，现在仍生活在贫困之中的美国人相对较少。对比官方贫困测算和本文的全收入贫困测算结果，我们发现，更广泛的收入定义、更准确的通货膨胀标准，以及使用家户而非家庭作为共享单元是导致不同测算结果的重要因素。

本文的贡献在于以历史的视角第一次评估了约翰逊总统的减贫计划。我们的测算方式首次纳入自 20 世纪 60 年代以来推行的一系列反贫困计划，同时又保持了约翰逊在 1963 年制定的贫困基准率。

本文的其余部分如下，第二部分讨论了我们评价约翰逊总统减贫计划的标准。第三部分介绍了全收入贫困测算，并说明它是如何改进官方贫困标准的。第四部分描述了现有的其他贫困测算标准，以及为什么它们不能衡量约翰逊总统减贫计划是否成功。第五部分将全收入贫困测算标准与其他现有标准进行比较。第六部分讨论了未来贫困的趋势以及对今后贫困测算的影响。第七部分是结论。

二、评估减贫计划的标准

约翰逊总统在 1964 年宣布向贫困宣战时，当今大部分的社会保障网络还不存在。在他发表声明之后，美国通过了一项重要立法，扩大了帮助低收入个人的联邦计划，包括食品券、医疗补助和医疗保险，但这些计划都没有被纳入官方的贫困标准中。

要评估这个减贫计划，有三个必要条件。第一，贫困阈值应定为约翰逊总统最初设定的 20%。第二，贫困阈值应随通货膨胀而进行调整，以反映绝对标准。第三，税后、转移后的资源应包含在收入中，因为政府正是使用实物转移和税收政策来消除贫困的。

第一个条件，即基准维持在 1963 年初始状态时的 20% 的贫困率标准，反映了约翰逊总统对于有多少美国人生活在贫困中的看法。20% 的基线是由约翰逊政府的经济顾问委员会（CEA）制定的，其具体测算方式在 1964 年的总统经济报告中公布①。在 1964 年的总统经济报告中，为呼应约翰逊总统的减贫倡

① 在 1963 年春天，与肯尼迪总统沟通后，经济顾问委员会（CEA，1964）为 1962 年的家庭贫困设定了 3 000 美元的阈值，为无家庭的个体贫困设定了 1 500 美元的阈值，1962 年是当时最新可得数据的年份。在 1964 年 2 月 1 日的一次讲话中，约翰逊总统暗示，他所制定的 20% 贫困率就是基于经济顾问委员会的阈值。他曾说："试想一下，如果你是年收入低于 3 000 美元的 20% 群体中的一员，政府抗击贫困的计划对你意味着什么"（Johnson，1965：287）。

议，官方贫困线基于奥桑斯基（Orshansky，1965）的建议，使用了一系列稍有不同的阈值。重要的是，官方贫困测算指标维持了1963年的19.5%的贫困率（美国人口普查局，1969b）。因此费希尔（Fisher，2008）认为，官方的贫困测算是基于“经济”粮食计划而不是“低成本”粮食计划的临界值，因为这些临界值产生的贫困率与经济顾问委员会（1964）的20%的基线一致。

第二个条件，由于贫困是使用绝对标准定义的，1963年的贫穷阈值也应随时间变化而变化，以反映通货膨胀。

第三个条件，应将税后、转移后的资源（包括非现金福利）纳入收入中，以便全面评估减贫计划的影响。

用于官方贫困测算的现金收入资源不包括扶贫计划提供的实物福利。这些实物福利被排除在官方贫困衡量标准之外，在很大程度上是因为官方贫困标准是在20世纪60年代首次制定的，那时这些方案尚未普遍实施。在贫困测算中包括实物福利的做法与经济顾问委员会当时的观点一致，“如果能够获得各种类型家庭总收入的估值（包括非货币收入），那么这些数据将会更好地反映贫困情况（CEA，1964：58）。

三、相对于官方贫困测算的全收入贫困测算

根据上述标准，官方的贫困标准不能用来衡量约翰逊总统向贫困宣战的成效。它满足了1963年开始贫困率约为20%的条件，但将20世纪60年代以来的许多反贫困项目排除在外。

官方的贫困测算标准仅基于税前、税后的现金转移收入，不包括所有实物福利和通过税收的社会援助。例如，官方测算不包括食品券，而1964年的《食品券法案》中扩展了食品券并使其成为一种永久性的保障制度。官方标准也不包括1965年《社会保障法》之后开始的医疗补助和医疗保险，以及20世纪60年代以来通过税法实施的其他项目，如收入所得税抵免（EITC）和儿童税收抵免（CTC）。

然而，自20世纪60年代以来，这些被排除在外的收入来源对于低收入人口来说变得越来越重要。1963年时不存在医疗补助计划（1965年该计划启动），到2017年时受到该计划补助的人口比例已经增加到22.2%。1964年食品券计划尚未在全国实施时，领取食品券的人口比例仅为0.2%，2017年该比例上升到13.0%。此外，即使不考虑那些从低收入住房税收抵免中受益的家庭，美国接受住房租赁补助的家庭比例也从1963年的0.9%上升到2017年的3.5%［这一数字为作者基于特鲁弗（Truffer et al.，2012）的计算获得；CMS，2018；USDA，2018；Collinson et al.，2016；HUD，2018］。2016年，美国仅在这三个非现金福利计划上就花费了6730亿美元（CEA，2018）。由于

没有考虑这些福利资源，官方的贫困核算标准实际上将这些福利的价值视为零，忽略了它们在减少物质困难方面的重要性。

美国在 2016 年（税收年度）花费了 670 亿美元用于所得税抵免，270 亿美元用于额外的儿童税收抵免（IRS，2016）。这些税收主要针对有子女的低收入或中等收入家庭，而这些计划在 1963 年减贫宣战开始时并不存在。官方的贫困核算标准关注的是税前收入而非税后收入，这忽略了税收对家庭税后资源的重要影响。官方贫困测算的另一个主要缺点是，它每年使用美国劳工统计局（BLS）的所有城市消费者的消费价格指数（CPI-U）来调整贫困线，这使得它无法准确追踪经济困难的绝对比率。这是因为 CPI-U 没有使用一致的方法来测算长期的通货膨胀，并且从历史上来看，它的计算结果夸大了通货膨胀（Boskin et al.，1996，Moulton，2018）。

随着时间的推移，劳工统计局意识到消费者会通过不同商品之间的替代对上涨的价格做出反应，并就此改善了 CPI-U。但是，CPI-U 的历史值并没有追溯更新，也就无法反映这些方法上的改善。这意味着即使是相对于目前计算通货膨胀的方法，CPI-U 也夸大了早些年的通货膨胀。下面将进一步讨论的、由经济分析局编制的其他价格指数更好地体现了消费者在价格上涨时，在更多产品之间进行替代的能力，如个人消费支出（PCE）价格指数。因此，消费价格指数（CPI-U）和居民消费价格指数（CPI-U-RS）通常都夸大了通货膨胀[①]。

全收入贫困测算解决了官方贫困测算的这些局限性，因此可以基于上述标准来评估约翰逊总统的减贫计划的进展。这个测算标准使用的数据与官方贫困测算标准相同，都是来自当前人口调查的年度社会和经济补编（CPS-ASEC）数据。在创建全收入贫困测算标准时，我们将阈值选定为 1963 年的贫困率 19.5%，并将其与官方测算标准挂钩，以此来接近约翰逊总统宣布的 20% 的贫困人口比例。我们还使用税后和转移后的收入定义，包含了官方测算方法排除在外的扶贫计划。由于我们正在将收入定义扩大到官方贫困标准之外，所以我们向上调整了阈值，以反映所包括的额外收入来源。同时，我们也向下调整了门槛，以反映所排除的收入来源（即税收支付）[②]。最后，我们采取绝对贫困标准，并使用个人消费支出（PCE）——本文偏好的通胀指标——来调整阈值。

更具体地说，全收入贫困测算方法是通过税后的、（综合或全面的）转移

---

① 美国商务部工业与安全局（BIS）的另一项测算指标——链式 CPI-U（C-CPI-U），考虑了更广泛的产品品类替代，但是这项指标在 2000 年以后才开始使用，因此人口普查局没有用其来测算贫困。

② 这意味着，当将 1963 年存在但被官方贫困测算的标准排除在外的减贫计划加入收入定义中后，我们的阈值调整为在 1963 年维持近 20% 的贫困率。然而，将 1963 年不存在的计划纳入考虑时，并不改变最初的门槛，因为当时还没有人从这些计划中获得资源。这使得针对 1963 年已经存在和还未存在的计划的处理具有一致性。

后的收入来估计贫困人口的比例。类似于官方的贫困测算方法，我们将市场收入（工资、薪金、自主创业和商业收入、农业收入、退休养老金收入、股息、利息、租金和赡养费）和现金转移（对有需要抚养孩子的家庭的援助、为有需要家庭提供的临时资助、社会保险和工伤补偿）包含在内。然后，再加上健康相关和非健康相关的实物转移（食品券/SNAP，学校午餐补贴，租房补助，医疗保险和医疗补助）的市场价值，以及由雇主提供的健康保险的市场价值。我们的收入定义扣除了联邦收入和工资税，但根据美国国家经济研究局税收规定（NBER Taxsim）第 9.3 条款（Feenberg and Coutts，1993）制定的纳税义务，我们考虑了税收抵免，包括劳动所得税抵免、儿童税收抵免和额外的儿童税收抵免（CTC 的可退还部分）。我们估计了这些收入来源的一些早期数值，因为它们并没有收集在当前人口调查的年度社会和经济补编（CPS-ASEC）中。

我们将医疗保险的市场价值纳入全收入贫困测算指标中。从 2013 年开始，国会预算办公室（CBO，2013）在其收入分配报告中对医疗保险采用了同样的估值方法。一些贫困测算还包括了非零价值的医疗保险（例如，Smeeding，1997；Meyer and Sullivan，2012b；Korenman and Remler，2016；National Academies of Sciences，2019）。

测算贫困时将医疗保险完全排除在收入来源之外，实际上是将这种保险的价值设为零，因此也就没有包括所有能够帮助人们越过贫困门槛的资源①。

公共健康保险（医疗保险和医疗补助）的市场价值是按照向不同风险类别的个人提供保险的成本计算的。风险类别取决于个人的年龄、残疾状况和居住状态等②。因此，处于同一风险类别和生活状态的个人都被赋予相同的医疗保险市场价值，其价值是向这一组个人提供健康保险的平均成本。雇主提供的医疗保险的市场价值是根据雇主为其雇员支付的费用计算的，不包括雇员或其家人支付的任何保费。这个数值是根据雇主平均支付的医疗保健费用确定的

① 芬克尔斯坦、亨德伦和卢特默（Finkelstein，Hendren and Luttmer，2015）认为，在医疗补助计划中只有 20% ~40% 的福利收益是由受益人获得的，这主要是因为它抵消了对未投保人群的无补偿护理的价值。如果 1963 年未投保者享有无补偿护理的比率与今天相同，则在测算中包含该类护理的价值会提高贫困阈值（为了保持 1963 年的贫困率为 20%）并部分抵消本文观察到的由于医疗保险覆盖导致的贫困下降。然而，1986 年《紧急医疗和劳工法》规定，无论支付能力如何，治疗都要在急诊室进行。这可能增加了无补偿医疗护理的可得性，也意味着该法案通过后将进一步减少贫困。认识到无补偿医疗护理价值的不确定性，我们不估计这种护理的价值，而是报告在不包括医疗保险市场价值的情况下的全收入贫困率测算结果。

② 人口普查局提供了 1979 年至 2014 年的数据。我们参考埃尔威尔、柯林斯和伯克豪泽（Elwell，Corinth and Burkhauser，2019）的研究来估计 1979 年之前的数值，参考人口普查局（2015）的程序来估计自 2015 年以来的这些数值。与人口普查局的方法和有“双重资格”的个人医疗费用较高的趋势一致，既有医疗保险也有医疗补助的个人收入包括医疗保险和医疗补助的市场价值总和。

（详见 Elwell，Corinth and Burkhauser，2019）。

虽然全收入贫困指标包括一系列全面的收入来源，但由于 CPS-ASEC 中不包含转移支付，收入仍然会被低估。最近的研究表明，在 CPS-ASEC 和其他主要调查中，受访者都低估了转移支付（Meyer，Mok and Sullivan，2015）和货币收入（Burtless and Pulliam，2018），而且随着时间的推移，这种低估有所增加。例如，根据行政大数据，2000～2012 年，CPS-ASEC 受访者报告的 SNAP 福利比他们实际获得的少 42%。这种低报的发生率呈现出每年大约 0.6 个百分点的增长趋势。梅耶、米塔格和戈尔格（Meyer，Mittag and Goerge，2018）将伊利诺伊州和马里兰州的个人调查数据与个人层面的行政数据联系起来，发现这两个州实际上有一半的 SNAP 接受者并没有在 CPS-ASEC 中报告 SNAP 收入①。

我们每年根据个人消费支出（PCE）物价指数来调整贫困阈值。自 2000 年以来，个人消费支出一直是美国联邦储备委员会货币政策报告（美联储，2000）的通货膨胀测算指标。自 2012 年以来，PCE 一直是 CBO 在家庭收入分配报告（CBO，2013）中使用的通胀测算指标，与用于官方贫困测算标准中使用的 CPI-U 不同。个人消费支出（PCE）物价指数考虑了消费替代，并且该指数具有跨期一致性，这使得其估计的通货膨胀相对于 CPI-U 来说偏差较小（关于为什么 PCE 是通货膨胀指数首选的讨论，参见 Bullard，2013；Winship，2016）。

虽然我们选择使用 PCE 物价指数来调整通货膨胀，但梅耶和沙利文（Meyer and Sullivan，2012b）创建了另外的通货膨胀指标，以纠正替代偏差以及未能考虑到新产品或更高质量产品的偏差。我们将这个指标称为经 Meyer-Sullivan 调整的 CPI-U-RS。该指标显示的通货膨胀速度要低于个人消费支出。

图 1 显示了在不同的通货膨胀指标下，为了确定贫穷阈值，名义美元价值每年必须增加多少，才能使其实际美元价值保持在 1963 年的水平。为了保持阈值的实际值不变，2017 年官方贫困测算所使用的按名义美元计算的 CPI-U 是 1963 年的阈值的 8 倍，从某种程度上来说，这样做夸大了通货膨胀，实际上提高了这些贫困阈值的真实水平，并夸大了 2017 年相对于 1963 年的贫困人口比例。相比之下，所有其他的通货膨胀指标显示的名义阈值的变化均较小。特别是，我们用于全收入贫困测量的个人消费支出（PCE）在 2017 年产生了名义阈值，比官方贫困测量方法 CPI-U 的阈值低 22%，而使用经 Meyer-Sullivan 调整的 CPI-U-RS 得到的名义阈值比使用 CPI-U 时低 46%。

全收入贫困测算与官方测算的最后一个差异在于共享单位和等值尺度的规范。我们假设收入是在家户（household）中所有人之间分享的。这比官方贫

① 拉里莫尔和斯普林特（Larrimore and Splinter，2019）还发现，在 CPS-ASEC 中，雇主提供的医疗保险也被低估，尽管这对贫困测算而言不那么重要。

困测算所使用的家庭（family）共享单位更为广泛，更接近补充贫困测算和消费贫困测算所使用的共享单位。我们对家户的关注反映了美国同居现象的日益普遍，所以我们就更关注同一家户内成员间的资源共享（Canberra Group，2011；Fry and Cohn，2011）。对于等值尺度，我们根据家户人数的平方根调整贫困阈值。例如，4 人家户的贫困线是 1 人家户的两倍。这种方法与戈萨克和斯梅丁（Gottschalk and Smeeding，1997）、堪培拉集团（Canberra Group，2011）、福斯特和德尔科尔（Forster and d'Ercole，2012）以及其他有关收入分配的文献中使用的等值尺度是一致的。

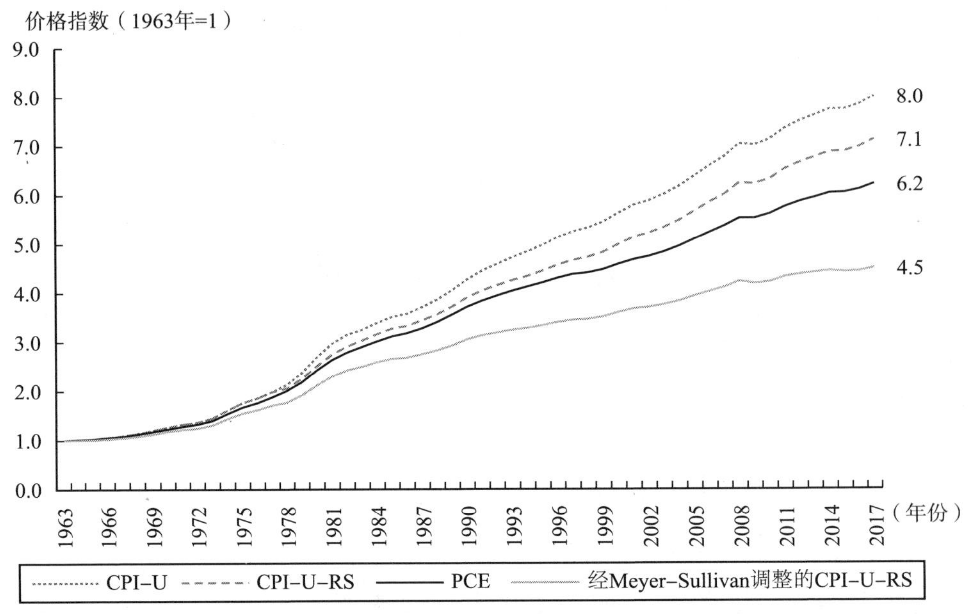

图 1　1963～2017 年基于多种通胀指标的价格指数

注：CPI 为居民消费价格指数。CPI-U-RS 为 CPI 研究序列。PCE 是个人消费支出价格指数。正如梅耶和沙利文（Meyer and Sullivan，2012b，2018）的研究中描述的，1978～2017 年每年的 CPI-U-RS 增长率中减去 0.8 个百分点，1963～1977 年每年的 CPI-U-RS 增长率中减去 1.1 个百分点，即得到经 Meyer-Sullivan 调整的 CPI-U-RS 序列。

资料来源：美国劳动统计局、经济分析局以及作者的计算。

全收入贫困率的趋势。图 2 详细说明了全收入贫困率相对于官方贫困率的趋势。根据构建方式，1963 年的全收入贫困率和官方公布的贫困率是相同的[①]。随

① 尽管这些测算指标与任何固定的贫困指标一样，在 1963 年计算了相同的人口百分比，但在每个指标下，低于贫困阈值的人口并不相同。因此，我们隐含的假设是，约翰逊总统关心的是资源分配中最底层的 1/5 的美国人（合理的测算），而不一定是 1963 年的官方贫困标准认定的最底层的 1/5 的穷人。

后，全收入贫困率在 1963 年至 1973 年间下降最为显著（从 1963 年的 19.5% 下降到 1973 年的 7.0%），并且除一年之外，在其他所有年份都一直处于下降趋势，1979 年的贫困率仅为 4.8%。这表明，减贫战争的头 16 年取得了巨大进展，但由于官方贫困测算未能包括重要的扶贫计划，减贫战争的重要性被掩盖和低估。虽然官方贫困率从未低于 1973 年的水平，但全收入贫困率却并非如此。1980 年至 1982 年发生了两次衰退，转移计划的福利也未能跟上这段时期高达两位数的通货膨胀。全收入贫困率上升，在 1983 年升至 6.9%，之后几乎一直在下降，2001 年达到 2.7%。此后，全收入贫困率再也没有超过 3.0%，2017 年降至 2.3%。

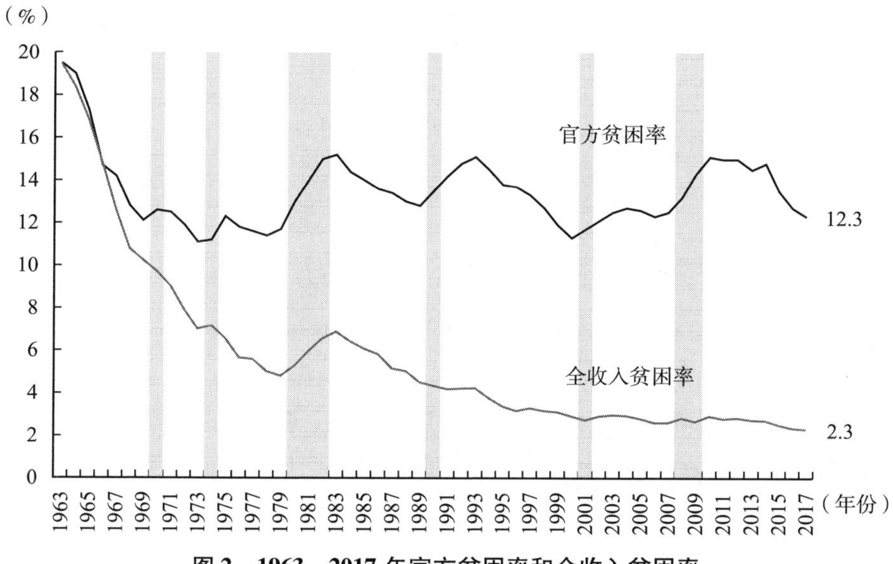

图 2　1963～2017 年官方贫困率和全收入贫困率

注：阴影表示 NBER 认可的衰退时期。

资料来源：世界人口微观共享数据库（IPUM5）和美国国家经济研究局（NBER）消费物价指数数据；政府关系咨询委员会（1968）；美国经济分析局（BEA）；美国劳工统计局（BLS）；美国人口普查局；医疗保险中心和医疗补助服务中心（CMS）；Collinson et al.，2016；Flood et al.，2018；Hoynes et al.，2016；Kramer，1988；MACPAC；NBER Taxsim；全国家庭雇主协会（NHEA）；行政管理与预算局（OMB）；美国农业部（USDA）；作者的计算。

通过一步步调整贫困衡量标准的要素，我们就可以观察到官方测算标准中遗漏的减贫来源。

图 3 显示，原始的官方贫困率以及使用全收入尺度的贫困测算指标估计的贫困率变化的趋势几乎相同，这意味着按照全收入标准，等值尺度并非是造成结果差异的原因。事实上，我们测算的单人家庭贫困阈值在 1963 年时是 1 531

美元，等于1963年官方测算的贫困阈值在农业家庭和非农家庭之间的加权平均（美国人口普查局，1969a）。贫穷趋势和阈值几乎相同，这并不令人惊讶，因为从以前的研究发现，以共享单位成员人数的平方根为基础的等值尺度不会对总的贫困率产生实质性的影响（Burkhauser，Smeeding and Merz，1996）①。使用家户而非家庭作为共享单位降低了54年之后的贫困率，到2017年贫困率为10.7%，低于调整等值尺度后官方贫困测算的12.5%。

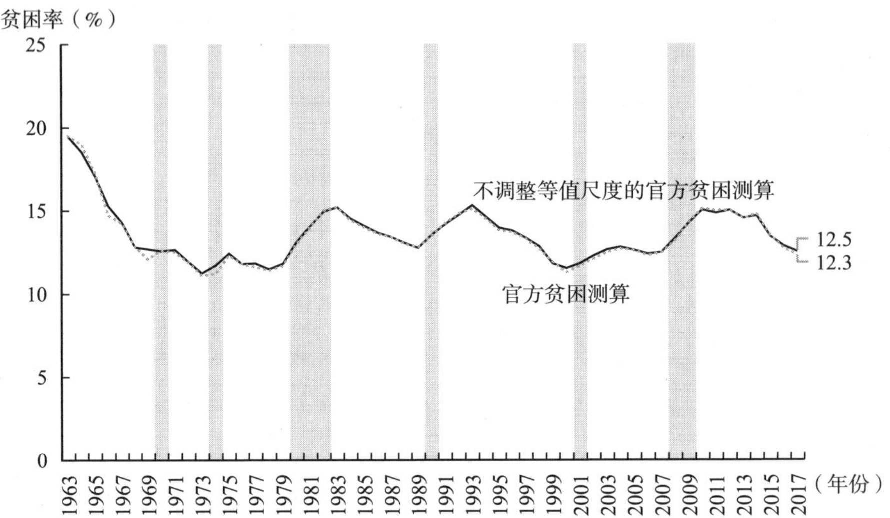

图3　1963～2017年基于官方贫困测算的贫困率，调整和不调整等值尺度

注：阴影表示NBER认可的衰退期。经调整的等值下的官方贫困测算方法根据家庭成员人数的平方根重新建立了贫困阈值，而非官方贫困测算方法使用更复杂的公式。

资料来源：美国人口普查局；当前年度人口调查；作者的计算。

采用税后收入指标，2017年贫困率进一步降至8.8%。加入除了健康保险以外的非现金转移的市场价值后，贫困率降到6.9%。这样我们就能在将健康保险的价值设定为零（使用CPI-U）的同时捕捉其他官方测算排除的实物转移带来的贫困下降，从而得到一个评估总收入贫困的上限，而在纳入医疗保险的市场价值后，贫困率进一步降至3.3%。

如上所述，CPI-U会随着时间的推移高估通货膨胀，并且低估减贫的程度。本文进一步说明了使用其他通货膨胀指标的效果。从CPI-U变为CPI-U-RS将进

① 尽管这个选择对国家总体贫困率的趋势影响不大，伯克豪泽、斯梅丁和梅尔茨（Burkhauser，Smeeding and Merz，1996）的研究表明等值尺度的选择会影响共享单位内贫困人群的特点（如户主处于工作年龄阶段且有孩子的较大规模的共享单位与没有孩子的老年人之间的差异）。

一步降低贫困率至2.8%，使用PCE将其进一步降低到2.3%，这也是本文首选的全收入贫困测算下的估计值。如果改用更低的经Meyer-Sullivan调整的CPI-U-RS作为通货膨胀指标，2017年全收入贫困率将降至1.6%。

这些因素在全收入贫困测算中的添加顺序会影响它们对降低贫困率的相对贡献。显而易见的是，共享单位的改变、使用税后收入、将实物转移（医疗保险除外）包括在内、纳入医疗保险的市场价值，以及改变通货膨胀的衡量指标在我们的全收入测算下都是贫困趋势变化的重要驱动因素。

四、现有其他贫困测算方法的不足

尽管存在不同于官方贫困测算的其他测算方法，但这些现有的贫困测算标准都不能满足全面评估约翰逊总统减贫战争胜利与否的三个条件。美国人口普查局的补充贫困测算是最为突出的替代方式，它纳入了部分减贫计划，但改变了贫困的基准比率，因此随着时间的推移增加了贫困的实际门槛，这明显是重新定义了贫困。学术界提出的另一种测算方法是绝对补充贫困测算（Wimer et al.，2016）。虽然这种测算方法也纳入了部分减贫计划，但却改变了1963年的基线贫困率。最后是梅耶和沙利文（Meyer and Sullivan，2003，2012a，2012b，2018）开发的消费贫困测算法（CPM），使用消费而不是收入作为资源测算的标准，锚定的是1980年而非1963年的官方贫困率，并且不包括医疗保险的价值。接下来，我们将对现有的贫困测算方法进行总结，并重点介绍这些测算方法如何满足或不满足评估条件。

（一）补充贫困测算（SPM）

美国人口普查局自2009年（Fox，2018）开始发布补充贫困指标，福克斯等人（Fox et al.，2015）将其延长至1967年。这种替代方法无法评估约翰逊总统减贫战争的成效。在西特龙和迈克尔（Citro and Michael，1995）概述的概念基础上，补充贫困测算方法代表了从绝对贫困测算向相对贫困测算的根本转变，目的就是随时间变化而改变阈值。该测算的一个关键特点是采用“准相对”门槛，这类门槛基于支出分布于30%～36%百分位家庭的各类基础支出水平（包括住房、食物、衣物用品）。然后将这一支出乘以1.2，以反映其他必需品支出，最终得到一个贫困阈值。

与官方的贫困标准一样，最初的补充贫困标准是任意的。然而，虽然官方的贫困阈值与约翰逊总统的基线标准一致，但补充贫困测算却并非如此。相反，补充贫困阈值表明，1963 年的贫困率要高得多①。此外，约翰逊总统将“向贫困宣战”塑造为一场反对绝对贫困的斗争，而不是反对不平等。自 1963 年以来，中等支出家庭的实际支出有所增加，补充贫困阈值的实际值也有所增加，这相当于重新定义了贫困标准，使其从绝对贫困向不平等的方向倾斜，从而使得补充贫困测算不适合评价约翰逊总统的减贫战争的成效。

尽管如此，补充贫困测算在其资源标准中加入了更多的收入来源（补充的资源包括非现金转移，如 SNAP 和住房福利，但不包括医疗保险的市场价值），从而改进了官方标准。这也是一种税后收入的测算方法，因为其在减去已缴税款的同时，还包括所得税抵免和儿童所得税抵免。补充贫困测算还对收入进行了一些其他调整，包括扣除儿童保育和医疗的自付费用，并且根据不同地理区域的住房成本和费用差异，采用不同的阈值。

这种自付费用的扣除可能导致反常的结果。梅耶和沙利文（Meyer and Sullivan，2012a）发现，补充贫困测算扣除自付医疗费用后，相对于官方贫困标准，原本贫困程度较低的个人看起来反而更贫困了。具体来说，拥有较高消费水平、较高教育程度、较大住房和较高的医疗保险覆盖面的群体中，似乎更多人反而变贫困了。此外，这种推断扭曲了公共政策的预期效果。例如，《平价医疗法案》增加了医疗保险覆盖的人数，并对低收入家庭的保险提供了大量补贴。然而，在许多情况下，被保险的病人仍然必须支付一些自付费用。补充贫困测算在收入中扣除了这些自费支出（如果没有保险，可能就不会产生这些支出），但在贫困测算中却没有计算补贴保险的价值。

（二）绝对补充贫困测算（绝对 SPM）

威莫等人（Wimer et al.，2016）构建了补充贫困测算方法的一个变体，他们称之为“锚定的 SPM”。目前，这个序列不能直接与官方贫困测算相比较，因为它没能与 1963 年或任何其他年份的官方贫困率相匹配（虽然这种比较在概念上是可行的，如下文所述）②。相反，这一指标与特定年份的补充贫困率挂钩。也就是说，它是根据某一特定年份的中等支出家户的支出情况，确定任意的初始阈值，然后再根据通货膨胀情况更新其他年份的阈值。虽然威莫等人（Wimer et al.，2016）测算的贫困率不能直接与官方的贫困测算进行比

① 福克斯等人（Fox et al.，2015）的补充贫困率的历史值只能追溯到 1967 年。当年，补充贫困率大约比官方贫困率高 4.4 个百分点。因此，这个时间序列中较高的补充贫困率部分是由于起始值就较高，尽管自 1967 年以来，以这种补充标准为基础的贫困率的下降幅度要大于官方数据。

② 与补充贫困测算类似，1967 年以前没有绝对 SPM 指标，但 1967 年绝对 SPM 比当年的官方贫困率高 4.4 个百分点，表明 1963 年绝对 SPM 贫困测算的贫困率也超过了 1963 年最初的官方贫困率。

较，但至少在概念上，他们的测算是一种绝对贫困测算，因为其阈值每年都根据通货膨胀进行更新。因此，我们将其称为“绝对补充贫困测算”（Absolute-SPM），以区别于以官方贫困测算为基础的测算方法。

绝对 SPM 使用每年的 CPI-U-RS 来调整阈值。该指标优于 CPI-U，但在某种程度上 CPI-U-RS 也夸大了通货膨胀，使用该指标测算的长期贫困下降幅度将小于使用 PCE 的情况。此外，与传统的补充贫困测算类似，绝对 SPM 没有考虑当前实物转移中最大的收入来源——医疗保险的市场价值。

（三）消费贫困测算（CPM）

最后一个我们需要考虑的贫困测算指标是由梅耶和沙利文（Meyer and Sullivan，2003，2012a，2012b，2017，2018）所提出的，该指标是基于家庭支出而不是收入。基于消费的测算指标与基于收入的测算指标在概念上有所不同，因为收入低而消费能力高的家庭（例如，如果他们拥有更高的财富水平或更高的借贷能力）在该指标下是不被算作贫困家庭的。在实际操作中，基于消费的测算指标的一个优势是，虽然支出报告也存在偏误，但是它们不受收入少报的影响，尤其是 CPS-ASEC（Meyer，Mok and Sullivan，2015）。虽然随着时间的推移，消费少报情况也愈发严重，但是梅耶和沙利文（Meyer and Sullivan，2013b，2018）认为这个问题可能被夸大了，其对消费贫困趋势的影响是有限的。

虽然消费贫困标准不同于官方贫困测算侧重于消费支出，但与官方测算一样，它反映了绝对贫困。它使用经 Meyer-Sullivan 调整的 CPI-U-RS 作为通货膨胀的衡量指标，从而使其阈值的实际美元价值随时间保持不变。虽然梅耶和沙利文解释说他们的调整通货膨胀指数反映了技术的进步，但是就像之前在图 1 中所看到的那样，经他们调整后的通货膨胀指数的增长比其他指数的增长要慢得多。

此外，与补充贫困测算和绝对 SPM 不同，消费贫困测算与官方贫困率是挂钩的。然而，消费者支出调查（Consumer Expenditure Survey）的数据在 1963 年无法得到，1980 年之前的数据也不连续，所以梅耶和沙利文最早将他们的测算标准与官方贫困率挂钩的年份是 1980 年。消费贫困测算也无法评价约翰逊总统的减贫计划。

五、全收入贫困测算与其他测算的比较

我们的全收入贫困测算显示，2017 年的贫困率低于其他基于收入的测算指标，因为该指标是用约翰逊总统的标准来评估他的减贫战争的。补充贫困率从 1967 年（第一年）的 18.6% 下降到 2017 年的 13.9%。但是，补充贫困测

算每年提高贫困阈值的幅度通常超过了通货膨胀。这意味着，它低估了绝对贫困在一段时间内的下降。绝对 SPM 采用 1967 年的补充贫困阈值，并仅根据每年的通货膨胀率（使用 CPI-U-RS）对其进行调整。因此，它下降得更快——补充贫困率从 1967 年的 18.6%下降到 2015 年的 10.7%，2015 年是数据可得的最新一年[①]。但请注意，在 1967 年，补充贫困率和绝对 SPM 的比率都比官方贫困率高出 4.4 个百分点。因此，如果按照 1967 年或 1963 年的官方贫困率计算，2015 年两者的贫困率无疑会低得多。因此，这些指标都显示出较高的贫困率，部分原因是它们的初始贫困水平就比较高。

相反，消费贫困率下降幅度要大于官方贫困率或补充贫困率。事实上，该方法获得的测算结果比我们的全收入贫困率下降幅度还大，从 1961 年的 30.2%下降到 2017 年的 2.8%。换句话说，尽管消费贫困率从 1961 年开始就比官方贫困率高 8.3 个百分点（因此很可能也超过 1963 年的官方贫困率），但到 2017 年贫困率仍在 3%以下。

对此，我们将开展进一步探索，并指出消费贫困率相对于其他指标下降幅度较大，在很大程度上是因为使用了经 Meyer-Sullivan 调整的 CPI-U-RS 指标来衡量通货膨胀，该指标提高贫困线的速度慢于 CPI-U-RS 和 PCE（因此也就加速了减贫速度）。消费贫困率的下降也可能反映了消费较不容易受到福利或其他收入来源日益少报的影响。而且，尽管忽略了医疗保险的市场价值，消费贫困率仍大幅下降。而将医疗保险（包括保险和补助）纳入我们的全收入贫困指标中，说明尽管存在差异，但消费贫困率的下降支持了全收入贫困测算的结果，即现有的收入贫困测算未能体现约翰逊总统减贫计划的成效。

考虑到我们的全收入贫困指标和其他贫困指标在趋势上的明显差异，那么是什么导致了这些差异？为了探究这个问题，我们制作了一个修正版的全收入贫困测算指标，以便与绝对 SPM 和消费贫困测算进行一致的比较。第一，由于在 1963 年没有用于编制绝对 SPM 测算和消费贫困测算所需的数据，我们将这三项指标的基准年都定为 1980 年。第二，我们还将医疗保险的市场价值排除在修改后的全收入贫困测算之外，因为其他测算指标没有包括医疗保险。第三，我们使用单一的通货膨胀标准指标更新贫困阈值。同样，基于消费贫困测算和绝对 SPM 有限的数据可得性，我们使用 CPI-U-RS 和经 Meyer-Sullivan 调整的 CPI-U-RS，而不是我们首选的 PCE 作为通货膨胀的指标。由于 CPI-U-RS 的通货膨胀率低于 PCE，而经 Meyer-Sullivan 调整的 CPI-U-RS 的通货膨胀率要高于 PCE，这就为通货膨胀趋势提供了两种较为极端的情况。

① 本文基于威莫等人（Wimer et al.，2017）的数据构建了绝对 SPM 序列。

这些比较得出了两个重要结论。首先，将医疗保险的市场价值纳入锚定1963年的全收入贫困测算中，以及使用PCE对通货膨胀进行调整，似乎解释了该测算标准下的贫困趋势与绝对SPM和消费贫困测算之间的主要差异。其他差异似乎不那么重要，如共享单位、等值尺度、地域调整和某些费用的扣除。其次，当贫困率没有过低时，以收入和消费为基础的贫困测算得出了类似的趋势，但当贫困率降到非常低的水平时，以消费为基础测算的贫困率可能会出现较大差异。梅耶、莫和沙利文（Meyer，Mok and Sullivan，2015）发现CPS中低估了分布最底部人群的收入。这表明，如果这种低估是造成差异的原因，那么2017年2.3%的全收入贫困率可能就被高估了。

本文给出的修正的消费贫困测算与原始的消费贫困测算相匹配，原始的消费贫困测算为与官方贫困率相匹配，锚定了1980年的贫困率，但使用的是CPI-U-RS，而非经Meyer-Sullivan调整的CPI-U-RS作为通货膨胀的衡量指标。这个数据序列由梅耶和沙利文（Meyer and Sullivan，2018）直接提供，并且他们还提供了多种通货膨胀指标和固定年份的贫困指标。

本文总结了经修改的全收入贫困测算指标（不含医疗保险的市场价值）、绝对SPM和消费贫困测算指标，它们都与1980年的官方贫困率挂钩，并使用CPI-U-RS调整了通货膨胀阈值。在1980年，这三项指标的贫困率根据定义都等于13.0%，即当年的官方贫困率。2015年，在修改后的全收入贫困测算下，贫困率为8.2%，而在修改后的绝对SPM下，贫困率为10.3%。然而，它们之间的剩余差异（除了锚定年份、通货膨胀指标和是否纳入医疗保险的市场价值外）似乎都无法解释贫困趋势方面的重大差异。

对于修正的全收入贫困测算和消费贫困测算来说，一旦它们锚定相同的年份（1980年）、使用同一通货膨胀指标（CPI-U-RS）并排除医疗保险，计算得到的自1980年以来的贫困趋势几乎是相同的（2015年分别为8.8%和8.2%）。但是，它们在早些年确实存在分歧，因为在1980年以前，特别是从20世纪60年代初到1972年，经修改的全收入贫困测算法比消费贫困测算法计算得到的减贫效果更为显著。

这种贫困趋势的比较会在使用一种产生较低贫困率的通货膨胀指标时略有不同。若三种方法都使用经Meyer-Sullivan调整的CPI-U-RS作为通货膨胀指标，而不是未经调整的CPI-U-RS，结果表明，使用修正后的绝对SPM和全收入贫困测算方法测算出的贫困率下降幅度不如2000年以来根据消费计算的明显。2015年，CPM计算的贫困率为3.4%，修改后的全收入贫困率则更高，为4.9%；而修改后的绝对SPM结果甚至更高，为6.6%。这表明，对于资源分配底层的人群，根据消费而不是收入来测算贫困可能对贫困率有更重要的影响。这可能是由于自2000年以来，CPS-ASEC转移少报的程度越来越高，或者它可能反映了收入最低的部分家庭的支出要高于收入。

六、讨　论

这些结果表明，基于今天的生活标准，尽管仍有个人在为摆脱经济困境而挣扎，但约翰逊总统的减贫战争——基于他宣布战争时的经济标准——已经结束了，并且取得了胜利。

使用我们的全收入贫困测算，这一结果是显而易见的。因为与之前的贫困测算方法不同，该方法与约翰逊总统1963年对贫困人口的判断挂钩，虽然该判断在学术角度来看是武断的，但是它与政策紧密相关。而且我们的方法还相应地设定了初始阈值，并且每年调整名义阈值，使其在实际价值上保持不变。同时，我们使用的是完全的收入定义。虽然这个结论与传统研究结果（基于官方贫困测算和补充贫困测算的研究）形成鲜明对比，但并不令人感到惊讶，因为传统的贫困测算没有考虑转移计划带来的大量资源以及20世纪60年代以来的整体经济增长。

本文统计了经规模调整的全部家户收入（即PCE经通货膨胀调整后的可支配收入，包括现金和实物转移支付以及医疗保险）的分布情况。在过去50年，收入有了实质性的增长（包括转移）。调整后的个人总收入的中位数从1963年的16 606美元增长到2017年的41 143美元，增长了148%。四口之家的收入从33 212美元增加到82 286美元。根据1963年统计的按家庭规模调整的收入绝对水平，2017年只有2.3%的人仍低于实际贫困标准。这些观察结果反映了自1963年以来，一旦将减贫的税收计划税和转移计划更充分地包括在我们的收入统计中，美国收入分配中的中低收入人群的经济生活水平将有实质性的提高。

根据半个多世纪前的标准来看，贫困现象几乎被消除了。但这对于真实的减贫成效来说，是一个必要但并不充分的条件。我们需要证明在更高的贫困线标准下，减贫仍然取得了进展。因此，决策者现在可能需要考虑调整贫困阈值，以反映当前社会对最低生活标准的预期，让学者和政策顾问对这些修订提出各自的见解，那么决策者制定的贫困标准很可能会超过1963年最初制定的标准。

但从政策评估的角度来看，约翰逊总统的减贫计划的成功应该反映出那个时代决策者的目标。补充的贫困测算不能全面地反映减贫方面的进步。这是因为这种贫困测算主要基于美国国家科学院委员会1995年的建议（Citro and Michael，1995），任意上调了1963年建立的贫困阈值，并使用拟相对而非绝对标准，随时间调整了阈值。

确定贫困的基准线是一个规范性的决策。使用绝对标准或相对标准改变这些阈值的决策也是如此。因此，虽然补充贫困测算可以提供对低收入个体相对经济状况的洞察，但它从来没有试图像减贫计划最初设想的那样，全面评估长期以来的绝对贫困变化趋势。而我们的全收入贫困测算弥补了这一缺陷，其结果表明，基于约翰逊总统标准的减贫计划基本上已经结束，而且取得了胜利。

根据约翰逊总统的标准，2017 年贫困率大幅下降，但是这也表明决策者或许可以考虑重新设定贫困阈值，以反映现代社会对贫困的预期。尽管政策制定者重新考虑了贫困阈值，但使用绝对标准的贫困率仍远低于 20 世纪 60 年代约翰逊总统宣布减贫战争开始时期的水平。

七、结　论

根据约翰逊总统 1963 年的最初标准，我们发现贫困率从 1963 年的 19.5% 下降到 2017 年的 2.3%。我们根据全收入贫困测算的初步评估得出了这一结论：今天的全收入贫困率很低，以 20 世纪 60 年代约翰逊总统的绝对生活标准来看，减贫战争基本已经结束，而且取得了胜利，但基于今天的生活标准，仍有人陷入经济困难。

这一结果反映了整体收入分配的显著改善，以及主要安全网络项目的建立和扩大。中位收入在 1963 年至 2017 年间翻了一倍以上，这也与约翰逊总统及其顾问的预期大致相符。然而，这一发现与现有的贫困测算标准形成了鲜明的对比，后者试图根据不同的标准来评估约翰逊总统的减贫计划，但是这些测算实际上重新定义了他所发起减贫计划的条件。

参考文献

Advisory Commission on Intergovernmental Relations. 1968. "Intergovernmental Problems in Medicaid: A Commission Report". Washington, D. C.

Armour, P., R. V. Burkhauser, and J. Larrimore. 2013. "Deconstructing Income and Income Inequality Measures: A Crosswalk from Market Income to Comprehensive Income". American Economic Review: Papers and Proceedings, 103 (3): 173 - 177.

Berndt, E. R. 2006. "The Boskin Commission Report After a Decade: After-life or Requiem?". International Productivity Monitor, Centre for the Study of Living Standards, 12: 61 - 73.

Blinder, A. S. 1985. "Comment: Measuring income—What kind should be in?". pp. 28 - 31 in Proceedings of the Bureau of the Census Conference on the Measurement of Noncash Benefits. Washington, D. C.: U. S. Department of Commerce.

BLS (Bureau of Labor Statistics). 2019. "Frequently Asked Questions about the Chained Consumer Price Index for All urban Consumers (C-CPI-U)". https://www.bls.gov/cpi/

additional-resources/chained-cpi-questions-and-answers. htm.

Boskin, M., E. R. Dulberger, R. J. Gordon, Z. Griliches, and D. W. Jorgenson. 1996. "Toward a More Accurate Measure of the Cost of Living: Final Report to the Senate Finance Committee from the Advisory Commission to Study the Consumer Price Index".

Bullard, J. 2013. "President's message: CPI vs. PCE inflation: Choosing a standard measure". The Regional Economist. Federal Reserve Board of St. Louis. Available at https://www. stlouisfed. org/publications/regional-economist/july-2013/cpi-vs-pce-inflation--choosing-a-standard-measure.

Burkhauser, R. V. 2009. "Deconstructing European Poverty Measures: What Relative and Absolute Scales Measure". Journal of Policy Analysis and Management, 28 (4): 715 – 724.

Burkhauser, R. V., J. Larrimore, and K. I. Simon. 2012. "A 'Second Opinion' on the Economic Health of the American Middle Class". National Tax Journal, 65 (1): 7 – 32.

Burkhauser, R., T. Smeeding, and J. Merz. 1996. "Relative Inequality and Poverty in Germany and the United States Using Alternative Equivalence Scales". Review of Income and Wealth, 42 (4): 381 – 400.

Burtless, G., and Pulliam, C. 2018. "Income Data from the Census May Not Tell Full Story on Middle-Class Trends". Brookings Institution. September 17.

Canberra Group. 2001. Expert Group on Household Income Statistics: Final Report and Recommendations. Ottawa: United Nations Economic Commission for Europe.

Canberra Group. 2011. Handbook on Household Income Statistics, 2nd ed. Geneva: United Nations Economic Commission for Europe.

CBO (Congressional Budget Office). 2013. "The Distribution of Household Income and Federal Taxes, 2010". https://www. cbo. gov/sites/default/files/113th-congress-2013-2014/reports/44604-averagetaxrates. y.

CEA (Council of Economic Advisers). 1964. "The Problem of Poverty in America". In Economic Report of the President. Washington: U. S. Government Publishing Office.

CEA (Council of Economic Advisers). 2014. "The War on Poverty 50 Years Later: A Progress Report". In Economic Report of the President. Washington: U. S. Government Publishing Office.

CEA (Council of Economic Advisers). 2018. "Expanding Work Requirements in Non-Cash Welfare Programs".

Citro, C. F., and Michael, R. T. 1995. Measuring Poverty: A New Approach. National Research Council. Washington, D. C.: The National Academies Press.

CMS (Centers for Medicare & Medicaid Services). 2013. "Medicare Enrollment—National Trends 1966-2013". Available at https://www. cms. gov/Research-Statistics-Data-and-Systems/Statistics-Trends-and-Reports/MedicareEnrpts/Downloads/SMI2013. pdf

CMS (Centers for Medicare & Medicaid Services). 2018. "CMS Fast Facts". Available at https://www. cms. gov/Research-Statistics-Data-and-Systems/Statistics-Trends-and-Reports/-

CMS-Fast-Facts/index. html.

CMS (Centers for Medicare & Medicaid Services). 2019. "National Health Expenditures by Type of Service and Source of Funds, CY 1960 – 2017". Available at https: //www. cms. gov/Research-Statistics-Data-and-Systems/Statistics-Trends-and-Reports/NationalHealthExpendData/NationalHealthAccountsHistorical. html.

Collinson, R., Ellen, I. G., and Ludwig, J. 2016. "Low-Income Housing Policy". In R. A. Moffitt (ed.), Economics of Means Tested Transfer Programs in the United States. Chicago, IL: University of Chicago Press for the NBER, 2: 59 – 126.

Elwell, J., K. Corinth, and R. V. Burkhauser. 2019. "Income Growth and its Distribution from Eisenhower to Obama: The Growing Importance of In-Kind Transfers (1959-2016)". NBER Working Paper w26439.

Federal Reserve. 2000. "Monetary Policy Report to the Congress Pursuant to the Full Employment and Balanced Growth Act of 1978". Federal Reserve Board of Governors.

Feenberg, D., and E. Coutts. 1993. "An Introduction to the TAXSIM Model". Journal of Policy Analysis and Management, 12 (1): 189 – 194.

Finkelstein, A., Hendren, N., and Luttmer, E. F. P. 2015. "The Value of Medicaid: Interpreting Results from the Oregon Health Insurance Experiment". NBER Working Paper 21308.

Fisher, Gordon, M. 1992. "The Development and History of Poverty Thresholds". Social Security Bulletin. Vol. 55, No. 4. Available at https: //www. ssa. gov/policy/docs/ssb/v55n4/v55n4p3. pdf.

Fisher, Gordon, M. 1994. "From Hunder to Orshansky: An Overview of (Unofficial) Poverty lines in the United States from 1904 to 1965-Summary". Presentation at the 15th Annual Research Conference of the Association for Public Policy, Analysis, and Management. Available at https: //aspe. hhs. gov/hunter-orshansky-overview-unofficial-poverty-lines-united-states-1904-1965-%E2%80%94-summary.

Fisher, Gordon, M. 2008. "Remembering Mollie Orshanky—The Developer of the Poverty Thresholds". Social Security Bulletin, Vol. 68, No. 3. Available at https: //www. ssa. gov/policy/docs/ssb/v68n3/v68n3p79. html.

Finkelstein, A., N. Hendren, and E. F. P. Luttmer. 2015. "The Value of Medicaid: Interpreting Results from the Oregon Health Insurance Experiment". NBER Working Paper 21308.

Flood, S., M. King, R. Rodgers, S. Ruggles and J. R. Warren. Integrated Public Use Microdata Series, Current Population Survey: Version 6. 0. Minneapolis, MN: IPUMS, 2018. https: //doi. org/10. 18128/D030. V6. 0.

Fontenot, K., Semega, J., and Kollar, M. 2018. "Income and Poverty in the United States: 2017". Current Population Reports. United States Census Bureau. September.

Forster, M., and M. D'Ercole. 2012. "The OECD Approach to Measuring Income Distribution and Poverty". In Counting the Poor: New Thinking About European Poverty Measures and Lessons for the United States, edited by D. Besharov and K. Couch. New York: Oxford University Press.

Fox, L., C. Wimer, I. Garfinkel, N. Kaushal, and J. Waldfogel. 2015. "Waging War on

Poverty: Poverty Trends Using a Historical Supplemental Poverty Measure". Journal of Policy Analysis and Management, 34 (3): 567 – 592.

Fox, L. 2018. "The Supplemental Poverty Measure: 2017". Current Population Reports. United States Census Bureau. September.

Fry, Richard, and D. Cohn. 2011. "Living Together: The Economics of Cohabitation". Pew Research Center.

Gordon, R. J. 2006. "The Boskin Commission Report: A Retrospective One Decade Later". NBER Working Paper No. 12311.

Gottschalk, P., and T. Smeeding. 1997. "Cross-National Comparisons of Earnings and Income Inequality". Journal of Economic Literature, 35 (2): 633 – 87.

Gruber, J. 2003. "Medicaid". In Means-Tested Transfer Programs in the United States, edited by R. A. Moffitt. University of Chicago Press.

Hausman, J. 2003. "Sources of Bias and Solutions to Bias in the Consumer Price Index". Journal of Economic Perspectives, 17 (1): 23 – 44.

Hoynes, H. Schanzenbach, D. W. and Almond, D. 2016. "Long-Run Impacts of Childhood Access to the Safety Net". American Economic Review, 106 (4): 903 – 934.

HUD (U. S. Department of Housing and Urban Development). 2018. "Assisted Housing: National and Local: Picture of Subsidized Households". Available at https://www.huduser.gov/portal/datasets/assthsg.html#2009-2017_query.

IRS (Internal Revenue Service). 2016. Statistics of Income-2016: Individual Income Tax Returns. Washington, DC. https://www.irs.gov/pub/irs-pdf/p1304.pdf.

Johnson, L. 1965. Public Papers of the Presidents of the United States: Lyndon B. Johnson: Containing the Public Messages, Speeches, and Statements of the President 1963-64 (in Two Books). Washington: U. S. Government Printing Office.

Kaestner, R. and D. Lubotsky. 2016. "Health Insurance and Income Inequality". Journal of Economic Perspectives, 30 (2): 53 – 78.

Korenman, S. D., and Remler, D. K. 2016. "Including Health Insurance in Poverty Measurement: The Impact of Massachusetts Health Reform on Poverty". Journal of Health Economics, 50: 27 – 35.

Kramer. F. D. 1988. From Quality Control to Quality Improvement in AFDC and Medicaid. National Academy Press. Washington, D. C.

Lampman, R. 1971. Ends and Means of Reducing Income Poverty. Institute for Research on Poverty Monograph Series. Chicago: Markham.

Larrimore, J., and D. Splinter. 2019. "How Much Does Health Insurance Cost? Comparison of Premiums in Administrative and Survey Data". Economics Letters, 174: 132 – 135.

Medicaid and CHIP Payment and Access Commission. 2018. "MACStats: Medicaid and CHIP Data Book". December. Available at https://www.macpac.gov/publication/macstats-medicaid-and-chip-data-book-2/.

Meyer, B., and J. Sullivan. 2003. "Measuring the Well-Being of the Poor Using Income and Consumption". The Journal of Human Services, 38, 1180 – 1220.

Meyer, B. D., and Sullivan, J. X. 2012a. "Identifying the Disadvantaged: Official Poverty, Consumption Poverty, and the New Supplemental Poverty Measure". Journal of Economic Perspectives: 111 – 136.

Meyer, B. D., and Sullivan, J. X. 2012b. "Winning the War: Poverty from the Great Society to the Great Recession". Brookings Papers on Economic Activity: 133 – 183.

Meyer, B. D., and Sullivan, J. X. 2013a. "Winning the War: Poverty from the Great Society to the Great Recession". NBER Working Paper Series No. 18718.

Meyer, B. D., and Sullivan, J. X. 2013b. "Consumption and Income Inequality and the Great Recession". American Economic Review, 103 (3): 178 – 183.

Meyer, B. D., and Sullivan, J. X. 2018. "Annual Report on U. S. Consumption Poverty: 2017". American Enterprise Institute.

Meyer, B. D., N. Mittag, and R. M. Goerge. 2018. "Errors in Survey Reporting and Imputation and their Effects on Estimates of Food Stamp Program Participation". NBER Working Paper Series No. 25143.

Meyer, B. D., W. K. C. Mok, and J. X. Sullivan. 2015. "Household Surveys in Crisis". Journal of Economic Perspectives, 29 (4): 199 – 226.

Mittag, N. 2019. "Correcting for Misreporting of Government Benefits". American Economic Journal: Economic Policy, 11 (2): 142 – 164.

Moulton, B. 2018. The Measurement of Output, Prices, and Productivity: What's Changed Since the Boskin Commission? Brooking Institution Research Report. Available at https://www.brookings.edu/wp-content/uploads/2018/07/Moulton-report-v2.pdf.

National Academies of Sciences, Engineering, and Medicine. 2019. A Roadmap to Reducing Child Poverty. Washington, DC: The National Academies Press. Available at https://doi.org/10.17226/25246.

Office of Management and Budget (OMB). 2019. "Historical Tables". Available at https://www.whitehouse.gov/omb/historical-tables/.

Orshansky, M. 1965. "Counting the Poor: Another Look at the Poverty Profile". Social Security Bulletin.

Passell, P. 1997. "Obituary: Robert Lampman, 76, Economist Who Helped in War on Poverty". New York Times, March 8.

Reagan, R. 1990. Public Papers of the Presidents of the United States: Ronald Reagan: 1988 (in Two Books). Washington: U. S. Government Printing Office.

Ryan, P. 2014. "A Better Way Up from Poverty". Wall Street Journal. August 15. Available at https://www.wsj.com/articles/paul-ryan-a-better-way-up-from-poverty-1408141154.

Smeeding, T. M. 1977. "The Anti-Poverty Effectiveness of In-Kind Transfers". Journal of Human Resources, 12 (3): 360 – 378.

Truffer, C. J. , Klemm, J. D. , Wolfe, C. J. , Rennie, K. E. , and Shuff, J. F. 2012. "2012 Actuarial Report on the Financial Outlook for Medicaid". Office of the Actuary, Centers for Medicare & Medicaid Services. U. S. Department of Health and Human Services.

United States Census Bureau. 1965. Statistical Abstract of the United States: 1965. (86th edition.) Washington, D. C.

United States Census Bureau. 1970. Statistical Abstract of the United States: 1970. (91st edition.) Washington, D. C.

United States Census Bureau. 1969a. Current Population Reports, Series P-23, No. 28 "Revision in Poverty Statistics, 1959 to 1968," U. S. Government Printing Office, Washington, D. C.

United States Census Bureau. 1969b. Current Population Reports, Series P-60, No. 68 "Poverty in the United States: 1959 to 1968," U. S. Government Printing Office, Washington, D. C.

United States Census Bureau. 2015. "Calculating Fungible Values: Medicare, Medicaid". Available at https://www.census.gov/programs-surveys/cps/data-detail/fungible-values.html.

United States Census Bureau. Current Population Survey. Available at https://www.census.gov/programs-surveys/cps.html.

USDA (United States Department of Agriculture). 2018. "Supplemental Nutrition Assistance Program (SNAP): National Level Annual Summary: Participation and Costs, 1969-2017". Food and Nutrition Service. Available at https://www.fns.usda.gov/pd/supplemental-nutrition-assistance-program-snap.

USDA (United States Department of Agriculture). 2019. "Child Nutrition Tables". Food and Nutrition Service. Available at https://www.fns.usda.gov/pd/child-nutrition-tables.

Wimer, C. , L. Fox, I. Garfinkel, N. Kaushal, and J. Waldfogel. 2016. "Progress on Poverty? New Estimates of Historical Trends Using an Anchored Supplemental Poverty Measure". Demography, 53 (4): 1207 – 1218.

Wimer, C. , L. Fox, I. Garfinkel, N. Kaushal, J. Laird, J. Nam, L. Nolan, J. Pac, and J. Waldfogel. 2017. Historical Supplemental Poverty Measure Data. Columbia Population Research Center. https://www.povertycenter.columbia.edu/.

Winship, S. 2016. "Poverty After Welfare Reform". Manhattan Institute.

收入分布、国际一体化和持续减贫

皮内洛普·K. 戈德伯格、特里斯坦·里德*

摘　要：在一个国际一体化程度更低的世界中，发展的道路是什么？我们建立了一个模型来回答这个问题，这个模型强调需求端对国家发展的限制作用。在这个框架内，不完全竞争公司所采用的规模报酬递增技术与发展联系在了一起，而这些公司则需要支付转换到该种技术的固定成本。持续减贫的衡量标准是，每天生活费少于1.90美元（按2011年购买力平价计算）的人口比例连续下降五年。这一结果在统计显著性上和经济意义上受到多方面因素的影响：国内市场规模（由收入分布函数测算）、国际市场规模（是具有法律约束效应的国际贸易协定数据的函数，这些协定包括关税与贸易总协定、世界贸易组织和279项特惠贸易协定）。反事实估计表明，在缺乏国际一体化的情况下，低收入和中低等收入国家的居民平均生活在一个不足以实现持续减贫的市场中。

一、引　　言

20世纪，许多经济体发展的成功都伴随着出口增长和贸易顺差，如东亚（Stiglitz，1996）。技术的进步威胁到了廉价劳动力所提供的比较优势，并且发达经济体开始热衷于保护主义，目前尚不清楚这种出口拉动型模式在未来是否还适用。隆德等人（Lund et al.，2019）发现，基于劳动力成本差异的贸易的份额（定义为出口国家的人均GDP等于或者少于进口国人均GDP的1/5）在某些价值链上一直在下降，尤其是在劳动密集型的制造业价值链中，从2005年的55%下降到2017年的43%。这样的观察结果让政策制定者不禁要问：在一个国际一体化程度降低的世界里，通向发展的道路是什么？

我们使用一个强调需求侧约束的国家发展模型来回答这个问题。在这个模型中，我们将持续减贫定义为每天生活费低于1.90美元（按2011年购买力平价计算）的人口在五年内保持下降。在这个框架中，不完全竞争公司所采用的规模报酬递增技术与发展联系在了一起，而这些公司则需要支付转换到该种技术的固定成本。新技术的采用启动了一种增加工资的结构转型，在该转型过程中贫困减少了。为了覆盖采用新技术所产生的固定成本，需要产生额外的需求，这些需求可能来自国内或者国际市场。重要的是，即使在主要服务于国内需求的部门（如服务业），也可以实现规模经济；在这种情况下，来自可贸易部

* 作者简介：皮内洛普·K. 戈德伯格（Pinelopi K. Goldberg）供职于耶鲁大学经济系，特里斯坦·里德（Tristan Reed）供职于世界银行。

门的出口的作用是，它们可以创造收入并将其转化为对所有部门的额外需求，包括那些不可贸易部门。在我们用于激励实证分析的一般均衡模型中，由家庭广泛拥有企业利润而产生的需求增加是财富和收入公平分配从而提高劳动生产率的关键渠道。在我们使用的一般均衡模型中，家庭对公司利润的所有权引发需求增加是一个关键的渠道。通过这一渠道，公平的财富和收入分配可以提高劳动生产率，而这也驱动了我们的实证分析（Murphy，Shleifer and Vishny，1989a）。

国际市场规模的测算基于新的具有法律约束力的国际贸易协定条款数据库，包括关税及贸易总协定（GATT）、世界贸易组织（WTO）的各项协定，以及霍夫曼、奥斯纳戈和鲁塔（Hofmann，Osnago and Ruta，2017）记录的279项优惠贸易协定（PTAs）的条款。这些条款主要确立了与货物和服务贸易有关的权利，但也涉及资本、观念和劳动力的流动，这些共同构成了国际经济的法律架构。一个国家的一体化国际市场的规模是通过对所有贸易伙伴的人口和收入的加权求和计算出来的，贸易伙伴的权重是与该国签订的经济一体化条款的数量。按照这一标准，撒哈拉以南非洲已经接触到世界上收入相对最高的国际市场。虽然在我们的样本中，一体化国际市场的人均收入相对于国家收入快速下降，但是我们发现一体化国际市场对于减贫的影响是正向的，大幅度的，且在统计上具有显著性。这表明，过去国际一体化为贫穷的国家消除贫困提供了一条道路。这些结果与现有的证据高度相关：最初贫穷的国家的贫困率往往下降得更慢（Ravallion，2012）。

在反事实分析中，我们将一体化国际市场的规模设为零，这使我们能够单独考虑国内市场规模对持续减贫的影响，这就量化了在一体化程度较低的经济体中实现发展的前景。国内市场的规模以收入分配的函数来衡量，以中产阶级人口所占的份额作为总结性代表指标，而中产阶级是按照哈拉斯（Kharas，2017）的定义，即按2011年购买力平价计算，每天生活费为11～110美元的人。我们对中产阶级使用绝对定义，而非相对定义，反映了这样一种假设：各国的规模报酬递增技术是相同的。与国际市场的规模一样，中产阶级的份额对持续减贫具有显著的正向影响①。

① 中产阶级的下限（每天11美元购买力平价）和贫困的上限（每天1.90美元购买力平价）之间的巨大差距，确保了这两个状态中的人口份额之间的关系不是机械的。其他人已经研究过中产阶级的其他定义。例如，伯德索尔、格雷厄姆和佩蒂纳托（Birdsall，Graham and Pettinato，2000）和伊斯特利（Easterly，2001）相对于国民收入分配，定义了每个国家的中产阶级（分别为收入中位数的0.75～1.25和消费的20分位数到80分位数）。班纳吉和迪弗洛（Banerjee and Duflo，2008）以及拉瓦利恩（Ravallion，2009）研究了国家特定的替代定义，可能适用于不同的收入水平（分别为2～4美元/天和6～10美元/天；或者发展中国家的中产阶级定义为收入高于发展中国家的贫困线，而西方的中产阶级收入高于美国的贫困线）。如本文所述，采用与发达国家生活水平挂钩的绝对门槛在私人部门更为常见，例如考虑是否进入某个市场的零售商。关于这是利润最大化的观点，请参见西马尼斯（Simanis，2012）对“金字塔底部”零售策略的评论。

我们的实证框架受到产业组织文献的启发，特别是布雷斯纳汉和赖斯（Bresnahan and Reiss，1991），他们开发了一种基于不完全竞争市场中报酬递增的企业的利润函数来估计行业进入门槛的方法。他们的方法在我们的情景中特别有用，因为在估计可变利润和固定成本参数时不需要市场价格的数据，而我们计算盈亏平衡点正需要可变利润和固定成本参数。通过这种方法，我们估计，如果市场人群的购买力低于全球中产阶级，那么持续减贫的市场规模门槛是3.28亿人。

在一体化国际市场规模为零的情况下，2011～2015年低收入和中低等收入国家的普通居民所生活的市场规模不足以实现持续减贫，因为这些国家的中产阶级还不够多。对于我们样本中一个平均水平的国家来说，中产阶级人口比例每增加10%，就相当于人口增加5 400万人。因此，对于人口少的国家来说，平等显得格外重要。这表明，如果国际一体化在持续减贫中的重要性确实下降，那么贫困国家要消除贫困，决策者必须注重均衡收入的分布，例如用税收（正如本文分析的模型所暗示的那样）或者给穷人重新分发产权来促进平等。

在方法论上，我们的工作与经济增长文献中的一种特定方法相关。在这种方法中，研究人员确定了一组在一段时间内表现异常出色的国家，然后将它们与世界其他地区进行比较。在增长与发展委员会的报告中，斯彭斯等人（Spence et al.，2008）确定的13个经济体自1950年以来年均GDP累积增长超过7%，并持续了25年以上①。韦尔克（Werker，2012）研究了所有实现超过8年两位数增长（每年超过10%）的国家，并发现，其中近2/3的时期或是战争后的复苏，或是资源繁荣时期，特别是有很多由石油繁荣驱动的时期。豪斯曼（Haussman et al.，2005）通过识别每年增长率变化大于或等于2个百分点的所有时期，识别出增长加速的时期。同时，如果一段时间的年增长率超过3.5%且最后的收入高于该期间的最高收入，就将这连续7年的数据编码为1，否则为0。他们发现，这种加速是高度不可预测的。在所有研究中，观察到增长的年份是允许变化的，并且研究的时间长度都超过了5年。相比之下，我们的方法在时间上是固定的，每个时期都包含一个互不关联的五年窗口期（例如，1981～1985年、1986～1990年等）。这种方法使我们在选择时间窗口时不能不成比例地描绘某一特定国家的表现的正面或负面情况。这也意味着我们的预测与政府做出决定的相对较短的时间范围是相关的。

我们的工作对几类不同的文献都有所贡献。首先，我们对可持续减贫的关

① 这些经济体包括博茨瓦纳、巴西、中国、印度尼西亚、日本、韩国、马来西亚、马耳他、阿曼、新加坡、泰国、中国台湾和中国香港。

注与贫困动态的文献有关，这些文献所研究的是特定的国家（Ferreira，Leite and Ravallion，2010）和家庭（Carter and Barrett，2006；Baulch and Hoddinott，2000）。这类文献的一个关键信息是，家庭会反复地脱贫和返贫，而永久脱贫比脱离贫困后再次返贫罕见得多（Shepherd and Diwakar，2019）。纵观各经济体，在一半以上的时间里，一经济体在总体水平上持续实现减贫。本文的研究结果还强调了发达经济体商业周期对发展中经济体减贫的影响有限，至少在2006~2010年和2011~2015年窗口期内是如此。这期间发达经济体经历了金融危机和增长减速，但这些年仍是发展中经济体持续减贫表现最好的年份。

其次，我们的论文补充了大量有关不平等、贫困和增长的文献。我们发现，在低收入水平下，平等和减贫在一定程度上是齐头并进的，这一结果与巴罗（Barro，2000，2008），以及奥思特锐、伯格和桑加雷斯（Ostry，Berg and Tsangarides，2014）的结论大体一致。我们在这方面的工作与德赛和哈拉什（Desai and Kharas，2017）的研究密切相关，他们强调中产阶级在减贫中的重要性。这些研究者使用1870年以来的历史数据来探索中产阶级和减贫之间的关系，而我们关注的是较近的、以全球一体化不断增强为特征的时期，并使用反事实模拟量化了中产阶级在持续减贫中的作用。

再次，我们的研究对贸易政策对贫困影响的文献有所贡献（Autor，Dorn and Hanson，2016；Topalova，2010；Harrison，2007；Goldberg and Pavcnik，2004；Winters，McCullopch and Mckay，2004）。我们在这篇文献中引入了一种衡量一体化国际市场规模的新方法，在我们的模型中预测了持续的减贫。该指标补充并扩展了萨克斯和华纳（Sachs and Warner，1995）以及瓦齐亚尔和韦尔奇（Wacziarg and Welch，2008）的数据集，这些数据集确定了经济自由化的具体年份。根据我们基于相关条约度量的自由化指标，一个国家一旦签署贸易协定就可以进入某些国际市场，所以当其他数据集认为一些国家是封闭的时候，它们实际上在部分年份是开放的。尽管根据我们1981年的衡量标准，许多国家处于封闭状态，但鉴于联合国的成员国几乎全部都加入了世界贸易组织（简称世贸组织），从今天来看，几乎没有一个国家当时处于完全封闭的状态。

最后，尽管企业层面收益递增的模型假设供应方面存在约束，如资本市场的不完善，这解释了为什么一些国家仍然贫穷（Banerjee and Duflo，2005），但是我们的框架并不依赖于这样的假设。我们的需求侧框架表明，市场规模较小本身可能解释了一国仍然贫穷的原因。此外，这种平衡在我们的特征框架中是独一无二的。来自中小企业成长的实证文献（Woodruff，2018）有力地证明了需求侧约束。虽然十年来对供给侧干预的研究，如小额信贷（Banerjee，Karlan and Zinman，2015）和商业培训（McKenzie and Woodruff，2014）发现了大多数令人失望的效果，但一项新兴文献发现提高需求可能会有效促进生产率增长（Alfaro-Urena，Manelici and Vasquez，2020；Atkin，Khandelwal and Osman，2017；Ferraz，Finan and Szerman，2015）。

本文后续内容安排如下：第二部分介绍了概念框架，引出了第三部分的实证策略。在第四部分中，我们描述了将数据带入模型的变量，即持续减贫、中产阶级的份额以及一体化市场的相对规模。第五部分呈现了实证结果。第六部分讨论了在一个没有国际一体化的经济体中对市场规模的反事实估计。第七部分给出结论并提供了一些对政策影响的思考。

二、概念框架

我们把发展定义为持续减贫。虽然有许多指标可以概括一个国家的进步，但减贫可以说是衡量一个国家步入发达经济体轨道的最佳指标。消除贫困是世界银行两大目标中的首要目标，也是联合国可持续发展目标中的首要目标。所有发达经济体都消除了极端贫困。

出于实际目的，世界银行对极端贫困消除的定义是，每日生活费少于1.90美元的人口总数降至总人口的3%以下。所以，我们要认识到即使在发达经济体，仍将存在一些小规模的贫困人口。PovcalNet的最新数据显示，美国的极端贫困人口占1.25%，日本占0.22%，德国占比为0。

我们的重点是两个重要的发展阶段之间的过渡期，遵循刘易斯（W. Arthur Lewis）等人的传统，分为一个极端贫困阶段和一个没有极端贫困阶段。在这个框架下，经济有两种可选的生产技术，一种是规模收益不变的，另一种是规模收益递增的①。当企业为采用递增报酬技术支付固定的安装成本时，企业就得到了发展，这导致劳动生产率提高。即使穷人不在采用新技术的公司工作，也会因为付给所有工人的普通工资提高而有助于减少贫困。这一框架的主要含义是，发展需要一个市场规模的门槛——如果没有足够的需求，一个公司采用回报递增的技术将无法达到收支平衡。发展通过以下的门槛跨越模型给出：

$$D = 1(\prod > 0) \tag{1}$$

其中，$\prod$ 是规模报酬递增的部门的利润。

国际市场允许企业达到最小有效规模的观点在贸易理论中得到了很好的证实（Helpman and Krugman，1985）。然而，在原则上，一个足够大的国内市场也可以允许公司使用报酬递增的技术来达到收支平衡。墨菲、施莱弗和维什尼

① 班纳吉和迪弗洛（Banerjee and Duflo，2005）提出了一个类似的发展模型，在这个模型中，企业选择升级为一种新技术，并强调资本市场的不完善在阻止采用这种技术方面所起的作用。

（Murphy，Shleifer and Vishny，1989a）提供了一个模型来解释这一现象，其中一个具体的机制是，来自农业生产率或出口的正向收入冲击的影响取决于社会中个人的初始持股。当公司的股票在人口中更公平地分配时，社会就会发展得更快，从报酬递增部门产生的利润提高了边际消费倾向。这一模式表明，即使在没有贸易的情况下，庞大的内部市场也可以提供发展的途径。决定这个市场规模的中产阶级是最初的财富冲击和公司所有权最初相对公平分配的内生结果①。这些想法意味着，市场规模的门槛可以通过以下几个方面的组合来实现：（1）庞大的人口，（2）公平的收入分配，（3）庞大的国际市场。

挪威就是一个例子。挪威的石油勘探始于1963年，并于1969年发现了石油。由于最初的收入分配更加公平，该国的发展比其他国家更快。1960年，该国的人均收入为23 167美元（按2010年美元计算）。在发现石油多年后的2018年，其人均收入翻了近两番，达到92 077美元。根据《卢森堡收入研究》（*Luxembourg Income Study*），1979年挪威的基尼系数相对较低，为26.8，这是可获得数据的第一年，表明收入分配相对平等。相比之下，同样在20世纪70年代发现大量石油的墨西哥，其1984年的基尼系数要高得多，为48.4，这表明其不平等程度相对较高。1960年，墨西哥的人均收入为3 907美元，2018年仅增长了约2.7倍，至10 403美元。

三、实证策略

我们的实证策略是基于式（1）的门槛跨越模型，采用的是跨国面板数据。我们面临的挑战是估算回报递增部门的利润函数，此后我们就可以计算国内和国际市场规模对持续减贫的相对贡献。布雷斯纳汉和赖斯（Bresnahan and Reiss，1991）提出了一种方法，在价格和数量数据都不可用的情况下，估计利润最大化企业的利润函数。我们采用他们的方法对规模收益递增部门的利润函数进行建模，同时让因变量 $D = D_{it}$，作为 i 国在以 t 为标记的5年期间实现持续减贫的指标。

假设国家 i 在时间 t 规模报酬递增的部门的利润为：

$$\prod_{it} = S(M_{it}, \lambda) \times V(Z_{it}, W_{it}, \beta) - F(W_{it}, \gamma) + \varepsilon_{it} \tag{2}$$

其中，λ，β，γ 是利润函数的参数，M_{it} 是捕捉市场规模的变量。Z_{it} 和 W_{it} 分别

① 为了明确起见，我们注意到这个模型中的均衡是唯一的。因此，这不是一个和本文话题类似的一些论文（Murphy，Shleifer and Vishny，1989b）所探讨的多重均衡的环境，即一个高发展的均衡和一个低发展的贫困陷阱均衡并存的环境。克雷和麦肯齐（Kraay and McKenzie，2014）认为，这种贫困陷阱的经验证据有限，尤其是在影响整个经济的规模方面。

是人均需求和转换安装成本，ε_{it}捕捉了观测不到的影响利润的因素。对应于墨菲、施莱弗和维什尼（Murphy，Shleifer and Vishny，1989a）的函数形式，其中用中产阶级的支出乘以出口或农业生产率的利润来确定工业化水平。

函数 S 概括了由人口、收入分配和国际一体化所决定的国内和国际市场。我们假设一个如下的线性函数：

$$S(M_{it},\ \lambda) = M_{it}\lambda = \text{人口}_{it} + \lambda_1\,\begin{matrix}\text{中产阶级占}\\\text{总人口的比例}_{it}\end{matrix} + \lambda_2\,\begin{matrix}\text{一体化市场}\\\text{的相对人口}_{it}\end{matrix} + \lambda_3\,\begin{matrix}\text{一体化市场}\\\text{的相对收入}_{it}\end{matrix} \tag{3}$$

在我们的每个数据窗口中，所有变量都是预先确定的，t 指的是五年期间的第一年。设 S（M_{it}；λ）中人口系数为 1，因为 V 包含常数项。这个标准化处理将市场需求单位转化为人口单位，使得 S 有了一个简单的解释。这样我们对市场规模的定量估计根据消费少于中产阶级的人群就更容易解释了，在估计之前我们要从人口中减去中产阶级的人数①。

V 代表平均利润变量，被建模成经济变量 $X_{it} = [Z_{it};\ W_{it}]$ 的函数。我们假设：

$$V = X_{it}\beta = \beta_1 + \beta_2\,\text{出口增长}_{it-1} + \beta_3\,\text{农业生产率增长}_{it-1} \tag{4}$$

其中，$t-1$ 指的是过去五年的增长，X_{it}中包含了变量来解释各国规模报酬递增的部门的平均利润的差异。最后，我们在“固定成本”项下既包含固定生产成本又包含固定进入壁垒的变量。我们假设：

$$\begin{aligned} F = W_i^L\gamma = {} & \gamma_1 + \gamma_2\,\text{热带气候}_i + \gamma_3\,\text{沙漠气候}_i + \gamma_4\,\text{到海岸的距离}_i \\ & + \gamma_5\,\text{地势崎岖度}_i + \gamma_6\,\text{英国法律起源}_i + \gamma_7\,\text{法国法律起源}_i \end{aligned} \tag{5}$$

其中，W_i^L 中的变量包括可能影响启动或进入成本的预先确定的因素。布雷斯纳汉和赖斯（Bresnahan and Reiss，1991）研究非贸易服务，使用农地价格来捕捉土地成本的市场间差异。各国土地成本的一个自然指标是气候，它可能通过经常性的降雨影响土地价格，这可能会降低房产价格，减缓建设和维修速度。因此，我们的前两个控制项是热带气候的土地面积百分比和沙漠气候的土地面积百分比。当然，众所周知，热带国家长期经济表现不佳，这或许是由于地理劣势（Sachs，2001），或是与历史冲击因素的相互作用，如殖民主义（Acemoglu，Johnson and Robinson，2001）。因此，我们将固定成本变量解释为针对制度或技术长期决定因素的控制，而非结构化的参数。在另一种可选设定中，我们还在模型中包含了到海岸的距离（Rappaport and Sachs，2003）和地势崎岖度（Nunn and Puga，2012），以及法律起源的虚拟变量（La Porta，Lopez-de

① 这一决定对 λ 的估计没有很大的影响。

Silanes，Shleifer and Vishny，1999）。

ε_{it}进一步被假设为零均值的正态分布变量，结合式（1）的门槛条件，得到一个 probit 模型，其中，发展的概率取决于市场规模、需求和成本：

$$Pr(D_{it}=1)=Pr(\prod_{it}>0)=\Phi(\bar{\prod}_{it}) \tag{6}$$

其中，D_{it}是一个指标，如果国家 i 在时间 t 内一直持续减贫，那么等于 1，否则等于 0。$\bar{\prod}_{it}=\prod_{it}-\varepsilon_{it}$，$\Phi(\cdot)$ 是正态累积分布函数。我们使用极大似然估计这个模型。

估计的市场规模门槛为：

$$\hat{S}=\frac{\bar{X}^{L}\hat{\gamma}}{\overline{\bar{X}\hat{\beta}}} \tag{7}$$

上划线表示样本平均，上尖线表示 probit 模型的估计值。通过设置 $S(M_{it};\widehat{\lambda_{it}})=\hat{S}$，有可能确定哪种反事实的 M_{it}组合足以使一个国家实现发展。

四、数据和测算

因此，我们把 347 个经济体五年期间的样本称为持续减贫样本。它包括 93 个经济体 1981～2015 年的数据，五年为一个周期，即 1981～1985 年、1986～1990 年、1991～1995 年、1996～2000 年、2001～2005 年、2006～2010 年、2011～2015 年。这个样本不包括发达经济体，也不包括 PovcalNet 数据中那些贫困人口占比常年低于 3% 的经济体。发达经济体无法提供任何有关持续减贫的信息，因为贫困（按照世界银行的定义）在观察到的所有年份里都已被消除。我们构造了三个新的变量来估计实证模型。第一个是我们的结果，这是一个二元变量，表明一个经济体在五年期间是否经历了持续的极端贫困减少。第二个是根据国际贸易协定具有法律约束力的条款，衡量国际市场的相对规模。第三个是衡量经济体内部市场规模，我们将其定义为一经济体的人口在全球中产阶级中所占的比例。在本部分，我们将解释这些变量是如何构建的，并建立一些关于它们如何随时间变化的特征事实。

现有数据集被用来衡量可变利润和固定成本的组成部分。出口增长是可变利润的第一个决定因素，为了计算出口增长，我们使用世界银行的商品和服务出口系列数据作为 GDP 的一部分（世界发展指标中的 NE. EXP. GNFS. ZS）①。对于可变利润的第二个决定因素——农业的劳动生产率增长，我们使用美国农

① 对于没有这一系列的六个国家，我们以国际货币基金组织的商品、服务和基本收入出口系列（BX. GSR. TOTL. CD）作为补充，在大多数情况下数据与世界银行系列相当。我们补充数据的国家有吉布提、埃塞俄比亚、斐济、伊朗、莱索托、圣多美和普林西比。

业部经济研究服务局的国际农业生产率系列数据（Fuglie et al.，2012）。对于固定成本的地理成分，我们使用努恩和普加（Nunn and Puga，2012）的数据：热带气候的土地份额、沙漠气候的土地份额、到无冰海岸的平均距离和地形崎岖度。对于法律体系的起源（即英国法律起源或法国法律起源），我们使用拉波特、洛佩兹－德西拉内斯、施莱弗和维什尼（La Porta，Lopez-de Silanes，Shleifer and Vishny，1999）的数据。

（一）持续减贫

用于构建我们的结果变量 D_{it} 的数据来自 PovcalNet，该数据报告了一个国家的极端贫困人口总数，即按 2011 年的购买力平价计算每日生活费少于 1.90 美元的人口比例，2011 年是有家庭调查数据的年份。每个国家的人员统计序列通过以下四个步骤转化为一系列持续减贫情况。第一，对于国内人口数缺失的年份，我们会在年份之间估计一个线性趋势，并用于插值缺失的数据。第二，将数据划分为七个相互排斥的五年周期。第三，对于所有年份，我们都创建了一个指标，说明人口是否比前一年更少，参考观测值或插值的数值。第四，这一指标是用来建立整个期间持续减贫的指标。如果插值并观察到五年内所有年份的贫困都在下降，我们就将该时期的指标赋值为 1。如果贫困人数每年都没有减少，我们将变量设为 0。如果在所有五年中没有观察到的或插值的人口，该指标在这期间就为缺失。

要了解这一框架如何运作，可以看看安哥拉和尼日利亚这两个高度贫困的大国的例子。在安哥拉，极端贫困人口只观察到两次，2000 年为 32.3%，2008 年为 30.1%，使用线性插值法，因此我们只观察到 2001～2008 年每年持续的贫困减少。当将数据划分为期间时，只有 2001～2005 年这五年能观察到人数变化。因此，这是我们唯一能够为安哥拉编码的时期：我们编码这一时期持续减贫等于 1，因为线性趋势总是负的，并设置安哥拉的编码在所有其他时期为缺失。在尼日利亚，贫困人口统计在 1985 年、1992 年、1996 年、2003 年和 2009 年进行了五次。因此，我们能够在 1986～1990 年，1991～1995 年，1996～2000 年和 2001～2005 年得到编码。在这些时期，该国的贫困率确实有所下降，但我们仍然将所有时期的编码定为 0，因为这些下降在四个时期中的任何一个时期都不是连续的。具体来说，1996～2003 年贫困率从 63.5% 下降到 53.46%。然而，贫困率在 2009 年略有上升，达到 53.47%，鉴于 2003～2005 年的内插增长，2001～2005 年期间被编码为 0。同样，由于 1996 年的人口统计意味着贫困率较 1992 年的 57.1% 有所上升，1995～2000 年也被编码为 0，因为内插的贫困趋势在 1995 年增加。这些例子突出了在国家层面测算贫穷变化所面临的一个挑战，即统计机构可能不经常发布数据。

为了总结这些结果，图 1 显示了六个地区长期以来实现持续减贫五年的时间所占的份额。值得注意的是，在大多数地区，大多数年份的这一比例都在 50% 以上。这反映了过去 40 年全世界在消除极端贫困方面取得的巨大进展。例如，在特定区域的四个特定阶段，100% 的国家实现了持续减贫：中东和北非地区的 1985 ~ 1990 年和 2006 ~ 2010 年，南亚地区的 2006 ~ 2011 年和 2011 ~ 2015 年。有趣的是，2006 ~ 2010 年这段时间涵盖了最近起源于美国的危机的大部分时间，对全球减贫来说，这似乎并不是一个特别糟糕的时期。这突显出发达经济体和发展中经济体之间的周期分离。有两个时期的减贫表现不佳，分别是撒哈拉以南非洲的 1981 ~ 1995 年，以及拉丁美洲的 1985 ~ 2005 年。

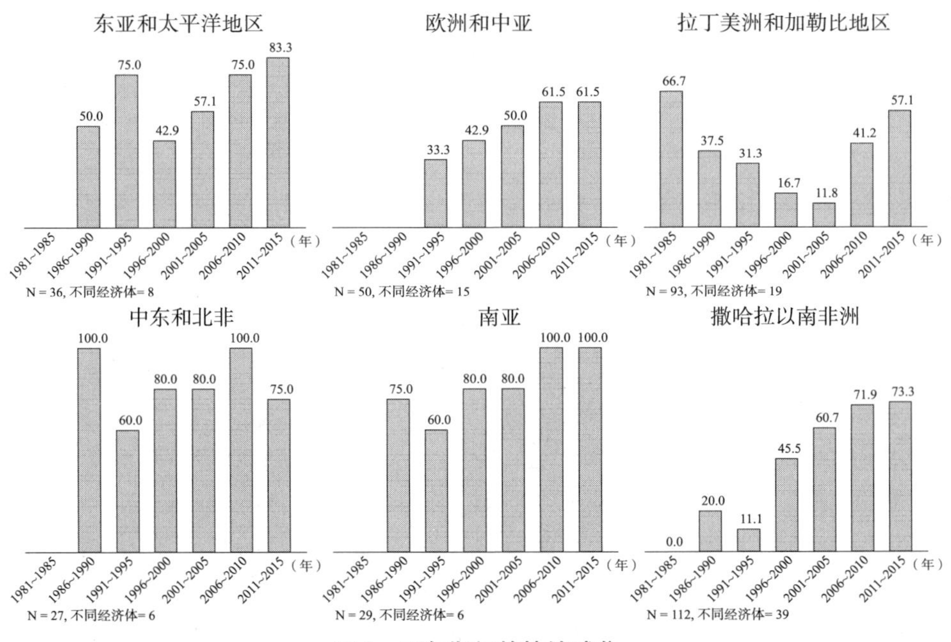

图 1　五年期间的持续减贫

注：N 是指每个地区的“五年期”数量。该样本包括来自 93 个不同经济体的 347 个五年期间，不包括发达经济体，即在样本中所有时期处于极端贫困人口占比不到 3% 的经济体）。极端贫困减少是指按 2011 年购买力平价计算生活费低于每日 1.90 美元的人口所占比例的持续下降。假设多年调查数据之间的贫困人口比例变化呈线性趋势。

众所周知，非洲在此期间的表现不佳，但为什么拉丁美洲和加勒比地区持续的减贫水平也如此之低？一个可能的原因是，在这些地区，贫困调查通常衡量的是收入，而不是消费，这可能会引入测量误差。假设家庭有一些储蓄或者可以接触信贷市场，人们预估的收入波动性将大于消费，因为随着时间的推移，收入的冲击会逐渐缓和。例如，在欧洲和中亚，54%的人口统计来自收入调查，而不是消费调查，在拉丁美洲和加勒比地区，这一数字为98%。然而，在撒哈拉以南非洲，只有2%的人口是基于收入调查的，而在中东和北非，没有人口是基于收入调查的。因此，在对模型的估计中，我们考虑了一个额外的范式，去掉了从收入调查中得到的观察结果。虽然标准误差在我们删除这么大一部分数据时有所增加，但我们的基本结论仍然是可靠的。

衡量持续减贫的另一个挑战是，调查的频率也可能在我们的测算中引入误差。例如，在人口统计数据为0或1的时期（安哥拉和尼日利亚的所有时期都是如此），将不可能看到人口统计的短期增长（例如1~2年），因为这种增长不会持续到以后的年份。因此，由于观察到的波动性较大，家庭调查越频繁的国家，持续减贫的情况似乎就越少。在我们的结果中还给出了一个估计的范式，我们同时去掉了131个观测值，这些观测值在五年期间拥有两年以上的数据，它们占样本的37%。这些观察结果受短期波动影响最大。

在经济学中有一个强有力的假设，即劳动生产率的增长和减贫是密切相关的。为了检验这种关系是否在我们的数据中得到证实，我们比较了持续减贫和实际人均GDP持续增长的情况，后者被认为发生在实际人均GDP在一段时期内完全没有减小的情况下。为了防止对人均GDP的观察频率影响我们的结果，我们只考虑测算贫困人口数量的年份的人均GDP，并在年份之间插值计算人均GDP，就像我们对人口数量所做的那样。我们发现，持续的人均GDP增长似乎确实与持续的减贫呈正相关，在76%的减贫成功的案例中，该国也实现了持续的人均GDP增长。然而，更有趣的是，尽管存在这种正向的关系，仍然有82个时期（占样本的23%）在没有持续减贫的情况下实现了GDP的持续增长。减贫和GDP增长虽然呈正相关关系，但并不必然相伴而行。

（二）国际市场规模

我们开发的第二个数据集是每个国家国际市场的相对收入和人口的数据库，由贸易协定的签署定义。我们通过汇总所有其他国家的人口和收入来定义每个国家的全球市场，并根据该国与所有其他国家之间的多边协议中具有法律效力的条款的数量进行加权。对于我们的分析来说，这个方法有三个主要优点。首先，它使我们能够直接衡量国际一体化条约的影响，因为参与这些条约是政府的一种政策选择。贸易自由化的其他分析（Sachs and Warner，1995；Wacziarg and Welch，2008；Easterly，2019）通常关注的是政策决定（如放开出口部门的国家垄断）和贸易结果（如贸易占GDP的比例异常低）的混合。通过特别关注由贸易协定实现经济一体化的政策决策，我们确保本文的反事实与政府实际控制范围内的政策相联系。其次，由于我们是根据 GDP 和人口来计算市场规模的，因此这个方法可以直接估算与人口更多的市场整合的相对价值。最后，我们的方法能够利用由于其他国家加入一项贸易协定而造成的市场规模的差异。这种变化的一个很好的例子就是所谓的“中国加入世贸组织带来的市场规模的差异”，如图 2 所示。中国 2001 年加入世贸组织时，世贸组织成员人均 GDP 从 1.1 万多美元下降到 9 000 多美元，人口增加了 10 多亿。下面，我们将详细描述我们如何构建相对规模指标，并提供一个例子来说明我们通过各国国际市场的相对人口和收入来追踪中国对世贸组织的冲击，从而在估计中利用这些差异。

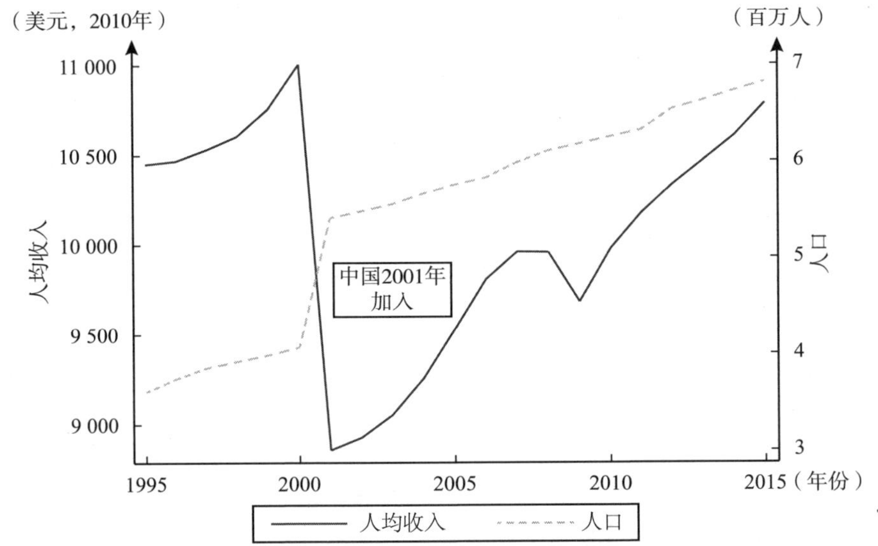

图 2　中国加入世贸组织带来的市场规模的差异

注：收入和人口是所有成员每年的总和。

1. 具有法律效力的多边贸易协定的核心条款

我们对市场规模的测算基于对两国间贸易协议深度的衡量，也就是协议中涉及国际贸易不同领域（如货物、服务、资本、劳动力和观念流动）的条款的数量。我们关于条款的数据主要来自霍夫曼、奥斯纳戈和鲁塔（Hofmann，Osnago and Ruta，2017），他们对所有生效的 279 个区域贸易协定的所有条款的法律内容进行了编码，并于 2015 年通知世贸组织。他们的数据建立在霍恩、马夫罗依迪斯和萨皮尔（Horn，Mavroidis and Sapir，2010）为涉及美国和欧共体的优惠贸易协定所发展的方法之上。我们对三个主要的国际（而非区域）

贸易协定，包括关税及贸易总协定（GATT）、世界贸易组织（WTO）的各种协定和政府采购协定（GPA）的相关条款进行编码，以补充他们的工作。

首先，我们在研究中纳入了保护货物和服务、劳动力、资本和观念流动的权利规定。货物贸易的权利，如获得最惠国关税的权利，已经执行了一段时间，首先是根据关贸总协定第 1 条，然后是世贸组织的规定。与服务贸易有关的权利的确立仍然限于《服务贸易总协定》所涵盖的主要部门未包括在内的领域，如海事服务。强制执行劳动力和资本流动的条款是最罕见的。例如，签证和庇护规定只在区域贸易协定中受到保护，如欧共体或西非国家经济合作组织（西非共同体）。在某些优惠贸易协定下，资本自由流动的权利直到最近才出现，如有关要求当地成分的禁令和保护利润汇回的权利。最后，一些条款通过有争议的知识产权保护来强制执行观念的流动性，如在消费者福利可能遭受重大损失的制药行业（Chaudhuri，Goldberg and Jia，2006）。

其次，这些协议还附加了保护特定权利的条款，限制了政府撤销这些权利的自由裁量权。例如，《补贴与反补贴措施协定》（ASCM）赋予取消补贴或消除其不利影响的权利。在经过调查后，如果发现受补贴的进口产品损害了国内生产商，各国还有权对这些产品征收反补贴税。有一种观点认为，特别是关于观念资本和服务流动性的条款，贸易协定已经被富裕国家的商业精英所控制（Rodrik，2018），并不一定是为发展中国家服务的。鉴于此，我们将任何观察到的加入一个协议的影响解释为潜在的正向和负向影响抵消后的净影响。

一个问题是，本文采取的法律决定的市场一体化度量方式与文献中其他自由化度量指标相比如何。根据我们的统计，1981 年联合国会员国中有 67 个封闭的经济体。这些经济体中只有四个（博茨瓦纳、厄瓜多尔、约旦和泰国）被萨克斯和华纳（Sachs and Warner，1995）以及瓦齐亚尔和韦尔奇（Wacziarg and Welch，2008）列为是开放的。然而，他们的分类更有可能将经济体归类为是封闭的，即使在我们的样本中它们看起来是开放的。例如，瓦齐亚尔和韦尔奇（Wacziarg and Welch，2008）认为中国和印度在 2001 年是封闭的，尽管印度从 1995 年就成为世贸组织成员，从 1948 年就成为关贸总协定成员。中国在 2001 年加入世贸组织。根据我们基于条约的开放分类，很少有经济体在 2015 年仍然是封闭的，其中三个最大的经济体是阿富汗、伊朗和朝鲜，另外还有一些非常小的经济体，后者经常有特殊的海关协议（例如，摩纳哥与法国、马绍尔群岛和帕劳与美国），可能排除多边协议获得市场整合的必要性。而阿富汗在 2016 年 7 月加入世贸组织。

2. 相对市场规模

我们利用国家间签署的成对条款来构建一个具体的衡量国际市场相对规模

的指标。我们的相对市场规模指标同时使用了人均收入（income）或以当前美元计算的人均 GDP（世界发展指标中的 NY. GDP. MKTP. CD 序列）和人口（population）（SP. POP. TOTL 序列）。在形式上，对于每个一体化市场 M 和国家 i 在年份 t 的人均收入和人口为：

$$
\begin{aligned}
income_{it}^{M} &= \sum_{j} \rho_{ijt} income_{jt} \\
population_{it}^{M} &= \sum_{j} \rho_{ijt} population_{jt}
\end{aligned}
\tag{8}
$$

其中，有效条款 ρ_{ijt} 等于在 t 年国家 i 和国家 j 之间签署的有效条款的数量，最多的是 32 个。利用这些统计数据，我们计算出每个国家每年一体化市场的相对规模，包括人口和收入：

$$
\text{一体化市场的相对人口}_{it} = \frac{population_{it}^{M}}{population_{it}}
$$

$$
\text{一体化市场的相对收入}_{it} = \frac{\dfrac{income_{it}^{M}}{poulation_{it}^{M}}}{\dfrac{income_{it}}{populaion_{it}}}
\tag{9}
$$

图 3 显示了这些变量每年按该国人口加权后的区域平均值。从图中我们可以看到各个地区国际综合市场的相对规模是如何随时间变化的。每条线都是当年相对市场规模的人口加权平均值。一些观察结果引人注意。首先，撒哈拉以南非洲是全球一体化较早的参与者，该地区许多最大的经济体很早就加入了关贸总协定，如南非（1948 年 6 月 13 日）、尼日利亚（1960 年 11 月 18 日）和肯尼亚（1964 年 2 月 5 日）。直到 1995 年，撒哈拉以南非洲地区被拉丁美洲和加勒比地区超过，这两个地区的相对市场规模从人口上看是最大的。

其次，南亚和撒哈拉以南非洲地区都与富裕国家共同参与了一体化组织。例如，在整个 20 世纪 80 年代和 90 年代，随着更多的富裕国家加入诸如关贸总协定这样的贸易协定，非洲与之相关的市场规模经历了迅速增长。然后，在 2001 年，中国加入世贸组织，该地区的相对收入有所下降。撒哈拉以南非洲国家不再简单地向富有的买家开放市场，而是多了一个争夺收入的竞争对手。

最后，各国自身的人均 GDP 和人口增长会影响市场的相对规模。这一点在东亚可以清楚地观察到，随着中国越来越富裕，从人均 GDP 角度来看，东亚市场的相对规模有所下降。我们还可以看到，随着非洲人口的增长速度超过世界其他地区，撒哈拉以南非洲国际市场的相对人口在 21 世纪是如何下降的。

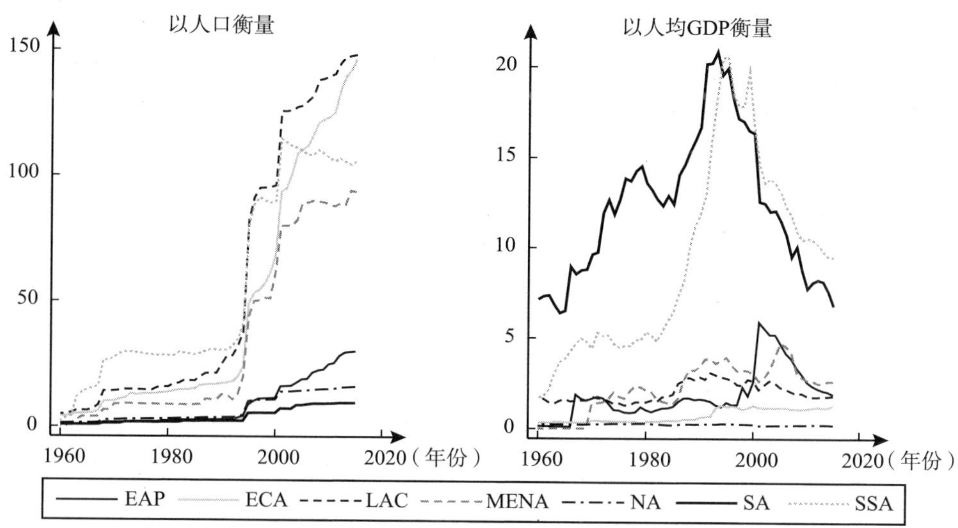

图 3　一体化国际市场的相对规模

注：区域平均值按人口加权。如果一个经济体没有签署任何贸易协定，那么它的相对人口和收入将被设定为 0。EAP = 东亚和太平洋地区，ECA = 欧洲和中亚地区，LAC = 拉丁美洲和加勒比海地区，MENA = 中东和北非地区，NA = 北美洲，SA = 南亚地区，SSA = 撒哈拉以南非洲地区。

（三）收入分布

我们对国内市场的规模的测算依赖于收入分配。与基本的概念框架一致，我们将“国内市场规模”与在全球中产阶级人口中所占的份额挂钩，这一统计数据既取决于平均收入，也取决于平等程度。我们假设各国具有相同程度的潜在规模收益递增趋势，并根据哈拉斯（Kharas，2010，2017）的研究定义全球中产阶级，他提出以 2011 年的购买力平价衡量，每天消费 11 ~ 110 美元即为中产。按照该标准，中产阶级的下限刚好是葡萄牙和意大利的国家平均贫困线，上限是卢森堡中等收入的两倍。也就是说，要成为全球中产阶级，一个人在最贫困的富裕国家中也不会是穷人，同时在最富裕的国家也不可能是富人。在以下我们将采用上述界限并估计中产阶级所占的份额。

为了衡量平等程度，我们使用了基尼系数（G_{it}），这是衡量平等程度的标准指标，同样来自 PovcalNet，它与我们测算持续减贫的指标一致。至于平均收入，我们使用的是佩恩表 9.1（Penn World Tables 9.1）中的实际人均 GDP 数据。考虑到可能存在最高分布收入报告缺失的问题，并且我们感兴趣的部分正是分布的中间和顶端，特别是在低收入和中低等收入国家，我们选择了基于家庭调查的收入数据（Deaton，2005；Ravallion，2003）。为了结合我们对平等和收入的测算来得到中产阶级的估计，我们做了一个参数假设，即国家内部的收入呈对数正态分布。平科夫斯基和萨拉马丁（Pinkovskiy and Sala-i-Martin，2009）的研究表明，对数正态分布对大多数国家的收入分布都有很好的拟合，其分布与核密度估计得到的分布非常相似，而且更适合伽马分布和威布尔分布，这两种选择也有两个参数。

假设个体每天的收入 y 按 $\ln y \sim N(\mu_{it};\ \sigma_{it}^2)$ 分布，所以：

$$\mu_{it} = \ln\left(\frac{\bar{Y}_{it}}{365}\right) - \frac{\sigma_{it}^2}{2},$$

$$\sigma_{it} = \sqrt{2}\Phi^{-1}\left(\frac{G_{it}+1}{2}\right) \tag{10}$$

其中，$\Phi^{-1}(\cdot)$ 是累计正态分布的反函数。艾奇森和布朗（Aitchison and Brown，1957）首次提出了基尼系数和对数正态分布参数之间的联系，克罗和斯密楚（Crow and Shimizu，1987）对基尼系数的性质进行了综述。

$$\text{中产阶级的人口份额} = \Phi\left(\frac{\ln(110) - \mu_{it}}{\sigma_{it}}\right) - \Phi\left(\frac{\ln(11) - \mu_{it}}{\sigma_{it}}\right) \tag{11}$$

人们常说，高收入与平等之间存在一种取舍关系。我们将说明，如果一个政府关注中产阶级，它就不需要面对这样的取舍。

图 4 显示了在 1981 ~ 1990 年、1991 ~ 2000 年、2000 ~ 2010 年、2011 ~ 2015 年这四个时期的国家的阶级比例。本文展示了两个样本，一个是只使用 PovcalNet 基尼系数的持续减贫样本，另一个是使用米拉诺维奇（Milanovic，2013）的基尼系数的世界其他地区样本，在每个国家选取了随时间推移观察量最多的序列。图中的第一种模式显示，虽然在一个低收入水平上，收入和中产阶级在人口中的份额是高度相关的，但是在很大的收入范围内，在对数值 8 ~ 10，或者 3 000 ~ 22 000 美元，中产阶级所占份额呈现出很大的分散度。这表明，在给定的收入水平下，平等程度有多种可能。

第二个引人注意的现象是，随着时间的推移，在富裕国家出现了一些地区的中产阶级收入下降，即这些地区的中产阶级不断萎缩。在最近的一段时间里，一些收入超过 22 000 美元的国家，如爱尔兰、荷兰、挪威、瑞士和卢森堡，其中产阶级占人口的比例不到 50%，其中卢森堡的中产阶级只占人口的 13%。显然，110 美元的上限远低于卢森堡收入中位数的两倍，至少根据我们对该国最近十年收入分配的估计是这样的。我们的方法与哈拉斯（Kharas，2010）的方法的区别在于，他使用的是平均家庭消费数据，而我们使用的是人均 GDP。后者包括投资部门（即建筑、机械和设备）的支出，从而增加了平均收入，使得我们对中产阶级的估计数据比他获得的估计值更大。因此，我们没有假设在投资或消费部门是否可以获得不同的增长回报。在研究收入分配的尾部时，使用国民账户代替平均收入是最具争议的（Pinkovskiy and Sala-i-Martin，2014）。

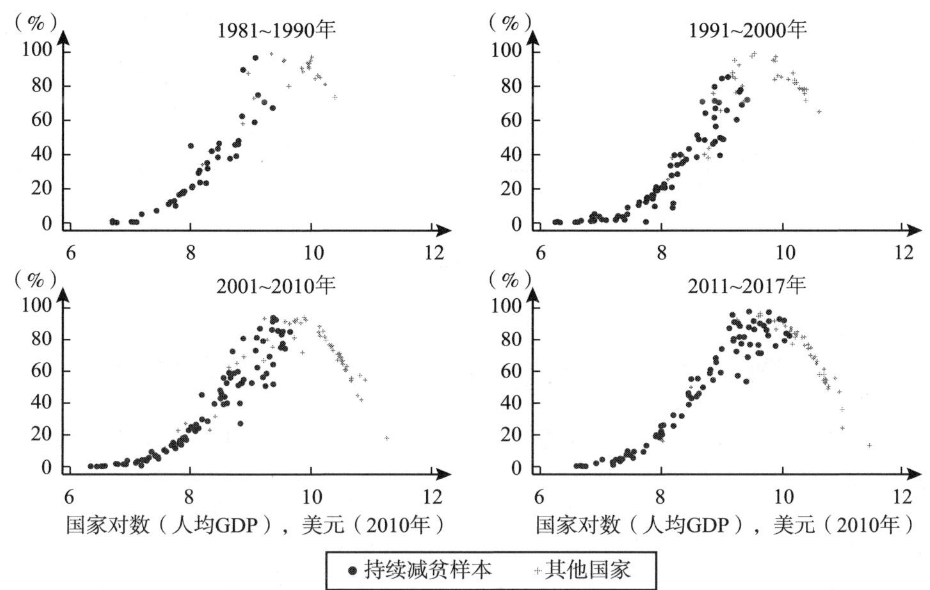

图 4　全球中产阶级份额所占百分比

注：全球中产阶级是指按照 2011 年的购买力平价计算，每天消费 11 ~ 110 美元的人群。

每个点是一个国家在同一时间段的平均值。计算中产阶级的份额时，考虑了实际人均 GDP 和基尼系数，假设每个国家的收入分布是对数正态分布。

五、研究结果

我们从可视化数据总结开始。图 5 显示了市场规模变量的样本数据，并与五年期间第一年观察到的人均收入进行了对比。国家人口和一体化市场的相对人口在不同收入的国家间分布广泛，但两者之间没有明确的关系。中国和印度的人口异常值是可见的，一体化市场的相对人口异常值也是可见的，比如吉布提在 2011 ~ 2015 年的一体化市场人口是其国家人口的 2 930 倍。冈比亚是另一个异类，其相对市场人口为本国人口的 1 313 倍，博茨瓦纳则为 1 218 倍[①]。虽然一体化市场的人口和相对人口在各个收入水平上均匀分布，但国际市场的相对收入在较低的收入水平上迅速下降，在第 9 个对数点，即收入约为 8 000 美元之后趋于平缓。至于中产阶级，在第 7 个对数点（即大约 1 000 美元的收入）之后，差距尤其明显。这表明，尽管平均收入增加了中产阶级人口的比例，但基尼系数仍然造成了巨大的差距。最后，转到收入增长方面，农业生产率和出口冲击似乎在整个收入中均匀分布。

① 博茨瓦纳、吉布提、冈比亚都是世贸组织的成员。冈比亚于 1965 年加入关贸总协定，博茨瓦纳于 1987 年加入。吉布提在 1994 年 12 月加入关贸总协定，恰在世贸组织成立之前。

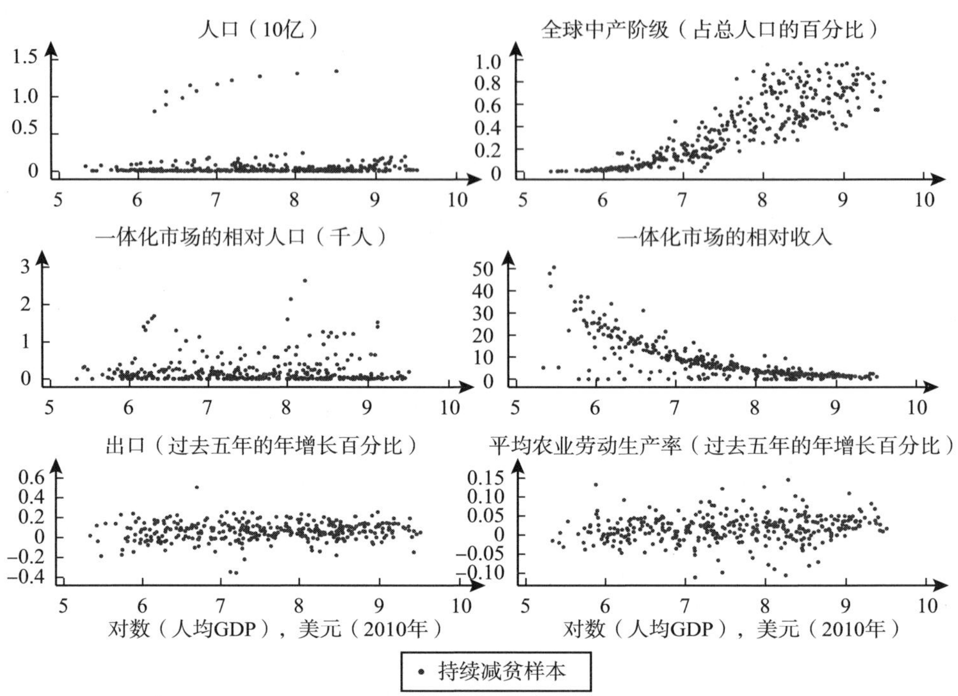

图 5　市场规模和利润变量数据

注：包括所有不发达国家（即样本中所有时期极端贫困人口占比都超过 3% 的国家），从 1981 年至 2015 年共 347 个国家—五年期。所有变量均在每个五年期的第一年计量。对于封闭的经济体，一体化市场的收入和人口为 0。

在估计我们的概念框架所隐含的利润函数的参数之前，我们总结了数据集中的变量在持续减贫时期和未持续减贫时期之间的差异。从人口开始，显然较大的国家更易出现持续减贫，平均来看，持续减贫的样本的人口要比未持续减贫的样本的多 5 000 万人（p = 0. 016）。在持续减贫期间，中产阶级的人数也会增加（p = 0. 071）。这些结果为我们的假设提供了一些初步的支持，即国内市场规模很重要。然而，有趣的是，我们没有发现以相对人均收入（p = 0. 907）或相对人口（p = 0. 122）衡量的国际市场规模有显著差异。这是令人惊讶的，因为在我们的框架中，国际市场的规模应该会影响减贫。

至于收入增长，我们发现，在持续减贫的情况下，早期的出口增长要高得多，过去五年的年化增长率为 8%，而没有持续减贫的时期仅为 4%（p = 0. 0004）。在这些简单的 t 检验中，国际市场对贫困的影响似乎取决于出口，而非国际市场的规模。在我们对利润函数的结构估计中，我们将研究它们同时包含在同一个模型中的影响。再来看农业，两个样本的农业生产率增长没有显著差异，均为每年 2%（p = 0. 266）。最后，从固定成本来看，热带气候对减贫具有显著的负面影响，在持续减贫期间，热带气候的平均土地份额要少 20 个百分点（p = 0.00001）。沙漠气候（p = 0.002）、到无冰海岸的距离（p = 0.036）似乎也是重要的预测因子，但地形崎岖度并不是（p = 0.301）。就法律制度而言，与没有持续减贫的时期相比，源于英国的法律制度在持续减贫时期出现的频率明显更高（p = 0.001），而源于法国的法律制度出现的频率明显更低（p = 0.001）。这些结果与过去的研究一致，过去的研究表明，地理和制度因素是与发展有关的结果的强有力的预测因素。

现在我们来看看门槛模型的估计，如表 1 所示。表中的每一列都报告了对每个参数的系数估计，以及我们对 $\bar{S}$ 的估计，$\bar{S}$ 是回报递增行业实现盈亏平衡所需的门槛市场规模。在列（1）到列（4）中，该模型的市场规模和可变利润组成部分是相同的，但我们考虑了固定成本的其他方面，以便探索地理和制度因素如何影响该模型。

表 1　用不同形式的门槛模型估计的利润函数

因变量		(1) 可持续减贫	(2) 可持续减贫	(3) 可持续减贫	(4) 可持续减贫	(5) 可持续减贫	(6) 可持续减贫
市场规模（S）	中产阶级（占总人口的百分比）	0.6 (0.08)	0.59 (0.11)	0.56 (0.12)	0.54 (0.07)	0.67 (0.41)	1.49 (2.41)
	一体化市场的相对人口（千人）	0.17 (0.01)	0.18 (0.02)	0.2 (0.03)	0.16 (0.02)	0.12 (0.01)	0.44 (0.22)
	一体化市场的相对收入	0.02 (0.0001)	0.02 (0.0002)	0.02 (0.0002)	0.02 (0.0001)	0.01 (0.0001)	0.02 (0.0007)
利润变量（V）	常数	1.15 (0.34)	0.88 (0.28)	0.81 (0.28)	1.18 (0.35)	1.9 (4.09)	0.49 (0.3)
	出口（过去五年的年增长百分比）	6.13 (10.96)	5.61 (10.64)	5.72 (12.43)	6.26 (11.45)	9.76 (84.34)	4.95 (25.25)
	农业劳动生产率（过去五年的年增长百分比）	-1.69 (19.19)	-0.14 (14.52)	-0.38 (15.7)	-0.66 (22.46)	9.88 (126.17)	-1.11 (18.15)
固定成本（F）	常数	0.56 (0.04)	0.28 (0.06)	0.05 (0.11)	0.25 (0.15)	0.24 (0.24)	0.34 (0.28)
	热带气候（占土地面积的百分比）	0.54 (0.03)	0.65 (0.05)	0.68 (0.06)	0.73 (0.11)	0.79 (0.09)	
	沙漠气候（占土地面积的百分比）	-1.67 (0.56)	-1.3 (0.65)	-1.35 (0.73)	-0.36 (0.97)	0.36 (0.99)	

续表

因变量		(1)	(2)	(3)	(4)	(5)	(6)
		可持续减贫	可持续减贫	可持续减贫	可持续减贫	可持续减贫	可持续减贫
固定成本（F）	到无冰海岸的距离（1 000 千米）	-0.02 (0.04)	0.01 (0.04)	-0.1 (0.08)	-0.35 (0.1)		
	地形崎岖度	0.09 (0.01)	0.1 (0.0074)	0.2 (0.0067)	0.09 (0.0067)		
	英国法律起源	-0.58 (0.07)	-0.35 (0.14)	-0.68 (0.14)			
	法国法律起源	-0.02 (0.05)	-0.15 (0.14)	-0.39 (0.15)			
样本		全部	全部	全部	全部	仅消费调查国家	每个时期最多观察 2 年
对数似然		-224.3	-214.7	-213.7	-207.6	-118.1	-134.6
接受者工作特性曲线（AUC）下的面积		0.667	0.708	0.706	0.735	0.77	0.742
市场规模门槛（中产阶级以外人口，10 亿人）		0.227	0.391	0.371	0.328	0.222	0.371
观测值		347	347	347	347	216	234

注：括号中是渐近标准误差。市场规模也包括了非中产阶级的人口，其系数设为 1。这使得门槛市场的规模可以用非中产阶级的人数来解释。

表 1 中列（1）中固定成本的常数参数是正的，并且在统计上具有显著意义：$\gamma_1=0.56$（标准差 = 0.04）。这与我们规模报酬递增的前提是一致的。在列（2）至列（4）中，我们为固定成本添加了额外的地理和制度的控制变量。在列（2）中，热带气候的土地份额的系数为正且显著，沙漠气候的土地份额系数为负且显著，表明热带气候提高了固定成本，而沙漠气候降低了固定成本。考虑到热带国家的增长经验，这是符合预期的。在列（3）中，我们加入了到无冰海岸的距离和地形崎岖度。地形崎岖度的系数是显著的和正向的，说明它提高了固定成本，到无冰海岸线距离的系数是负的，但并不显著。在列（4）中，我们添加了源于英国的法律制度，这对固定成本有很大的负面影响，减少了相当于 5.8 亿人的固定成本，而法国的法律制度下市场的固定成本没有显著差异。从列（1）到列（4），我们对门槛市场规模的估计增加了 44%，这表明地理和制度因素对发展构成了重大障碍。

我们利用接受者工作特性曲线（AUC）下的面积来评估这些估计模型的

拟合程度[①]。在列（1）的模型中 AUC =0.667，说明该模型相对于随机猜测具有更好的预测能力。在控制气候变量后，该值增加到0.708。当加上强度和到无冰海岸的距离时，它实际上降至0.706，这表明该模型的预测能力反而下降了。增加法律制度体系变量，将 AUC 提高到0.735。虽然拟合并不完美，但比随机猜测要好。值得注意的是，虽然控制地理和制度后拟合度提高了，但相对于基准模型而言，改进并不大。作为对比，克莱因伯格、拉克拉朱、莱斯科韦茨、路德维希和穆莱纳桑（Kleinberg，Lakkaraju，Leskovec，Ludwig and Mullainathan，2017）开发了一种机器学习工具，可以使纽约市的法官做出同意或拒绝保释的决定得以改进；它的 AUC 是0.707。在我们的例子中，模型中的变量是由经济理论选择的，而非机器选择的，但是拟合程度并不差。

我们将重点讨论列（4），因为这是我们首选的估计模型，控制了所有的地理和制度变量。与单变量 t 检验相比，该模型显示出国内和国际市场规模对持续减贫的显著影响。中产阶级占人口份额的系数为0.54（标准差 =0.07），这意味着中产阶级人口份额从0增加到100%，相当于人口增加了5.4亿人。不要忘记变量是经过放缩的，所以该结果可以用平均收入低于中产阶级的人口来解释。

国际市场规模的影响也很大，当用相对人口（以千人为单位）测算国际市场规模时，系数 λ_2 =0.16（标准差 =0.02），当用相对人均收入来测算时，λ_3 =0.02（标准差 =0.0001）。要了解这些影响的规模，可以考虑人口约为3 500万人的阿富汗的情形。假设阿富汗正在考虑是否与它的一个邻国——拥有2亿人口的巴基斯坦或拥有8 000万人口的伊朗形成一体化市场。就人口而言，伊朗的人口是阿富汗的2.3倍，巴基斯坦的人口是阿富汗的5.7倍。根据系数估计，开放相同人口的一体化市场，平均市场规模能增加16万人。显然如果阿富汗与巴基斯坦合并，这个倍数会更大。然而，以同样的人均相对收入加入一个市场，会产生更大的影响。在我们的样本中，市场规模相当于增加了2 000万人，巴基斯坦的人均收入是阿富汗的3倍，它的价值将增加6 000万人口。然而，伊朗的人均收入是阿富汗的10倍，因此一体化将产生相当于2亿多的人口。在这个例子中，如果人口和收入都是一对一解释的，伊朗就是一个更有价值的市场。虽然在人口方面拥有一个巨大的市场会带来好处，但主要的增加值来自贸易伙伴的购买力。这表明，所谓的相似收入的南南国家之间的一体化将不如收入不同的南北国家之间的一体化有价值。

---

① 接受者工作特性曲线刻画了实证所暗示的真减贫和伪减贫。曲线下的面积可以解释为模型对一个持续减贫的实例和一个没有持续减贫的实例进行正确区分的概率，如果随机猜测的话，正确率为50%。

至于可变利润的组成部分，常数部分的估计是 β_1 = 1.18（标准差 = 0.35），是正向的且在标准统计水平上是显著的。但出口和农业劳动生产率的影响系数在统计上不显著。因此，我们没有量化这两种收入冲击对减贫的具体影响。但是，让我们放心的是，出口的系数 β_2 = 6.26（标准差 = 11.45），是正向的且数值较大。有些令人惊讶的是，农业生产力增长的效果 β_3 = −0.66（标准差 = 22.46），是负向的。

在估计了利润函数的系数并确认了规模经济的存在和市场规模变量的统计显著性之后，我们现在检查这些系数对我们关注的经济结果——持续减贫——意味着什么。在我们首选的模型，即列（4）中，实现持续减贫的门槛市场规模 $\hat{S}$ 为 3.28 亿人，并且这些人的购买力低于全球中产阶级。我们可以从支出的角度来看待这个数字。如果这些人每天的支出为 2 美元，那么他们的支出为 2 394亿美元（=2 美元 ×365 ×3.28 亿），略低于摩洛哥的 GDP（按 2011 年购买力平价计算）。如果这些人每天的支出是 5 美元，那么他们的支出就是 59 860亿美元（=5 美元 ×365 ×3.28 亿），低于菲律宾的 GDP。这些估计表明，持续减贫确实需要一个大的市场。然而，这种市场规模可以通过国际贸易协定或通过更公平的收入分配在一个小国实现。参数向量拟合中的系数将国内和国际市场规模变量转换为人口单位，这样就可以确定一个给定国家需要多少人口才能达到这个门槛。因此，收入分配和国际一体化对小国来说显然更为重要。一些非常大的国家，如印度和中国，已经能够仅凭自身的人口就达到这个门槛。

最后，在列（5）和列（6）中，为了检验我们的结果是否受前面讨论过的两个度量问题影响，我们用筛选的子样本重新进行了估计。两个度量问题分别是：用收入调查来测算贫困会增加额外的波动，以及使用更高频率的家庭调查的影响。式（5）只包括消费调查，将样本减少到 216 个观察值。式（6）只包括观察零年、一年或两年贫困人口总数的调查，将样本减少到 234 个观察值。虽然在列（6）中中产阶级估计不再显著，但在列（5）中其系数仍然是显著的。在所有模型中，国际市场规模变量的系数均显著。然而，除了式（5）中关于国际市场的相对收入的系数，其他模型估计的系数都与式（4）中的估计相同，但式（5）的估计仍然是正的（尽管比其他模型的数值小），并且非常显著。

六、封闭经济下的反事实估计

为评估国际一体化对持续减贫的影响效果，我们模拟了一个反事实的封闭经济，完全不参与国际一体化，即 $\lambda_2 = \lambda_3 = 0$。这可以被理解为发展政策的末日场景，贸易的比较优势对持续减贫变得无关紧要。本文报告了我们数据集中每个国家、每个时期开放和封闭市场规模的估计，以及各国达到门槛市场规模时需要增长多少百分比。

我们将这些结果总结为两幅图。图 6 显示了平均估计的市场规模，计为 $M_{it}\hat{\lambda}$，按照人均 GDP 的十分位平均，观测值仅使用 2011 ~ 2015 年的数据和人口加权，以提供一个和福利相关的最近视角。浅色的条形对应于开放经济（在当前一体化水平下），其中的市场规模是用表 1 列（4）中报告的 λ 计算的。深色条形的是当 $\lambda_2 = \lambda_3 = 0$ 时，我们估算的市场规模，因此市场规模仅由人口和中产阶级的规模决定。值得注意的是，在这种封闭经济情形下，直到达到样本人均 GDP 的六分位上，即 2 417 美元，市场才足够达到估计的门槛 $\hat{S} = 328$。然而，国际一体化似乎有所帮助。除了人均 GDP 十分位数和五分位数，开放经济市场的平均规模都大于阈值。这表明，如果国际市场仍然保持过去的价值，大多数国家应该能够实现持续减贫。然而，开放型经济的平均市场规模并未远超这个阈值。

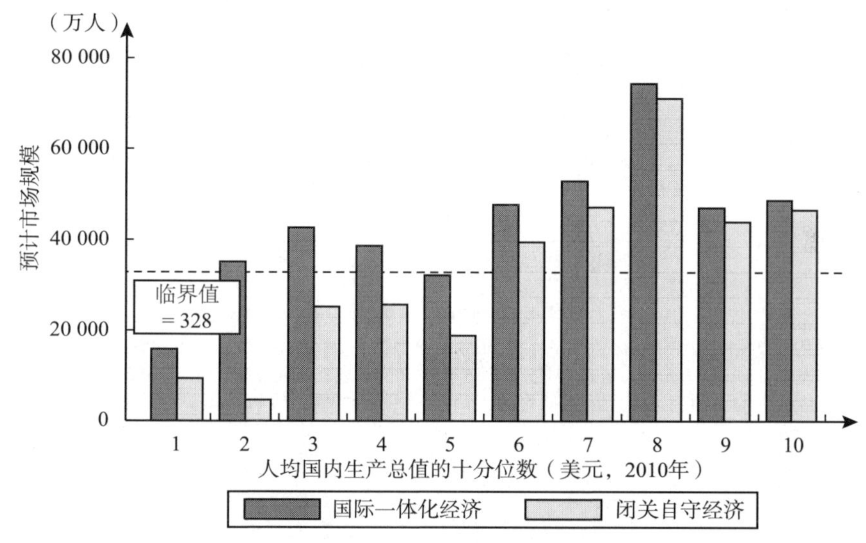

图 6 按人均 GDP 划分的反事实市场规模

注：仅 2011 ~ 2015 年。条形图显示了持续减贫样本的市场规模平均值，按基准年的人口加权。市场规模以中产阶级以外的人群定义，即按 2011 年购买力平价计算，每天消费不足 11 美元的人群。在封闭经济的情形下，一体化市场的相对人口和收入的系数设为 0。

图 7 是一个类似的条形图，其中国家是按地区而不是收入进行分组的。在这里，南亚和撒哈拉以南非洲地区都低于封闭经济情形下的阈值。南亚的统计结果不包括印度，印度自 2011 年以来就没有公布过全国贫困人口统计数据。

印度由于人口众多，长期以来拥有足够大的市场，而且在观察到的每个时期都实现了持续的减贫。然而，南亚其他人口众多的国家或是未能达到这个门槛，或只是勉强达到，因为它们的中产阶级人数不够多。以孟加拉国为例，该国2011年有1.29亿人不属于中产阶级，但考虑到其中产阶级的规模相对较小（占人口的13%），在封闭经济条件下，其市场仍需增长62%，才能达到我们计算的反事实阈值。2011年，巴基斯坦有1.02亿人不属于中产阶级，但该国有规模更大的中产阶级（占人口的44%），因此该国刚刚达到门槛，但在之前的时期都没有达到持续减贫的门槛。

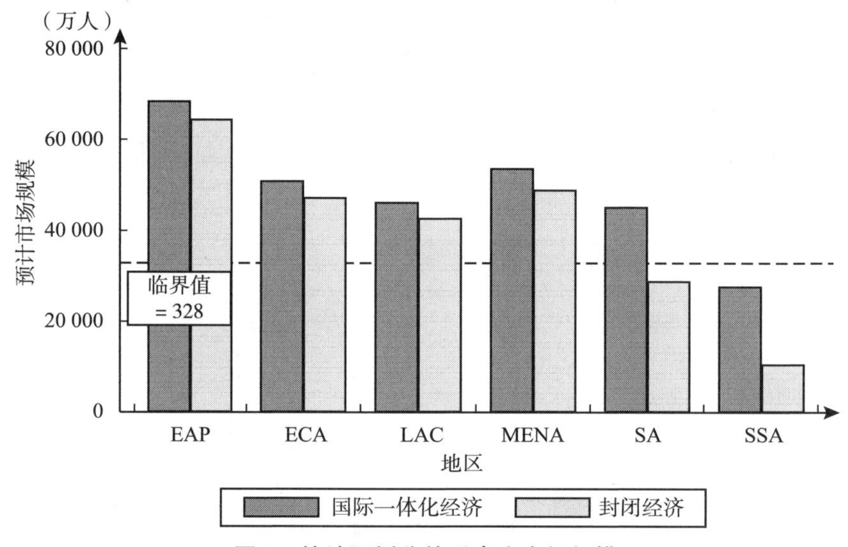

图7　按地区划分的反事实市场规模

注：EAP = 东亚和太平洋地区，ECA = 欧洲和中亚地区，LAC = 拉丁美洲和加勒比地区，MENA = 中东和北非地区，SA = 南亚（不包括印度），SSA = 撒哈拉以南非洲地区。仅2011～2015年。条形图显示了持续减贫样本的平均值，市场规模通过表1列（4）估计的系数计算可得。平均数按基准年的总人口加权。市场规模的单位是中产阶级以外的人，在这个样本中，即按2011年购买力平价计算，每天消费少于11美元的人。在封闭经济情形下，综合市场的相对人口和收入的系数设为0。

七、结　　论

我们的调查结果对各国政府明确应优先考虑哪些发展目标是有意义的。经济学家的传统方法建议，即使关注减贫，也应该主要关注经济增长，因为这是实现发展的“最直接的途径”（Hausmann，Rodrik and Velasco，2008）。尽管经济增长确实对穷人有利（Dollar and Kraay，2002；Dollar，Kleineberg and Kraay，2013），我们在这里证实，它也不一定足以支持持续减贫。2015年，联合国通过了17项可持续发展目标，旨在将比单纯增长更广泛的发展目标纳入决策当中。这些目标包括目标所涉及的从事专项工作的部门和个人，一共169项具体指标，针对贫困、水、教育、气候和性别等问题[①]。但其存在一个缺点是，这些目标不能很好地聚合成几个可以确定国家发展战略的主要目标。因此，对于公民、政治家和商界人士来说都很难同时兼顾大局。

本文所述的需求面框架提出了一个中间办法，即各国政府在其发展战略中注重三个高级目标。第一个目标是消除贫困。这一目标的进展通过以下几个方面测算：

- 持续减贫：贫困人口持续减少。我们的实证结果表明，下面两个目标能促进第一个目标的实现。
- 收入分布：按照全球标准来看中产阶级的规模。
- 国际一体化：有关国家间货物、服务、劳动力、资本和观念流动权利的法律规定。

下面提到的可持续发展目标与这些高级目标之间有直接对应的关系。实现目标1，即“无贫困”的进展可以通过持续减贫来衡量。确保实现充分公平的收入分配的目标与人力资本有关，包括目标2“零饥饿”，目标3“良好健康与福祉”，目标4“优质教育”和目标6“清洁饮水和卫生设施”；目标5“性别平等”，目标10“减少不平等”，目标16“和平、正义与强大机构”；也是与经济表现最直接相关的目标：目标8“体面工作和经济增长”；目标9“产业、创新和基础设施”。然而，值得注意的是，国际一体化只对应一个目标，即目标17促进目标实现的伙伴关系，其目标是结束世贸组织多哈回合的贸易谈判。鉴于我们已经证明了国际一体化对持续减贫的经验重要性，可持续发展目标议程没有把国际一体化作为一项目标从而给予更多的重视，这或许令人感到惊讶。

在人口固定的需求侧框架下，有两种发展战略：国际一体化或者发展中产阶级。令人担忧的是，对于人口较少的国家来说，这些战略需要在取得很大的成果后才能达到市场门槛。那么，前进的道路是什么呢？有几个选择是明确的。首先，签订更多的贸易条款，特别是与富裕国家的条款，深化经济一体化，如劳动力的流动（包括无技能和专业的商人）。其次，针对穷人和中产阶级的收入再分配。虽然对穷人的直接援助是帮助他们摆脱贫困的宝贵工具，但也必须提供资源来扩大可以满足市场需要的中产阶级。我们的模型以不完全竞争的市场为基础，在此基础上得到的结果表明，企业利润的再分配尤其重要。因此，与工资收入的再分配相比，帮助家庭积累股权份额可能是特别有用的再

---

① https://sustainabledevelopment.un.org/content/documents/11803Official-List-of-Proposed-SDG-Indicators.pdf.

分配政策。

我们使用 AUC 指标来评估我们的模型的拟合度。在这里，我们的实证模型不像机器学习方法那样由机器选择，而是建立在一个至少可以追溯到 20 世纪 50 年代的经济发展模型的基础上，并进一步利用了 20 世纪 80 年代的关于规模报酬递增和不完全竞争的理论。我们首选的模型正确预测一国五年期的持续减贫的概率是 73. %，相比之下，随机猜测的正确率为 50%。就经济发展政策领域来说，达到该水平的准确率还不算太坏。

参考文献

Acemoglu, Daron, Simon Johnson, and James A Robinson, "The colonial origins of comparative development: An empirical investigation", American Economic Review, 2001, 91 (5): 1369 - 1401.

Aitchison, John and James AC Brown, "The lognormal distribution with special reference to its uses in economics", 1957.

Alfaro-Urena, Alonso, Isabela Manelici, and Jose P Vasquez, "The Eects of Joining Multinational Supply Chains: New Evidence from Firm-to-Firm Linkages", Technical Report 2020.

Atkin, David, Amit K Khandelwal, and Adam Osman, "Exporting and firm performance: Evidence from a randomized experiment", The Quarterly Journal of Economics, 2017, 132 (2): 551 - 615.

Autor, David H, David Dorn, and Gordon H Hanson, "The China shock: Learning from labor-market adjustment to large changes in trade", Annual Review of Economics, 2016, 8: 205 - 240.

Baldwin, Richard, "Big-think regionalism: A critical survey", National Bureau of Economic Research Working Paper No. 14056, 2008.

Banerjee, Abhijit, Dean Karlan, and Jonathan Zinman, "Six randomized evaluations of microcredit: Introduction and further steps", American Economic Journal: Applied Economics, 2015, 7 (1), 1 - 21.

Banerjee, Abhijit V and Esther Duflo, "Growth theory through the lens of development economics", Handbook of Economic Growth, 2005 (1): 473 - 552.

____, "What is middle class about the middle classes around the world?", Journal of Economic Perspectives, 2008, 22 (2), 3 - 28.

Barro, Robert J, "Inequality and Growth in a Panel of Countries", Journal of Economic Growth, 2000, 5 (1): 5 - 32.

____, "Inequality and growth revisited", Working Paper Series on Regional Economic Integration No. 11, Asian Development Bank 2008.

Baulch, Bob and John Hoddinott, "Economic mobility and poverty dynamics in developing countries", The Journal of Development Studies, 2000, 36 (6): 1 - 24.

Birdsall, Nancy, Carol Graham, and Stefano Pettinato, "Stuck In The Tunnel: Is Globalization Muddling The Middle Class?", 2000.

Bresnahan, Timothy F and Peter C Reiss, "Entry and competition in concentrated markets", Journal of Political Economy, 1991, 99 (5): 977 - 1009.

Carter, Michael R and Christopher B Barrett, "The economics of poverty traps and persistent poverty: An asset-based approach", The Journal of Development Studies, 2006, 42 (2): 178 - 199.

Chaudhuri, Shubham, Pinelopi K Goldberg, and Panle Jia, "Estimating the eects of global patent protection in pharmaceuticals: A case study of quinolones in India", American Economic Review, 2006, 96 (5): 1477 - 1514.

Crow, Edwin L and Kunio Shimizu, Lognormal distributions, Marcel Dekker, 1987.

Deaton, Angus, "Measuring poverty in a growing world (or measuring growth in a poor world)", Review of Economics and Statistics, 2005, 87 (1): 1 - 19.

Desai, Raj M and Homi Kharas, "Is a growing middle class good for the poor? Social policy in a time of globalization", Global Economy and Development Working Paper No. 105, Brookings Institution 2017.

Dollar, David and Aart Kraay, "Growth is Good for the Poor", Journal of Economic Growth, 2002, 7 (3): 195 - 225.

____, Tatjana Kleineberg, and Aart Kraay, "Growth still is good for the poor", World Bank Policy Research Working Paper No. 6568, 2013.

Easterly, William, "The middle class consensus and economic development", Journal of Economic Growth, 2001, 6 (4): 317 - 335.

____, "In Search of Reforms for Growth: New Stylized Facts on Policy and Growth Outcomes", National Bureau of Economic Research Working Paper No. 26318, 2019.

Ferraz, Claudio, Frederico Finan, and Dimitri Szerman, "Procuring firm growth: the effects of government purchases on firm dynamics", National Bureau of Economic Research Working Paper No. 21219, 2015.

Ferreira, Francisco HG, Phillippe G Leite, and Martin Ravallion, "Poverty reduction without economic growth? Explaining Brazil's poverty dynamics, 1985-2004", Journal of Development Economics, 2010, 93 (1): 20 - 36.

Fuglie, Keith Owen, Sun Ling Wang, V Eldon Ball et al., Productivity growth in agriculture: An international perspective, CABI, 2012.

Goldberg, Pinelopi K and Nina Pavcnik, "Trade, inequality, and poverty: What do we know? Evidence from recent trade liberalization episodes in developing countries", Brookings Trade Forum, 2004: 223 - 269.

Harrison, Ann, ed., Globalization and poverty 2007.

Hausmann, Ricardo, Dani Rodrik, and Andrés Velasco, "Growth diagnostics", The Washington consensus reconsidered: Towards a new global governance, 2008: 324 - 355.

____, Lant Pritchett, and Dani Rodrik, "Growth accelerations", Journal of Economic Growth, 2005, 10 (4): 303 - 329.

Helpman, Elhanan and Paul R Krugman, Market structure and foreign trade: Increasing returns, imperfect competition, and the international economy, MIT press, 1985.

Hofmann, Claudia, Alberto Osnago, and Michele Ruta, Horizontal depth: A new database on the content of preferential trade agreements, The World Bank, 2017.

Horn, Henrik, Petros C Mavroidis, and André Sapir, "Beyond the WTO? An anatomy of EU and US preferential trade agreements", The World Economy, 2010, 33 (11): 1565 - 1588.

Kharas, Homi, "The emerging middle class in developing countries", OECD, 2010.

____, "The unprecedented expansion of the global middle class: An update", 2017.

Kleinberg, Jon, Himabindu Lakkaraju, Jure Leskovec, Jens Ludwig, and Sendhil Mullainathan, "Human decisions and machine predictions", The Quarterly Journal of Economics, 2017, 133 (1): 237 - 293.

Kraay, Aart and David McKenzie, "Do poverty traps exist? Assessing the evidence", Journal of Economic Perspectives, 2014, 28 (3): 127 - 48.

Lund, Susan, James Manyika, Jonathan Woetzel, Jacques Bughin, Mekala Krishnan, Jeongmin Seong, and Mac Muir, "Globalization in Transition: The Future of Trade and Value Chains", Technical Report, McKinsey Global Institute, 2019.

McKenzie, David and Christopher Woodruff, "What are we learning from business training and entrepreneurship evaluations around the developing world?", The World Bank Research Observer, 2014, 29 (1): 48 - 82.

Milanovic, Branko, "All the Ginis dataset", The World Bank, 2013.

Murphy, Kevin M, Andrei Shleifer, and Robert Vishny, "Income distribution, market size, and industrialization", The Quarterly Journal of Economics, 1989, 104 (3): 537 - 564.

____, and Robert W Vishny, "Industrialization and the big push", Journal of Political Economy, 1989, 97 (5): 1003 - 1026.

Nunn, Nathan and Diego Puga, "Ruggedness: The blessing of bad geography in Africa", Review of Economics and Statistics, 2012, 94 (1): 20 - 36.

Ostry, Mr Jonathan David, Mr Andrew Berg, and Mr Charalambos G Tsangarides, "Redistribution, inequality, and growth", Staff Discussion Note No. 2, International Monetary Fund, 2014.

Pinkovskiy, Maxim and Xavier Sala-i-Martin, "Parametric estimations of the world distribution of income", National Bureau of Economic Research Working Paper No. 15433, 2009.

____, "Africa is on time", Journal of Economic Growth, 2014, 19 (3), 311 - 338.

Porta, Rafael La, Florencio Lopez de Silanes, Andrei Shleifer, and Robert Vishny, "The quality of government", The Journal of Law, Economics, and Organization, 1999, 15 (1): 222 - 279.

Rappaport, Jordan and Jeffrey D Sachs, "The United States as a coastal nation", Journal of

Economic Growth, 2003, 8 (1): 5 – 46.

Ravallion, Martin, "The debate on globalization, poverty and inequality: Why measurement matters", International Affairs, 2003, 79 (4): 739 – 753.

____, "The developing world's bulging (but vulnerable) middle class", World Bank Policy Research Working Paper 4816, 2009.

____, "Why Don't We See Poverty Convergence?", American Economic Review, 2012, 102 (1): 504 – 523.

Rodrik, Dani, "What do trade agreements really do?", Journal of Economic Perspectives, 2018, 32 (2): 73 – 90.

Sachs, Jeffrey D, "Tropical underdevelopment", National Bureau of Economic Research Working Paper No. 8119, 2001.

____ and Andrew Warner, "Economic reform and the process of global integration", Brookings Papers on Economic Activity, 1995, 26 (1): 1 – 118.

Shepherd, Andrew and Vidya Diwakar, "Pathways to sustained poverty reduction", Technical Report, Overseas Development Institution 7, 2019.

Simanis, Erik, "Reality check at the bottom of the pyramid", Harvard Business Review, 2012.

Spence, Michael et al., "The growth report: Strategies for sustained growth and inclusive development", Commission on Growth and Development Final Report, Washington, DC, 2008.

Stiglitz, Joseph E, "Some lessons from the East Asian miracle", The World Bank Research Observer, 1996, 11 (2): 151 – 177.

Topalova, Petia, "Factor immobility and regional impacts of trade liberalization: Evidence on poverty from India", American Economic Journal: Applied Economics, 2010, 2 (4): 1 – 41.

Wacziarg, Romain and Karen Horn Welch, "Trade liberalization and growth: New evidence", The World Bank Economic Review, 2008, 22 (2): 187 – 231.

Werker, Eric, "Learning from Double-Digit Growth Experiences", International Growth Center Rapid Response Note, 2012.

Winters, L Alan, Neil McCulloch, and Andrew McKay, "Trade liberalization and poverty: the evidence so far", Journal of Economic Literature, 2004, 42 (1): 72 – 115.

Woodruff, Christopher, "Addressing constraints to small and growing businesses", Technical Report, International Growth Centre, 2018.

第二部分

前沿问题

收入数据的使用和错用以及美国的极端贫困

布鲁斯·D. 梅耶、德瑞克·吴、维多利亚·摩尔、卡拉·梅达利亚*

摘　要：最近的调查显示，美国的极端贫困率，即每天生活费少于2美元的人口占总人口的比例很高且一直在增加。通过将2011年收入和项目参与调查（Survey of Income and Program Participation）、实时人口调查（Current Population Survey）的数据与行政税收和项目数据相联系，我们重新估计了极端贫困率。我们发现，对于调查中人均现金收入低于每天2美元的360万个常住家庭，如果我们纳入实物转移，用行政记录代替收入和转移收据的调查报告，并考虑大量资产的所有权，其中超过90%的家庭将不再属于极端贫困的范畴。在所有被错误分类的家庭中，有一半以上的行政记录收入超过了贫困线。而且根据物质福利衡量标准，被错误分类最严重的几个群体似乎至少本应被分类为中产阶级家庭。相比之下，通过实物转移而免于极端贫困的家庭似乎是美国物质最匮乏的家庭之一。被误分类的家庭中有接近80%最初被归类为极端贫困的家庭，这是由于现金收入报告中存在的错误或遗漏。在调整后仍属于极端贫困的家庭中，90%是单人家庭。近期极端贫困人口比例较低，正如许多评论人士所声称的那样，这是福利改革的结果。也正因为如此，当前的极端贫困人口比例不可能大幅提高。

一、引　　言

最近有报道称，美国的极端贫困率居高不下，而且还在不断上升，我们有理由对这些报道表示担忧和怀疑。一些著名学者认为，数以百万计的美国人（很多还是孩子）每天的生活费用少于几美元。其他研究人员也报告了高比率的“无联系”人群，即既没有收入也没有政府福利的人群。根据收入调查报告的数据，这两类人的问题随着时间的推移一直在恶化。另外，研究人员长期以来一直认为，处于收入分配尾部的调查报告存在严重的错误。其中一些学者提供了证据说明家庭调查中日益严重的收入漏报或与消费数据矛盾的情况。本文通过结合以前未充分利用的调查数据和新关联的行政数据来解决这些问题。这些数据允许我们能够重新估计极端贫困并阐明其他问题，包括实物转移的对象、福利改革的影响和贫困的测算。

关注2011年的收入和项目参与调查数据（SIPP），我们发现在人均现金收入低于每天2美元的360万个常住家庭中，有90%被错误分类。我们的方法首

---

* 作者简介：布鲁斯·D. 梅耶（Bruce D. Meyer）是芝加哥大学哈里斯公共政策学院教授，德瑞克·吴（DereK Wu）和维多利亚·摩尔（Victoria Mooers）供职于芝加哥大学，卡拉·梅达利亚（Carla Medalia）供职于美国人口调查局。

先仅使用调查数据进行一系列调整：如果家庭接受了足够多的实物转移，包括补充营养援助计划（SNAP），妇女、婴儿和儿童特别营养补充计划（WIC）和住房援助，我们就将其重新划分为非极端贫困家庭。然后，针对那些报告了工作时间但漏报收入（在绝大多数情况下没有报告任何收入）的人或拥有大量资产的人，我们也将其从极端贫困家庭中划出。为了进一步估计仅依靠调整调查数据难以重新划分的家户，我们将收入调查报告、资产收入、退休分配（retirement distributions）、老年、幸存者和残疾保险（OASDI）、补充保障收入（SSI）、SNAP和住房援助的调查报告替换为来自相关的行政税收和项目报告的数据，并将收入所得税抵免（EITC）也考虑在内。

最后，我们给出的估计是，美国家庭极端贫困率为0.24%，个人极端贫困率为0.11%，在这些极端贫困家庭中，有90%的家庭为单人家庭。我们怀疑，真实的极端贫困率可能更低，因为证据显示许多收入来源在调查中存在少报的现象，如失业保险、临时助理人员或贫困家庭（TANF）、工人补偿、退伍军人福利和非正式收入，这些少报的收入无法被我们纳入行政数据中。在进行修正后，我们的结果是稳健的。例如，很少有人均收入超过每天2美元的家庭在使用行政数据和提出估算收入进行修正后，其收入低于每天2美元。剔除修正后少报收入的估算工时，也只是产生了微不足道的影响。另外，仅根据行政数据来看，被错误划分为极端贫困的家庭中，有接近80%的家庭被错划的原因是现金收入、资产收入、退休收入、OASDI、SSI或EITC等现金报告的错误或遗漏。因此，实物转移起了次要的作用。使用2012年当前人口调查的年度社会和经济补编（CPS ASEC）再次进行研究，我们估计，2011年仅有0.18%的家庭和0.13%的个人处于极端贫困。这两项调查的估计结果非常类似于研究人员利用消费数据计算得出的比率，说明改进后的收入测算可以调和过去使用收入和消费数据[①]测算贫困时产生的差异。本文在方法上的一个关键改进在于，使用多种来源的行政和调查数据来验证仅调整调查数据所获得的估计。仅对调查数据进行调整，可以解释我们计算结果中全部极端贫困下降幅度的78%。除此之外，我们的估计结果得到了其他来源的证实，使得证据更具有说服力。在由于少报收入或者拥有大量资产而被重新划分的家庭中，我们发现有72%~93%的家庭，其行政数据记录的收入超过了极端贫困线，47%~65%的行政记录收入超过了贫困线，具体的占比根据细分的群体而有所差异。使用来自SIPP局部模块的详细信息，我们发现这些群体的物质幸福水平（基于对物质生活困难、家用电器拥有和住房质量的衡量）与全美国的平均水平相似。在

① 详见Chandy and Smith（2014）以及Hall and Rector（2018）。

许多其他调查报告的维度方面，如受教育年限、医疗保险覆盖（尤其是私人保险）和职业，他们也与普通家庭相当。因此，大量证据表明，由于少报收入和拥有大量资产而被重新分类的家庭的原调查收入数据可能存在严重错误。这些可能是有研究发现的收入贫困和物质困难之间缺少强有力关系①的潜在原因。相比之下，由于收到实物转移而被重新分类为非极端贫困的家庭，在多个福利方面似乎比官方界定的贫困人口的情况要差得多，这意味着实物转移带来的福利较好地瞄准了有需要的人。这些结果和过去的发现是一致的，即根据美国人口普查局的补充贫困测算标准（该标准将实物转移纳入收入，并将一些受助人提高到贫困线以上），被排除在贫困名单之外的个人，其平均情况似乎比处于官方收入贫困的人更糟②。

值得注意的是，我们对极端贫困率的最佳估计不一定是对整个人口分布的最终估计。SIPP 排除了无家可归者和机构化人口（如生活在护理机构和监狱中的人），这意味着如果大量的无家可归者和机构化人口处于极端贫困，就会使我们低估极端贫困。但是，报告较高极端贫困发生率的文献所依赖的调查数据排除了无家可归者和机构化人口。如果说这样的结果有什么意义的话，就是这进一步强调了当从表面价值分析时，大多数调查数据对于确定极端贫困率而言并不完善。

虽然本文证明美国真实的极端贫困发生率比报道的数字要低得多，但我们不应该由此就认为美国几乎没有贫困。更确切地说，我们认为，在美国，把重点放在每天 2 美元这样的低收入起点上，可能无法准确刻画真正贫困的家庭群体。例如，在我们的行政数据来源中（我们已经知道该数据不完整），基于调查报告的现金收入，被划分为极端贫困的家庭中仅有近 50% 的收入超过贫困线。而且，收到以收入评估为准的实物转移的家庭（似乎属于美国最贫困的人群之一）几乎都由于极端贫困的收入阈值低于转移金额而没有被划入极端贫困。那些看起来确实极端贫困且因此无法获得工作或社会保障的家庭，绝大多数都是没有子女的单人家庭。与文献中对有孩子家庭的极端贫困的关注形成鲜明对比，这一发现从政策的角度来看具有重要性，因为参加相关社会计划的资格通常取决于家庭组成。虽然我们主要的方法是从人均收入低于每天 2 美元的家庭开始的，但作为稳健性检验，此处我们先从全样本开始，对调查数据和行政数据进行整合。在这个替代分析中，我们将依靠一些涉及收入和住房援助的调查报告。这样做是由于行政收入数据来源并不完整，未包含收入类别和没有

① 比如，详见 Mayer and Jencks（1989），Meyer and Sullivan（2003，2011，2012），以及 Short（2005）。

② 详见 Meyer and Sullivan（2012），Fox and Warren（2018）。

工作的个人。住房数据也不完整，美国住房和城市发展部（HUD）管理的主要项目中未包括数百万套保障性住房。对于其他收入来源，我们简单地使用行政记录代替了调查报告。使用这种方法得到的结果与我们的主结果相差不大。

我们还确证了当收入节点改为人均每天4美元，时间间隔更短或更长，并且估算的时间或收入设为0时，我们的主要结果仍然成立。

从更一般的角度讲，本文是一个前所未有的新项目的第一批论文，该项目组合并连接了有关收入、项目接受和其他密切相关的信息的调查和行政数据（Medalia，Meyer，O'Hara and Wu，2019）。这个项目的目标包括：（1）改进家庭调查和基于统计的税收管理；（2）更好地理解贫困、不平等和政府转移的影响。在本文中，我们最初关注的是极端贫困，因为结果是如此明显，且能够显示关联数据在帮助我们理解贫困中的价值。即使与那些试图在调查中正式修改报告错误的方法，联系调查和行政数据的方法也有很大的价值。两项研究发现，复杂的调整，如城市研究所的转移收入模型（TRIM），会将SNAP和TANF福利分配给那些调查显示所得与真实接受所得相差很大的人，进而使所有贫困估计产生偏差①。

本文其余部分的结构如下：第二部分回顾了有关极端贫困的文献，并讨论了使用调查报告的现金收入所估计的极端贫困率如此之高的原因。第三部分描述了调查和行政数据以及将它们联系起来的过程。第四部分探讨了如何纠正收入报告中的错误的方法。第五部分描述了来自SIPP的主要结果。第六部分描述了仅对调查数据进行修正和调整的估计结果。第七部分重复了针对当前人口调查（CPS）的分析，并将其与SIPP进行比较。第八部分展示了稳健性检验的结果以及其他的说明。第九部分总结了全文。

二、文献回顾

（一）过去有关极端贫困的研究以及相互矛盾的证据

在一系列文章以及畅销书中，爱丁和谢弗记录了极端贫困的普遍性，他们将贫困定义为人均每天现金收入少于2美元。使用2008年的第九轮SIPP面板数据，谢弗和爱丁（Shaefer and Edin，2013）发现，在2011年，所有有子女的非老年人家庭（165万户家庭和355万儿童）中，有4.3%的家庭在一个月内生活状态为极端贫困②。谢弗和爱丁（Shaefer and Edin，2017）使用2012年

---

① 详见Shantz and Fox，2018；Mittag，2019。

② 我们从复制这些数字开始我们的实证工作。

CPS ASEC 数据并通过 TRIM 模型进行调整后得出结论，根据 2011 年的年度现金收入，130 万儿童（占所有儿童的 1.8%）每天生活费用少于 2 美元[①]。谢弗和爱丁（Edin and Shaefer，2015）将定量分析与关于极端贫困人口日常生活的人口统计学证据相结合，进一步阐明了这些家庭所面临的贫困。与此同时，迪顿（Deaton，2018）使用 CPS 的调查数据，声称 2015 年美国有 530 万人在税后和实物转移后的收入低于每天 4 美元。这些惊人的数字受到了政策制定者和媒体的极大关注[②]，而且在联合国关于美国贫困状况的一份重要报告中被特别提及（联合国，2018）。

现在有文献围绕“与社会脱节的”个人和家庭困境展开，这些人的收入很少或没有收入，很少或无法获得政府福利（通常是现金福利）。大多数此类研究关注单身母亲。特纳、丹泽格和泽费尔特（Turner，Danziger and Seefeldt，2006）使用来自女性就业研究的调查数据发现，在 1997 年 2 月收到现金福利的单身母亲中，有 9% 在随后的 79 个月（1996 年福利改革之后）中至少有1/4 的时间没有获得现金福利。使用来自 SIPP 和 CPS 的数据，布兰克和科瓦克（Blank and Kovak，2009）发现，在 2000 年前后，生活在官方贫困线两倍水平以下的单身母亲中，超过 20% 的人没有年收入，也未享受政府福利。洛普雷斯特（Loprest，2011）以及洛普雷斯特和尼科尔斯（Loprest and Nichols，2011）也使用了 SIPP，再次反映了这些严重贫困的单身母亲的状况。

重要的是，许多研究发现，随着时间的推移以及福利改革的推进，极端贫困和与社会脱节的比率仍在大幅上升。谢弗和爱丁（Shaefer and Edin，2013）计算得出，1996 年至 2011 年间，处于极端贫困中的有子女家庭的数量增长了 159%。在使用 TRIM 模型对 CPS 中的收入少报进行调整后，这一增长率在 1995 年到 2012 年间达到了 748%，谢弗和爱丁（Shaefer and Edin，2017）将这种大幅增加完全归因于现金福利的削减。使用 CPS 数据，布兰克和科瓦克（Blank and Kovak，2009）也发现，在 1995 年至 2005 年期间，与社会脱节的单身母亲的比率几乎翻了一番。洛普雷斯特和尼科尔斯（Loprest and Nichols，2011）研究了 1996 年和 2004 ~ 2008 年的情况，也发现了类似的结果。

同时，另一篇关于社会脱节的文献提供了与谢弗和爱丁（Shaefer and

---

① 尽管谢弗和爱丁在他们的两篇论文中，研究的参考年份都是 2011 年，但极端贫困儿童的数量差异相当大。我们认为几个原因导致了这一差异。首先，使用 SIPP 的较高的数字是基于一轮调查的第四个参考月，而不是一轮调查的月平均值。正如我们在第七部分讨论的，SIPP 中有相当数量的家庭收入为零，但工作时间为正的报告，然而这种不一致性在 CPS 中没有出现。最后，较低的 CPS 数字依赖于城市研究所的 TRIM 微观模拟模型来调整调查中少报的现金转移。

② https://www.washingtonpost.com/news/wonk/wp/2018/06/25/trump-team-rebukes-u-n-saying-it-overestimates-extreme-poverty-in-america-by-18-million-people/.

Edin，2013，2017）的研究结果不一致的证据。一些研究改进了收入的测算方法，将实物转移纳入其中，并试图对调查中少报收入的情况进行修正。温希普（Winship，2016）通过大量调整CPS报告的现金收入，包括纳入实物转移（非医疗和医疗福利是分开的）、税收和税收抵免，并使用偏差小于所有城市消费者指数（CPI-U）[①] 的价格指数，即个人消费支出（PCE）的平减指数，重新估计了极端贫困率。温希普还使用TRIM3模型来纠正各种转移支付少报的问题，并将家庭收入按等价比例进行划分，以更好地处理资源共享问题。温希普发现，自福利改革以来，2012年，所有儿童中经过调整的极端贫困率下降到约0.1%，在由单身母亲养育的儿童中则下降到接近0.01%。布兰迪和帕罗林（Brady and Parolin，2018）还使用CPS数据计算出，2015年有0.4%的家庭人均生活费低于每天2美元。这是在扣除税收和转移（包括SNAP）、用TRIM模型修正了TANF和SSI的少报情况，并且考虑了家庭规模之后得出的结果。帕罗林和布兰迪（Parolin and Brady，2018）使用了类似的方法（但是使用TRIM额外调整了SNAP中的少报情况）发现，2015年0.08%的有儿童家庭人均每天生活费用少于2美元。

其他的研究侧重于测算消费或生活困难的程度，而不是依靠调查报告中的现金收入来测算极端贫困与重度贫困。在早期的一篇论文中，梅耶和詹克斯（Mayer and Jencks，1989）发现，在20世纪80年代中期接受调查并被认定为贫困的芝加哥人中，有43%在食品、住房和医疗方面报告的支出超过了他们的收入。梅耶和沙利文（Meyer and Sullivan，2003）还发现，20世纪90年代处于最低10%分位的贫困单身母亲，在消费者支出（CE）和收入动态面板（PSID）调查中，其支出分别超出收入的47%和24%。梅耶和沙利文（Meyer and Sullivan，2004，2008，2012）在后续论文中发现，低分位家庭的消费在福利改革后上升，深度消费贫困程度随时间急剧下降。

近年来，更多的论文开始使用CE调查计算基于消费的极端贫困（人均日消费低于2美元或4美元）或深度贫困（人均日消费低于官方贫困线的一半），并获得了低贫困率的结果。尚迪和史密斯（Chandy and Smith，2014）发现，2011年第四季度，只有0.07%的美国人每天消费支出低于2美元。霍尔和雷克托（Hall and Rector，2018）调查了自1980年以来接受CE调查的所有家庭，同样发现0.08%的美国人每天消费低于4美元。他们还计算出2017年基于支出的深度贫困率为0.5%，远低于官方基于收入的深度贫困率（2017年

① 美联储（Federal Reserve）的联邦公开市场委员会（Federal Open Market Committee）和国会预算办公室（Congressional Budget Office）都使用个人消费支出平减指数（PCE Deflator）而不是CPI-U来计算通货膨胀，因为前者受到困扰后者的偏差的影响较小（CBO，2012；Bullard，2013）。

超过6%)。与梅耶和沙利文(Meyer and Sullivan, 2012)的研究结果相同,霍尔和雷克托发现,深度消费贫困率从20世纪80年代中期约2%的水平大幅下降,而且在福利改革后的下降幅度对单亲家庭来说尤为明显。

(二)根据调查报告的现金收入所得到的极端贫困率如此之高的原因

有几个原因解释了为什么当基于税前现金收入的调查报告时,文献中所发现的如此之高的极端贫困率。首先,这些计算忽略了实物转移和税收抵免。大多数经过审查的转移资金都是实物的,而且很多研究者都认为非医疗实物福利应该被算作收入(Ellwood and Summers, 1985; Citro and Michael, 1995; Blank, 2008)。特别是,SNAP和WIC福利似乎可以被视为现金支付,因为福利金额通常低于接受家庭在接收之前的食品支出(Hoynes and Schanzenbach, 2009; Ben-Shalom et al., 2012)。用于计算住房援助金额的总租金也接近市场租金,因此与私人租户对单位面积的估值也相差无几(Olsen, 2003, 2019)。有几项研究甚至认为,从转移项目中获得的每单位美元收益可能超过现金报酬,因为转移支付在保证家庭收入方面发挥着重要作用(Blundell, Pistaferri and Preston, 2008; Blundell, 2014; Deshpande, 2016)。

鉴于美国社会保障体系的性质已经发生了巨大变化,在比较不同时期的结果时,考虑实物转移和税收抵免是很重要的。虽然现金福利(对抚养孩子的家庭进行援助,简称AFDC,后来改为TANF)支付数额在1996年至2011年间下降了2/3,但是在同一时期内,SNAP支付增加了一倍多,EITC福利增加了大约50%,两者转移的金额都比从TANF中削减的要多(Meyer, Mok and Sullivan, 2015)。随着时间的推移,其他实物转移项目,如公共和住房补贴,也遵循了类似的上升轨迹[①]。因此,仅仅根据税前现金收入来关注贫困率的变化是不准确的。这些担忧在很大程度上促使美国人口普查局(U.S. Census Bureau)于2011年开始计算补充性贫困指标(SPM),其中考虑了许多未列入官方贫困指标的非现金项目和税收抵免。

值得欣慰的是,谢弗和爱丁(Shaefer and Edin, 2013)发现,得益于SNAP、税收抵免和住房补贴,2011年有子女家庭的税前极端贫困率降低了63%。但研究人员和政策制定者一直强调,这些估计排除了一些重要的政府项目。

---

① https://www.cbpp.org/research/housing/national-and-state-housing-fact-sheets-data。

文献中计算的极端贫困率较高的另一个原因是，实证研究几乎普遍依赖于调查收入，即使在修正后也存在大量错误，尽管许多研究证实了受访者少报导致收入数据存在显著漏洞。例如，梅耶和米塔格（Meyer and Mittag，2015）发现，CPS 中 63% 的公共援助接受者和 SIPP 中 44% 的公共援助接受者没有报告接受过援助，而在 CPS 中 43% 的 SNAP 接受者和 SIPP 中 19% 的 SNAP 接受者没有报告接受过 SNAP。贝和米切尔（Bee and Mitchell，2017）发现，46% 的养老金领取者没有在 CPS 中报告养老金领取情况。

虽然 CPS 被发现比 SIPP 存在更明显的漏报情况，但是后者同样存在问题。梅耶和吴（Meyer and Wu，2018）发现，在单亲家庭中，SSI、OASDI 和 SIPP 提供的公共援助的减贫效果都少于行政数据显示的 44%①。对于所有家庭，SIPP 对 SNAP 和公共援助的减贫影响分别是行政数据影响的 2/3 和 1/2（Meyer and Wu，2018）。SIPP 收入数据中的这些漏洞也随着时间的推移而增加。自 2000 年以来，SIPP 在 TANF、失业保险和工人补偿计算时遗漏的数额增加了 7 个百分点（Meyer，Mok and Sullivan，2015）。自 1990 年以来，估算的 SIPP 资金份额也翻了一番，SSI 和 OASDI 的报告金额错误在 1996 年和 2008 年 SIPP 面板调查（Gathright and Crabb，2014）期间大幅增加。

调查报告的收入中的这些错误很可能比较明显地体现在收入分布的尾部。许多研究怀疑或发现收入报告在分布的尾部存在错误（Lillard，Smith and Welch，1986；Blank and Schoeni，2003；Bollinger，Hirsch，Hokayem and Ziliak，2018），特别是在左边尾部。研究表明，报告的支出往往是报告的收入的数倍。这种情况不仅出现在美国的调查数据中（Meyer and Sullivan，2004，2008；Hall and Rector，2018），在加拿大和英国的调查数据中也有类似现象。布若佐夫斯基和克罗斯利（Brzozowski and Crossley，2011）使用来自加拿大家户支出调查和家庭支出调查的数据表明，在收入最低的 10% 的人中，总支出比可支配收入高出约 5 倍。布鲁尔、埃瑟里奇和奥黛（Brewer，Etheridge and O'Dea，2017）使用来自英国生活成本和食品调查的数据发现，收入分配中处于底层 1% 的家庭（每周的生活费低于 75 英镑）报告的每周支出的中位数为 400 英镑，与总人口的中位数相当。笔者发现，对于每周收入低于 110 英镑的家庭，支出的中位数实际上在减少。调查者少报收入是最好的解释，比多报支出或随时间平滑消费这两种解释更为合理。

① 梅耶和吴（Meyer and Wu，2018）认为，行政数据是真实的，尽管行政数据可能不完整。例如，“行政审查”数据可能会漏掉未提交纳税申报单的个人或雇主未提交纳税申报单的个人。

三、数　　据

本部分详细地描述了这篇文章使用的调查和行政数据来源，并解释了我们如何联系数据以及使用组合数据，使之相比仅使用调查数据或者行政数据的方法更为优越。

（一）调查数据

我们的调查数据主要来自 2008 年收入和项目参与调查（SIPP）。在第八部分中，我们还介绍了使用当前人口调查的年度社会和经济补编（CPS ASEC）数据的结果。SIPP 的每轮面板调查持续数年，每个面板中，个人和家庭会被进行纵向跟踪。具体来说，每个受访者每四个月接受一次采访，作为一轮调查的一部分。在一轮调查中，SIPP 都会收集自上一轮调查以来四个月内收到的收入和政府转移的信息。几乎所有这些收入来源都是按月报告的。除了这些收入数据以外，还有关于人口、资产和负债、物质福利和健康状况（以及其他项目）的详细信息。在 SIPP 主题模块中可以找到许多这样的特征变量。这些针对特定主题的问题集在不同轮次的采访中有所不同，而且是在核心问题的基础上提出的。

从文献中一个已知的调查起点开始，我们重点关注 2008 年 SIPP 面板的第九轮调查，其参考月跨度为 2011 年 1 月至 2011 年 7 月 12 日[①]。这个样本包括了谢弗和爱丁（Shaefer and Edin，2013）使用的观察值。我们也联系了来自第九轮和其他轮次的局部模块数据，包括有关物质困难和住房质量的问题（第九轮）、资产和负债（第七轮和第十轮）以及残疾情况（第六轮）。在我们的分析中，第九轮的时间次序接近第六轮、第七轮和第十轮，这成为选择第九轮的另一个优势。这种接近性有助于提升不同时间段之间的可比性，并减少了每轮调查之间的样本损耗。第九轮的另一个优势在于，与其他很多轮次不同，它跨越了一个参考年。这一优势使得联系年度税务记录更加方便。

SIPP 样本代表美国非机构居民人口，不包括机构和部队中的个人。我们使用家户作为我们的分析单位，而不是官方贫困估计中的家庭，主要有两个原因。首先，SIPP 中的许多问题（如特定资产的权益价值和物质困难）都是在家户层面上提出的。其次，特别贫困的个人可能依赖来自其直系亲属以外的人

---

① 由于调查的交错性，采访的时间跨度为 7 个月。受访者被分为四组，每一组在一轮调查中都有一个不同的起始月份。例如，第九轮中的一组受访者的参考月跨度为 2011 年 1 月至 4 月，其他三组受访者的参考月份分别为 2011 年 2 月至 5 月、2011 年 3 月至 6 月以及 2011 年 4 月至 7 月。

的额外资源。如果是这样，家户可能是分析极端贫困状况的更自然的单位。在实践中，这种区别并不特别重要，因为92%的家户和94%的极端贫困家户只有一个家庭。

（二）行政数据

行政记录有多个来源，我们大致将其分为两类：来自美国国家税务局（IRS）和美国社会保障局（SSA）的税收记录，以及来自各个州和联邦机构的项目收据记录。

（三）税收记录

支付工资和薪酬的工作以及自营职业的收入数据可从美国社会保障局的详细收入记录（DER）数据库获得。DER本身来源于IRS W-2表格（用于工资和带薪工作）和IRS 1040表格的附表SE（用于自营职业）。DER包括低于1040文件标准的工资和薪酬收入，但它忽略了我们后面提到的其他收入来源。我们还有从IRS 1040表格中获得的各种形式的资产收入数据，包括应税股息和应税及免税利息。退休分配的数据来自IRS 1099-R表格，其中包括雇主赞助计划（固定收益和固定缴款计划）和个人退休金账户（IRA）取款的总分配数据。最后，我们根据前一年的IRS 1040表格中的申报状态、劳动收入和符合条件的家属信息计算符合条件的EITC金额。

税收数据记录覆盖了全美国。这些数据以税务单位为基础。税务单位包括个人或已婚夫妇以及任何符合条件的受抚养人。需要注意的是，税收单位在概念上与家庭不同，即使对大多数人来说这两个单位是等同的。此外，我们将来自行政税务记录的年度数据转换为月度金额，方法是将总金额除以12，并将它们平均分配到一年的所有月份。

（四）项目参与记录

社会保险（OASDI）的管理记录来自美国社会保障局的支付历史更新系统（PHUS）文件，其中包含我们偏好的福利总额指标，包括扣除的医疗保险费的金额。附加保障收入（SSI）数据来自美国社会保障局的附加保障记录（SSR）文件，包括所有联邦管理的支付，最初被分为联邦支付和联邦管理的州支付。OASDI和SSI福利按月支付给个人。关于住房援助，我们的行政数据来自美国住房与城市发展部下属的住房信息中心（PIC）以及租户租金援助认证系统（TRACS）文件。

这些数据几乎涵盖了HUD管辖下的所有公共和补贴住房援助项目。我们以总租金与实际租金之差来计算住户的福利金额[①]。然而，这些记录漏掉了一些大型住房项目，比如农业部为超过25万户家庭提供服务的项目（Scally and Lipsetz，2017），以及要求房东收取低于市场水平的租金的项目（Scally et al.，2018）。补充营养援助计划（SNAP）的记录直接来自各个州的机构，我们有2011年11个州的记录。住房援助和SNAP津贴按月记录并发放给住户。

（五）联系调查和行政数据

我们使用美国人口普查局的人员身份验证系统（PVS）创建的受保护身份密钥（PIK）将行政数据和SIPP互相连接匹配（Wagner and Layne，2014）。大多数行政记录99%的部分都与一个PIK有关，而在SIPP的第九轮调查中，近97%的家庭至少包含一名与一个PIK相关的成员。为了解释可能由非随机缺失的PIK造成的小偏差，我们将家庭调查的权重除以依赖于调查中观测的特征的预测概率，即家庭中至少有一名家庭成员有一个PIK的概率（参见Wooldridge，2007）。这种方法使抽样尽可能全面，代价是将会遗漏那些无法联系到的家庭成员的行政来源收入。我们还使用无联系家庭的极端贫困率数据进行了边界检测，结果与有联系家庭的贫困率非常接近，因此样本中3%的损失影响很小。我们将一个SNAP行政单元或住房案例中的所有福利金与一个调查家庭联系起来，要做到这一点，只需要每个单元之间有一个共同的个体。对于EITC和资产收入，我们只连接调查家庭中主要和次要报税人的个人税务数据[②]。

四、方　　法

首先我们定义了极端贫困的基准（基于对现金收入的调查报告），并解释了构建该测算方式所涉及的选择。然后，我们将描述如何仅使用调查数据来改进这个报告的度量。这些调整包括纳入非医疗实物转移、对报告收入中的错误进行保守性修正以及对大量资产进行会计处理。接下来，我们将说明如何超出调查的可能范围引入行政数据进一步改进极端贫困的测量。最后，我们通过检测行政收入和调查报告中反映的物质困难状况、住房环境情况，并调整脱离极

---

① 由于行政数据不包括公共住房单位的租金总额（在行政数据中，占所有住户的比例不到1/4），我们按照五位数的邮政编码、住户人数和年限得到的平均租金来推算这些单位的市场租金。如果仍然没有租金，我们先按三位数的邮政编码、住户人数和年份计算，然后按五位数的邮政编码和年份计算，如果需要，再按三位数的邮政编码和年份计算。我们认为，自最近认证日期起的12个月内，只要该期间是在任何终止日期之前，该家庭就可以获得住房补贴。

② 如果一个行政举措与多个调查家庭有关，我们将按与每个家庭有关的个人数量比例分配行政收益。

端贫困的群体的人口统计学数据，从而试图验证每一项针对调查数据的调整的做法是否合理。如果我们能够确认那些被移出极端贫困的人在其他指标上同样是非贫困的，那么就确证由此得出的测算指标的确反映了物质福利的多个维度。作为对结果的检验，我们检查了那些根据调查没有处于极度贫困，但是在换成行政数据后被重新归类为极端贫困的人，结果显示这个群体的占比很小。

（一）定义极端贫困和样本构建

文献中对极端贫困或“与社会脱节”（disconnectedness）有许多不同的定义。正如第二部分所讨论的，最广为使用的标准之一是，如果一个家庭的人均收入低于或等于每天 2 美元，那么这个家庭就属于极端贫困。大多数报告的结果使用了多种定义①，不同论文对定义的使用存在差异与分界点，收入中包含的内容、测算收入的时间段也有所不同。我们从税前收入开始，包括工资、资产和退休收入、现金转移以及家庭可能收到的其他货币收入②。这个定义是美国人口普查局官方用于贫困测算的收入标准，但忽略了 SNAP 等实物转移和 EITC 等税收抵免，尽管 SPM 已经包含了这些收入。事实上，这些收入来源在过去 20 年中变得越来越重要。随后，我们展示了基于这一现金收入定义的极端贫困衡量标准（以下简称“报告的极端贫困”）在经过各种修正和调整后，在多大程度上仍然保持不变。

在本文中，我们假设如果在一轮调查的参考月份中，一个家庭的人均收入低于每天 2 美元③，那么这个家庭就属于极端贫困。实证中，我们观察到报告的现金收入低于每天 2 美元的人和在布兰克和科瓦克（Blank and Kovak，2009）的多种定义下“与社会脱节”的人之间有相当大的重叠，这表明我们的结果可能可以一般化到针对“与社会脱节”的人的分析中④。另外，我们还在调查轮次的频率上定义极端贫困，而所获得的结果与按月测算的结果非常相似。我们选择从调查轮次的角度分析极端贫困有几个原因。首先，当与年度税

---

① 迪顿（Deaton，2018）采用人均每天 4 美元的税后收入和实物转移支付的最低限额。布兰克和科瓦克（Blank and Kovak，2009）在他们的研究中使用了另外三个对于与社会脱节的单身母亲的定义：（1）在整个一年中没有工资和福利收入；（2）不到 2 000 美元的收入和 1 000 美元的现金福利；或者（3）第 2 点中的收入 + SSI 年收入不到 1 000 美元。联合国（2018）使用的是迪顿的标准。

② “其他货币收入”可以包括儿童补助、来自慈善团体的收入援助，以及来自朋友或亲戚的钱。

③ 在第八部分，我们也报告了使用人均收入低于每天 4 美元作为衡量标准的结果。

④ 假设我们将“与社会脱节”定义为每月收入低于 166.67 美元，现金福利少于 83.33 美元，SSI 收入少于 83.33 美元，这与布兰克和科瓦克（Blank and Kovak，2009）将年度值转换为月值时的一个定义相一致。然后，对于单身母亲家庭中（这是文献中关于“与社会脱节”的焦点），报告现金收入低于每天 2 美元的家庭中有 86% 处于“脱节”状态，而 42% 处于“脱节”状态的人报告的每天现金收入低于 2 美元。

务记录相连接时，一整轮调查提供了比单月数据更具可比性的时间段。其次，为了使我们的结果与其他调查（如 CPS）的测量结果保持可比性，我们希望使用单次的回顾性访问，而不是构建季度或年度调查数据所需的多次访问[①]。

虽然以前的分析都集中在有孩子的家庭（参见 Shaefer and Edin，2013，2017），但我们的研究涵盖所有家庭并探讨在五种不同的家庭类型中极端贫困率存在的差异，这五种家庭互不重合，但包含了全部家庭可能的类型：户主是 65 岁以上的老年人的家庭和四种非老年家庭（单亲家庭、多亲家庭、单人家庭和没有孩子的多个成年人家庭）[②]。考虑到转移项目的资格通常取决于家庭类型（例如，是否为老年人，是否有孩子），这种分类是有益的。

（二）使用调查和行政数据进行修正和调整

现在，我们将描述利用调查和行政数据进行的修正和调整，以此来改进报告的极端贫困率的数据质量。在引入行政数据之前，我们更偏好只针对调查的调整，因为这将我们的结果锚定，使之仅依赖于调查数据的文献，并且允许其他研究者使用公开可用的数据来复制我们的许多结果。我们还使用其他顺序来展示调整结果，如首先引入行政数据。

（三）调查数据

在本部分，我们仅使用调查数据对所报告的极端贫困率进行修正和调整。我们首先将以下实物转移纳入考虑：SNAP、WIC 和住房援助。根据谢弗和爱丁（Shaefer and Edin，2013）的研究中考虑实物转移的方法，如果（1）家庭的现金收入总额加上调查报告的 SNAP 和 WIC 福利超过人均每天 2 美元，或（2）家庭接受任何形式的住房援助，我们将其重新归类为非极端贫困[③]。

在计入实物转移后仍处于极端贫困的人群中，我们根据带薪工作时间的调查报告计算出其收入下限，假设工人的工资至少达到了联邦最低工资（每小时

---

① 从 2014 年的面板开始，SIPP 进行了重新设计，除了其他变化外，访问现在是每年进行一次，而不是每四个月进行一次。然而，重新设计的 SIPP 的准确性仍然存在问题（National Academies of Sciences，2018）。

② 在一些罕见的情况下，我们将 18 岁以下的人归类为成年人，如 17 岁的单身母亲独自与她的孩子生活在一起。

③ 以这种方式包括住房援助的假设是，公共或住房补贴的货币价值至少相当于人均每天 2 美元。如果不是这样的话，一个两口之家的补助金额将不得不低于 120 美元/月，这似乎是难以置信的。作为稳健性检验，我们基于县、家庭规模和年（如果仍旧缺失，就基于县和年），使用行政数据计算平均住房援助金额，并认为一个家庭是摆脱了极端贫困的，如果它的总现金收入 + 报告显示 SNAP 和 WIC 福利 + 估算的住房补贴金额超过了人均每天 2 美元。最终结果是一样的。

7.25 美元）。然后，如果修正后的收入超过了人均每天 2 美元[①]，我们就会将其从极端贫困家庭中删除。我们首先仅使用报告的工资和薪酬小时数计算的收入下限来确定被删除的家庭。随后，我们还用报告从事自营职业工作时长计算的收入下限确定被删除的家庭。有人可能会担心，这种算法不适用于不执行联邦最低工资的非正式工作或自营职业。作为一项稳健性检查，我们将带薪时间的工资定为联邦最低工资的一半，结果是我们计算的最终结果保持不变。被这些纠正删除的绝大多数人报告了一整套与就业相关的特征，但报告的收入数字却为零，而且他们从事的职业通常工资高于最低工资。我们的这一发现表明，零收入是错误的，而非正常工作时间（其中大部分没有被计算），因此原来的记录是有误的[②]。

我们仅针对调查数据本身的调整，考虑了持有大量资产的家庭。那些在计入实物转移和较低的收入后仍然处于极端贫困状态的家庭，如果报告的房地产资产超过 25 000 美元，流动资产超过 5 000 美元，或者总资产净值超过 50 000 美元[③]，也会被移出极端贫困的范畴。此外，我们对筛选施加了家庭总资产必须为正才能通过这种调整重新被分类的限制。我们从 SIPP 的第七轮和第十轮的主题模块中得到了资产金额。虽然我们承认资产不是现金或实物收入的一部分，但认为拥有大量资产的家庭可能陷入极端贫困似乎是不合适的。后续的结果表明，这些家庭的优势将被行政数据修正消除，但我们认为，重要的是厘清仅凭调查数据[④]可以做些什么。应该指出的是，SPM 在其阈值中计入了资产，

---

① 或者，我们可以将所有其他（非收入）调查报告的收入添加到这些收入下限中，并将结果与人均每天 2 美元进行比较。我们选择使用更保守的修正方法，因为极端贫困的门槛很低，而且一个家庭只需要工作几小时就可以摆脱极端贫困。例如，一个单身的人一个月只需要工作 9 小时就可以挣到每天 2 美元以上。在实践中，无论我们是否选择将其他调查报告的收入添加到最低工资收入中，结果只会改变零点几个百分点。

② 美国人口普查局的工作人员表示，这些案例中至少有很大一部分是由可能需要更改的编辑选项造成的。在第九轮调查中，15 岁或以上有零收益但是正的带薪工作时长的人中，69.7% 报告每小时工资，95.4% 所报告的小时工资高于联邦最低工资，99.6% 所报告的小时工资高于联邦最低工资的一半（公共使用数据的平均）。这意味着，我们对最低工资的假设是合理的，如果有的话，也是低估的。我们进一步证实，因为这些修正而从行政记录中删除的绝大多数家庭的收入都在人均每天 2 美元以上，而且他们与美国的普通家庭在报告的各种幸福指标上是相似的。

③ 房地产资产包括房屋和任何其他房地产，比如移动房屋。流动资产包括支票账户、储蓄账户、货币市场账户、债券、证券、共同基金、债务或保证金账户、存单和股票。总净值等于总资产（流动资产、退休账户、房地产权益、车辆权益、企业权益和其他金融投资的价值，如“其他资产权益”）减去有担保债务和无担保债务。

④ 最终，对大量资产的调整只会使我们最终的极端贫困率增加 0.13 个百分点。这是因为，根据资产调整，0.46% 的家庭远离极端贫困，28.2% 的家庭在行政数据中的收入低于人均每天 2 美元。乘以这些数字，导致 0.13% 的家庭因资产调整（在引入行政数据之前我们最后的只针对调查的调整）而不是行政数据而被剔除出极端贫困。

而海格-塞蒙斯（Haig-Simons）对收入的定义，以及关于贫困衡量的其他权威来源，诸如拉格尔斯（Ruggles，1990）以及西特龙和迈克尔（Citro and Michael，1995）的研究等，都明确承认不计入资产是有问题的。资产调查结果也是大多数经济状况调查项目受助者获得资助资格的重要标准。拉格尔斯（Ruggles，1990）指出，在贫困测算中不考虑资产的主要原因很简单，因为大多数调查没有询问资产情况。

（四）行政数据

考虑到许多类型的收入（如政府转移和私人养老金）被少报，我们引入了行政数据来进一步重新定义极端贫困率。在所有针对调查的调整后仍处于极端贫困状态的家庭中，我们认为，在用各种收入来源的行政数据取代调查报告的数据后，如果人均收入超过了每天 2 美元，这个家庭就不属于极端贫困。行政数据可以帮助解释转移项目接受者的收入低估和报告金额的严重错误，以及其他调查错误。我们首先将收入、利息和股息以及退休分配的调查报告数据替换为来自管理税务记录的数据[①]。然后，我们根据税务记录计算 EITC 金额[②]。我们在下文中将这些收入来源统称为“税务数据收入”。

接下来，我们将 OASDI、SSI、住房援助和 SNAP 的调查报告数据替换为来自行政项目记录的数据[③]。我们在下文中统称这些收入来源为“转移收入”。我们可以直接合并所有州的 OASDI、SSI 和住房援助，同时我们使用 11 个州（覆盖人口的 29%）的行政 SNAP 记录数据来估计所有州的 SNAP 行政数据。具体而言，我们通过将仅基于调查数据的调整后的贫困率、行政税务数据、非 SNAP 行政转移数据（计算所有 50 个州）与 11 个州中一部分引进行政 SNAP 数据后仍处在极端贫困的家庭相乘，计算出我们的最终极端贫困率估计值。通过采取这种方法，我们只需假设这 11 个州在行政 SNAP 数据的边际影响方面

① 由于调查报告可能包括未向 IRS 报告的账外和非标准工作的收入（参见 Abraham，Haltiwanger，Sandusky and andtzer，2013，2017），因此可能采用调查和行政收入报告的最大值是合适的。通过简单地使用行政税收收入代替收入调查报告，我们冒着夸大极端贫困率的风险。在实践中，我们是否取调查值和行政数据的最大值，对这个分析来说并不重要。因为在我们引入行政数据的阶段，调查值必须低于人均每天 2 美元，所以在行政收入值，以及行政收入和极小的调查值（绝大多数是零）中的最大值之间没有有效的区别。

② 我们使用基于行政税收数据符合条件的 EITC 金额计算，而不是实际数额。虽然这将夸大 EITC 支付的真实金额，但在基于调查的 EITC 金额估算中，与符合条件的 EITC 金额相关的向上偏差可能远远小于向下偏差。我们发现，实际支付的 EITC 金额（来自公开的 IRS 总额）是我们计算的符合条件的总额的 90%。相比之下，CPS 计算的 EITC 总额少报了约 30%（Meyer，2017）。

③ 对于 SSI，我们只有关于联邦管理福利的行政数据，尽管各州可以单独管理福利。因此，我们偏好 SSI 总效益的衡量指标加联邦管理的 SSI 的行政数据价值和州管理的 SSI 的调查价值。

代表整个国家，这个前提比假设它们在极端贫困水平方面代表整个国家要弱①。正如我们在下一部分中所展示的，是否包含 SNAP 行政数据对最终结果的影响非常小。

（五）验证仅针对调查的调整

我们认识到，仅使用调查数据进行的调整是不完善的。例如，一些收入，如自营职业收入或账外收入，不受最低工资法规的约束。此外，关于工作时间和资产的调查报告本身也可能存在误报。因此，我们使用来自行政数据的信息和来自 SIPP 主题模块的详细的福利度量，彻底地验证了每项仅针对调查数据的调整措施的适当性。我们应该审查贫困的定义，看它们如何符合其他状况不佳的指标，但实际上，在没有这种确认的情况下，研究者所选择的测算标准通常是出于其他原因②。首先，在对仅调整调查数据后排除的极端贫困人口按组替换为可用行政数据值后，我们直接计算收入在人均每天 2 美元以上的家庭所占的比例。为了考察调查错误的程度，我们还根据行政数据计算了每个分组中收入位于贫困线（深度贫困线）、一般贫困线和贫困线两倍以上的家庭比例③。

作为对于仅对调查数据进行调整的有效性的第二次检验，我们将从极端贫困中排除出来的群体与官方基于调查报告中反映的困难程度和住房质量测算的贫困人口，以及所有家庭分别进行了比较④。对于我们来说，这样比较非常便利，因为这些物质福利的度量指标和收入都是在同一轮（第九轮）的调查中被收集的。针对物质贫乏程度，我们检查了九个有关一系列困难的独立问题的答案，包括是否无法支付所有必要的费用、租金、抵押贷款或一项能源的账单；是否没有某种能源或者电话服务，是否被驱逐，是否无法看医生或者牙医，以及是否缺乏食物。我们还检查了受访者是否拥有以下八种电器：微波炉、洗碗机、空调、彩电、电脑、洗衣机、烘干机和手机⑤。我们还进一步调查了一个家庭是否面临七种房屋质量问题中的任何一种，包括害虫、屋顶漏水、窗户破碎、电线外露、管道问题，以及墙壁、天花板或地板上的裂缝或破

---

① SNAP 统计的州的家庭的极端贫困率、深度贫困率和官方贫困率（根据现金收入衡量），与完整样本中的贫困率差别不大。与完整样本相比，SNAP 州接受 OASDI 和 SSI 的家庭更少，而接受 SNAP、公共援助和住房援助的家庭更多，尽管只有 SSI、SNAP 和住房援助的差异在 5% 的水平上具有统计学意义。

② 例外情况包括 Mayer and Jencks，1989，以及 Meyer and Sullivan，2003，2011，2012。

③ 对于单身的非老年人，第九轮调查的月平均贫困线相当于每人每天 32.15 美元。

④ 对于调查报告的幸福感和人口统计数据的分析，我们使用完整的调查样本和原始的调查权重（相对于 PIK 抽样和调整后的调查权重）。

⑤ 我们排除了某些电器（冰箱、冰柜、炉具和普通电话）。我们认为，不管物质条件如何，一个家庭都很可能有这些电器，这恰恰是为了捕捉那些最能代表幸福的电器。

洞。检查物质困难和住房问题的一个优点是，这些指标更能凸显贫困，并且在实际应用中，它们很容易被客观地测算。最后，我们评估了 SIPP 报告的其他人口和经济特征，如学生身份、受教育程度、医疗保险覆盖范围和资产所有权，以便更好地了解所有非极端贫困的群体。

五、主要结果

（一）调整后的极端贫困

所有家庭中，有 2.97% 报告每天的人均现金收入少于 2 美元①。然而，根据调查报告的实物转移，近 1/3 的家庭被重新归类为非极端贫困，家庭的极端贫困率下降到 2.04%。实物转移近 95% 的影响归因于调查中报告的 SNAP。仅根据报告的工资和带薪工作时间来修正收入报告中的错误，可以将家庭的极端贫困率降到 1.83%。进一步将报告的自营职业工作时间计算在内，可以将家庭的极端贫困率降到 1.30%。总而言之，修正收入报告中的错误将使另外 36% 的家庭摆脱极端贫困。考虑大量资产再次降低了 1/3 以上的极端贫困率，只剩下 0.84% 的家庭在所有调整后仍处于极端贫困状态。

虽然仅使用调查数据的调整消除了大多数极端贫困，但行政税收和规划数据提供了额外的信息。仅应用行政收入数据，就可以再减少 50% 的极端贫困人口，并将极端贫困率降到 0.42%。结合资产和退休收入的管理数据，极端贫困率降到 0.35%，加上 EITC 后，进一步降到 0.31%。在引入 OASDI 和 SSI 的行政数据后，极端贫困率降到 0.27%，而在引入行政住房援助和 SNAP 数据后，极端贫困率略微下降到 0.24%②。行政数据显示，被排除出极端贫困范畴的新增家庭中，67.9% 的家庭的收入超过贫困线的一半，55% 的家庭收入超过了贫困线③。这一发现表明，仅通过调整调查数据所得到的极端贫困率仍然存在不小的误差。总体而言，调整后的极端贫困人口比例比报告的 2.97% 下降了 92%，其中超过 3/4 是由于仅使用调查数据进行的修正和调整。我们在个人身上观察到类似的模式，实物转移引发的极端贫困率的下降幅度最大，而其

① 使用 PIKed 子样本和调整后的调查权重计算的报告的极端贫困率为 2.97%，与使用整个样本和原始调查权重计算的报告的极端贫困率 3% 几乎相同。

② 使用 delt 法计算最后一步（引入行政 SNAP 数值后）的标准差。

③ 在剩余的极端贫困人口中（经调查调整后），71% 和 47.9% 的收入分别高于极端贫困线和深度贫困线。因为收入在极端贫困线以上的人包括那些收入在深度贫困线以上的人，我们可以计算出那些收入在深度贫困线以上的人中的 67.9%（49.1% 除以 72.3%）也在深度贫困线以上。类似的逻辑也适用于一般贫困线。

他每一种调整也能使相当一部分人脱离极端贫困。当只看报告的现金收入时，我们发现2.60%的人每天的生活费不足2美元。在统计了实物转移、工作时间和大量资产后，极端贫困率下降了3/4以上，降至0.57%。引入行政税和转移数据则进一步将极端贫困率降到0.11%。个人的极端贫困率低于家庭，因为极端贫困家庭的成员往往较少。

（二）从家庭类型看极端贫困

我们现在分析极端贫困如何因家庭类型而不同。谢弗和爱丁关注五种家庭类型中的两种（有孩子的家庭），而有关“与社会脱节的家庭”的文献则关注单亲家庭。我们首先考虑的是老年家庭，他们的极端贫困率往往比其他类型的家庭低得多[①]。据报道，老年人的极端贫困率为0.47%，不到所有家庭贫困率的1/6。在考虑了每一项仅考虑调查的调整后，0.11%的老年家庭仍然处于极端贫困状态。引入行政税和非SNAP转移数据，则将使剩下家庭中的近90%被移出极端贫困范畴。对于老年家庭来说，这也许并不奇怪，行政数据的作用在于改善了三种收入来源：退休分配、OASDI和SSI。在引入行政SNAP记录之前，老年人极端贫困率的最终估计值为0.01%（与0没有显著性差异），加入SNAP后则变为0。

接下来，我们来看单亲家庭。他们报告的极端贫困率为8.99%，是所有家庭的三倍多，在统计上显著高于总体的家庭贫困率。然而，通过考虑调查报告中的实物转移，大约2/3的单亲家庭被重新归类为非极端贫困。在修正了调查中少报的收入和大量资产后，单亲家庭的极端贫困率随后分别降至1.97%和1.35%。在引入行政税收数据后，单亲家庭的极端贫困率下降到0.1%，与0没有显著性差异。其中大部分是由于引入了行政收入和息税抵免（根据上一年度的收入计算）。在包括了SNAP行政数据后，没有一个单亲家庭仍然处于极端贫困状态。在调查调整后剩下的极度贫困的单亲家庭中，有75%从税务记录中获得了正收益，69%从行政数据中获得了至少一次转移——通常来自SNAP或EITC。

不同于单亲家庭，双亲家庭起初极端贫困率为2.04%，明显低于所有家庭。实物转移显著减少了43%的极端贫困率，和后续对于工作时间和资产的调整一起将极端贫困率降至0.27%。与单亲父母一样，在纳入行政数据后，多亲家庭的极端贫困率估计为0。行政数据的这种影响同样是由薪酬和实物转移驱动的，在仅进行调查调整后，超过70%的极端贫困人口的薪酬为正，

① 唯一的例外是，在经自营职业调整后，老年人的极端贫困率并不比双亲都在的家庭低很多。

79%的人接受过实物转移。

仅有一个非老年人的家庭报告的极端贫困率为6.85%，虽然低于单亲家庭，但仍然是总体样本家庭的2.3倍，显著性较高。调整后，单人家庭几乎不受影响，因此每次调整后其在各种类型的家庭中极端贫困率都是最高的。仅调整调查数据后，有2.86%的单人家庭处于极端贫困中，这几乎与总体报告的极端贫困率一样高。引入行政数据对单人家庭的影响也较小，在只调整调查数据后，仅使61%的单人家庭被移出了极端贫困。这种相对较小幅度的减少由以下几个因素造成：首先，单身人士似乎脱离了社会保障体系，在我们针对调查进行修正后，也只有31%的极端贫困人口接受了至少一次转移①；其次，这些剩余的极端贫困的单身人士中，大多数人没有收入。因此，我们最终得出的非老年单身人士的极端贫困率为1.12%。

多个无子女的成年家庭报告的极端贫困率（1.90%）与多亲家庭的极端贫困率相差不远。对实物转移、报告的工作时间和大量资产的调查数据调整使他们的极端贫困率降低了3/4以上，降至0.44%。加上行政税收和转移数据后，有多个成年人的家庭的极端贫困率为0.07%。在仅进行调查调整后的剩余极端贫困人口中，有多个成年人的家庭的收入远远高于单人家庭，并且具有较高的实物转移接受率。因此，在仅进行调查调整后，仍处于极端贫困的多人成年家庭中有85%因引入行政数据而被移出极端贫困行列（相比之下，单人家庭中仅有61%被移出）。

总之，结合调查和行政数据显示，在老年人、有孩子的家庭和多个成人的家庭中，极端贫困极为罕见，以至于我们在1%的显著性水平上不能拒绝其最终极端贫困率等于零的原假设（尽管我们可以在5%的显著水平上拒绝双亲均在和多个成年人的家庭原假设）。单人家庭中，25.2万个加权个体在经过所有调整后处于极端贫困，是唯一的最终极端贫困率在1%的显著性水平下统计上与零有显著性差异的家庭类型。

（三）家庭类型的分布

收入数据中的错误不仅夸大了极端贫困的程度，而且还导致一种可能处于底层家庭的扭曲形象。在报告的极端贫困人口中，单身人士所占的比例最大，接近44%。有孩子的家庭所占比例紧随其后，单亲家庭和多亲家庭合计占现金收入极端贫困人群的36%左右（各自约占18%）。在报告的极端贫困人口

① 对不同家庭类型之间的差异进行测试，如果仅限于使用SNAP数据的少数几个州，结果往往是不确定的。关注除了SNAP以外的转移和调查修正后仍处于极端贫困状态的家庭发现，单人家庭的收入比有多个成年人的家庭的收入高，但比其他任何家庭类型都低得多。

中，有多个成年人的家庭也约占 17%，而老年家庭仅占 3% 多一点。然而，随着各轮调整的推进，单人家庭所占的比例越来越大。在只对调查数据进行调整后，他们占据余下极端贫困家庭的 65%。一旦我们将行政税收和非 SNAP 转移数据合并，在所有极端贫困家庭中，单人家庭将占 83% 以上。在引入 SNAP 行政转移数据后，这一比例上升到近 92%。

虽然单人家庭在极端贫困家庭中所占的份额很高，但我们也可以根据生活在极端贫困家庭中的个人所占的比例来考虑极端贫困的构成。在分析个人层面的极端贫困时，我们发现报告中只有 19% 的极端贫困者是单身，而 59% 的人是有孩子的家庭成员（约 23% 是单亲，36% 双亲均在）。有多个成年人的家庭占另外 19%，老年人占 2.7%。不管怎样，我们在每一次调整中看到的模式与我们在家庭中看到的一样，尽管不那么显著，因为在极端贫困人口中，单身人士所占的比例越来越大。具体来说，在仅对调查进行调整后，剩下的极端贫困人口中，单身人士占 37%，而在完成所有调整后仍处于极端贫困的人口中，单身人士几乎占 81%。

（四）仅使用行政数据进行修正和调整

我们可以看到，仅从行政收入记录来看，报告的极端贫困家庭中有 55.1% 的家庭人均收入超过了每天 2 美元。在引入其他行政收入来源后，我们发现有整整 73% 的极端贫困家庭被错误分类，原因仅仅是工资收入、资产收入、退休分配、OASDI 和 SSI 的现金报告的错误，以及 EITC 的遗漏。如果加上实物转移的行政数据来源（住房援助和 SNAP），83.1% 的人的收入超过了极端贫困的门槛。这意味着仅凭行政数据就可以将极端贫困率从报告的 2.97% 降到 0.50%，而仅使用调查数据进行调整，将极端贫困率再降低 0.26 个百分点，至 0.24%。因此，在第一次合并时，极端贫困由于调整变化，九成是由于引入了行政数据。

此外，在所有报告的极端贫困家庭中，近一半家庭的收入在贫困线以上，超过 1/5 的家庭的收入超过贫困线的两倍。这一发现清楚地表明，仅根据调查报告的现金收入所划分的极端贫困结果存在大量的错误。由于税收收入、OASDI 和 SSI 现金报告中的直接错误以及 EITC 的遗漏①，所有被误分类的家庭

① 为了计算这一比例，需要注意到 92% 的报告的现金上极端贫困的家庭被误分类（因为调整将这一比例从 2.97% 的基数降到 0.24%）。由于税收数据收入、OASDI 和 SSI 的现金报告错误以及 EITC 的遗漏，报告中 73% 的极端贫困家庭被误分类。由于这些家庭是所有错误分类的家庭的子集，我们用 73% 除以 92% 得到所有被错误分类的家庭中由于现金报告中的错误或遗漏而导致被划分为极度贫困的家庭所占的比例。

中有79%最初被归类为极端贫困家庭。对于那些由于现金收入方面的错误而被误分类的人来说，这一比例肯定是一个下限，因为DER（我们的行政数据来源）忽略了薪资很低的家务劳动收入和无证移民的收入以及其他收入，如未向雇主报告的小费，并且DER还遗漏了账外收入。因此，与现金报告的错误相比，实物转让在解释报告的高极端贫困率方面起着次要的作用。

六、验证仅针对调查的调整

在这一部分，我们通过与行政收入数据、物质福利调查报告和选定的人口统计数据进行比较，验证每一项仅适用于调查的调整所获得的结果。此处，“剩余极端贫困”指的是在仅对调查进行调整后仍处于极端贫困状态的家庭。

（一）行政收入数据

根据行政数据，我们首先检查每个人均收入超过每天2美元（或其他阈值）的极端贫困分组中的家庭份额。尽管行政数据是许多收入组成部分最准确的来源，但它们仍然有缺陷。我们缺乏关于TANF、失业保险、工人补偿、退伍军人福利、儿童税收抵免和其他收入来源的行政数据。在我们已有行政数据的两个关键领域（收入和住房福利），其来源也是不完整的。DER中的缺口在前面已经提到，而PIC/TRACS的数据没有包括非住房和城市建设部项目支付的住房补助。然而，我们已经能够用这些不完整的数据确认绝大多数修正和调整。

首先，通过调查报告的实物转移被重新分类为非极端贫困的家庭，根据行政税收和转移数据，超过99%的家庭的人均收入超过每天2美元。正如预期的那样，行政转移数据在这一子群体中发挥了相对较大的作用，在行政税收记录的收入被计入后，近1/3的家庭通过行政转移脱离了极端贫困。行政数据中低于每天2美元的家庭的比例很小，这可能是由于行政数据不完整、联系不完整或调查误报造成的。修正报告工资和带薪工时后，结果也同样稳健，在行政数据中，由此项修正被移出极端贫困的家庭中，93%的家庭的收入被确认超过了极端贫困线。令人信服的是，这些家庭中有89%仅靠行政收入就摆脱了极端贫困。这个子群体似乎也有重大的错误，65%的家庭的收入在贫困线以上，45%的家庭的收入超过贫困线的两倍。

对报告自营职业时间和大量资产进行调整，极端贫困比例略有减少。在因报告自营职业时间而被从极端贫困中删除的家庭中，70%的家庭的收入仅根据行政收入就超过每天2美元，78%的家庭的收入根据所有行政税收和转移数据就超过了极端贫困线的收入。虽然这些份额很大，但比按实物转移和带薪资工作时间而被重新分类的群体的份额要小。造成这种差异的部分原因可能是很多家庭在纳税申报单上少报了自营收入（IRS，2016）。

考虑到相对高收入的自营职业这一组，以及最低工资组的一半结果仍不变，这种错误不太可能是最低工资收入远高于自营职业收入的下限造成的。在由于持有大量资产而被移出极端贫困的家庭中，有67%是由于行政税收数据而越过了贫困线，72%则是根据行政税收和转移记录加总而超出贫困线。然而，请再次注意，这个子群体中严重错误的比例很高，47%的家庭的收入高于贫困线，27%的家庭的收入高于贫困线的两倍。

因此，我们发现强有力的证据表明，仅对调查数据做出的调整大体上得到了行政数据的证实。针对实物转移、报告工资和带薪时间的调整尤其稳健，几乎所有重新分类的家庭在行政数据中的人均收入都超过了每天2美元。报告自营职业时间和大量资产的调整并没有得到行政数据的有力验证，但重要的是要记住，我们的行政数据并没有完全覆盖所有收入来源，也没有覆盖所有资产。

（二）调查报告的物质福利

为了评估可能被错误分类的极端贫困家庭的物质福利，我们利用了SIPP专题模块中的详细问题。这些关于物质贫乏、住房问题和拥有电器的问题使我们能够对仅针对调查数据所调整的有效性进行又一次测试①。

首先看物质贫乏的次数，问题的答案范围是从0到9的评分，这反映出一个清晰的模式。据报道，极端贫困的人平均困难程度为1.22。这一数字略低于官方贫困家庭所经历的物质困难次数，但相差不大。

假设真正的极端贫困人口应该比官方公布的贫困人口经历更多物质困难，这一发现表明，在报告的极端贫困人口中可能存在重大的分类错误。的确，我们看到了报告的极端贫困人口的各个子群体之间的显著差异。虽然其中一个小群体经历了与极端贫困相当的困难，但大多数群体却并非如此。

我们把注意力集中在尤其处于不利地位的一组群体：通过实物转移摆脱极端贫困的家庭平均困难程度为1.98，比官方给出的贫困家庭平均多出53%（这一差距在统计上是显著的）。接受实物转移的人显然是非机构化的美国人中最为贫穷的，这表明转移计划的目标是准确的。另外，因考虑带薪工作时间、自营职业时间和持有大量资产而从极端贫困中被移出的群体经历的困难数量和一个典型的美国家庭相同。具体而言，那些由于带薪工作时间而从极端贫困中被移出的人的困难程度是0.53，比所有家庭的平均值0.61少13%，而那

① 我们也报告了所有极端贫困家庭的不同困难，电器使用或生活问题的分组百分比，以及至少有一个物质困难问题、电器使用问题或生活问题（对于物质困难，也考虑了有五个或更多的困难的家庭所占百分比）的家庭所占百分比。

些因自营时间和大量资产被从极端贫困中移出的家庭的困难程度分别是0.67和0.65，只比一般家庭多10%和7%。这些子群体中没有一个与总体样本家庭的平均困难程度的差异具有统计学意义。因此，这些家庭的实际情况是接近平均水平，甚至略微好一些，而不是处于极端贫困。仅修正调查数据后剩余的极端贫困人口的物质困难程度是1.21，与官方贫困人口所经历的困难的平均数量没有显著差异。最后的结果表明，一些重大的错误仍然存在，这并不令人惊讶，因为在纳入行政数据时，剩下的组别中包括了那些非极端贫困家庭。当我们分析报告至少面临一种困难，或有五种或更多困难的家庭所占的比例时，也会出现类似的模式。

住房质量问题和电器拥有情况显示了相似的情形，但总体上没有物质困难表现得那么引人注目。报告的极端贫困家庭平均面临0.36个住房质量问题，拥有5.98个家用电器，与官方统计的0.40个住房问题和5.91个家用电器没有显著差异。这两项比较结果再次表明，在原始报告数据中计算得到的极端贫困率存在问题。由于实物转移而被重新归类为非极端贫困的家庭，其住房问题发生率非常高，平均为0.43（尽管这与官方贫困人口的住房问题程度差别不大）；拥有5.49个家用电器，明显少于官方贫困人口的情况。这些差距再次表明，实物转移政策很好地确定了目标。

另外，由于报告了工作时间或持有大量资产而从极端贫困中被移出的家庭，其住房问题的平均数量更接近总体平均水平。这些家庭的平均住房问题数量分别为0.28和0.30，介于所有家庭和官方贫困人口的平均水平之间（与之差别不大）。那些由于自营职业时间而被移出贫困的人平均面临0.23个问题，显著低于官方贫困人口的平均值，与总体样本家庭没有显著差异。平均而言，由于自营职业时间而被移出贫困范畴的家庭平均拥有6.90个家用电器，与其他子群体相比较高[①]；因工资、薪金时间和大量资产而被剔除的家庭分别平均拥有6.64个和6.73个家用电器，比所有家庭少4%和2%。这些子分组的情况没有一个与总体家庭的平均家用电器数字存在统计学显著的差异。最后，剩余的极端贫困人口在住房问题的平均数量上与官方贫困人口没有显著差异，但他们拥有的家用电器数量却显著少于官方贫困人口（几乎比官方贫困人口少10%）。

我们还测试了在控制人口学特征变量后，仅通过调整调查数据而被移出极端贫困的人群之间的物质福利差异是否仍然存在。为此，我们回归幸福的指标（包括困难程度、电器拥有和住房问题）和一个基于税前现金收入来表示家庭是否贫困的虚拟变量，分离的虚拟变量表示一个家庭是否通过给定的调整摆脱

---

① 在统计上，这一数字在1%的水平上显著高于经实物转移和调查修正后的极端贫困家庭，但与因带薪时间或拥有资产而被删除的家庭没有显著差异。

了极端贫困的范畴，其他控制变量包括户主的年龄、家庭中儿童和成人的数量。即使在纳入控制变量后，我们发现，通过实物转移而脱离极端贫困的家庭的境况仍明显比贫困家庭更差，通过收入和资产调整而脱离极端贫困的家庭的境况与非贫困家庭的平均水平差别不大。

总之，虽然有些幸福指标单独看可能不完美，但是我们在每一个测量指标中看到了同样的模式，由于实物转移而脱离极端贫困的家庭在物质上的境况比官方贫困测算结果为贫困的家庭更差，由于收入和资产调整而脱离极端贫困的家庭的物质福利水平与美国家庭的平均值相似。

（三）调查报告的人口统计学变量

为了更清楚地了解极端贫困家庭及其各个子群体的情况，我们研究了其人口学特征。首先，要注意的是，12.0%的极端贫困人口为全日制学生，官方贫困人口中该比例为7.2%，学生家庭在所有家庭中占2.6%。我们将这个数字分解成不同的子群体后发现，在剩下的极端贫困人口当中，学生占到了很高比例：全日制学生家庭占总数的18.1%。学生可以获得我们没有考虑的其他财政支持来源，如财政援助（现金或实物）、未报告的来自父母的援助和学生贷款。事实上，在剩下的极端贫困家庭中，超过一半的学生家长表示他们接受的教育援助没有被计算在现金收入中①。

每个极端贫困群体的受教育程度分布模式也反映了该群体被观察到的物质福利模式。根据报道，极端贫困家庭的户主平均受教育年限为12.9年，大致介于官方贫困人口的平均受教育年限（12.2年）和总体人口平均受教育年限（13.6年）之间。由于实物转移而被移出极端贫困的家庭平均受教育年限为12.0年，是所有群体中受教育年限最低的，明显低于官方贫困人口和所有家庭的受教育年限。因为计算自营职业时间和大量资产而被移出极端贫困的家庭平均受教育程度甚至高于总体家庭的平均水平，但这种差异在统计上并不显著。按工资和工作时间剔除极端贫困的家庭受教育年限为13.0年，剩下的极端贫困人口的受教育年限为12.8年，两者都大致处于官方贫困人口和所有家庭的中间水平之间。

我们在报告的健康保险覆盖数据中观察到类似的模式。通过实物转移被重新划分为非极端贫困的分组享有最高的医疗补助覆盖率，为49.9%，是官方

---

① 我们的调查报告的现金收入衡量指标包括《退伍军人权利法案》的教育福利，但我们的调查或行政收入来源不包括其他教育援助衡量指标。参见《SIPP用户手册》第37页：https：//www2. census. gov/programssurveys/sipp/guidance/SIPP_2008_USERS_Guide_Chapter3. pdf。

贫困家庭覆盖率的 1.5 倍[①]。相反，那些因申报工作时间或大量资产而被移出极端贫困的家庭的私人保险覆盖率非常高，其中近 50% 或 50% 以上的家庭都有保险。虽然私人保险的覆盖率不像所有家庭那样高（69.73%），但明显高于官方公布的 25.7% 的贫困家庭覆盖率。在调查数据修正后仍处于极端贫困的家庭拥有最低的健康保险覆盖率，但超过 1/4 的家庭仍然拥有某种形式的健康保险（主要是私人保险）。

本文还测试了几种资产的拥有率，包括住房、车辆和流动资产。通过实物转移被重新划分为非极端贫困的家庭和那些仍然处于极端贫困的家庭拥有的资产比例非常低。相比之下，通过工资和薪金收入脱离极端贫困的家庭的资产拥有率与官方公布的贫困人口的资产拥有率相似，而通过自营职业收入脱离极端贫困的家庭的资产拥有率与所有家庭的平均水平相似。在考虑持有大量资产后被移出极端贫困的家庭中，超过 63% 的家庭的总资产超过 10 万美元，31% 的家庭的总资产超过 25 万美元[②]。

七、和现有人口调查结果比较

我们这篇论文中关注 SIPP 数据，我们也有兴趣检验我们的结果是否适用于当前人口调查年度社会和经济补编（CPS ASEC，以下简称 CPS）数据。除了作为美国官方贫困和收入统计数据的来源，CPS 是使用最广泛的调查数据之一。由于 CPS 收集的关于收入和幸福的信息比 SIPP 少，在部分议题下，我们只能重复我们的分析。

（一）数据和方法

我们使用 2012 年的 CPS 数据，在 2012 年 3 月调查了 74 383 个家庭上一年的年收入。因此，CPS 的考察期覆盖了组成 2008 年 SIPP 第九轮调查的 7 个月。我们的样本包括至少有一个成员有 PIK 且没有成员的数据为完全估算值的家庭，调查数据的权重根据缺失的 PIK 和全估算的比例进行了调整。我们采用了与 SIPP 类似的一组调整方式，但顺序略有不同，这使我们能够更好地比较两项调查对极端贫困的估计结果。首先从 2011 年的调查中根据报告的现金收入，每天生活费低于 2 美元的家庭开始。我们根据报告的工作时间修正少报的收入，用联邦最低工资乘以一个家庭的年工作时间（如调查报告中所述），如果这些低收入家庭的收入高于极端贫困的阈值，就可以将这些家庭移出极端贫

① 需要注意的是，我们的统计时段是在平价医疗法案扩大医疗补助资格之前。

② 在这个细分群体中，甚至还有少数家庭拥有数百万美元的净资产（这是非常大的误差）。

困。这一调整的参照基准是带薪工作时间和总工作时间（包括自营职业时间）。

接下来，我们考虑了实物转移，如果一个家庭在全部现金收入调查中报告的 SNAP 福利超过了每人每天 2 美元或是收到了住房援助①，我们就将其重新划分为非极端贫困家庭。

我们在调整中不考虑 WIC 付款，因为 WIC 金额没有在 CPS 中报告。随后，我们以与 SIPP 略有不同的方式，对 CPS 中的大量资产进行了核算。CPS 不像 SIPP 那样包含各种类型资产的具体数额的详细信息，但它确实调查了房屋价值以及一个家庭是否有抵押贷款。因此，如果一个家庭没有抵押贷款，房屋价值超过 2.5 万美元，或者一个家庭有抵押贷款，房屋价值超过 10 万美元，我们就将这个家庭重新划分为非极端贫困。最后，如果一个家庭每年在行政数据中获得的人均现金和实物收入超过每天 2 美元，我们就可以将这个家庭移出极端贫困。CPS 的考察期实际比 SIPP 更符合行政税务记录，因为两者都是以年为单位。在这一部分，我们对 SIPP 和 CPS 数据都使用了这些替代方法，以便对二者进行比较。

（二）结果

CPS 中报告的极端贫困率为 2.08%，统计上显著低于 SIPP 的 2.97%。修正少报工资和薪酬缩小了两项调查之间的差别，SIPP 中极端贫困率下降 0.29 个百分点，至 2.68%，CPS 中略降 0.03 个百分点，至 2.05%。对少报的自营职业收入进行修正后，这一差距显著缩小，SIPP 的极端贫困率下降到 2.07%，而 CPS 的极端贫困率几乎保持在 2.03% 不变。我们无法拒绝原假设，即这些比率彼此相等。

包括 SNAP 和住房援助在内的两项调查都将极端贫困率降低了约 1/3，CPS 和 SIPP 的极端贫困率分别为 1.35% 和 1.30%，差别不大。需要注意的是，SNAP 和住房援助是迄今为止最重要的实物转移，因为包括 WIC（原来 SIPP 中实物转移的调整对象）在内的实物转移基本上没有影响极端贫困率。在考虑大量资产后，SIPP 的极端贫困比例进一步下降至 0.96%，CPS 则下降至约 0.8%②。在两项调查中，引入行政收入将极端贫困率降低了约一半，引

① 我们假设，如果一个家庭报告收到了住房援助，那么它在 2011 年的 12 个月里都收到了住房援助。这遵循了美国人口普查局在计算补充贫困指标时所作的假设（Johnson，Renwick and Short，2011）。

② 由于 CPS 中可用的资产信息有限，因此我们在这里使用的大量资产的调整范围要小于我们在主要 SIPP 结果中使用的调整范围。具体来说，使用这种更有限的调整后，SIPP 中的极端贫困率为 0.96%，而使用原始调整后的极端贫困率为 0.84%（也包括流动资产和总资产）。

入资产收入、退休收入的附加税收数据以及 EITC，将 SIPP 中的极端贫困率降至 0.35%，CPS 中的极端贫困率降至 0.34%。在合并了行政转移数据之后，我们得到了最终的极端贫困率，在 CPS 中为 0.18%，在 SIPP 中为 0.29%，二者在 5% 的水平下有统计学上的显著差异。这两项调查之间的最后差距在很大程度上是由于 OASDI 和 SSI 的行政数据在减少 CPS 中的极端贫困率方面发挥了更大的作用。然而，CPS 和 SIPP 在原始调整后最终计算得到的极端贫困率在统计上并无显著差异。在 CPS 中，我们计算得到的个人极端贫困率为 0.13%，与之相比，我们在前文中报告的 SIPP 个人贫困率为 0.11%。

因此，这两项调查的结果比最初看起来更相似。我们在 SIPP 收入分布的左尾发现较大的误差，而 CPS 数据中出现了几乎相同的情况。两项数据的主要区别在于，在 CPS 中家庭几乎从不报告正的工作时间，报告的收入也极低，而在 SIPP 中，同样的现象在按报告现金划分的极端贫困人口中相对常见①。此外，年贫困率（CPS）低于四个月的贫困率（SIPP）。最后，行政转移数据对 CPS 估计值的更大影响说明了，在 CPS 中，转移支付项目相对于 SIPP 存在更严重的漏报情况（Meyer，Mok and Sullivan，2015）。

八、稳健性检验和说明

（一）稳健性检验

我们进行了一系列的稳健性检验，以检验我们的结果对各种特定要求的敏感度。首先，我们将联邦最低工资的一半（而不是全部最低工资）用于估计报告的工资/薪金和自营职业收入。在少报收入的调查修正后，仅使极端贫困率增加了 0.01%，并且在所有调整后，最终的极端贫困率没有变化。由于担心缺乏可替代的住房援助数据，我们也在扣除调查和行政数据显示的住房援助后，计算了估计值。经过所有调整，但尚未纳入 SNAP 行政记录的最终极端贫困率比考虑了住房援助的可比极端贫困率高出 0.01 个百分点。不出所料，实物转移的大部分影响都是由 SNAP 造成的。

我们还研究了当收入门槛更高时，即提高至每人每天 4 美元（参见 Allen，2017；Deaton，2018），我们的极端贫困估计结果是否仍然适用。正如预期的那样，当使用更高的收入门槛来衡量时，极端贫困率会更高。使用每人每天

① 在 CPS 中，所有报告收入为零的家庭的所有成员的工作时间也报告为零小时。在 SIPP 中，7.94% 的收入为零的家庭每月平均工作时间为正。同样，在 SIPP 中，72% 的家庭因为工资和工作时间而被定义为非极端贫困，88% 的家庭因为自营职业时间而被定义为非极端贫困。

4 美元的报告率为 3.68%，比使用每人每天 2 美元的报告率高出 24%。综合所有调整后，每人每天 4 美元标准下的报告率为 0.34%，比使用每人每天 2 美元标准的报告率高 42%（但仍然很低）。使用每人每天 4 美元的类似模式，与相对大量的零收入家庭报告一致，其中许多报告值可能存在重大错误。仅对调查做出调整后，每人每天 4 美元标准下，极端贫困率降低了 73%，与每人每天 2 美元标准下 72% 的降幅相当。

接下来，我们希望检验本文的方法是否存在本应该属于极端贫困，但是由于估算或者多报使得调查中报告的人均收入高于每天 2 美元的家庭[①]。我们发现这样的家庭很少。具体来说，我们采用了调查和行政收入的最大值以及住房援助（因为，如前所述，这些来源的行政数据不完整），使用行政数据取代调查利息和股息、退休收入、OASDI、SSI 和 SNAP，加入从行政税收中计算的 EITC 值。我们还分析了仅根据非估算的时长修正收入少报的情况，并且在对资产的调查调整中忽略退休金后，结果会如何变化。同样，我们发现修改后的结果几乎没有变化。

我们还在第四个参考月的数据基础上估计极端贫困，这一时期的调查报告被认为是最准确的（Moore，2008），而且与谢弗和爱丁（Shaefer and Edin，2013）使用的参考期一致。新的估计结果只比我们基于调查轮次的估计值略高。例如，使用第四个参考月数据报告的极端贫困率为 3.82%，在计入大量资产后的极端贫困率为 1.09%，两者均比相应的基于调查轮次的估计结果高出 25% ~30%。跨月和跨调查轮次的估计值的相似性反映了在同一访问中进行调查时，调查结果之间存在很强的相关性（Moore，2008）。

收入贫困测算的适当时间间隔是多久，我们还并不清楚。大多数考察收入和幸福程度的文献都主张，由于收入的短暂波动可能不会反映在消费或其他结果中，因此应该着眼于全年。也有文献强调贫困持续存在，主张将收入视为多年的收入（例如，参见 Duncan and Rogers，1991 或 Solon，1992）。除了考虑比四个月的调查轮次更短的时间间隔之外，我们还考虑以一年时间为跨度来考察 SIPP 的贫困估计。虽然有时间跨度较长方面的优势，但我们在 SIPP 中没有这样做，因为在不同的调查轮次中存在人员退出的问题。此外，受访者的登记答案是通过三到四次访问（而不是一次）得来的，这使其同美国社区调查（ACS）和 CPS ASEC 等在一次访问中涵盖整个年份调查结果的可比性更低。然而，CPS 的结果表明，年度贫困估计的模式和水平与 SIPP 中轮次估计的模式和水平相符。

---

① 我们认为一个数字如果是统计学上的估算（四舍五入），则是可以被认可的。我们不认为逻辑上的估算可被称为估算，因为这是基于之前的信息进行的，而之前信息的质量较好。

我们还更为仔细地调查了因报告工作时间而被移除出极端贫困的家庭。在按工资、薪酬和自营职业时间计算的被移出极端贫困的家庭中，人数排名前十的职业大多都受联邦最低工资保护，且在事实上平均收入水平远高于最低工资。

例如，在考虑工资和带薪工作时长后被移出极端贫困的家庭中，有近9%的人的职业为计算机科学家或工程师（而在所有带薪受访者中，这一比例不到2%）。此外，在这个子群体中，有1.41%的人是服务员（可以想象，这个职业的收入可能低于最低工资），而在所有带薪受访者中，服务员所占比例更高（1.82%）。另外，在考虑自营工作时间而被移出极度贫困的家庭中，最常见的三种职业是各种各样的管理人员（这类人员中有14%是管理人员，而所有自营工作人员中有11.55%是管理人员）。为了解这些分组收益报告在多大程度上可能存在错误，我们还记录了这些分组中每月平均收入为零、个位数或两位数的家庭所占的比例。我们发现，因工资和工作时间而被从极端贫困中移出的家庭中有91%的收入为零、个位数或两位数。在考虑自营职业时间后被移出的家庭中，88%报告零收入，94%报告的收入为零、个位数或两位数。

最后，经我们检查发现，调查中估算的值对我们的估计只有很小的影响。例如，根据调查报告的实物转移而被重新分类的59%的家庭有估算的SNAP金额，但只有3%的家庭被估计接受过实物转移。令人感到鼓舞的是，因为调查报告的实物转移而被重新分类的家庭中有99%的行政数据收入超过每人每天2美元。我们还发现，9%被移出的家庭（按带薪时间计算）已经根据总工作时间计算出了相应的货币价值。根据行政数据，93%的因工资和工作时间而被重新分类的家庭的收入超过了极端贫困线。

（二）说明

在这一部分中，我们将讨论数据中的一些问题及其对结果的可能影响。先是讨论为什么我们可能低估了极端贫困的程度，然后讨论为什么我们可能夸大了极端贫困的程度。首先，我们依赖于在SIPP调查中的四个月里平均分配的年度行政税收数据。如果一年中其他收入较低的月份也是应纳税收入较低的月份，那么我们就低估了极端贫困。来自CPS的结果表明，这种偏差很小，因为CPS与SIPP的结果惊人地相似，而CPS收入的频率为年度，不存在这种潜在的偏差。而且，我们或许不必太担心这种可能性，因为只有当一个家庭短暂地处于极度贫困时，这种情况才有可能发生。通过行政数据而被排除的极端贫困家庭，其中大多数12个月以上的收入均超过了贫困线。如果他们有4个月属于极端贫困人口，这就要求这些家庭在该年剩下的几个月里的收入是极端贫困线收入的至少1.5倍。值得强调的是，按年度计算与按调查轮次计算的数据之间的潜在偏差并不适用于行政规划数据，这些数据都是月度的。

另一个具有潜在重要性的一个问题是，SIPP和CPS调查只覆盖了居民家庭，这意味着他们遗漏了无家可归的人（以及其他机构收容人口）。考虑到2011年有63.6万无家可归者（根据住房和城市发展部的估计），而且无家可归者是我们的社区中最贫困的人之一，我们对极端贫困率的最终估计对全部人口来说可能是保守的[①]。虽然第二部分中提到的文献对于极端贫困的估计也依赖于不包括无家可归者的调查，但从更宽泛的视角来看，极端贫困应该包括他们。此外，如果无家可归者比非无家可归者更有可能单身且没有子女，那么纳入无家可归者可能会进一步扩大已经在极端贫困人口中占比很大的无子女单身个体所占比例。

此外，需要考虑我们的数据可能夸大极端贫困的情况。首先，我们无法包括一些收入来源的行政数据，如对贫困家庭的临时援助、一般援助、儿童税收抵免、失业保险、工人补偿、非DER收入、非HUD住房援助和退伍军人福利[②]。我们从四个最大的转移项目或税收抵免中漏掉了2 160亿美元，这四个项目不在我们的行政数据中，其中1 070亿美元可归因于失业保险。这些“排除在外”的项目的总支出与我们拥有行政数据的非OASDI项目的总支出类似[③]。我们可能也会遗漏其他一些收入来源，比如账外工作和亲戚的钱（Jencks，1997）[④]。如果考虑这些其他收入组成的行政数据来源，可能会进一步减少计算出的极端贫困率。事实上，我们发现超过20%的极端贫困家庭都有退伍军人，福利低估的部分原因可能是我们的行政数据排除了退伍军人的福利信息。

其次，由于资产信息是来自第九轮调查参考期之前或之后的几个月，我们无法获取大部分家庭的资产信息。由于调查的人员退出和住户组成的轻微变化，并不是所有出现在第九轮调查中的住户都与来自其他轮次的调查（尤其是

---

① https：//www.hudexchange.info/resources/documents/2011AHAR_FinalReport.pdf.

② 虽然我们可以查询TANF的管理数据，并在之前的工作中使用过这些数据（见Meyer and Wu，2018），但是我们只有30个州的数据，所以基于有SNAP数据和TANF数据的7个州进行极端贫困估计很困难。

③ 根据梅耶、莫克和沙利文（Meyer，Mok and Sullivan，2015）的研究，2011年SSI的支出为489亿美元，SNAP为728亿美元，EITC为629亿美元。根据行政管理和预算局的历史数据，2011年的住房援助支出（根据2011财年和2012财年的金额计算）为468亿美元。

④ 有充分的理由相信，调查中的非税收入本身被低估了（Hurst，Li and Pugsley，2014；Hokayem，Bollinger and Ziliak，2015）。

后来的轮次）的主题模块相匹配①。因此，任何与第七轮或第十轮调查没有联系的家庭都无法因为持有大量资产而被移出极端贫困。事实上，在计入大量资产后，1/6 的未加权家庭仍处于极端贫困状态，这与第七轮或第十轮的主题模块无关。这个缺失数据问题导致对资产调整的低估，从而高估了最终的极端贫困率。我们也应该注意到，受访个人之间的不完全联系意味着我们不能为所有的调查对象引入行政数据，很可能低估了他们的收入。

最后，我们所考察的这一年是接近 70 年来最严重衰退的顶峰，因此收入水平非常低。总的来说，我们期望我们的数据的不完全性——尤其是相关的行政数据——会导致夸大极端贫困家庭的比例，但是对无家可归者（他们不在家庭中）的遗漏是我们信息中的一个重要缺口。

九、结　　论

通过对 SIPP 的仔细考察，并在调查数据中加入行政税收和转移数据，我们发现根据调查报告的现金收入被归类为极端贫困的家庭中，有 92% 被错误分类。我们的方法使用 CPS 数据得到了类似的结果，根据调查报告的现金收入，被归类为极端贫困的家庭中有 91% 其实是被错误分类了。因此，我们估计，在 2011 年的四个月期间（SIPP），只有 0.24% 的美国家庭每天的人均生活费不超过 2 美元，而在整个 2011 年全年（CPS），只有 0.18% 的美国家庭每天的人均生活费不超过 2 美元。按 SIPP 数据计算，贫困个体的相应比例应为 0.11%。根据大量的物质福利指标，调查报告中的许多极端贫困家庭的生活水平似乎都比美国普通家庭要高。这些结果与文献中显示的收入分配的最底部家庭的调查数据错误是一致的。这些结果印证了之前各种研究的发现：极端消费贫困率和深度消费贫困率实际上非常低。重要的是，我们可能还会夸大极端贫困的真实比例，因为我们的行政数据遗漏了一些重要的收入来源，对这些收入来源的调查或是少报，或是完全遗漏。

这篇论文进一步证明了极端贫困的真实情况与之前文献所强调的有很大的不同。在剩下的 285 000 个极端贫困的家庭中，90% 是单人家庭，10% 是有多个孩子的家庭。需要注意的是，在实施了所有的调整后，在接受 SIPP 调查的有孩子的家庭中，没有一个家庭的收入低于每人每天 2 美元。这一结果与学术界和政策制定者对于有孩子的极端贫困家庭的困境的关注形成了鲜明对比。这

① 根据公开的 SIPP 数据，第九轮调查中的家庭（加权）中有 92.55% 与第六轮调查的主题模块相关联，有 97.88% 与第十轮或第七轮调查的主题模块相关联：关联比例为 90.83%，与第七轮调查的主题模块相关联的比例为 7.05%（只有在无法与第十轮调查的主题模块相关联的情况下，才关联到第七轮调查的主题模块）。

一结果还表明，这些家庭中的极端贫困，鉴于其目前的低水平，不可能再因为福利改革而以一种有经济意义上显著的方式增加。值得再次强调的是，即使缺失 TANF 行政数据，这些引人瞩目的结果仍然成立。TANF 项目的对象是单亲家庭，来自该项目的收入在调查中被严重低估。

我们的结果还表明，经过经济状况调查的转移支付——尤其是实物福利——很好地瞄准了贫困人口，因为通过获得实物转移支付而被移出极端贫困的家庭，其转移前的境况似乎比官方贫困家庭要差得多。因此，我们为美国人口普查局的贫困补充测算不能完美地选择那些物质福利较低的对象提供了一个解释（参见 Meyer and Sullivan，2012）：它可能将那些收到必需的实物转移的人重新划分为了非贫困群体，而将那些遗漏大量资产或隐瞒收入的人错误划分为贫困人口。

本文为一些扩展研究留下了空间。首先，极端贫困的税后测算标准是值得研究的。虽然本文确实从行政税收记录中计算了 EITC，但没有考虑所有的税收抵免（如儿童税收抵免）和税收责任。其次，研究者可以在可行情况下合并更完整的行政数据（例如，关于退伍军人福利、失业保险和工人补偿的数据）。这样做还可以帮助我们了解，在我们归类为极端贫困的个人中有多少人是因为缺少行政数据而被错误分类的。SIPP 中广泛多样的信息也可以让我们更好地了解大量的极端贫困的单身人士。

更普遍而言，我们提出了一种新的方法，以便更好地利用收入数据来测算贫困。我们仅使用调查数据进行的调整在解决调查错误方面取得了很大的进展。在仅针对调查的调整和基于行政数据的调整相结合的情况下，极端贫困人口的变化中有 78% 要归功于调查数据本身的调整。虽然本文关注的是极端贫困，但我们可以采用类似的方法来处理在较高收入界限（如深度和官方贫困阈值）下的调查误差。通过将准确的行政数据与详细的 SIPP 调查数据结合起来，人们也可以更好地理解那些想要取得成功的家庭所面临的障碍。

参考文献

Abraham，Katherine G.，John Haltiwanger，Kristin Sandusky，and James R. Spletzer. 2013. Exploring Differences in Employment between Household and Establishment Data. Journal of Labor Economics，31（2）：S129 - S172.

____. 2017. Measuring the Gig Economy. Working Paper. Washington，D. C.：U. S. Census Bureau.

Allen，Robert C. 2017. Absolute Poverty：When Necessity Displaces Desire. American Economic Review，107（12）：3690 - 3721.

Bee，Adam and Joshua Mitchell. 2017. Do Older Americans Have More Income Than We

Think? SESHD Working Paper 2017-39. Washington, D. C.: U. S. Census Bureau.

Ben-Shalom, Yonatan, Robert Moffitt, and John K. Scholz. 2012. An Assessment of the Effectiveness of Anti-Poverty Programs in the United States. In P. N. Jefferson (Ed.), The Oxford Handbook of the Economics of Poverty. Oxford: Oxford University Press.

Blank, Rebecca M. 2008. Presidential Address: How to Improve Poverty Measurement in the United States. Journal of Policy Analysis and Management, 27 (2): 233 – 254.

Blank, Rebecca and Brian Kovak. 2009. The Growing Problem of Disconnected Single Mothers. In C. J. Heinrich and J. K. Scholz (Eds.) Making the Work-Based Safety Net Work Better. New York: Russell Sage Press.

Blank, Rebecca M. and Robert F. Schoeni. 2003. Changes in the Distribution of Children's Family Income over the 1990's. American Economic Review, 93 (2): 304 – 308.

Blundell, Richard. 2014. Income Dynamics and Life-Cycle Inequality: Mechanisms and Controversies. The Economic Journal, 124 (5): 289 – 318.

Blundell, Richard, Luigi Pistaferri, and Ian Preston. 2008. Consumption Inequality and Partial Insurance. American Economic Review, 98 (5): 1887 – 1921.

Bollinger, Christopher R., Barry T. Hirsch, Charles M. Hokayem, and James P. Ziliak. 2018. Trouble in the Tails? What We Know about Earnings Nonresponse Thirty Years after Lillard, Smith, and Welch. Journal of Political Economy (forthcoming).

Brady, David and Zachary Parolin. 2018. Increasing Deep and Extreme Poverty in the U. S., 1993 – 2015. Working Paper.

Brewer, Mike, Ben Etheridge, and Cormac O'Dea. 2017. Why are Households that Report the Lowest Incomes so Well-Off? The Economic Journal, 127 (October): F24-F49.

Brzozowski, Matthew and Thomas F. Crossley. 2011. Viewpoint: Measuring the Well-Being of the Poor with Income or Consumption: A Canadian Perspective. Canadian Journal of Economics, 44 (1): 88 – 106.

Bullard, James. 2013. President's Message: CPI vs. PCE Inflation: Choosing a Standard Measure. Regional Economist (Federal Reserve Bank of St. Louis).

Chandy, Laurence and Cory Smith. 2014. How Poor are America's Poorest? U. S. $2 A Day Poverty in a Global Context. Washington, D. C.: Brookings Institute.

Citro, Constance F. and Robert T. Michael, (Eds.). 1995. Measuring Poverty: A New Approach. Washington, D. C.: National Academy Press.

Congressional Budget Office. 2012. The Distribution of Household Income and Federal Taxes, 2008 and 2009. Washington, D. C.: Congressional Budget Office.

Deaton, Angus. "The U. S. Can No Longer Hide From Its Deep Poverty Problem." New York Times. 24 Jan 2018.

Deshpande, Manasi. 2016. Does Welfare Inhibit Success? The Long-Term Effects of Removing Low-Income Youth from the Disability Rolls. American Economic Review, 106 (11): 3300 – 3330.

Duncan, Greg J. and Willard Rodgers. 1991. Has Children's Poverty Become More Persistent?

American Sociological Review, 56 (4): 538 - 550.

Edin, Kathryn J. and H. Luke Shaefer. 2015. $2.00 A Day: Living on Almost Nothing in America. Boston: Houghton Mifflin Harcourt.

Ellwood, David T. and Lawrence H. Summers. 1985. Measuring Income: What Kind Should be In? Conference on the Measurement of Noncash Benefits, U. S. Bureau of the Census.

Fox, Liana and Lewis Warren. 2018. Material Well-Being and Poverty: New Evidence Across Poverty Measures. APPAM Presentation Slides. Washington, D. C.: U. S. Census Bureau.

Gathright, Graton and Tyler A. Crabb. 2014. Reporting of SSA Program Participation in SIPP. Working Paper. Washington, D. C.: U. S. Census Bureau.

Hall, Jamie B. and Robert Rector. 2018. Examining Extreme and Deep Poverty in the United States. Backgrounder No. 3285. Washington, D. C.: The Heritage Foundation.

Hokayem, Charles, Christopher Bollinger, and James P. Ziliak. The Role of CPS Nonresponse in the Measurement of Poverty. Journal of the American Statistical Association, 110 (511): 935 - 945.

Hoynes, Hilary W. and Diane Whitmore Schanzenbach. 2009. Consumption Responses to In-Kind Transfers: Evidence from the Introduction of the Food Stamp Program. American Economic Journal: Applied Economics, 1 (4): 109 - 39.

Hurst, Erik, Geng Li, and Benjamin Pugsley. 2014. Are Household Surveys Like Tax Forms? Evidence from Income Underreporting of the Self-Employed. Review of Economics and Statistics, 96 (1): 19 - 33.

Internal Revenue Service. 2016. Tax Gap Estimates for Tax Years 2008 - 2010.

Jencks, Christopher. 1997. Introduction to Making Ends Meet, by Kathryn Edin and Laura Lein. New York: Russell Sage Foundation.

Johnson, Paul D., Trudi J. Renwick, and Kathleen Short. 2011. Estimating the Value of Federal Housing Assistance for the Supplemental Poverty Measure. SEHSD Working Paper 2010-13. Washington, D. C.: U. S. Census Bureau.

Lillard, Lee, James P. Smith, and Finis Welch. 1986. What Do We Really Know about Wages? The Importance of Nonreporting and Census Imputation. Journal of Political Economy, 94 (3): 489 - 506.

Loprest, Pamela J. 2011. Disconnected Families and TANF. Temporary Assistance for Needy Families Program—Research Synthesis Brief Series. Washington, D. C.: The Urban Institute.

Loprest, Pamela and Austin Nichols. 2011. Dynamics of Being Disconnected from Work and TANF. Washington, D. C.: The Urban Institute.

Mayer, Susan E. and Christopher Jencks. 1989. Poverty and the Distribution of Material Hardship. Journal of Human Resources, 24 (1): 88 - 114.

Medalia, Carla, Bruce D. Meyer, Amy O'Hara, and Derek Wu. 2019. Linking Survey and Administrative Data to Measure Income, Inequality, and Mobility. International Journal of Population Data Science, 4 (1).

Meyer, Bruce D. 2017. The Earned Income Tax Credit. In Robert Doar (Ed.), A Safety Net That Works: Improving Federal Programs for Low-Income Americans, pp. 1 – 18. Washington, D. C.: American Enterprise Institute.

Meyer, Bruce D. and Nikolas Mittag. Forthcoming. Using Linked Survey and Administrative Data to Better Measure Income: Implications for Poverty, Program Effectiveness and Holes in the Safety Net. American Economic Journal: Applied Economics.

Meyer, Bruce D., Wallace K. C. Mok, and James X. Sullivan. 2009. The Under-Reporting of Transfers in Household Surveys: Its Nature and Consequences. NBER Working Paper No. 15181.

Meyer, Bruce D., Wallace K. C. Mok, and James X. Sullivan. 2015. Household Surveys in Crisis. Journal of Economic Perspectives, 29 (4), 199 – 226.

Meyer, Bruce D. and James X. Sullivan. 2003. Measuring the Well-Being of the Poor Using Income and Consumption. Journal of Human Resources, 38 (S): 1180 – 1220.

____. 2004. The Effects of Welfare and Tax Reform: The Material Well-Being of Single Mothers in the 1980s and 1990s. Journal of Public Economics, 88: 1387 – 1420.

____. 2008. Changes in the Consumption, Income, and Well-Being of Single Mother Headed Families. American Economic Review, 98 (5): 2221 – 2241.

____. 2011. Viewpoint: Further Results on Measuring the Well-Being of the Poor using Income and Consumption. Canadian Journal of Economics, 44 (1): 52 – 87.

____. 2012. Identifying the Disadvantaged: Official Poverty, Consumption Poverty, and the New Supplemental Poverty Measure. Journal of Economic Perspectives, 26 (3): 111 – 136.

Meyer, Bruce D. and Derek Wu. 2018. The Poverty Reduction of Social Security and Means-Tested Transfers. Industrial and Labor Relations Review, 71 (5): 1106 – 1153.

Mittag, Nikolas. 2019. Correcting for Misreporting of Government Benefits. American Economic Journal: Economic Policy, 11 (2).

Moore, Jeffrey C. 2008. Seam Bias in the 2004 SIPP Panel: Much Improved, but Much Bias Still Remains. Survey Methodology 2008-3 Report. Washington, D. C.: U. S. Census Bureau.

National Academies of Sciences, Engineering, and Medicine. 2018. The 2014 Redesign of the Survey of Income and Program Participation: An Assessment. Washington, D. C.: The National Academies Press. https://doi.org/10.17226/24864.

Olsen, Edgar O. 2003. Housing Programs for Low-Income Households. In Robert A. Moffitt (Ed.), Means-Tested Transfer Programs in the United States, pp. 365 – 442. Chicago: University of Chicago Press.

Olsen, Edgar O. 2019. Does HUD Overpay for Voucher Units, and Will SAFMRs Reduce the Overpayment? Working Paper.

Parolin, Zachary and David Brady. Forthcoming. Extreme Child Poverty and the Role of Social Policy in the United States. Journal of Poverty & Social Justice.

Ruggles, Patricia. 1990. Drawing the Line: Alternative Poverty Measures and their Implications for Public Policy. The Urban Institute Press, Washington D. C.

Scally, Corianne P., Amanda Gold, Carl Hedman, Matt Gerken, and Nicole Dubois. 2018. The Low-Income Housing Tax Credit. Washington, D. C.: Urban Institute.

Scally, Corianne P. and David Lipsetz. 2017. New Public Data Available on USDA Rural Housing Service's Single-Family and Multifamily Programs. Cityscape, 19 (1): 295 – 304.

Shaefer, H. Luke, and Kathryn J. Edin. 2013. Rising extreme poverty in the United States and the response of federal means-tested transfer programs. Social Service Review, 87 (2): 250 – 268.

____. 2017. Welfare Reform and the Families it Left Behind. Pathways, Fall 2017: 22 – 27. Stanford Center on Poverty and Inequality.

Shantz, Kathryn and Liana E. Fox. 2018. Precision in Measurement: Using State-Level Supplemental Nutrition Assistance Program and Temporary Assistance for Needy Families Administrative Records and the Transfer Income Model (TRIM3) to Evaluate Poverty Measurement. Washington, D. C.: U. S. Census Bureau.

Short, Kathleen S. 2005. Material and Financial Hardship and Income-Based Poverty Measures in the USA. Journal of Social Policy, 34 (1): 21 – 38.

Solon, Gary. 1992. Intergenerational Income Mobility in the United States. American Economic Review, 82 (3): 393 – 408.

Turner, Lesley J., Sheldon Danziger, and Kristin S. Seefeldt. 2006. Failing the Transition from Welfare to Work: Women Chronically Disconnected from Employment and Cash Welfare. Social Science Quarterly, 87 (2): 227 – 249.

United Nations. 2018. Report of the Special Rapporteur on Extreme Poverty and Human Rights on His Mission to the United States of America.

U. S. Census Bureau. 2005. Alternative Poverty Estimates in the United States: 2003. P60-227 Report. Washington, D. C.: U. S. Census Bureau.

U. S. Census Bureau. 2015a. Income and Poverty in the United States: 2014. P60-252 Report. Washington, D. C.: U. S. Census Bureau.

U. S. Census Bureau. 2015b. The Supplemental Poverty Measure: 2014. P60-254 Report.

Washington, D. C.: U. S. Census Bureau. Wagner, Deborah and Mary Layne. 2014. The Person Identification Validation System (PVS): Applying the Center for Administrative Records Research & Applications' (CARRA) Record Linkage Software. CARRA Working Paper 2014-01. Washington, D. C.: U. S. Census Bureau.

Winship, Scott. 2016. Poverty After Welfare Reform. Washington, D. C.: Manhattan Institute.

Wooldridge, Jeffrey M. 2007. Inverse Probability Weighted Estimation for General Missing Data Problems. Journal of Econometrics, 141: 1281 – 1301.

关于全球贫困测算方法的研究

马丁·拉瓦利恩*

摘　要：本文批判性地评估了当前主流的全球贫困测算方法。本文使用一种规范性运作的理念，对全球贫困线的功能主义解读进行了修正，而该方法所引发的成本则因其实施的国家不同而各有不同。鉴于此，当前使用的绝对量测算法似乎忽略了福利所受到的重要社会效应，而广受欢迎的、具有强相对性的测算方法则忽略了生活质量的绝对水平。有人认为，需要开发一种全新的混合方法，将绝对测算法和弱相对测算法结合起来，从而与各国贫困线标准的差异化事实相适应。本文进行了说明性的计算，结果表明在过去30年全球贫困率正在下降，而这一结果主要源自发展中国家绝对贫困人口数量的减少。尽管以全球绝对标准来看，贫困人口在减少，但是在国别相对标准下的贫困人口却在增加。当前，不论以绝对标准，还是以相对标准衡量，绝大多数贫困人口都生活在发展中国家。

一、引　　言

贫困测算结果一直是社会进步的重要指标。100 多年前，伦敦政治经济学院首位统计学教授亚瑟·鲍利（Bowley，1995：213）曾写道：

“对于一个社会来说，或许没有比贫困人口比例更好的检验指标。而对于观察这一进程所选择的确切标准而言，如果一直严格保持标准不变，那么所选择的确切标准也就没有多大意义了。”

通过使用贫困测算评估社会进步，20 世纪下半叶在全世界范围内的几乎所有国家，无论贫富，都获得了发展动力（Ravallion，2016）。通过这些测算结果，贫困问题所获得的关注超过了过去 300 年中的任何时候。①

时至今日，我们发现了两个主要的贫困测算与减贫进度监测的方法。第一种方法关注“绝对”的测算结果，力求使用不变的绝对值制定贫困线标准，与鲍利的建议相符。例如，美国的官方贫困测算就是采用这种方式。世界银行也是采用这种方式来测算全球贫困，并希望以这种方式对所有国家在不同时期都采用一种“严格不变”的真实标准。第二种方法使用一种“相对”的测算方式，所使用的贫困线标准随真实变量而变化，通常设定为某国居民生活水平均值或中值的一个固定比例。这一方法产生于 20 世纪 60 年代，并于 20 世纪

---

* 作者简介：马丁·拉瓦利恩（Martin Ravallion）供职于乔治城大学经济学系。

① 关于这一点，感兴趣的读者可以访问以下网站获取 1700 年以来的相关历史信息：https：//books. google. com/ngrams/graph? content = poverty&year_start = 1700&year_end = 2010&corpus = 15&smoothing = 3&share = &direct_url = t1%3B%2Cpoverty%3B%2Cc0。

后期在西欧被广泛采用。关于绝对和相对测算方法孰优孰劣，一直以来都存在较大争议。

本文对两种方法的经济学基础给出了批判式的介绍，并且提出这样的问题：这两种方法是否都真的有效？本文的回答是“不”。我们认为，需要一种新的方法来测算、监控全球范围内的贫困情况。

在本文的定义下，贫困是一种客观的“经济受剥夺”的概念，它代表了较低的“经济福利”或是“生活标准”①。“贫困线”是一种用货币度量的福利标准，国际贫困线则代表在某一时点、某一国家达到某一特定经济福利水平所需要的货币水平，这个标准一直被跨国、跨时期使用，以测算全球贫困水平和减贫进展。

如何测算经济福利？首先，入户调查的质量非常重要。在提升数据质量的同时，调查中受访者的选择性配合问题也是需要解决的问题。除此之外，测算家庭消费和收入过程中所做的前提假设可能也会影响调查质量，比如通常我们会假定家庭收入会在家庭内部进行分配，但事实或许并不总是如此。其次，价格指数的选择也很重要。尽管上述因素的处理都极富挑战性，但它们却并非贫困测算的内在决定因素（在测算真实收入水平及其分布以及政策评估中，这些因素会更为重要）。因此，我们在本文中不会对这些因素做过多讨论②。

对贫困测算来说，具有基础性意义的一个潜在争议论题是，个人在某个国家的相对收入水平是否重要。现有的贫困测算方法，根据其所属于绝对或相对测算方法的不同，倾向于在以下两个不同的假设下选择一个：

- 相对收入水平对于测算经济福利并不重要；
- 相对收入水平是唯一重要的经济福利指标。

我们认为，两种做法都是不合理的。当我们在全球范围内测算贫困时，鲍利所支持的固定真实贫困线就无法获取国家层面上贫困人口受到相对经济剥夺的情况，也无法获知发达国家为提高经济福祉而增加支出的相应需求。然而，同样显而易见的是，在一个给定的相对收入水平下的绝对生活水平标准也很重要，因此，我们也排除了那些将贫困线设定为均值或中值固定比例的做法。

尽管福利一致性原则在评估不同方法的选择时很有价值，但是它并没有涉及何种福利水平应当被定义为“贫困”。在这一方面，业界人士已经在寻求其他来源的指导意见，包括官方建议的营养摄入标准。

① 我们有时会使用“收入贫困”的概念，但是其他变量也常常被我们包含在计算范围中。

② 富勒（Fuller）对这些因素进行了讨论，并且借此强调了他对贫困测算的观点。详情可参见Ravallion，2016 以及 Atkinson，2019。

借鉴阿马蒂亚·森（Sen，1983）的能力理论，营养状况可以被认为是一个人福利水平（或是能力水平）的关键决定要素。然而，营养状况也只是功能性指标的其中一种，其他一些指标同样重要。一旦我们将社会包容度视作一种福利相关的功能性指标，并且研究贫困线标准在实践中如何变化，就能够获取全球贫困更清晰的图景，而不再需要维持前述的诸多假设。

本文第二部分将先讨论绝对贫困、相对贫困测算法的理论基础。第三部分将对现行的国家贫困线标准进行回顾概述。第四部分和第五部分回顾当前对两类测算方法的应用情况，以及文献当中的相关证据。对相应全球贫困测算法，我们还提供了一些说明性的计算过程。第六部分总结全文。

二、理论起点

在考虑全球贫困测算方法时，可以使用两种理论框架：福利主义方法和能力理论。本文对这两套框架都会进行讨论。首先描述一个福利模型：在这个模型中，如果一些人所获得的经济福利水平低于某个关键水平，那么他们就会被认为是“贫困”的。作为一个道德起点，贫困水平在一些公认的福利空间中是以绝对量相互比较的，尽管它们在消费或收入空间中，可能取绝对量或相对量的其中一种。那么，问题的关键就在于我们如何看待经济福利。在能力理论中，我们可以获得一些有用的洞见。

为了同时涵盖绝对测算法与相对测算法，我们假设一个家庭中某个人的消费或收入水平为 y，面临的价格水平为向量 p，个人特征变量 x（其中包含家庭与环境特点），那么他的福利水平就能用 $v(y, y/m, p, x)$ 来表示。其中，m 是该国居民收入的均值（或中值）。函数 v 对变量 y 是严格单调递增的平滑曲线，对 y/m 非递减。在绝对贫困测算法中，$v(.)$ 不随 y/m 而变化，而相对测算法则允许 $v(.)$ 随 y/m 严格递增。

由此，福利一致的国际贫困线 z 的隐函数可表示为：

$$v\left(z, \frac{z}{m}, p, x\right) = \bar{u} \tag{1}$$

此处 $\bar{u}$ 是非贫困人口的福利水平。“福利一致性”原则在全球贫困测算中要求 $\bar{u}$ 在所有国家都是固定的。在这些假设下，我们能够看到 $y \leqslant z$ 就等价于 $v(.) \leqslant \bar{u}$。式（1）中 z 的解可以写为：

$$z = z(m, p, x, \bar{u}) \tag{2}$$

如果我们能够通过观察国家贫困线来识别函数 $z(.)$，那么我们就能够获悉福利方程背后最为关键的特点（之后将会回到这个话题）。即使没有任何数据，我们也能够立刻注意到其中隐含的关于绝对与相对测算方法之争的相关信息。很容易验证式（2）中 z 的解将随着均值递增，其弹性为小于 1 的正值，从而形成一簇“弱相对”曲线（具体定义可参见 Ravallion and Chen，2011）①。强相对曲线仅仅在一些限制较强的情形下才会出现：在给定 y/m 下，$v(.)$ 不随 y 变化，但是对 y/m 严格单调递增。此时，$z = k(p, x, \bar{u})\ m$。

这样的表述引发了一个问题，即在怎样的参考福利水平之下，也就是式（1）中的 $\bar{u}$，个人才不会被定义为贫困？有人可能会质疑这样的说法太具任意性，而且在这样的选择下仅仅要求内部的一致性。这样的结论不能令人满意，因为对参考福利水平的选择往往会影响测算过程和结果，从而影响政策寓意。在测算中设置参考福利水平是应用经济学中长久以来普遍公认的一大问题。任何实际应用中的价格指数都隐含着某种福利锚定，指数（通常）会随着参考福利水平变化（例如，国家消费者价格指数通常锚定于收入分布均值或中位数附近家庭的消费组合）。这一问题对于测算的挑战始终存在，难以忽视。

能力理论当中的功能性（functioning）概念有助于我们思考式（1）中 $\bar{u}$ 的问题。经济学家通常认为“福利”是被消费商品的函数，即代表偏好的效用函数。长久以来，学界普遍认同此种效用函数无法被合理地视为是独立于个人特征的。然而，更可信的情形是福利作为一种稳定的、人际可比较的、由个人所作所为而决定的函数，即他或她的功能函数②。有两项“功能性”对于贫困测算较为重要：营养状况与社会包容。功能性概念为消费者选择的标准模型提供了额外的结构性层面，该层面有助于解决贫困测算结果在具有不同特点的个人之间进行比较的过程中所产生的识别问题。

由此，经济福利可以由一个原始的福利方程 $u(f)$ 来代表，该函数被视作标量，并且在功能向量 f 中单调递增。前提假设是 $u(f)$ 是稳定的、人际可比的。尽管个人特征（向量 x）可能存在影响福利的差异，但我们假定它们只在影响功能性的情况下对经济福利产生影响，因此在我们评估贫困的过程中，可以被我们视为经济福利的原始影响因素。这一点完全可以与此前我们设置的福利方程 $v(y, y/m, p, x)$ 相调和，但前提是更高的收入能够产生“功能”。当然，福利也会取决于相对收入、价格和个人特征，因此，函数形式可以写为 $f = f(y, y/m, p, x)$，一个向量值函数。

要锚定经济福利的参考水平，从而决定谁是“贫困者”，就要求设定一个具有固定名义功能水平的向量 f^*。举例而言，针对营养水平的名义功能性

① 隐函数式（1）对 m 求偏导，其中一个解为 $0 < \frac{\partial \ln z}{\partial \ln m} = \frac{1}{1 + mMRS} < 1$，其中 $MRS \equiv v_y / v_{y/m}\ (>0)$。

② 阿马蒂亚·森（Sen，1987）讨论了经济福利（生活标准）与功能性的关系。

要求营养必须达到一个规定水平，才能保障良好的健康状态和常规活动。而针对社会包容的功能性名义指标则可能要求一个人拥有被社会接受的衣着和居住条件。因此，对于式（1）、式（2）中的参考福利水平应该如何设定，我们至少在理论上拥有了一个答案，我们将其规定为 $\bar{u} = u(f^*)$。在实际操作中，决定 f^* 和 $u(.)$ 时仍存在问题，因为我们在不同的功能性指标中必须进行取舍。

上文的表述或许比能力方法的要求更为苛刻，后者仅需要确定名义函数是否能够计算一个已知 y、m、p 和 x 的个人的福利水平。阿马蒂亚·森（Sen，1983，1985）指出，贫困应该由能力来评估，而能力的定义应该是一个人所能够获得的功能性，也就是一个人所能获得的机会，而不是他所获得的真实结果。在这个语境下，并未对功能性作出明确的福利方程定义。但是，这种程度更高的普遍性也有一定代价。这其中存在着取舍——某一种功能性的加强往往意味着另一种功能性的减弱。在不同的个人之间比较谁更贫穷，常常需要诉诸某一种形如 $u(f)$ 的福利函数。

关于我们后续进行的讨论，可以先做出一些评论：

（1）显然，这是赋予了“贫困”更为广泛的概念，比原来仅仅基于货币收入或支出的定义更为丰富。此处，“收入”只是代表基础多维福利函数的一种方便的度量。使用货币指标代表福利并不意味着我们相信人们仅仅在乎他们的收入。然而，在实践中，这一测算指标往往被视为是不完整的，需要补充性的测算方法来捕捉被遗漏的要素。常见的例子包括对非市场售商品的可得性，以及家庭内部的不平等程度。或者，我们可以将许多测算方法看作能力理论的多维实施范例，而“经济福利”则是其中的一种①。

（2）这一方法可以被视作是一种测算绝对贫困的方法，但它的绝对意义是针对福利空间中而言的。相对收入是直接进入福利函数的，但我们同样可以假定向量 x 中包含了环境层面中与福利相关的因素。营养摄入取决于食物消费（数量与结构）以及当地的环境，后者将影响人们的膳食习惯、健康环境，从而影响人们的营养摄入。相似地，社会包容也取决于个人消费水平与当地居民平均收入水平之间的差异、可感知的相对受剥夺水平，以及当地的风险分担情况。

（3）以上表述并没有将“经济福利”等同于消费效用最大化选择问题。我们已经可以假定一个更为深入的模型，其中个人的功能性与所消费的商品与社会常规的相对水平有关，并通过最大化经济福利来选择消费数量。式（2）

① 一个进一步的问题在于，是否要将这些其他维度分开考虑，还是将其综合纳入一个混合的指标之中？进一步讨论参见 Ravallion，2011。

中的函数 $z(.)$ 即为消费者的支出函数。这为贫困线的设置提供了说明：一个“贫困集束”中的商品成本，即效用补偿需求向量 $q[p, m, x, u(f^*)]$，位于效用函数 $u(f^*)$ 的无差别曲面之上①：

$$z = pq[p, m, x, u(f^*)] \tag{3}$$

（4）然而，我们或许需要考虑一个比较强的假设：$u(f)$ 是选择最大化的。我们或许可以在不假设最大化 $u(f)$ 的情况下，通过 $u(f)$ 评估个人的经济福利。作为替代，我们可以假设一个“主观福利”函数，$U[u(f), m, x]$。x 中的一些要素（如个人特征），可能对 U 很重要，但却不影响 u（例如，有的人可能“虽然贫穷，但很快乐”）。消费选择只会在 $U[u(f), m, x]$（或其仿射变换）对 m、x 可加可分时，才会最大化 $u(f)$。如果没有此种可分离性，个人所做出的选择以及所获得的功能性，将会取决于主管福利函数 U。这一结论的含义在于，我们不能仅通过观察消费选择和功能性是如何随价格、收入与个人特点而变化的，就一般性地推断出个人的贫困状况②，而是需要一个来自外部的判断。

（5）即使名义功能性在不同的国家都相同，达到该水平所需的贫困线水平仍将随 p、m 和 x 变化，这可以解释为实现功能性 f^* 所需要的成本差异。如前所述，更富有的国家面临更高的成本。

（6）将贫困线针对与福利相关的某一种功能性（或是某一组功能性子集）进行校准，在一般意义上无法保证福利的一致性。例如，假定我们找到了一种基于营养水平的贫困线 z_n，如果个人营养水平达到阈值（f_n^*），即判定其为非贫困。

$$f_n\left(z_n, \frac{z_n}{m}, p, x\right) = f_n^* \tag{4}$$

这个等式无法让我们推出 $z_n = z$，除非提前假定经济福利仅仅取决于营养状况（$f = f_n$）。我们会在后面继续讨论这个问题。

在实践中较为普遍的做法是，可以将其看作是一种近似——通常是一种粗略的近似——如果我们参照以上讨论的“理想情况”③。

---

① 这需要进一步的技术性假设，与消费者理论类似。

② 给定（p, q, y, x）的数据，假定我们在标准假设下能够倒推整合出某种间接的效用函数 $v(y, p, x)$。那么任何函数 $V[v(y, p, x), x]$ 同样会与这些数据相一致。这涉及一个长久以来持续存在于福利测算中的识别问题，在设定等价范围时经常发生（Browning，1992）。

③ 此处我们的关注点在于全球贫困测算。对于国别层面更好近似结果的研究，可以参见 Ravallion and van de Walle，1991，以及 Dimri and Maniquet，2018。

三、国家贫困线

各国的国家贫困线通常会被用于设置国际贫困线的数据源①。因此，我们应该理解这些贫困线是如何设置的，并且了解不同国家贫困线之间的差异。

既有的营养要求（如世界卫生组织在1985年的规定标准）长期以来一直被用于设置国家级贫困线标准。从许多角度来看，几乎所有发展中国家使用的贫困线标准都具有很高的锚定特征（Ravallion，2012）②。（许多富裕国家使用强相对标准线，我们在本文第五部分会讨论这一问题。）众所周知，当营养摄入量持续低于某些水平时，一些常见的健康风险会增加，尽管特定的个体仍可以保持健康和正常的生活。这些营养“要求”是一种平均数，其中包含对于正常儿童成长、活动所需摄入营养水平的假设。

设定国家贫困线的一个常用方法是指定一系列食品，这些食品能够包含个人所需要的足够的营养，然后再对整个系列食品的当地价格进行加总。通常，设置贫困线时会允许纳入非食物类支出，这种支出常常与食品恩格尔曲线绑定③。例如，美国的官方贫困线设定为1962年“经济食物计划”规定水平的3倍（Orshansky，1965），这显示了标准制定者假定食物占比应该是全家支出的1/3（这一贫困线水平多次根据全国消费者物价指数进行更新）。另一个常见的方法是在特定情况之下，在基本营养需求得到满足时，估计总消费支出或收入水平——这可以看作是对式（4）随机形式的逆运算。

但是，所有这些贫困线的设定都考虑了不可回避的规范因素。营养需求取决于假定的体育活动水平，这是一个基于判断的问题。同时，如何选择食物和非食物需求，也是达到任何给定营养需求所必需的要素，同样需要一定的判断。我们可以预见到，在制定这些标准的过程中，会有不同的判断被提出并得到论证，而这些判断无疑会随着条件（相关的地点、时间、测算的目的）的变化而变化④。

图1显示了近期各国所使用的国家贫困线的一个汇编结果，转换的方法是将各国的当地货币单位（LCU）按照购买力平价原则（PPP），使用2011年国际比较计划（ICP）的数据进行折算。我们将在本文第四部分讨论PPP的问题。

① 参见Ravallion，1991；Atkinson and Bourguignon，2001；Ravallion et al.，2009；Ravallion and Chen，2011，2019；Jolliffe and Prydz，2017以及Atkinson，2019。

② 术语“发展中国家”可能有多种定义，在本文中则可以理解为世界银行定义的第二类成员国。

③ 对于该方法在设定贫困线实践中的进一步讨论，可以参见Ravallion，2012，2016，Chapter 4以及Atkinson，2019，Chapter 2。

④ 例如，在确定接受资助的资格时，美国的一些减贫计划使用的是官方贫困线标准的数倍。

图 1 中的结果来自各国、世界银行为不同国家设置合理贫困线的努力。最初的贫困线设定并没有使用 PPP 原则，而是多采用当地价格和当地对于“贫困”含义的理解，后者往往锚定某种最低限度的营养摄入、膳食结构。国家贫困线通常的设置机构是国家政府的相关部门（大多数时候是国家统计局）或世界银行在该国的国家级分析机构，后者通常也会与该国政府保持沟通协作。我们会看到富有的国家的贫困线标准往往更高。图 1 当中的拟合非常接近于线性，但却不是齐次的。图中存在一个正的截距项，这一点并不令人惊讶。一般来说，我们不会认为随着平均收入水平的下降，贫困线的下限有降到 0 的可能性。例如，在非经济合作与发展组织（OECD）国家，平均收入最低国家的贫困线预测水平是每天 0.96 美元（标准差为 0.25 美元）①。因此，图 1 当中的跨国数据显示了一种弹性小于 1 的弱相对贫困线。同时，它的弹性随着均值上升，在最低均值处约为 0.36（标准差为 0.12），在高收入国家则接近 1。

图 1 使用了截面数据，因此上述模式在各国贫困线标准的制定过程中可能受到潜在特定国家效应的影响。尽管这些贫困线标准很少频繁调整——因为存在（可以理解的）政治阻力——但它们还是会随着总体生活标准的提高，不断随时间推移而提高。在富裕国家，过去 100 年中贫困线标准不断提高。例如，在 20 世纪初，美国最广为使用的贫困线标准按 2005 年价格计算大概是每人每天 1 美元，而现在这个数字已经接近 15 美元（Ravallion，2016）。近年来，我们也开始观察到包括中国、印度、印度尼西亚和越南在内的发展中国家不断提高其真实贫困线水平②。可以使用乔利夫和普吕茨（Jolliffe and Prydz，2017）的隐含国家贫困线数据集，对发展中国家的贫困线是否表现为弱相对贫困线进行更令人信服的检验。前者的数据集有着足够的跨期观测值来允许进行面板数据分析③。由此，我们发现国家贫困线和消费均值之间存在强烈的正向关系，即使在使用国家固定效应模型的情况下也是如此。使用对数调查均值对对数贫困线水平（PPP 原则）进行回归，同时包含 102 个可得国家的固定效

① 这里指的是刚果民主共和国，该国的均值异常低。如果使用平均值第二低的国家马达加斯加的水平，那么预测的贫困线水平将为 1.28 美元。

② 在中国平均收入上升为原来 4 倍的这段时期内，中国的官方贫困线标准也提高了 1 倍，而印度也在实际层面调高了贫困线（Ravallion，2012）。印度尼西亚的做法是将官方贫困线锚定于前一年人民平均消费水平的 20%。乔利夫和普吕茨（Jolliffe and Prydz，2017）给出了发展中国家调高其国家贫困线水平的其他例子。

③ 乔利夫和普吕茨（Jolliffe and Prydz，2017）估算了 118 个国家的 609 个贫困线标准，这些标准隐含于世界银行的世界发展指数的构建过程中。令 $F_{it}(.)$ 表示 t 时间国家 i 的拟合累计分布函数，H_{it} 为观察到的人口指数，那么世界银行的贫困线可以表示为 $F_{it}^{-1}(H_{it})$。

应，我们可以发现平均的弹性水平是0.52（标准差为0.04，观测值为598）①。

因此，我们得出发展中国家的贫困线在跨期过程中具有隐含弱相对贫困线的属性，平均弹性约为0.5，显著为正，但显著小于1。

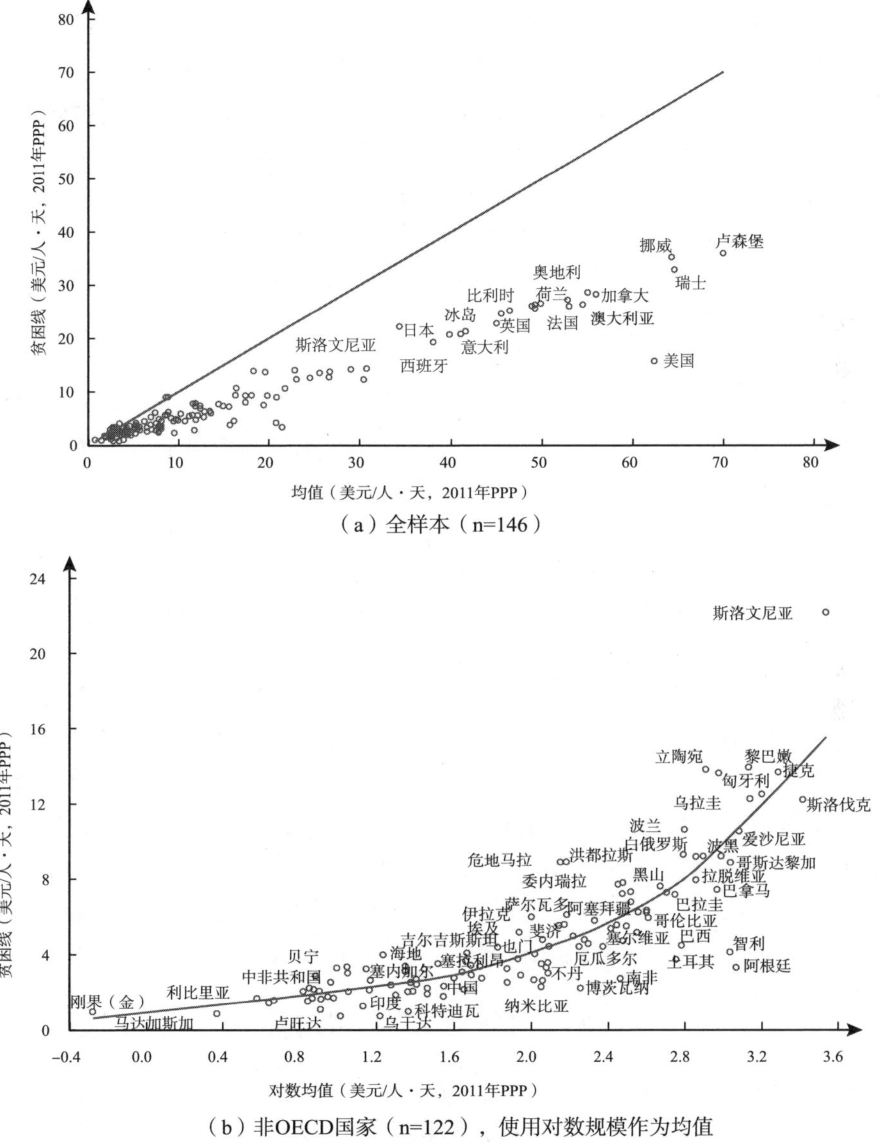

（a）全样本（n=146）

（b）非OECD国家（n=122），使用对数规模作为均值

图1　各国贫困线

① 使用国民总收入的对数替代调查平均值后为0.43，s.e.＝0.01；n＝595。

我们可以使用本文第二部分中的模型来解读这一模式。图 1 当中的国家贫困线可以被看作是一种常规功能性的当地成本。常规功能性水平在不同国家之间存在很大差异（同时也是更重要的一个方面），但是实现这些功能性的成本也会有所不同。尤其是在富裕国家，社会包容的成本肯定更高，因为在富裕国家，商品价格（这里可以包含非交易性商品）和确保实现常规功能性所必需的商品需求都更高。

然而，我们无法保证各国贫困线所对应的常规功能性水平能够符合所有道德评判者的标准。在进行全球贫困比较的过程中，太过纠结于所观察到的最低水平的国家贫困线是不明智的。很显然，我们需要进行一些平均化处理，并且对使用更高水平的贫困线进行稳健性检验。需要进行平均化处理的原因在于，在给定的平均收入水平下，各国之间用来界定贫困线的方法和规范标准存在差异。另外，在观察到的国家贫困线中几乎可以肯定存在一些随机测量误差，平均化处理也能在一定程度上解决这一问题。

在使用国家贫困线来制定全球范围内具有福利一致性的全球贫困线时，我们还应该认识到可能存在的识别问题。较高的国家贫困线可能反映了获取给定经济福利水平时所需付出的成本更高，或是在定义贫困者时存在更高的福利参照水平，即在式（1）和式（2）中更高的 $\bar{u}$ 。这种识别问题缺乏一种解决方式，我们可以认为，绝对和（弱）相对贫困测算方法所得到的结果分别应该被视为构建一种真正具有福利一致性贫困测算方法的上下限（Ravallion and Chen，2011，2019；Ravallion，2016）。

当使用名义功能性作为福利参照水平的锚来构建贫困线时，也会出现这种识别问题，因为更富有的国家往往会采用更为慷慨的名义功能性水平。然而，如果有人使用非福利主义的方法，也就是说，对任何一种被某一社会视为重要的名义功能性水平都给予足够尊重，从而并不要求福利一致性，那么此时就不需要担心识别问题。这是阿特金森和布吉尼翁（Atkinson and Bourguignon，2001）所考虑的方法（在阿特金森 2019 年的论文中有更深入的讨论）。然而，需要注意的是，这对于论证强相对贫困线的合理性并无帮助。

四、绝对贫困测算

在其全球减贫的大部分工作中，世界银行坚持认为，全球贫困线在各国之间的购买力应保持不变。在测算全球贫困率时，这相当于使用实际家庭人均消费（或在没有消费时的可支配收入）作为福利标准。本部分考察了世界银行的方法，以及最近提出的一个替代方法。

购买力平价（PPP）：在测算全球贫困时，最广泛使用的价格指数是根据比较方案在国家一级的价格调查中得出的购买力平价率。基于这些价格所得到的标准化购买力平价基本可以看作是费希尔价格指数的多国版本。按购买力平价汇率（而不是市场或官方汇率）换算 LCU，被认为能更好地反映每个国家的居民实际面临的价格。官方汇率不能用于此目的，因为许多商品不进行国际交易，而且在工资率较低的穷国，官方汇率往往更便宜。因此，市场汇率被认为夸大了贫困国家的生活费，从而夸大了全球贫困的程度。

关于购买力平价的计算方式有很多值得讨论的问题。其中一个问题是，现行的购买力平价是为了比较各国的国民账户总量而设计的，而非为了测算贫困。“穷人的购买力平价”是迪顿和迪普里耶（Deaton and Dupriez，2011）估计的一个指标，他们根据入户调查数据，构建了一套符合位于国际贫困线附近居民消费模式的购买力平价体系。事实证明，基于迪顿 - 迪普里耶的贫困人口购买力平价和 2005 年 ICP 调查数据的标准购买力平价之间并没有太大的差异（Chen and Ravallion，2010）。迪卡诺夫等人（Dikhanov et al.，2017）利用 2011 年非洲 ICP 数据得出了类似的结论。这一结论并不是因为穷人的消费模式与国民账户中的平均数相似，而是因为所需的重新加权在各国之间具有相似的结构。

另一个问题是，ICP 的方法是否充分处理了住房问题，因为住房是“不适合比较”商品的一个例子，研究者很难在各国之间随时观察到居住消费的可比价格（另一个例子是政府服务）（Deaton and Heston，2010）。富裕国家的住房租金权重过低，原因可能是在购买力平价中使用了跨国商品类别的平均权重。因此，我们在测算全球绝对贫困程度时，或许有理由在较富裕国家按购买力平价设定较高的贫困线，以适当反映潜在的贫困程度差异。（世界银行目前并没有这样做，而是将富裕国家纳入 PovcalNet，但采用同样的购买力平价线）。

由于方法变化和新数据的出炉，每一轮次新的 ICP 都会调整购买力平价。在解决上述问题时，如对于如何处理不适合比较的服务消费，减贫工作者也尝试了不同的方法，但这些做法引起了一些疑问和混淆。例如，迪顿（Deaton，2010）、艾伦（Allen，2017）都认为世界银行的方法表明“印度的贫困人口在持续增加，尽管印度的经济也在持续增长——这是一个不准确的结果”①。

然而，艾伦（Allen，2017）实际上并不是指印度的贫困率随着时间的推移发生了怎样的变化；世界银行的方法长期以来也一直表明，印度的贫困率随着经济增长而下降，如达特和拉瓦利恩（Datt and Ravallion，2011）的研究。相反，艾伦（Allen，2017）的评论是指使用新旧购买力平价（由于 ICP 基年

① 参见 Summers and Heston（1991）；Deaton（2010）；Deaton and Heston（2010）；Ravalion（2018a）。

不同，方法不同）的两组估计数之间的比较结果。世界银行遵循标准做法，只在 ICP 基年进行购买力平价换算，而在后续的时间推移中，价格调整使用当时最佳的、可获得的当地价格指数。

购买力平价的变化对它的许多使用者来说一直是个谜，这往往与 ICP 的分散化实施有关，而且公众获取完整的 ICP 微观价格数据受到限制，也加剧了这一问题。拉瓦利恩（Ravallion，2018a）记录了购买力平价变化对市场汇率的过度敏感性，表明购买力平价相比国内平减指数，可能对国际交易商品赋予了更高的权重。这可能并不令人感到奇怪，因为贸易商品在价格调查中更容易进行国家间的比较。但其他的问题还是存在。例如，根据 2011 年 ICP 的最后一组购买力平价指数，亚洲地区的贫困程度低于前几轮 ICP，而原因并不明确。根据现有资料，拉瓦利恩（Ravallion，2018a）认为最合理的解释是，ICP 在亚洲的实施（由亚洲开发银行负责实施）在覆盖农村地区方面做得更好，而农村地区的价格水平往往低于城市地区。然而，ICP 在价格调查中偏向城市的问题在世界其他大部分地区仍然存在。因此，亚洲执行者在方法上的改进会引发研究者对全球贫困比较结果的担忧。

出于这种担忧，阿特金森（Atkinson，2019）建议，世界银行的全球减贫举措不再根据每一轮新的 ICP 进行调整（这一建议的做法应至少持续到 2030 年，即联合国规定的以每天 1.90 美元为标准来消除贫困的目标日期）。一些减贫领域的观察者建议就此放弃购买力平价，并提出了替代方案。我们后续将详细讨论最近的一个例子。另一种选择是使用购买力平价移动平均线（又称“均线”，是技术分析中一种分析时间序列数据的工具）。

全球贫困线：世界银行广为人知的减贫系列研究报告使用了多种贫困线水平（按购买力平价计算），并测试了一些关键定性命题对于不同贫困线标准的稳健性（如贫困是否在下降）。例如，陈少华和拉瓦利恩（Chen and Ravallion，2010）就使用了许多种类的贫困线；事实上，他们测试并接受了 30 年来所有可能被使用的贫困线标准，包括最高水平的美国官方贫困线——每天 15 美元（2010 年价格水平，针对一户有两个小孩的四口之家）。

有人可能认为可以就此打住，宣布工作完成，并指出一般的贫困比较结果对于多种贫困线以及大类内的测算都具有稳健性（Atkinson，1987）。然而，如前所述，许多贫困测算方法的使用者希望能够确定一条或者至多两条贫困线标准。世界银行（1990）和拉瓦利恩等人（Ravallion et al.，1991）查阅了关于国家贫困线的数据，并提出在确定绝对国际贫困线时，应将重点放在贫困国家的国家级贫困线（按购买力平价计算）上。最贫困国家的贫困线标准应该被理解为是全球范围内确定个人或家庭是否贫困的一个最低界限。

拉瓦利恩等人（Ravallion et al.，2009 年）根据扩展、改进后的国家贫困线数据集和多种平均计算法，利用 2005 年 ICP 数据，将国际贫困线设定为每天 1.25 美元。联合国的可持续发展目标（SDGs）之一是确保到 2030 年，没有人仍然生活在这一标准之下①。利用国内价格指数和 2011 年 ICP 数据，费雷拉等人（Ferreira et al.，2016）将每天 1.25 美元的贫困线标准更新为每天 1.90 美元。我们将其称为"基准线"。这可以理解为"低线"，任何低于此线的生活水平都很难辩解为非贫困，因为这已经是低于最贫困国家平均水平的标准线。相对更高的贫困线也可以论证为合理并得到使用。虽然世界银行 PovcalNet 的用户可以输入任何想要观察的标准线，但网站的登录页面上有 3.20 美元和 5.50 美元的贫困线的内置选项，在默认的 1.90 美元基准外，这些标准更能代表"中等收入"国家的贫困线。国际贫困线在 2011 年按购买力平价换算成 LCU，然后根据当地通货膨胀率进行调整，得出每个国家在每个调查日的贫困线水平。

图 2 显示了 1981～2015 年世界整体贫困发生率，使用世界银行的所有三条标准线（1.90 美元、3.20 美元、5.50 美元），以 2011 年 ICP 数据为基础，采用了撰写本文时（2019 年 7 月）PovcalNet 中的所有数据。为了便于比较，该图还给出了以每天 15 美元为贫困线标准的系列数据，这大约是 2011 年美国

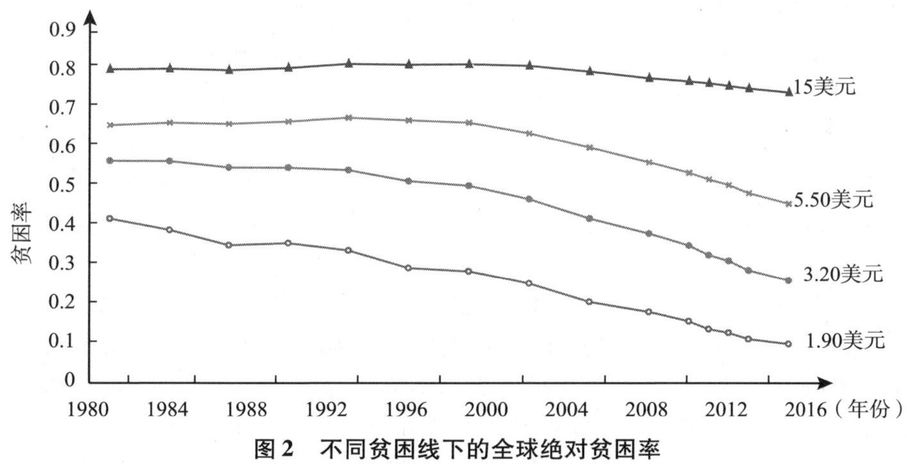

图 2　不同贫困线下的全球绝对贫困率

资料来源：PovcalNet。

① 这一目标基于拉瓦利恩（Ravallion，2013）的计算，但有一个重要的区别：后者概述了到 2030 年整个发展中世界的贫困率将达到 3%，而不是 0。即使如此，仍然需要使大约 10 亿人摆脱贫困。本文将在第六部分再次讨论这个问题。

的官方贫困线水平（对应一个有两个成年人的四口之家）。从整个时期来看，全球贫困率明显下降，但值得注意的是，在2000年后减贫进程出现了明显加速。1.90美元标准线下的贫困率从1981年的42.1%下降到1999年的28.6%（平均每年下降0.7个百分点），到2015年下降到9.9%（每年下降1.1个百分点）。2000年以前，高贫困线标准下的减贫进展很小，甚至有时止步不前。但在2000年后，高贫困线下的减贫进展明显（当然，在极限的情况下，随着贫困线的上升，变化率终会归零）。1981～1999年，世界上生活在美国贫困线以下的人口比例略有上升（从80.5%上升到81.8%），但随后在2015年下降到74.6%。

基于最低成本达到营养充足度的措施：鉴于上述对世界银行购买力平价的担忧，显然有必要采用不使用这些购买力平价的替代方法。艾伦（Allen，2017）提出了新的全球绝对贫困的测算方法，他使用线性规划（LP）来估计特定国家达到全球固定营养需求的最低饮食成本，然后用当地价格来估算该食谱的成本，并将其选定的非食品品类商品的固定捆绑支出（包括明确的住房补贴）加入其中。这一方法与传统方法的主要区别在于贫困线的计算方式不同。艾伦使用了ICP价格，但基于对线性规划问题的解决方案，以基本完全不同的方式进行了加权。

艾伦在世界银行的全球贫困测算方法之外提供了另一种选择。他的方法避免了全球贫困测算中关于如何构建和使用购买力平价的一些因素，但同时也带来了新的问题。艾伦的做法实际上是重新启用了早期采用过的一种方法。对于1940年的美国，斯蒂格勒（Stigler，1945）计算出了达到预定营养需求的成本最小化的消费束。这可以表示为一个LP问题（尽管在斯蒂格勒进行估算时，还没有单倍法）。然而，斯蒂格勒发现，他的方法中隐含的成本最小的食谱不太可能被社会所接受——即使是20世纪40年代早期的美国穷人也不认为用这种方法得出的贫困线生活标准在实践中是可行的[①]。这一点后来被史密斯（Smith，1959）证实了，他发现很少有人（20世纪50年代中期的密歇根州）实际消费了类似于LP解法获得的消费束中的东西。此外，人们发现最低成本食谱中食物的多样性不足，这也是营养学家所重视的问题。马斯特斯等人（Masters et al.，2018）使用非洲数据的研究讨论了这一点。

根据斯蒂格勒（Stigler，1945）和史密斯（Smith，1959）的研究结果，最小成本法被大部分文献否定。例如，在提到斯蒂格勒的最低成本饮食法时，阿马蒂亚·森写道："这种最低成本饮食法通常非常便宜，但过于乏味单调，往

---

① 引用斯蒂格勒的话（Stigler，1945：313）："在饭桌上实行极端节约的做法，以过多的住房、娱乐或休闲为目的，那将是荒诞不经的。"

往被认为是很不能接受的"（Sen，1981：27）。在美国，官方的标准线"不是被设计成最低成本的食物计划，而是符合营养学建议的最低限度的、能够适于饮食的食谱"（Hanson，2008：573）。世界银行和其他研究贫困问题的研究人员，包括贫困国家的研究人员，在制定贫困线时都没有采用最低成本法①。拉瓦利恩等人（Ravallion et al.，2009）为确定世界银行2005年ICP价格1.25美元的贫困线所使用的75个发展中国家的国家级贫困线中，没有一个是使用这种方法所得到的②。相反，现代的方法是根据每个国家国民的普遍口味习惯确定一个食品篮子，同时做到既尊重当地的饮食习惯，又符合专家建议的营养摄入量③。

那么，艾伦提出重新启用斯蒂格勒最小成本法的理由是什么呢？如果我们愿意把营养摄入量（相对于规定的要求）与福利等同起来，那么艾伦的建议就接近于本文第二部分描述的福利主义模型。然而，这个假设很难得到捍卫。即使人们认为营养状况是决定人类福利的唯一因素，但在不太健康的环境中，人体对营养的吸收率也比较低。因此，定量的营养摄入量不一定是营养状况最好的指标，比如人体测量数据所显示的营养状况。抛开这个问题不谈，我们还可以质疑营养状况是否是一个足够全面的福利指标。正如本文第二部分所指出的那样，在测算贫困时，过于片面地思考相关的锚定功能性可能具有欺骗性。当福利取决于营养状况（相对于需求）和社会包容度时，忽视后者可能会导致福利与贫困测算标准不一致。可信的测算标准要求我们要考虑社会包容的作用，因为它既是影响特定社会背景下与实现营养需求相关的食物消费组合的一个影响因素，也是福利的一个独立决定因素。这一点在贫困研究的思想史上并不新鲜，但其重要性被基于最低成本的营养绝对测算标准低估了。

艾伦承认他的解决方案对生活在富裕国家的人来说是不合理的，但他声称该方法对贫困国家的穷人来说是没有问题的，因为对他们来说"必需品取代了欲望"（这也是艾伦论文的标题），所以"线性规划方法能更为贴切地描述贫困人口的境遇"（Allen，2017：3695）。然而，与这一观点相反，从全球贫困人口的消费行为中可以找到大量的证据表明他们关心的不仅仅是营养摄入量④。艾伦自己的研究结果表明，相对于20世纪60年代发展中国家居民的实

---

① 该方法有时会被作为一种足量饮食成本的下限的"基准"（Masters et al.，2018；Hirvonen et al.，2019）。

② 作者向三位世界银行的专家求证过这个问题，他们确认了这一点。

③ 这一点同样显著地体现在这样的事实之中：移民的消费模式无法快速地适应目的地的新的相对价格。以上结论可参见阿特金使用移民数据所做的研究（Atkin，2016）。

④ 对于支出模式的例子，可参见Banerjee and Duflo，2008；对于印度的情况，可参见Rao，2008；对于也门消费情况的讨论可参见Milanovic，2008。本文第五部分给出了进一步的例子。

际消费，他的线性规划预测中谷物和脂肪含量较高，而肉类、鱼类、蔬菜和水果的含量较低（Ravallion，2018b）。在他的线性规划方案中，消费多样性明显不足，这与斯蒂格勒和史密斯对美国的研究结果一致。其中的原因显而易见：食物和非食物的选择显然都受到其他因素的影响，包括消费的社会角色、当地社区的连接性，等等。最低成本的营养充足的食谱在今天的贫困国家很可能和斯蒂格勒的食谱在20世纪40年代的美国一样，无法被现实社会所接受。

艾伦（Allen，2017）声称，他计算得到的贫困线高于世界银行每天1.90美元的标准。从表面上看，这是令人惊讶的，因为正常的预期是，按照他的方法获得的贫困线应该会更低。然而，仔细阅读艾伦的论文就会发现情况并非如此，尤其是当我们将论文的最终版本与工作论文版本（Allen，2016）一起阅读时，就会发现他在两个版本中对自己计算得到的数字给出了不同的解释，强调其与世界银行贫困线标准有较大的一致性。人们总是可以提高对营养素摄入的要求，从而提高相应的贫困线标准。那些更符合实践经验的营养素摄入标准所产生的总体贫困人数要明显低于世界银行标准下的统计数字①。艾伦使用的ICP价格存在城市偏差，也可能导致其计算结果高于世界银行用以锚定国际贫困线的贫困国家线。

这一点对于跨期比较结果有影响吗？艾伦并没有提供他的跨期贫困测算标准。拉瓦利恩（Ravallion，2018b）比较了使用艾伦标准线和世界银行标准线对一组共同国家的估计值差异。使用艾伦标准线的1990年人口加权贫困率和生活水平低于每天1.90美元的贫困率分别为45%和50%。对于艾伦的贫困率，20年内的下降幅度是33.6%，而按世界银行标准线衡量的贫困率的下降幅度则为33.8%。两种标准在一段时间内的表现几乎没有什么差别。

虽然世界银行的方法和艾伦的方法各有优点和缺点，但两种方法测算下的全球贫困水平（至少对艾伦的一些营养标准而言）和一段时间内的趋势非常相似，这一点令人欣慰。

在下文中，我们将详细地描述另一部分文献，这些文献对社会包容所产生的功能性给予了更多（更明确）的关注，也对全球贫困状况给出了更为清晰的分析。

---

① 正如弗雷拉（Ferreira，2017）所指出的那样，在早期的工作论文中，艾伦反而专注于构建一种营养摄入标准，结果发现他的营养标准线正好是平均每天1.90美元（Allen，2016）。艾伦将此作为这篇工作论文的一个关键发现，认为他的方法“为每天1.90美元是一个好的标准提供了一个明确的理由”（Allen，2016：1）。在最终公布的版本中，故事发生了变化，艾伦转而将重点放在一个规范上，该规范给出了一个比每天1.90美元更高的标准。他对这一选择没有给出任何理由。已公布的版本预示着更多的贫困人数，而没有为他的其他规格提供任何贫困衡量标准。

五、相对贫困测算

本文第二部分的理论模型假设福利在一定程度上取决于相对收入，这意味着在较富裕的国家可能需要较高的实际收入，才能达到与其他国家同样的福利水平，如式（1）所示①。这一点得到了各方面文献的支持。长期以来，社会学和社会心理学的文献都强调了羞耻感、耻辱感、相对剥夺和社会排斥的重要性②。这些“社会效应”对福利的影响在经济学中也受到关注，如杜森贝里（Duesenberry，1949）建立了相对消费如何影响储蓄的模型；赫希（Hirsch，1977）和弗兰克（Frank，1985）考察了人们对某些消费品的评价如何取决于与其他消费的比较；科恩等人（Cohn et al.，2014）考察了工作努力受相对工资影响的论点和证据。福利取决于相对收入的观点在关于福利的主观自我评价的调查数据中也得到了支持（Luttmer，2005；Knight et al.，2009）③。这一观点也被用来解释“伊斯特林悖论”，即平均幸福感似乎并没有随着经济增长而提高多少（Easterlin，1974；Clark et al.，2008）。

我们或许可以推测，在较贫困的地方，这些问题就不那么重要了。然而，这一点实际上是值得怀疑的。人类学家们长期以来一直在记录与如下观点相一致的人类行为：社会效应对穷人也很重要，例如，参见格尔茨（Geertz，1976）和富勒（Fuller，1992）的研究。拉奥（Rao，2001）描述了庆祝活动对印度农村贫困人口社会网络的重要性。班纳吉和迪弗洛（Banerjee and Duflo，2008）在一些国家的调查中记录了季度贫困人口在庆祝活动和节日上的支出。我们观察到贫困人口的此类行为有很多潜在的原因。一种可能是直接的相对比较。另一种更间接的原因是：这种行为可能源于反复互动的环境中的保险动机（如 Ravallion，2008）。这里的关键点在于，即使你是贫困人口，你身边的其他人的收入也很重要④。

在将这一思想贯彻到计量实践的过程中，我们面临着两个不确定性的来源，而这两个来源在文献中多少被忽略了。首先，我们说人们（包括穷人）关心相对收入，但并不意味着相对收入与经济福利的概念有关，也不意味着我们能够根据这个概念来判断一个人比另一个人更穷。我们必须对什么是经济福

---

① 回顾一下，富裕国家可能需要提高购买力平价的项目额度，以解决人们对非比较类商品的关切（本文第四部分）。特别地，我们可能需要对住房费用给予更高的额度。这是测算绝对贫困的一个问题，并不是本文讨论的主题。

② 这些文献包括 Davis，1959；Runciman，1966；Townsend，1979；Walker，2014。

③ 对这一文献的调研可参见 Frey and Stutzer，2002；Senik，2005；Clark et al.，2008。

④ 史密斯等人（Smith et al.，2012）针对相对剥夺提供了一篇综述，涉及多项研究。

利作出判断，同时认识到这一判断的结果并不一定需要与效用最大化选择理论相协调（本文第二部分）。其次，相关的比较群体是什么？关于该群体的相关统计数字是什么？在测算全球贫困的背景下，自然要把比较群体看作全国居民，尽管实际上的比较群体更多是地方性的，甚至是全球性的。此外，相关统计数字通常应该被看作是平均数、中位数，或是其他统计指标。

强相对贫困线：测算相对贫困的最常见方法是将每个家庭的收入与贫困线进行比较，该标准线的确定是该家庭居住国当前中位数的固定比例。这个相对贫困线（z^R）可以用一般形式写成：

$$z^R = k.\ y(\pi_z) \tag{5}$$

此处，k 是常数，$y(.)$ 是分位数函数（CDF 的反函数），π_z 是定义比较组的固定百分数。在福斯（Fuchs，1967）最初提出的例子中，$k = \pi_z = 0.5$，此后也有人采用其他参数值。这种方法在一些统计机构（特别是欧盟统计局和OECD）和一些研究人员中很受欢迎。例如，加洛韦和德莱格利西亚（Garroway and de Laiglesia，2012）在为 OECD 工作时，使用 $\pi_z = 0.5$ 和 $k = 0.4$，0.5，0.6 来测算发展中国家的相对贫困程度。

本文第二部分提出的观点是，以平均水平的恒定比例确定的贫困线一般来说不可能在全球范围内保持福利一致性，这一点也适用于比较收入为 $y(\pi_z)$ 时的情况。其他问题也很重要。我们目前不清楚的是，为什么任何固定的百分位数的数量级都可以确定一个合理的比较收入？为什么高于或低于这个量级的收入不会得到一个正的权重赋值？美国是一个有趣的例子。美国人口普查局最新制定的“补充贫困测算标准”（SPM）承认了过去人们对美国官方贫困线没有实际更新的担忧（Short，2012）。如图 1 所示，官方贫困线远低于人们对平均收入的期望值。SPM 使用了被认为是“必需品”（包括食物、衣服、住房和水电费）的消费子集支出分布的 33 百分位数水平的量化指标，这一处理参考的是西特龙和迈克尔（Citro and Michael，1995）的做法。因此，SPM 在式（5）中设定 $k = 1.2$，$\pi_z = 0.33$。然而，仍然不清楚为什么 $y(\pi_z)$ 在任何固定的 π_z 下都是一个合理的比较收入水平。在 SPM 的例子中，也不清楚为什么相对比较只适用于“必需品”。事实上，我们完全可以认为人们对于“非必需”商品的相对被剥夺感会做出同样的反应。

拉瓦利恩和陈少华（Ravallion and Chen，2019）提供了一个包含向上和向下进行相对比较的收入比较理论表述。该模型指向的不是普通的均值或中位数，而是分布修正后的均值，其属性取决于人们在评估自己相对于他人的境况时，是倾向于向上看还是向下看（以收入为指标）。一旦解决了其他一些问题，讨论就会回到比较收入上。目前，人们可以把居住国收入的简单平均数作为比较收入基准。

当贫困线标准定在平均数（或中位数）的恒定比例时，还存在一个问题，即由此产生的贫困测算结果完全取决于人口中相对收入的分布情况。如果所有收入水平都以相同的速度增长（或收缩），那么当贫困线定在平均数或中位数的固定比例时，贫困程度将保持不变①。在使用强相对测算标准时，人们发现了看似不正常的贫困比较结果②。正如我们所看到的，发展中国家的国家贫困线与收入平均数的平均弹性约为0.5左右，明显（且显著）低于1。

强相对贫困线标准在贫穷国家的应用尤其值得怀疑。拉瓦利恩（Ravallion，2012）指出，如果使用设定为平均数一半的强相对线水平，那么对全球最贫困的15个国家来说，其收入平均值仅为每天0.64美元（2005年ICP价格），这大约是林德格伦（Lindgren，2015）估计的最低生存水平，即每天0.67美元（2005年ICP价格）。对于收入均值最低的国家来说，这个数字只有每天0.38美元，几乎不太可能在一个稍微长一点的时间里满足个人的生存需要。同样，加洛韦和德莱格利西亚（Garroway and de Laiglesia，2012）的测算标准假设的线远低于低收入国家的典型值，甚至低于可能的生物学意义上的最低值。

简而言之，强相对测算标准几乎肯定会低估全球贫困人口的营养和社会包容需求，这一点对于讨论这些测算标准如何应对经济增长和经济萎缩的情形似乎具有不良影响。虽然强相对测算标准在富裕国家更受欢迎，但在其他地方却很难令人接受，因此这种测算标准在全球范围内也难以让人接受。

弱相对贫困线：针对强相对测算标准的缺陷，有文献已经提出了一些可能的解决方案。其中，卡克瓦尼（Kakwani，1986）提出：

$$z^R = z^A + \beta(m - z^A) \tag{6}$$

其中，Z^A（>0）是一个绝对线，应被视为一个给定值，m 是总体的均值或中值，β 是一个参数。如果 $0<\beta<1$，那么贫困线弹性（取决于 m）为正，但小于1（即为弱相对）。随着 m 取极限，弹性的极限为1。查克拉瓦蒂等人（Chakravarty et al.，2015）提供了形如式（6）中直线的公式推导。乔利夫和普吕茨（Jolliffe and Prydz，2017）和世界银行（2018）使用了基本相同形式的曲线簇，这些结论一般化了加洛韦和德莱格利西亚（Garroway and de Laiglesia，2012）所提出的建议，即允许发展中国家拥有正截距，而正截距就意味着弱相对贫困线。

① 需要注意的是，该属性并不取决于贫困线锚定于均值还是中位数；在不平等程度保持中性的增长过程中，中位数与均值的比值是恒定的。但是，德梅斯纳德（de Mesnard，2007）和坎普克（Kampke，2010）都表达了对使用中位数的反对。

② 例如，UNDP，2005：Box3；Easton，2002。

福斯特（Foster，1998）给出了另一种方法，使用一条绝对贫困线的几何均值，以及一条强相对贫困线。这与根据国家固定效应模型中测算的国家贫困线所估计获得的0.5的弹性非常吻合。然而，我们需要注意到这是发展中国家的平均弹性。正如我们所见，弹性随着平均收入的增加而增加。卡克瓦尼的提议是允许弹性发生变化，并且在收入较高时趋近于1。当我们试图通过各国的贫困线寻找一种具有全球一致性的贫困线簇时，这种提议更具吸引力。因此，下文的讨论将以式（4）为出发点。

当 $m < Z^A$ 时，式（6）会出现一个问题，因为此时隐含的贫困线将低于 Z^A，而我们无法排除这种情况。实际上，拉瓦利恩和陈少华（Ravallion and Chen，2019）所使用的数据表明，非 OECD 国家中有 11% 的情况就是如此。选择一种混合型“绝对 + 相对”（$A+R$）曲线簇能够规避这些问题，这种形式是分段线性形式：

$$z^{A+R} = \max(z^A,\ \alpha + \beta m) = z^A + \max(\alpha + \beta m - z^A,\ 0)\ (\alpha \geqslant 0) \tag{7}$$

需要注意的是，$A+R$ 线永远不能低于绝对线。式（7）是拉瓦利恩和陈少华（Ravallion and Chen，2011，2013）所使用的公式。这种做法在阿特金森和布吉尼翁（Atkinson and Bourguignon，2001）、阿特金森（Atkinson，2019）的研究中也能找到范例。然而，这其中存在一个重要的差异。阿特金森和布吉尼翁所使用的贫困线是式（7）的一种特例，其中设定了 $\alpha = 0$，也就是说，当收入超过某个关键值（Z^A/β）时，该贫困线将成为强相对线。由此，前文提到的不利于强相对贫困线的论点又再次回来困扰我们了。作为替代，式（7）通过增加参数 α，对阿特金森和布吉尼翁（Atkinson and Bourguignon，2001）提出的式子进行了一种直接的一般化处理。这里添加的 α 可以理解为社会包容需求的下限。

实证实践：我们在本文第四部分看到，世界银行的“绝对”标准线是根据贫困国家的国家标准线设定的。国际相对贫困线也是以各国的贫困线作为锚定基准。但是，如本文第三部分所讨论的，现在的焦点在于它们是如何根据各国的平均收入而变动的。这就是本文所遵循的方法，与现有文献保持了一致性①。

但是，目前公认的一点是，关于任何福利潜在参考水平的差异是否能在统计上被忽视，我们尚无定论（这一点在本文第三部分中也有提及）。较富裕的国家可能倾向于使用更为慷慨的参考福利水平来定义贫困。那么，真正与福利相一致的贫困测算方法将会以 Z^A 为上限，以 Z^{A+R} 为下限（Ravallion and Chen，

① 这些文献包括：Chen and Ravallion，2001，2011，2013；Atkinson and Bourguignon，2001；Jolliffe and Prydz，2017；Atkinson，2019。

2011，2019）。如果选择使用阿特金森和布吉尼翁（Atkinson and Bourguignon，2011）的方法，那么这一点就不那么重要了，因为此时我们将（预测的）国家贫困线理解为其反映了不同国家实现社会包容的成本，而绝对线则理解为维持生存能力的需求成本。根据这种解读，实现社会包容需要一个人在其所属国家里生活在一个参考福利水平的上方。就此，我们根据比较收入的变化解读贫困线的梯度，同时也考虑了参考福利水平变化而产生的任何效应。

对于绝对贫困线，即式（7）中的 Z^A，我们会使用世界银行的每天 1.90 美元的标准（2011 年价格）。遵循既有文献的做法，弱相对曲线簇会根据各国贫困线进行校准。国家贫困线数据显示，根据排序加权均值能够获得相对比较收入——最富裕的国家被赋予最低的权重（Ravallion and Chen，2019）。这就意味着我们需要计算一个根据基尼系数贴现的均值，即 $m_j^* = (1 - G_j)m_j$，其中 G_j 是国家 j 的基尼系数。通过对图 1 中国家贫困线数据库进行校准，就可以获得以下 $A+R$ 曲线：

$$
\begin{aligned}
z_j^{A+R} &= \max[\$1.90,\ \$0.90 + 0.7(1 - G_j)m_j] \\
&= \$1.90 + \max[0.7(1 - G_j)m_j - \$1.00,\ 0]
\end{aligned}
\tag{8}
$$

因此，如果一个人既不是绝对贫穷（相对于 Z^A），又不是“国内贫穷”（相对于其所属国家标准），那么他就不属于“全球贫穷”。

在图 3 中，基于 1990 ~ 2013 年间横跨 150 个国家 1 500 户家庭的调查数据，采用上述测算方法在全球基础上进行测算。对于绝对测算法和 A + R 测算法，全球处于贫困状态的人口比例随着时间不断下降。在 A + R 测算法下，贫困率的下降平均速率为每年 0.7%（年份变量的回归系数为 -0.688；标准差为 0.028）。绝对测算法获得的下降速率为每年 1%（系数为 -1.055，标准差为 0.043）。如果这种情况得以维持，那么到 2025 年时，使用 1.90 美元贫困线测算得到的全球贫困率将为 0。然而，正如我们将在下文看到的，当人们将注意力集中于“自下而上”的视角时，随着贫困率不断降低，全球似乎很难维持相同的减贫速度。

根据 A + R 贫困线下的结果判断，全球贫困率下降源自绝对贫困人数的下降。事实上，属于相对贫困而不属于绝对贫困的人口比例——绝对与 A + R 贫困线下贫困率的差——随着时间推移而上升，其上升的速率约为每年 0.4%（0.367，标准差为 0.025）。在 1990 年，有 18.5 亿人（占全球人口的 35%）生活在每天 1.90 美元的贫困线标准以下，另有 7 亿人（占全球人口的 13%）生活在相对贫困之下，但不属于绝对贫困。也就是说，后一类人在各国的特定标准下属于贫困人口，但是不符合每天 1.90 美元标准下的全球贫困标准。到 2013 年，全球绝对贫困的人口数量已经下降到了 7.7 亿人（占全球人口的

11%），而 A + R 标准下的贫困人口下降幅度要小得多，降至 23 亿人（占全球人口的 32%）。不属于绝对贫困但仍在各自国家属于贫困人口的人数在这段时间内翻了一番，从 7 亿人增长到 15 亿人。

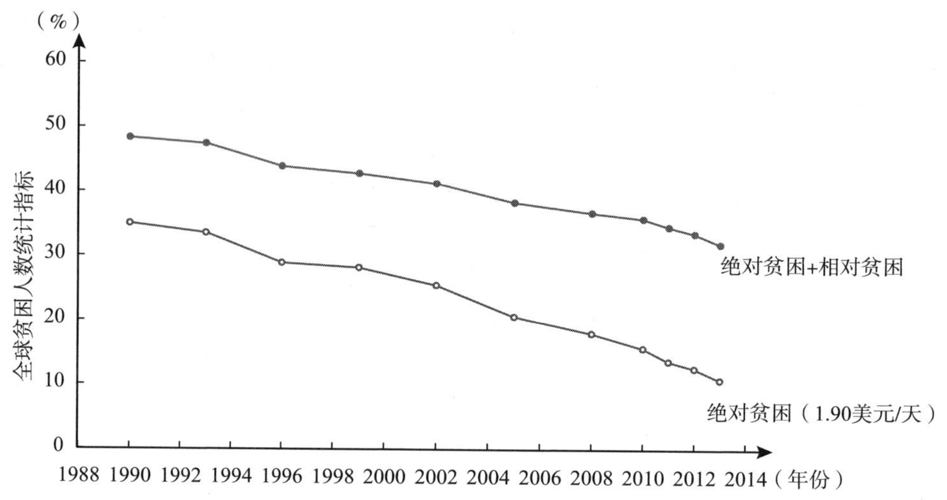

图 3　全球绝对贫困和相对贫困测算结果

资料来源：Ravallion and Chen，2019。

图 4 提供了全球生活在 A + R 贫困线以下的人口总数。“发展中国家绝对贫困人数”是指生活在每天 1.90 美元标准线以下的人口数量，而“发展中国家相对贫困人数”是指发展中国家生活在每天 1.90 美元线与 A + R 线之间的人口数量。“高收入国家”的贫困人数适用于 A + R 线，这些人几乎全部处于相对贫困的状态。

我们可以看到，根据每天 1.90 美元计算的全球贫困人口数量下降了，但同时发展中国家非绝对贫困但生活在 A + R 贫困线以下的人数却上升了。在生活水平高于绝对贫困线的人口中，只有不到 80% 的人最终生活在两条贫困线之间——在全球绝对贫困线水平下，他们不再贫穷，但按照其各自所属国家的特定标准，他们仍属于贫困人群。

无论是只关注“绝对贫困”，还是 A + R 线标准下的贫困，发展中国家的贫困发生率整体都远远高于发达国家。通过 A + R 线计算获得的贫困人口中有 90% 以上生活在发展中国家。如果使用更低的贫困线计算，几乎所有贫困人口都生活在发展中国家。在发展中国家绝对贫困人口数量下降的同时，我们观察到如果按各个国家的特定标准来看，贫困人口的数量仍在增加。

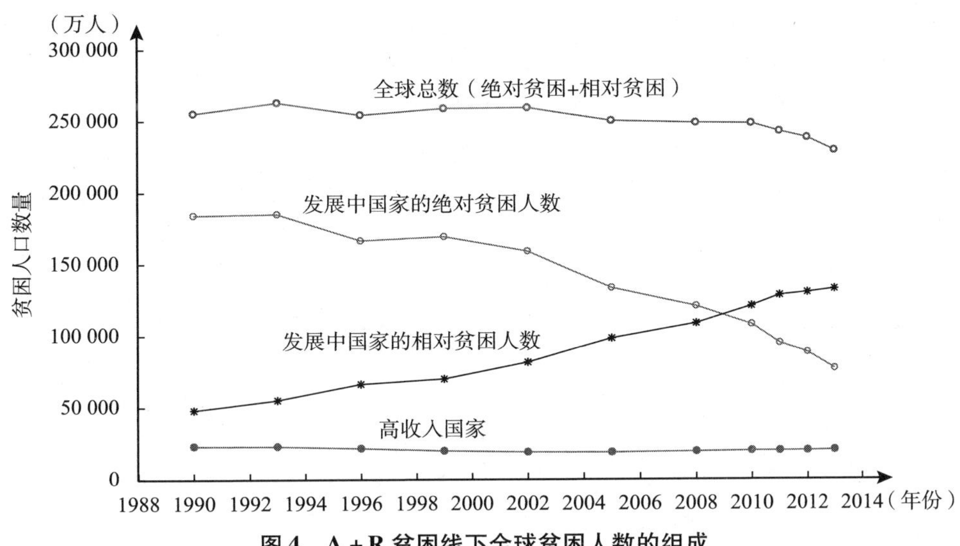

图4 A+R贫困线下全球贫困人数的组成

注：全球总数是生活在 Z^{A+R} 线下方的总人数。“全球发展中国家绝对贫困人数”是生活在 Z^{A} 线下方的人口数量，“发展中国家相对贫困人数”是生活在两条线之间的人口数量。

资料来源：作者的计算。

六、结　　论

本文认为，全球贫困测算标准应该基于营养状况和社会包容这两个关键的功能指标，并以一个普遍适用的经济福利概念作为基础。国际贫困线可以被理解为这种福利概念的货币指标。当仅仅只看营养水平这一项指标时，不足以认定贫困。如果人们并没有根据自己的收入和食物价格来最大化所摄取的热量(这一点几乎是显然的)，那么我们就无法将给定营养状况的最低成本作为设置贫困线的一种指导标准。在包含贫困国家的贫困分析中，我们应当合理地考虑相对受剥夺状况和社会包容。

当前设定国际“绝对贫困”测算标准线的方法是不充分的，因为其并未考虑经济福利，实际上有一部分取决于个人在社会中的相对收入，以及在富裕国家中较高的社会包容成本——通常使用的 PPP 平减指数很难做到这一点。当前测算“相对贫困”的方法也不太充分，因为这些方法通常假设个人经济福利取决于给定相对收入下的自身收入水平。假定个人的自身收入和相对收入都很重要，那么贫困线标准对于收入均值的弹性应该为正，但小于1。这样一来，实践中所使用的绝对标准和强相对标准就都被排除了。为了同时体现生活存续和社会包容的重要性，我们必须使用一种混合绝对与弱相对标准测算的方法。我们提出了一种方法来确定一个人是否贫困：看他/她是否低于全球普遍标准，或者低于其所属国家给定平均收入之下的特定标准。这为我们提供了真正的全球贫困测算标准，涵盖了不同发展水平的国家。

本文提供了说明性的计算过程。按照绝对贫困线和“绝对加相对”贫困线标准，全球减贫都取得了明显进展。尽管相对贫困的人数在增加，但是这些人都已脱离绝对贫困的范畴。在富裕国家和许多中等收入国家，真正符合贫困国家绝对贫困标准的人口非常少，但是如果按照本国“贫困”的含义，他们仍然很贫穷。

参考文献

Allen R. 2016. “Absolute poverty: When necessity displaces desire”, Discussion Papers in Economic and Social History Number 141, Oxford University.

Allen R. 2017. “Absolute poverty: When necessity displaces desire”, American economic review, 107 (12): 3690 – 3721.

Atkin D. 2016. “The calorie costs of culture: Evidence from India migrants”, American economic review, 106 (4): 1144 – 1181.

Atkinson A B. 1987. “On the measurement of poverty”, Econometrica, 55: 749 – 764.

Atkinson A B. 2019. Measuring Poverty around the World. Princeton: Princeton University Press.

Atkinson A B, Bourguignon F. 2001. “Poverty and inclusion from a world perspective”, in Stiglitz JE, Muet P-A. (eds.), Governance, Equity and Global Markets, Oxford: Oxford University Press.

Banerjee A, Duflo E. 2008. “What is middle class about the middle classes around the world?”, Journal of economic perspectives, 22 (2): 3 – 28.

Blackorby C, Donaldson D. 1987. “Welfare ratios and distributionally sensitive cost-benefit analysis”, Journal of public economics, 34: 265 – 290.

Blank RM. 2008. “How to improve poverty measurement in the United States”, Journal of policy analysis and management, 27 (2): 233 – 254.

Bowley A L. 1915. The Nature and Purpose of the Measurement of Social Phenomena. London: P. S. King and Sons.

Browning M. 1992. “Children and household economic behavior”, Journal of economic literature, 30: 1434 – 1475.

Chakravarty S, Chattopadhyay N, Nissanov Z, Silber J. 2015. “Reference groups and the poverty line: An axiomatic approach with an empirical illustration”, WIDER WP 2015/002.

Chen S. Ravallion M. 2010. “The developing world is poorer than we thought, but no less successful in the fight against poverty”, Quarterly journal of economics, 125 (4): 1577 – 1625.

Chen S. Ravallion M. 2013. “More relatively poor people in a less absolutely poor world”, Review of income and wealth, 59 (1): 1 – 28.

Citro C, Michael R. 1995. Measuring Poverty: A New Approach. Washington, D. C. : National Academy Press.

Clark A, Frijters P, Shields M. 2008. "Relative income, happiness and utility: an explanation for the Easterlin paradox and other puzzles", Journal of economic literature, 46 (1): 95 – 144.

Cohn A, Fehr E, Herrmann B, Schneider F. 2014. "Social comparison and effort provision: Evidence from a field experiment", Journal of the European economic association, 12 (4): 877 – 898.

Datt G, Ravallion M. 2011. "Has India's economic growth become more pro-poor in the wake of economic reforms?", World Bank economic review, 25 (2): 157 – 189.

Davis J. 1959. "A formal interpretation of the theory of relative deprivation", Sociometry, 22: 280 – 296.

Deaton A. 2010. "Price indices, inequality and the measurement of poverty", American economic review, 100 (1): 5 – 34.

Deaton A, Dupriez O. 2011. "Purchasing power parity exchange rates for the global poor", American economic journal: Applied economics, 3 (2): 137 – 166.

Deaton A, Heston A. 2010. "Understanding PPPs and PPP-based national accounts", American economic journal: Macroeconomics, 2 (4): 1 – 35.

de Mesnard L. 2007. "Poverty reduction: The paradox of the endogenous poverty line", LEG-Document de travail-Economie 2007-05, LEG, Laboratoire d'Economie et de Gestion, CNRS UMR 5118, Université de Bourgogne.

Dikhanov, Y, Hamadeh N. Vigil-Oliver W, Degefu T B, Song I. 2017. "Poverty-specific purchasing power parities in Africa", Policy Research Working Paper 8150, World Bank.

Dimri A, Maniquet F. 2018. "Income poverty measurement (in India): Defining group-specific poverty lines or taking preferences into account?", Journal of economic inequality, forthcoming.

Duesenberry J S. 1949. Income, Saving and the Theory of Consumer Behavior, Cambridge, Mass. : Harvard University Press.

Duh J, Spears D. 2016. "Health and hunger: Disease, energy needs and the Indian calorie consumption puzzle", Economic journal, 127: 2378 – 2409.

Easterlin R A. 1974. "Does economic growth improve the human lot? Some empirical evidence", in PA David, Melvin WR (eds) Nations and Households in Economic Growth, Palo Alto: Stanford University Press.

Easton B. 2002. "Beware the median", Social policy research center newsletter, 82: 6 – 7.

Ferreira, F. 2017. "Global poverty today, the 1908 winter in St. Petersburg, and 'controversy bias'", Let's Talk Development Blog, World Bank.

Ferreira F, Chen S, Dabalen A, Dikhanov Y, Hamadeh N, Joliffe D, Narayan A, Prydz E, Revenga A, Sangraula P, Serajuddin U, Yoshida N. 2016. "A global count of the extreme poor in 2012: Data issues, methodology and initial results", Journal of economic inequality, 14:

141 – 172.

Fleurbaey M, Maniquet F. 2011. A Theory of Fairness and Social Welfare, Cambridge: Cambridge University Press.

Foster J. 1998. "Absolute versus relative poverty", American economic review, papers and proceedings, 88 (2): 335 – 341.

Foster J, Greer J, Thorbecke E. 1984. "A class of decomposable poverty measures", Econometrica, 52: 761 – 765.

Frank R H. 1985. Choosing the Right Pond: Human Behavior and the Quest for Status. New York: Oxford University Press.

Frey B, Stutzer A. 2002. "What can economists learn from happiness research?", Journal of economic literature, XL: 402 – 435.

Fuchs V. 1967. "Redefining poverty and redistributing income", The public interest, 8: 88 – 95.

Fuller C J. 1992. The Camphor Flame. Popular Hinduism and Society in India. Princeton: Princeton University Press.

Garroway C, de Laiglesia J R. 2012. "On the relevance of relative poverty for developing countries", OECD Development Centre Working Paper 314, OECD, Paris.

Hammond P. 1976. "Equity, Arrow's conditions and Rawls' difference principle", Econometrica, 44: 793 – 804.

Hanson K. 2008. "Mollie Orshansky's strategy to poverty measurement as a relationship between household food expenditures and economy food plan", Applied economic perspectives and policy, 30 (3): 572 – 580.

Hirsch F. 1977. The Social Limits to Growth. London: Routledge & Kegan Paul.

Hirvonen K. Bai Y, Headey D, Masters W. 2019. "Cost and affordability of the EAT-Lancet diet in 159 countries" Lancet (posted 20 June).

Jolliffe D, Prydz E. 2017. "Global societal poverty: A relative and relevant measure", Policy Research Working Paper 8073, World Bank.

Kakwani N. 1986. Analyzing Redistribution Policies: A Study using Australian Data. Cambridge: Cambridge University Press.

Kampke T. 2010. "The use of mean values vs. medians in inequality analysis", Journal of economic and social measurement, 35: 43 – 62.

Knight J, Song L, Gunatilaka R. 2009. "Subjective well-being and its determinants in rural China", China economic review, 20 (4): 635 – 49.

Luttmer E. 2005. "Neighbors as Negatives: Relative earnings and well-being", Quarterly journal of economics, 120: 963 – 1002.

Lindgren M. 2015. "The elusive quest for the subsistence line. How much does the cost of survival vary between populations?", Comparative Institutional Analysis Working Paper 2015: 1, Lund University, Sweden.

Masters W A, Bai Y, Herforth A, Sarpong D B, Mishili F, Kinabo J, Coates J C. 2018. "Measuring the affordability of nutritious diets in Africa: price indexes for diet diversity and the cost of nutrient adequacy", American journal of agricultural economics, 100 (5): 1285 – 1301.

Margitic J, Ravallion M. 2019. "Lifting the floor? Economic development, social protection and the developing world's poorest", Journal of development economics, forthcoming.

Milanovic B. 2008. "Qat expenditures in Yemen and Djibouti: An empirical analysis", Journal of African economies, 17 (5): 661 – 687.

Orshansky M. 1965. "Counting the poor: Another look at the poverty profile", Social security bulletin, 28: 3 – 29.

Planning Commission. 1979. Report of the Task Force on Projections of Minimum Needs and Effective Consumption. New Delhi: Government of India.

Rao V. 2001. "Poverty and public celebrations in rural India", Annals of the American academy of political and social science, 573 (1): 85 – 104.

Ravallion M. 1994. Poverty Comparisons. Chur, Switzerland: Harwood Academic Press.

Ravallion M. 2008. "On the welfarist rationale for relative poverty lines", in K Basu and R Kanbur (eds) The Oxford Handbook of Arguments for a Better World: Essays in Honor of Amartya Sen. Volume I: Ethics, Welfare and Measurement, Oxford: Oxford University Press.

Ravallion M. 2011. "On multidimensional indices of poverty", Journal of economic inequality, 9 (2): 235 – 248.

Ravallion M. 2012. "Poverty lines across the world" in Jefferson PN (ed), The Oxford Handbook of the Economics of Poverty, Oxford: Oxford University Press.

Ravallion, M. 2013. "How Long Will it Take to Lift One Billion People Out of Poverty?", World Bank research observer, 28 (2): 139 – 158.

Ravallion M. 2016. The Economics of Poverty: History, Measurement and Policy. New York: Oxford University Press.

Ravallion M. 2018a. "An exploration of the changes in the International Comparison Program's global economic landscape", World development, 105: 201 – 216.

Ravallion M. 2018b. "An Interesting step backwards in measuring global poverty", https://examplewordpresscom61323. files. wordpress. com/2017/12/comments-robert-allen-absolute-poverty-aer. pdf.

Ravallion M, Chen S. 2011. "Weakly relative poverty", Review of economics and statistics, 93 (4): 1251 – 1261.

Ravallion M, Chen S. 2019. "Global Poverty Measurement when Relative Income Matters", Journal of public economics, forthcoming.

Ravallion M, Chen S, Sangraula P. 2009. "Dollar a day revisited", World Bank economic review, 23 (2): 163 – 184.

Ravallion M, Datt G, van de Walle D. 1991. "Quantifying absolute poverty in the developing world", Review of income and wealth, 37: 345 – 361.

Ravallion M, van de Walle D. 1991. "The impact on poverty of food pricing reforms: A welfare analysis for Indonesia", Journal of policy modeling, 13: 281 – 299.

Runciman W G. 1966. Relative Deprivation and Social Justice, London: Routledge and Kegan Paul.

Sen A. 1981. Poverty and Famines: An Essay on Entitlement and Deprivation. Oxford: Oxford University Press.

Sen A. 1983. "Poor, relatively speaking", Oxford economic papers, 35 (2): 153 – 169.

Sen A. 1985. Commodities and Capabilities. Amsterdam: North-Holland.

Sen A. 1987. The Standard of Living, Cambridge: Cambridge University Press.

Senik C. 2005. "Income distribution and well-being: What can we learn from subjective data?", Journal of economic surveys, 19 (1): 43 – 63.

Short K. 2012. "The research supplemental poverty measure: 2011", Current Population Reports P60-244. U. S. Census Bureau.

Smith H, Pettigrew T, Pippin G, Bialosiewicz S. 2012. "Relative deprivation: A theoretical and meta-analytic critique", Personality and social psychology review, 16 (3): 203 – 232.

Smith V. 1959. "Linear programming models for the determination of palatable human diets", Journal of farm economics, 41 (2): 272 – 283.

Stigler G. 1945. "The cost of subsistence", Journal of farm economics, 27 (2): 303 – 314.

Summers R, Heston A. 1991. "The Penn World Table (Mark 5): An extended set of international comparisons, 1950 – 1988", Quarterly journal of economics, 106: 327 – 368.

Townsend P. 1979. Poverty in the United Kingdom: A Survey of Household Resources and Standards of Living. Harmonsworth: Penguin Books.

United Nations Development Program (UNDP). 2005. Human Development Report, New York: UNDP.

Walker R. 2014. The Shame of Poverty, Oxford: Oxford University Press.

World Bank. 1990. World Development Report: Poverty. New York: Oxford University Press.

World Bank. 2018. Piecing Together the Poverty Puzzle. Washington DC: World Bank.

World Health Organization (WHO). 1985. Energy and Protein Requirements. Technical Report Series 724. Geneva: WHO.

美国税收数据中贫困的存在性和持续性

杰夫·拉里莫尔、雅各布·莫滕森、大卫·斯普林特*

摘　要： 本文给出了自2007/2008年经济大衰退以来对美国家庭贫困水平与持续性的估计。我们使用美国2007~2018年的所得税申报记录建立了年度家户数据文件。这些数据使我们能够长期跟踪个人，并衡量税收政策如何影响贫困趋势。通过家庭税后收入测算，我们估计，尽管在2007~2018年任何给定的年份里，仅有约1/10的人处于贫困之中，但有许多人存在脱贫后返贫的情况。在全部人口中，至少有2/5的人曾经处于贫困之中累计超过一年。这意味着贫困和脱贫人群之间存在着很大的流动性。例如，2007年处于贫困中的人口有41%在接下来的一年里摆脱了贫困。另一些人却在贫困中度过多年，或者摆脱贫困后再次陷入贫困。在2007年的贫困人口中，有1/3的人口在2018年至少一半的时间中处于贫困状态。

一、引　　言

根据美国人口普查局的官方贫困统计数据，2018年美国有超过3 800万人生活在贫困中，占美国居民的11.8%（Semega et al.，2019）。对一些人来说，贫困只是暂时的，但对另一些人来说，贫困将持续数年或数十年。了解贫困的持续性以及在各时点的贫困水平，对于设计和评估减贫计划①至关重要。本文对纳税记录进行数据处理后得到一个新的家户收入面板，并以此对2007~2018年美国的贫困水平和持续性做出了新的估计。

为了探究贫困的持续性，我们使用税收记录建立了一个家户水平的人口面板来评估2007~2018年的贫困动态。通过将税收数据汇总到家户层面，并使用W-2表格（Form W-2）和1099序列（1099 series）等信息报表的收入数据合并非申报者，我们估计了家户层面每年的收入、收入分配和贫困水平。此外，由于美国国家税务局（IRS）每年都会收到几乎所有成年人的税务记录，因此这些数据构成了一个自然发生的、人口水平上的面板数据。我们使用这些数据的面板性质来评估贫困的持续性，并分析经历短期贫困和经历持续贫困的个人特征。

首先，我们将税前和税后税收数据中的截面贫困水平和趋势与美国人口普查局基于当前人口调查的年度社会和经济补充编（CPS）的官方贫困测算结果

---

* 作者简介：杰夫·拉里莫尔（Jeff Larrimore）供职于美国联邦储备委员会，雅各布·莫滕森（Jacob Mortenson）和大卫·斯普林特（David Splinter）供职于美国税收联合委员会。

① 例如，时间限制对社会福利计划（如对贫困家庭的临时援助）的影响将在很大程度上取决于大多数贫困本质上是暂时的还是持续的。

进行了比较。由于收入概念和报告准确性的不同，依据这两个数据来源计算得出的贫困程度并不相同。为了避免这些水平上的内在差异影响趋势估计，我们将税收数据中的贫困率固定在2007年CPS估计的水平上。其次，我们将“贫困持久性”定义为：给定特定基准年情况下，一个人处于贫困状态的年数。最后，我们估计了历年某一时点下正处于贫困状态的人口比例。

在此过程中，我们广泛浏览了基于调查的文献，这些文献使用了动态收入面板数据（PSID），关于收入和项目参与情况的调查（SIPP）等数据，这些数据会在一段时间内重复访问相同个体。调查发现，大多数贫困的持续期相对较短，大约有一半的贫困期仅持续一年（Duncan et al.，1984；Bane and Ellwood，1986；Stevens，1999）。尽管如此，长期贫困的人在任何时候都占贫困人口中的很大一部分比重。例如，史蒂文斯（Stevens，1999）观察到，在某一年遭遇贫困的人中，超过1/3的人在接下来的十年中至少会经历长达五年的贫困。然而，基于调查的收入动态估计方法在收入方面存在测算误差问题（Gottschalk and Huynh，2010）和非代表性摩擦问题（Fitzgerald，Gottschalk and Moffit，1998；Dynan，Elemendorf and Sichel，2012；Jenkins and Van Kerm，2017），这些问题都可能潜在地影响对贫困流动性和持续性的估计。

我们通常使用的行政税务记录数据则没有这样的顾虑。由于几乎所有个人都填过纳税申报单，或者将自己的收入信息亲自送到了美国国家税务局（Cilke，2014；Larrimore，Mortenson and Splinter，2019），因此基于这些数据的结果一般不会受到调查摩擦的影响。类似地，由于在纳税记录上错误报告收入可能会受到经济处罚，因此这些数据常常被认为能够提供更全面的应税收入数据（Bee and Rothbaum，2019）。虽然行政调查数据并非没有错误，并且遗漏了调查中提到的一些收益（Abowd and Stinson，2013），但行政数据可能比调查记录更为精确。因此，我们能够提供比单独使用调查数据更为可靠的美国贫困持续性估计值。不过，尽管这些数据在覆盖率和收入报告方面具有实质性的优势，但它们缺乏一些重要的人口统计信息，如种族和民族等（Akee，Jones and Porter，2019；Chetty et al.，2019）。

已经有几篇论文使用美国的税收数据来衡量美国人收入的波动性（Auten and Gee，2009；Larrimore，Mortenson and Splinter，2016；Splinter，2019），或接受计划资助的持续性（Dowd and Horowitz，2011）。此外，在美国以外的地方，芬妮和斯威特曼（Finnie and Sweetman，2003）利用税收记录研究了加拿大的贫困率。然而，据我们所知，这篇论文是第一个直接使用美国税收数据考虑贫困率或贫困持续性的。

总的来说，尽管贫困率的水平和趋势与使用CPS测算的结果不同，但我们对于贫困动态情况的测算结果与之前的调查数据结果是一致的。我们观察到，在 2007 年至 2018 年期间，使用税前收入计算得到的贫困率比使用 CPS 得到的贫困率数据更稳定。这在一定程度上是因为在经济衰退最严重的时候，CPS 数据漏报了失业保险福利。在以税后收入为基础测算贫困时，我们同样观察到，为抗击经济衰退而实施的大量临时减税措施极大地缓解了贫困率的上升，这一点在 2007 ~ 2011 年的税前数据中表现得很明显。

不过很大一部分人口在某个时段经历了贫困状态。以税后收入计算，每年有超过 1/10 的人处于贫困状态，而在 2007 年至 2018 年的 12 年间，有 2/5 的人在整个 12 年中处于贫困状态的时间累计超过一年。在这些人中，贫困状态的持续平均时间大约是 3 年（不一定是连续的），或者大约 1/4 的时间处于贫困当中。

虽然有些贫困是暂时的，但我们也发现了大量的持续贫困现象，这与史蒂文斯（Stevens，1999）的发现是一致的。2007 年的税收数据显示，57% 的贫困人口在一年后仍处于贫困状态，28% 的贫困人口在十年后仍处于贫困状态。然而，对许多人来说，这中间有一段时间他们并不贫穷，因为在截至 2018 年的 12 年里，只有 9% 的人至少有 10 年时间是处于贫困状态的。2007 年的贫困人口中有 1/3 在截至 2018 年的 12 年期间至少有一半的时间处于贫困状态。这些发现表明，尽管贫困和脱贫的流动性很大，但许多经历贫困的人或是连续数年处于贫困中，或是摆脱贫困后又在未来一年返贫。

二、数据和方法

（一）数据

美国国家税务局（IRS）的税收记录提供的家户税务数据中包含个体纳税人的身份号码，根据其尾号，我们得到了 1% 的样本。拉里莫尔、莫滕森和斯普林特（Larrimore，Mortenson and Splinter，2019）计算整理了 2010 年的年度家户纳税数据。我们则将这些数据扩展到 2007 年到 2018 年的 12 年期间。在 2007 年之前，美国国家税务局的数据中的地址数据不够完整，这使我们无法将面板扩展到更早年份。

家户税收数据以个体纳税者的全部 IRS 税收数据为出发点，包括年度纳税申报表（比如 1040 表格）和由第三方交付 IRS 的信息申报表格（比如 W-2 表格、1099-SSA 表格、有关多种收入来源的 1099-INT 表格以及有关大学入学的 1098-T 表格）。通过出现在 IRS 税务表格上的地址字段，家户税务数据可以将居住在同一地址的人们互相联系起来，即使这些人没有被列在同一纳税申报单上。由此，我们可以将所有生活在一起的人视为一个共同的经济单位。

我们意识到收入极低的个人不需要提交纳税申报单，那么使用税收数据来测算贫困的一个关键问题就可能系统地忽略了低收入人群。如果我们的测算只包括报税的人，这将成为一个实质性的问题，因为近15%的成年人未出现在年度报税表上（Auten and Gee，2009；Molloy，Smith and Wozniak，2011）。然而，IRS同时也会收到信息申报表，包括住址和收入信息，这几乎包括了所有主要的纳税收入来源，既有申报者，也有未申报者。此外，拉里莫尔、莫滕森和斯普林特（Larrimore，Mortenson and Splinter，2019）的研究显示，纳税申报收入信息的分布与较低收入者的收入分布密切相关。因此，税收数据几乎可以涵盖整个美国的人口，并推算来自应税收入来源（以及一些非应税收入来源）的收入，甚至包括那些没有申报的人①。同时，如下文所述，我们也进行了调整以纳入收入为零的个体。

美国社区调查（ACS）数据是我们对于总体人口的首选数据，因为它包括了收容人口、在军事基地和集体宿舍居住的人。在2018年之前的所有年份里，IRS数据中的人口数量占ACS中的比例不到2%。2017年和2018年，IRS数据中的人口数较少（比ACS少2.0%～2.5%），这与一些未出现在数据中的迟报者的家庭人口数一致。CPS用于官方贫困测算的数据不包括生活在机构的人口和生活在军事基地的人口。因此，CPS估算的人口比ACS估算的人口要少。

税收数据的高覆盖率证实，尽管有些人没有出现在IRS的数据中，但总体而言，这些数据几乎与用于官方贫困测算的CPS一样全面。然而，我们认识到，IRS数据会遗漏无家可归的人群，这些人没有被基于家户的调查样本所捕捉到。此外，生活在机构中的人口也被排除在样本之外②。因此，IRS和CPS的数据都低估了美国的总人口。

官方的贫困测算方法使用CPS数据，从贫困估计中排除了机构和群体人口。这些群体与其他人口无法比较：他们与住在同一地址的人分享资源的方式不同，并且他们获得了大量实物服务（可以替代收入，从而影响贫困状态的确定）。为了达到更一致的衡量标准，我们在贫困测算中采用了如下方法：每年从IRS数据中排除大约800万人，这些人似乎生活在至少有11个成员的家户中（我们估计这些人通常生活在集体宿舍）。这导致IRS数据中每年的人口比CPS估计的要少700万人到1 200万人。

① 为了便于说明，我们将出现在纳税申报单上的所有来源统称为应税收入，尽管有些来源（如社会保障收入的非应税部分和非应税利息）并不总是需要纳税。因此，有关应税收入的讨论不应与1040表格中报告的个人应税收入混淆。

② 自2007年以来，美国住房和城市发展部每年都会估计一年中的某一个晚上无家可归的人数。他们估计，2007～2018年这段时期的无家可归人口为55万人到64.7万人（HUD，2018）。这大约占美国总人口的0.2%。

IRS 人口统计低于 ACS 和 CPS 的一个可能原因是，没有收入的个人不会出现在 IRS 的数据中。尽管漏报和少报部分收入来源可能导致 CPS 高估了家户中零收入的人数，但是对零收入人群不要求纳税申报的政策也使得 IRS 数据低估了零收入人口（例如，Bee and Mitchell，2017；Bee and Rothbaum，2019；Bollinger et al.，2019；Meyer et al.，2019）。为了解决这一问题，对于主要估计数据，我们加入一个上限，即通过计算 CPS 数据中家户零收入（来自税收表格上的收入来源）的人数与 IRS 数据中观察到的人数之差得到。这与切蒂和亨德伦（Chetty and Hendren，2018）的方法一致，他们假设税收数据中缺失的观测值的真实值是零。包括这些估算的零收入家户成员在内，我们估计得到的 IRS 人口增加了 400 万人到 600 万人，其中最大幅度的增长发生在 2010 年到 2012 年的大衰退余波中。在根据群体居住片区进行调整后，加上推算的零值，我们估计在大多数年份里，实际人口大约比 CPS 人口少 1%。

除了在这两次人口普查中合理地估计人口数量之外，家户税收数据也很好地估计了这些调查中的家户数量。在自 2007 年以来的所有年份，根据家户税收数据估计的家户数量介于 CPS 估计的家户数量和 ACS 估计的家庭数量之间。这些数据都远低于 IRS 数据中的纳税单位数。例如，根据家户税收数据，我们估计 2018 年美国有 1.24 亿个家户（不包括额外估算的零收入家户），然而，相比之下，纳税单位数有 1.72 亿个。这比 ACS 估计的 1.22 亿个家户多 2%，比 CPS 估计的 1.29 亿个家户少 4%。这些估计与麦考伊、马斯尼克和赫伯特（McCue，Masnick and Herbert，2015）的结论一致。也就是说，CPS 高估了家户数量，而 ACS 低估了家户数量。

（二）在收入和共享单位方面与官方贫困测算的差异

尽管 CPS 和 IRS 数据都收集年收入，但这些数据库之间在收入概念上存在一些显著差异，这使得我们无法直接通过 IRS 数据计算来获得官方标准下的贫困测算结果。收入测算的三个主要差异在于，CPS 覆盖了低收入个人的转移支付收入（税收数据没有覆盖），税收数据覆盖了低收入个人的税收抵免（CPS 数据中没有覆盖）以及私人退休收入（CPS 仅有有限的覆盖）。前两点对本文的分析存在较大影响。

用于官方贫困测算的 CPS 收入指标包含了所有税前现金收入。这其中包括来自工人补偿的现金转移、现金福利计划（如 TANF、退伍军人福利、儿童支持项目）、来自朋友或家人的经济援助，以及教育援助。所有这些收入都是免税的，因此不会出现在 IRS 的税务表格上①。另外，CPS 没有询问 IRS 准确

① 虽然我们假设这种收入通常是免税的，也没有在纳税表格上体现，但在有限的情况下，教育援助可能要纳税，比如用于学费和其他费用以外的奖学金收入。

记录的税收负债和税收抵免项目①，而美国人口普查局的数据则从官方的贫困测算标准中排除了这些项目。亨利和戴伊（Henry and Day，2005）对 CPS 和 IRS 在收入概念上的差异进行了更广泛的讨论，如两个数据集如何捕捉特定的收入来源信息。

当使用 IRS 数据估计贫困趋势时，我们首先考虑 IRS 数据中的税前收入，即所有应税收入加上 IRS 税务表格上可观察到的非应税收入（主要是社会保障收入、残疾保险和免税利息）。

虽然这样的定义比官方贫困测算使用的收入定义要窄，因为它忽略了没有在税收数据中报告的某些现金转移，但它与 CPS 中相同来源的税前收入可以进行直接比较，从而使我们可以分离出数据来源的变化对贫困估计的影响。然而，在我们的主要估计结果中，我们关注的是税后收入，它扣除了联邦个人所得税和工资税，并包括可退还的税收抵免，如劳动所得税抵免和儿童税收抵免。根据不同收入水平返还的税收抵免项目是美国规模及影响最大的几项反贫困计划之一。随着时间的推移，社会福利项目从直接现金转移变成通过税收管理的转移，这意味着尽管这些项目被排除在官方的贫困测算标准之外，但以税收为基础的转移计划对理解贫困变化趋势极其重要②。

我们使用的收入定义与官方贫困测算法的另一个差异是共享单元和等值尺度的选择。官方的贫困测算标准使用了家庭（family）作为共享单元的概念，包括所有“因出生、婚姻或收养而联系在一起并居住在一起的人”（美国人口普查局，2019）③。但是，在税收数据中，我们很难完全复制出美国人口普查局定义下每个家庭所需的信息。相反，我们的做法是将收入加总到家户（household）层面。“家户”这一定义包括了住在同一屋檐下的所有人，即使没有血缘或婚姻关系的同居伴侣和室友也都被我们算在一个家户当中④。

---

① 虽然税收负债和抵免被排除在官方贫困测算之外，但 CPS 将其计入在内，并用于收入的替代指标以及构建补充贫困测算指标。

② 伯克豪泽等人（Burkhauser et al.，2019）讨论过，自 20 世纪 60 年代官方贫困测算开始以来，实物（非现金）转移也有所增加。尽管这些项目对低收入家庭的资金来源非常重要，但我们并不打算将实物转移纳入贫困测算，因为这些转移没有计入税收数据。关于税收和转移对贫困的影响在州层面的异质性分析，参见 Bruch，Gornick and van der Naald，即将发表。

③ 美国人口普查局只将至少有两个亲戚住在一起的个人称为一个家庭的一部分，将没有其他亲戚居住的个人称为无血缘关系的个人。虽然技术上人口普查不把单身的个人视为家庭，但为了便于说明，我们将人口普查家庭和无血缘关系的个人统称为家庭。

④ 家户税收数据将声称是受抚养者的个人分配到申报表地址的家庭，因为受抚养者自己提供的费用不到一半，因此不是完全独立的经济单位。对于许多远离家乡的大学生来说，据此把他们分配到他们父母的地址。CPS 和家户税收数据中都删除了居住在集体住房的个人。详情请参见 Larrimore，Mortenson and Splinter，2019。

因此，2010 年美国的家户数量比人口普查中的家庭和无血缘关系的家庭数量少大约 1 400 万，具体数字分别为 1.2 亿及 1.34 亿（Semega et al.，2019）。虽然我们更倾向于使用两种共享单元概念来估计贫困动态，但使用家户定义在考虑贫困持续时间的研究中很常见，并非本文独创（例如，Bane and Ellwood，1986；Stevens，1999；McKernan and Ratcliffe，2005；Burkhauser et al.，2019）。而且，家户是堪培拉集团（2011）建议使用的共享单位，该集团制定了衡量收入的国际标准。因此，家户经常被用作国际贫困测算的共享单位，经济合作与发展组织（OECD）的贫困测算也采用这一做法（Forster and D'Ercole，2012）。以往的研究也表明，家户的概念提供了一个更接近实际资源共享情况的单位（Atkinson，Rainwater and Smeeding，1995；Smeeding and Weinberg，2001；Congressional Budget Office，2018；Aladangady，Feiveso and Paciorek，2019）[①]。

在所有的计算中，我们都以家户规模除以家庭成员人数的平方根来调整家户收入。平方根等值比例尺几乎复制了官方贫困阈值中嵌入的平均等值尺度。使用等值尺度避免了贫困率和家庭规模之间的机械关系，如果不考虑家庭规模，贫困率估计结果就会出现上述关系[②]。由于贫困测算通常重点关注四口之家，我们重新调整了数值以反映典型的四口之家。

三、结　果

（一）年度贫困率

我们的分析从比较 CPS 和 IRS 数据中的年度贫困率开始。即使在对这两个数据集进行类似的收入测算后，我们仍预计计算得到的贫困水平会有所不同，因为 IRS 的数据涵盖了更多低收入人群的应税收入。这可能是因为 CPS 数据来源于调查，而 IRS 的数据是基于第三方报告和自我报告的组合（有可能对错误报告进行处罚）。由于 CPS 存在收入少报情况，我们在 IRS 数据中观察到了更高的具体来源（和总体）应税收入。这与拉里莫尔、莫滕森和斯普林特

① 第三种可能的共享单元是纳税单元，它通常包括所有一起提交纳税申报单的个人，比普通家庭或人口普查家庭的口径窄。2010 年，美国有超过 1.57 亿个税收单位。然而，我们不知道是否研究表明，较家户和人口普查家庭来说，税收单位都是一个更好的共享单位。

② 奥桑斯基（Orshansky，1965）的一项关键创新是在贫困计算中包括了一个关于共享单位规模的等值尺度。在经济顾问委员会较早的贫穷测算（1964）中，贫困的阈值仅在单身的个人间有差异，它们的贫困阈值为 1 500 美元，对于那些住在有两个及以上成员的家庭中的人，阈值为 3 000 美元。参见费希尔（Fisher，1992）的研究，以了解有关贫困阈值的历史的更多细节。

（Larrimore，Mortenson and Splinter，2019）的观察结果以及贝和米切尔（Bee and Mitchell，2017）、贝和罗特鲍姆（Bee and Rothbaum，2019）、布林格等人（Bollinger et al.，2019）对收入低报的观察结果一致。

我们统计了 2007 年（本文样本的第一年）分布在规模调整后家户收入底部 1/4 的情况。所有定义的收入序列只包括 CPS 中观察到的应税来源。本文引入了 CPS 序列以及 IRS 的数据，分别考虑了包括和不包括零收入家庭的个人两种情况。在收入分配的所有百分比中，未计为零的 IRS 收入在 CPS 分配的右侧，这反映了 IRS 数据观察到较高的收入水平。当考虑零收入并假设 CPS 准确捕捉了应税收入为零的家庭数量时，两个数据集之间就不再存在差距，尽管从观察上 IRS 收入分布仍然处于 CPS 的右侧八分位以上（大约相当于四口之家收入 15 000 美元的水平）。

如前所述，我们在这里使用的应税收入定义比官方贫困测算所使用的定义要窄，而共享单位的概念则更为宽泛。美国国家科学院的报告建议，“家庭资源定义的任何重大变化都应伴随着对贫困阈值的持续调整”（Citro and Michael，1995：11），因此，直接使用官方贫困测算的阈值来估计贫困是不合适的。相反，我们向上调整了门槛，使之匹配官方公布的 2007 年 12.5% 的贫困率①。这种做法与贝恩和埃尔伍德（Bane and Elwood，1986）的方法类似，后来艾斯兰德（Iceland，1997），格里格尔、舍尼和丹泽格（Grieger，Schoeni and Danziger，2009）以及其他使用 PSID 来测算贫困的人也采用了这种方法。他们也发现 PSID 数据比 CPS 获取了更多的收入，并且在使用 PSID 数据进行计算时，贫困阈值也提高了 25%，这使得我们获得了与官方贫困测算结果相似的贫困估计结果。

因此，对于应税收入来说，CPS 数据中得出 2007 年贫困率为 12.5% 的家户收入阈值为 20 994 美元，这一阈值略低于 2007 年官方贫困线 21 203 美元。如果我们使用相同的 20 994 美元的贫困阈值来测算 IRS 数据中家户的贫困程度（与西特龙和迈克尔 1995 年的建议相反），那么报告收入水平越高，所得出的贫困率就越低。2007 年，如果根据应纳税额计算，同时包括估算的零收入家户，贫困率为 11.9%。如果排除估计的零收入家户，贫困率则降至 10.7%。由于认识到贫困阈值反映的是一项政策决定，而不是一个客观的数额，因此我们并不清楚 IRS 中更准确的收入报告是否应该改变我们对基准年贫

---

① 经济顾问委员会（1964）在其关于贫困率的初步讨论中也同样指出，确定阈值的方式应符合所包括的收入来源。我们在这里采用的方法与伯克豪泽等人（Burkhauser et al.，2019）在 1963 年使用的锚定方法相似，锚定方法使用更广泛的收入定义来匹配贫困率与官方贫困率，我们在 2007 年使用了类似的锚定方法，因为 2007 年是我们使用的数据的第一年。

困率的估计[1]。我们的思路是，在分析开始时，即使 CPS 数据不能完全衡量低收入家庭的应税收入，其中的贫困率也反映了决策者对贫困的看法。因此，我们决定使用的税前阈值为 21 884 美元，这使得我们估计的贫困率与官方测算的 2007 年贫困率保持一致，均为 12.5%[2]。

本文估计了一个四口之家在保持 12.5% 贫困率的情况下 2007 年的精确贫困阈值，那一年官方的贫困线是 21 203 美元。从家庭共享单元转移到更大的家户共享单元会导致维持 12.5% 贫困率的贫困阈值略微上升。从税前现金收入转为税前应税收入，取消了所有非社会保险转移，则导致上述 20 994 美元的贫困阈值略有降低。

我们考察了在相同的家庭共享单位和应税收入的定义下，使用 IRS 数据而不是 CPS 的情形。这将使维持 12.5% 的贫困率所需的贫困阈值提高到 21 884.15美元[3]。维持相同贫困率所需的贫困阈值增加了 890 美元（4%），原因在于税收记录数据相对于 CPS 有额外的收入报告。

对于接近贫困线的个人来说，包括劳动所得税收抵免和儿童税收抵免在内的税收抵免政策组合通常会导致所得税的净退税（对于有子女和劳动所得的人来说几乎肯定如此）。此外，这种退税通常超过了工资税，因此接近贫困线的家庭税后收入高于税前收入。由此，在使用税后数据时，如果我们要继续维持 2007 年 12.5% 的贫困率，就需要进一步向上调整贫困线。这一点从包含了联邦税收负债和抵免项目后的计算结果中就可以看出。综合来看，要使贫困率维持在 12.5% 的水平（与官方标准相同），2007 年税后家庭收入贫困线应为 23 008美元，这比 2007 年官方贫困线高出大约 1 800 美元。从 2007 年开始，我们利用 CPI-U 来调整贫困阈值。尽管 CPI-U 是一种用于随着时间推移调整官方贫困阈值的通货膨胀衡量方法，但它仍可能高估通货膨胀（例如 Meyer and Sullivan，2012），我们在这里仍选择使用它是为了与测算方法保持一致。

利用这些贫困阈值，本文统计了美国人口年度贫困率的趋势，并将税收数据与 CPS 中观察到的趋势进行对比。如前所述，2007 年的贫困率为 12.5%，

---

① 例如，假设 CPS 数据在 20 世纪 60 年代反贫困战争开始后的所有年份中都少报了接近贫困线的个人收入。在这种情况下，根据约翰逊政府的经济顾问委员会（1964）对初始贫困阈值的描述，为了保持相同的贫困率，贫困阈值可能会更高。

② 2007 ~2018 年，税前收入比官方贫困率平均低 2.9 个百分点（如果算上零收入，则低 1.4 个百分点）。税后收入比官方贫困率平均低 4.4 个百分点（如果算上零收入，则低 3.0 个百分点）。2010 年，税前和税后收入的差距达到 4.0 个和 6.0 个百分点（如果算上零收入，则分别为 2.3 个和 4.3 个百分点）。

③ 在本文，我们使用的阈值维持了 2007 年考虑零收入家户时 12.5% 的贫困率。如果我们使用 IRS 数据而不计入遗漏的零收入家庭，阈值会更高：IRS 数据中的税前收入为 23 508 美元，税后收入为 24 500 美元。

与官方公布的贫困率相当。如果使用 CPS 数据，改用税前应税收入作为衡量标准，并同时以家户取代家庭作为计量单位，结果和官方的贫困趋势几乎相同。事实上，根据这一测算结果，2018 年的贫困率为 11.9%，几乎与官方测算的 11.8% 贫困率相同。这两个基于 CPS 数据获得的趋势存在相似性，表明虽然非应税收入来源对于贫困家户很重要（证据是当我们在计算中不包括这些收入项目时，锚定贫困趋势改变），对于靠近贫困线的家户来说，来自这些来源的收入自 2007 年以来没有发生大幅度的变化，因此对贫困趋势的影响有限。

使用固定于 2007 年官方贫困率的税收数据，我们观察到 2018 年的贫困水平与官方测算结果相似（IRS 的数据为 11.5%，官方测算为 11.8%），而在之后的几年中二者存在显著差异。我们观察到，在经济衰退期间，贫困率小幅上升，但在衰退的几年后，贫困率小幅下降。2007 ~ 2011 年，基于税收的贫困率上升了 1.5 个百分点，从 12.5% 上升到 14.0%。如果使用 CPS 数据中相同的税前家户收入定义，这相当于同期贫困人口增加了 1.5 个百分点。相反，2011 ~ 2018 年，以税收为基础的贫困率下降了 2.5 个百分点，作为比较，同期 CPS 的数据显示贫困率下降了 3.1 个百分点。

然而，2009 ~ 2010 年间，两个序列之间存在明显的背离。2010 年，CPS 中税前家户收入的贫困率从 14.3% 升至 15.1%（官方贫困率的上升幅度也很接近），而 IRS 数据中根据收入匹配定义得到的贫困率从 13.4% 上升至 13.6%，仅为 CPS 升幅的 1/5。2010 年出现的差异中，大约有 1/4 可能源于 IRS 数据在当年更好地覆盖了失业保险福利。IRS 的总收入信息来自 1099-G 表格，对于没有填报税收申报表的个人，我们会部分使用 1099-G 表格数据来定义收入，这部分总收入从 2009 年的 1 405 亿美元增加到 2010 年的 1 491 亿美元。而 CPS 在各年观察到的福利水平均显著较低，并且从 2009 年的 987 亿美元下降到 2010 年的 971 亿美元。将失业保险福利从 CPS 和 IRS 收入定义中移除后，IRS 数据中的贫困率在 2010 年上升了 0.3 个百分点，而 CPS 数据中的贫困率上升了 0.8 个百分点。因此，在考虑失业保险报告的差异后，2010 年 CPS 和 IRS 税前贫困率之间的差距从 0.7 个百分点缩小到 0.5 个百分点，缩小了 1/4。

通过对比税前贫困率和税后贫困率可以发现，2009 ~ 2012 年税收对贫困率的影响最大，可能的原因是在这一时段政府实施了临时减税措施。拉里莫尔、伯克豪泽和阿莫（Larrimore, Burkhauser and Armour, 2015）总结了这些税收措施，并指出该措施提高了税后收入中值。这些结果表明，它们还提高了那些处于或接近贫困的人群的税后收入[①]。在使用税后收入数据测算贫困程度时，2011 年的贫困率为 12.8%，仅比危机开始前的 2007 年高出 0.3 个百分点。随着经济衰退期间颁布的临时税收规定到期，税前和税后的贫困趋势重新趋同。2009 年，税后贫困率比税前贫困率低 1.2 个百分点，但到 2018 年，其只比税前贫困率低 0.4 个百分点。

在大衰退以及之后的时期，税前和税后贫困线的不同趋势表明了在测算贫困时纳入税收义务和税收抵免的重要性。在经济衰退期间，从税前贫困指标转换为税后贫困指标对贫困趋势测算结果有显著影响，而是否去除非应税收入来源则没有显著影响（上述比较结果基于 CPS 测算结果）。这表明，对我们理解贫困趋势（尽管不一定是贫困水平）而言，将税收抵免排除在官方贫困测算之外可能会比在基于税收的贫困测算中遗漏非应税收入造成更大的影响。

纳入税收抵免和负债也会影响按年龄划分的年度贫困率测算结果。根据官方的贫困测算，儿童的贫困率远远高于工作年龄人口或老年人。通过查看税收记录数据中的税前家户收入贫困率时，我们证实了这一观察结果。例如，在 2018 年税务数据中，18 岁以下儿童的税前贫困率为 17.0%，而处在工作年龄的成年人（18～64 岁）贫困率为 12%，老年人则为 8.9%。我们测算的这些按年龄划分的贫困率水平与官方结果很接近：2018 年 18 岁以下的儿童贫困率是 17.5%，工作年龄的成年人的贫困率是 11.2%，老年人的贫困率是 9.2%[②]。

在将税收和税收抵免计算在内后，各个年龄组的贫困率差距缩小，其中 2018 年儿童贫困率从 17.0% 降至 14.1%。不同的是，处于工作年龄的成年人的税前和税后贫困率几乎相同，而老年人的税后贫困率则略高。因此，虽然税后儿童贫困仍高于较年长的年龄组，但剔除税收制度影响后，各年龄组贫困率的差异缩减了。这与针对有子女家户的劳动所得税收抵免和儿童税收抵免的效果是一致的。

---

① 然而，我们的税后收入定义不包括基于纳税申报单信息分配的 2008 年的追回款项。将这些数字包括在内，会导致 2008 年大衰退开始时的贫困水平暂时下降。虽然税法还提供了一个自动稳定的作用，但对大多数人来说，由于累进所得税制，这并不适用于那些在贫困线附近的人，因为有许多非正所得税的负担（Splinter，2019），并且对于那些分阶段实行税收抵免的人来说，可能会自动产生不稳定的影响（Larrimore，Mortenson and Splinter，2016）。

② 需要注意的是，IRS 数据中按年龄划分的贫困率与 CPS 数据中按年龄划分的税前家庭收入贫困率相比，更接近于官方贫困率。然而，我们使用的标准家户规模调整没有考虑年龄，而官方贫困测算为老年人使用了较低的阈值。比较两个数据集锚定的税前应税家户收入贫困率（不考虑 OPM 阈值使用的年龄调整），我们观察到，在 IRS 数据中，2018 年贫困的老年人减少了 29%（IRS 数据中为 8.9%，CPS 数据中为 12.6%）。相比之下，贝和米切尔（Bee and Mitchell，2017）使用匹配的管理调查数据观察到的贫困老年人比仅使用调查数据观察到的少 24%（分别为 6.9% 和 9.1%）。

（二）IRS 数据中的贫困持续性

除了更好地将税收抵免和税收负债纳入贫困估计，税收家庭数据有利于跟踪家户进入贫困、脱离贫困的过渡情况。这是因为税收记录提供了一个自然发生的人口水平面板，数据库中的所有个人，只要他们仍在美国境内，就会年复一年地接受调查。鉴于税收抵免在大衰退时期（参见前文）减轻贫困方面的重要性，在随后的所有结果中，我们都使用税后收入作为收入衡量标准。

本文进一步分析了基准年（如 2007 年）中贫困人口在随后年份中所占的比例。我们认识到，在较长时期内至少曾经偶然地陷入贫困状态的人，很可能在其他某些年份，其年收入超过了贫困阈值，因此我们不要求贫困期必须是连续的。我们认为，这样做反映了史蒂文斯（Stevens，1999）的建议——“以个人为中心”，而非“以时段为中心”。我们从基准年贫困人口出发，并在接下来的每一年询问他们是否处于贫困状态，不论在这期间他们是否曾脱离贫困。例如，如果某人在 2007 年处于贫困，2008 年脱贫，但在 2009 年重返贫困，我们将他们纳入 2007 年和 2009 年的贫困人群，但不纳入 2008 年的贫困人群。

在跟踪贫困的持续性时，我们不能使用截面数据方法去估计零值。这是因为，如果一个人没有出现在税收数据中，可能的原因或是他没有收入，或是他当时不在美国生活。因此，在此处和下文的数据中，我们从估计中排除了那些没有出现在某一特定年份的纳税数据中的个人，这些个人或是死亡、移民，或是在那一年没有出现在任何纳税表格上①。当然，我们承认这样做会将那些在一年或更长时间内没有家户收入的个人排除在我们的持续性估计之外。

如果考虑到商业周期的不同年份，贫困的持续性估计结果变化很小。在经济扩张达到顶峰的 2007 年，57% 的贫困人口在一年后仍处于贫困状态，31% 的贫困人口在八年后仍处于贫困状态——尽管在这期间他们也有一部分曾脱离了贫困。在经济大衰退最严重的 2009 年，有 56% 的人在一年后仍处于贫困状态，而在八年后仍有 30% 处于贫困状态。2011 年和 2013 年也出现了类似的持续贫困模式。然而，我们要强调的是，这并不一定意味着近 40% 的贫困只持续了一年。从基准年开始，许多人在研究时期的中间某一段时期会处于贫困状

① 在基于面板的调查数据中，我们考虑了类似的问题，这种方法与对非被调查者的处理大致一致。另一种方法是，假设如果一个人在某一年活着（基于 2007 年最初的税务文件，而随后没有出现在死亡主文件中），并且没有相关的税务记录，那么这个人就是贫困的。然而，根据美国社会保障局（2019）的估计，2010 ~ 2018 年，平均每年有 58.2 万人从美国移民，其中 26.7 万人是美国公民或合法的永久居民（LPRs）。因此，这种做法等同于把所有移民都视为贫困，这将夸大贫困的持续性。

态（Bane and Elwell，1986）。在随后的分析中，我们只考虑2007年或2008年的贫困人口，也就是我们数据的最初年份，以显示最为长期的趋势。

曾处于贫困状态至少一年的人，其贫困的持续性在年龄上有很大差异。2007年贫困率在18～24岁的年轻人中最高（16.0%），但同时这个年龄段的贫困持续性是最弱的。2007年的贫困人口中只有不到50%的年轻人一年后仍然贫困，四年后仍贫困的比例则更小，为31%（尽管在过渡期间他们不一定贫困）。这一结果与这一年龄段人群普遍发生的实质性生活转变是一致的，因为许多贫穷的年轻人是学生，他们在拥有全职工作后就摆脱了贫困。然而，即使在年轻的成年人中，也有一定数量的人（尽管是少数）经历了长期的持续贫困。因为根据我们的计算，在这个年龄范围内，有1/5的人在2007年处于贫困状态，且在十年后也处于贫困状态。

与年轻人相比，65岁以上老年人的年度贫困率最低，贫困率持续时间最长。2007年的税收数据显示，大约9.5%的老年人处于贫困状态。其中，73%的人一年后仍处于贫困状态，62%的人四年后仍处于贫困状态。老年人贫困率居高不下，这与许多依靠固定收入来源生活的人的情况一致。

持续贫困率相对较高的原因之一是，一些脱离贫困的人在未来几年内会重新陷入贫困。本文统计了持续贫困的时期，以及在其后几年（非持续）处于贫困中的人口比例。2008年的贫困人口中，大约有一半在2010年处于贫困状态（包括2009年未处于贫困状态的人）。在这三年中，大约有1/3的人处于持续贫困状态。同样，虽然2008年大约1/4的贫困人口在10年后仍处于贫困状态，但在截至2018年的11年里，只有大约5%的人处于持续贫困的状态[①]。

当然，考虑到贫困期的时间跨度，一些贫困人口在2008年实际上处于贫困期的中段，而不是初期。因此，我们只通过那些在2007年脱离贫困并在2008年进入贫困的人来衡量整个贫困期。通过观察我们发现，刚刚开始的贫困持续时间最短。从2008年开始，只有1/4的贫困期持续了两年，只有2%的贫困期一直持续到2018年。

鉴于有些人在贫困中循环往复，我们追踪长期贫困的首选方法是考虑人们在一段时期内处于贫困状态的时间。我们选择这一方法是因为，脱离贫困一年并不意味着其将永远不是穷人；同时，一个人在多年后曾经有一年重新进入贫困与其贫困多年是大不相同的。我们发现，在2007年的贫困人口中，有4/5

① 我们关注的是2008年，而非2007年，2007年作为基准年，以确保我们考虑的是始于2008年的时期。如果我们从2007年开始统计，我们便无法区分那些刚刚陷入贫困的人和那些长期处于贫困状态的人。

的人至少还经历了另一年的贫困，9%的人在12年中至少有10年处于贫困状态①。在2007～2018年的12年中，贫困人口平均有4.5年处于贫困状态，有1/3的人至少有一半时间处于贫困之中。

与前文按年龄分组的贫困持续性评估结果一致，年轻人和老年人处于贫困状态的时间存在差异。平均而言，年龄为18岁至24岁的人持续处于贫困状态的时间最短，2007～2018年年轻人平均有3.9年的时间处于贫困状态（前提是2007年处于贫困状态）。年轻人的持续贫困率较低，因此他们不太可能在最后的调查年份中处于贫困时间分布的右尾。与年龄较大的人群相比，年轻人更有可能处于贫困状态的时间为2～5年，但经历10年或10年以上贫困的可能性较小。另外，除了儿童以外，2007年当年陷入贫困的个人所占比例在不同年龄层之间差别不大。

（三）IRS数据中个人陷入多年贫困的频率

除了持续存在的贫困之外，我们还对贫困人口比例感兴趣。我们考察了2007年至2018年12年间至少有一年处于贫困中的人口比例。这种方法很直观，长期以来被用于以调查数据为基础的贫困动态研究文献（Coe，1978；Rainwater，1982；Gottschalk and Danziger，1993；Cellini，McKernan and Ratcliffe，2008）。

在这十多年中至少经历过一次贫困的人的比例大大高于任何一年的贫困人口的比例。在2007年至2018年的12年期间②，有42%的人至少有一年处于贫困状态③。从12年中任意时点曾处于贫困的人来看，平均而言，这些人在整个12年期间约有3年处于贫困状态。

这一时长低于2007年贫困人口的平均贫困年数，因为关注任何一年的贫困人口都会增加对较长时期的贫困的权重（Cellini，McKernan and Ratcliffe，

① 由于这种衡量方法追踪的是个人的贫困年数，而不是某一年的贫困人口比例，因此一年或更长时间内没有出现在数据中的个人在那些年里不被计算为贫困人口。因此，如果个人在没有出现在数据中的年份里是贫穷的（或不是贫穷的），那么这是由于这些统计数字略微低估（或夸大）了持续贫困的真实水平。

② 这包括2007～2018年在数据集中至少出现一年的所有个人。在所有12年的观察中，30%的人口至少有一年处于贫困状态。这个替代的样本必然导致孩子更少（因为他们必须在2007年出生），老年人更少（因为他们必须在2018年在世），没有在某年没有任何记录提交给IRS的个人，在此期间也没有新移民或移出者。

③ 这些结果是基于全年的收入，反映了IRS收入报告的年度性质。如果按月计算，经历贫困的频率可能更高。例如，普罗克托、谢迈高和科拉尔（Proctor，Semega and Kollar，2016）估计，在2009年至2012年间，35%的人至少有2个月处于贫困之中，这与我们观察到的12年里42%的人经历贫困的情况类似。与此同时，他们观察到，在整个四年间，每个月只有3%的人处于贫困之中。

2008）。

由于儿童和青年的年度贫困率较高，而青年的持续贫困率较低，因此在整个12年期间，儿童和青年至少有一年处于贫困状态的比例比老年人更高。由于婚姻和父母身份而经历贫困的可能性也有很大差异。2007年生活在单亲家庭的人中有57%在2007～2018年至少有一年处于贫困之中，这一比例高于无子女家庭或已婚夫妇家庭的贫困率。

四、结　　论

本文提供了对美国家户自金融危机引发的大衰退以来的贫困趋势、贫困持续性的见解。我们使用个人所得税申报表和信息申报表，构建了一个新的家庭面板数据。这些数据将税收数据的有效性延伸到收入分配的底部，使得我们能够将大量存在的未申报者（近15%的成年人）与家户联系起来。使用税收数据中高质量的收入报告以及对税收负债和税收抵免项目的准确报告，我们对2007～2018年的贫困趋势进行了估计。此外，利用这些数据的面板性质，我们估计了这一时期个人层面的贫困持续性。在考虑年度贫困率时，家户层面的税收数据证实了CPS的观察结果，即基于税前收入的贫困率对儿童的影响要远远高于年龄较大的人。按税后收入计算，虽然儿童的贫困率仍然较高，但年龄组之间的差距大幅缩小。这反映了大量基于儿童的税收抵免项目（包括劳动所得税抵免和儿童税收抵免）的作用。此外，我们发现，联邦税收政策缓解了几乎所有群体的税前贫困。

我们还观察到，尽管大衰退始于2008年，但在那一年，人们摆脱（和陷入）贫困的流动性仍然很高。在2007年的贫困人口中，超过40%的人在第二年不再处于贫困状态。这一脱贫转化率与随后几年的脱贫转化率几乎相同，表明大衰退并没有显著改变贫困人口脱贫的可能性。

由于每年都有许多人进入和摆脱贫困，因此几年中任意时段的贫困人口的比例都远远超过任何一年的贫困人口的比例。虽然每年的税后贫困率为11%～13%，但在2007年到2018年间，至少在一年中处于贫困状态的人口增加了3～4倍。在这12年期间任何时间曾处于贫困状态的人，其平均贫困持续时间约为3年。2007～2018年，贫困人口的比例因人口特征而异。2007年，没有孩子的已婚家庭人口中有1/4处于贫困状态，而生活在单亲家庭的人中至少有一年处于贫困的比例则高于50%。

虽然许多人经历的贫困时期较短，但我们也发现持续贫困的比率很高。在2007年的贫困人口中，几乎有1/3的人在8年后仍处于贫困状态，超过1/4的人在10年后仍处于贫困状态——尽管他们可能在这期间曾在一年或更长的时间里暂时摆脱了贫困。许多经历贫困的人或是连续数年处于贫困中，或是在摆脱贫困后又在未来一年陷入贫困。因此，虽然针对短期贫困的政策产生了显著的溢出效应，但仍有一部分为数不少的人多年来依旧处于长期贫困状态。

参考文献

Abowd, John M., and Martha H. Stinson. 2013. "Estimating Measurement Error in Annual Job Earnings: A Comparison of Survey and Administrative Data", Review of Economics and Statistics, 95 (5): 1451-67.

Akee, Randall, Maggie R. Jones, and Sonya R. Porter. 2019. "Race Matters: Income Shares, Income Inequality, and Income Mobility for All U. S. Races", Demography, 56 (3): 999-1021.

Aladangady, Aditya, Laura Feiveson, and Andrew Paciorek. 2019. "Spending In and Out of Their Parents' Home", FEDS Notes Feb. 5. https://www.federalreserve.gov/econres/notes/feds-notes/young-adults-spending-in-and-out-of-their-parents-home-20190205.htm.

Auten, Gerald, and Geoffrey Gee. 2009. "Income Mobility in the United States: New Evidence from Income Tax Data", National Tax Journal, 62 (2): 301-328.

Atkinson, Anthony B., Lee Rainwater, and Timothy M. Smeeding. 1995. "Income Distribution in OECD Countries: The Evidence from the Luxembourg Income Study", Social Policy Studies No. 18. Paris: Organization for Economic Cooperation and Development.

Bane, Mary Jo, and David T. Ellwood. 1986. "Slipping Into and Out of Poverty: The Dynamics of Poverty Spells", Journal of Human Resources, 21 (1): 1-23.

Bee, Adam, and Joshua Mitchell. 2017. "Do Older Americans Have More Income Than We Think?", SESHD Working Paper # 2017-39. www.census.gov/content/dam/Census/library/working-papers/2017/demo/SEHSD-WP2017-39.pdf.

Bee, Adam and Jonathan Rothbaum. 2019. "The Administrative Income Statistics (AIS) Project: Research on the Use of Administrative Records to Improve Income and Resource Estimates", SESHD Working Paper #2019-36. www.census.gov/content/dam/Census/library/working-papers/2019/demo/sehsd-wp2019-36.pdf.

Bollinger, Christopher R., Barry T. Hirsch, Charles M. Hokayem, and James P. Ziliak. 2019. "Trouble in the Tails? Earnings Non-Response and Response Bias across the Distribution", Journal of Political Economy, 127 (5): 2143-2185.

Bruch, Sarah K., Janet C. Gornick, and Joseph van der Naald. Forthcoming. "Geographic Inequality in Social Provision and Redistribution in the U. S. States", in Raj Chetty, John N. Friedman, Janet C. Gornick, Barry Johnson, and Arthur Kennickell (eds.), Measuring and Understanding the Distribution and Intra/Inter-Generational Mobility of Income and Wealth. Cambridge, MA: NBER.

Burkhauser, Richard V., Kevin Corinth, James Elwell, and Jeff Larrimore. 2019. "Evaluating the Success of President Johnson's War on Poverty: Revisiting the Historical Record

Using a Full-Income Poverty Measure", NBER Working Paper No. 26532.

Canberra Group. 2011. Handbook on Household Income Statistics, 2nd ed. Geneva: United Nations Economic Commission for Europe.

Census Bureau. 2019. "Current Population Survey (CPS) Subject Definitions", www. census. gov/programs-surveys/cps/technical-documentation/subject-definitions. html#family.

Cellini, Stephanie R., Signe-Mary McKernan, and Caroline Ratcliffe. 2008. "The Dynamics of Poverty in the United States: A Review of Data, Methods, and Findings", Journal of Policy Analysis and Management, 27 (3): 577 – 605.

Chetty, Raj, and Nathaniel Hendren. 2018. "The Impacts of Neighborhoods on Intergenerational Mobility I: Childhood Exposure Effects", Quarterly Journal of Economics, 133 (3): 1707 – 162.

Chetty, Raj, Nathaniel Hendren, Maggie R. Jones, and Sonya R. Porter. 2019. "Race and Economic Opportunity in the United States: An Intergenerational Perspective", NBER Working Paper 24441.

Cilke, James. 2014. "The Case of the Missing Strangers: What we Know and Don't Know about Non-Filers", Proceedings of the 107th Annual Conference of the National Tax Association.

Citro, C. F., and Michael, R. T. 1995. Measuring Poverty: A New Approach. National Research Council. Washington, DC: The National Academies Press.

Coe, Richard. 1978. "Dependency and Poverty in the Short and Long Run", in Greg J. Duncan and James N. Morgan (eds.), 5000 American Families: Patterns of Economic Progress, Vol. 6, 273 – 296.

Ann Arbor, Michigan: Institute for Social Research Congressional Budget Office. 2018. "The Distribution of Household Income, 2014", Congressional Budget Office Research Report.

Council of Economic Advisers. 1964. Economic Report of the President. Washington, D. C.: U. S. Government Printing Office.

Dowd, Tim, and John B. Horowitz. 2011. "Income Mobility and the Earned Income Tax Credit: Short-Term Safety Net or Long-Term Income Support", Public Finance Review, 39 (5): 619 – 652.

Duncan, Greg J., Richard Coe, Mary Corcoran, Martha Hill, Saul Hoffman, and James N. Morgan. 1984. Years of Poverty, Years of Plenty: The Changing Economic Fortunes of American Workers and Families. Ann Arbor: Institute for Social Research.

Dynan, Karen E., Douglas W. Elmendorf, and Daniel E. Sichel. 2012. "The Evolution of Household Income Volatility", B. E. Journal of Economic Analysis & Policy: Advances, 12 (2): Article 3.

Fisher, Gordon M. 1992. "The Development and History of the Poverty Thresholds", Social Security Bulletin, 55 (4): 3 – 14. www. ssa. gov/policy/docs/ssb/v55n4/v55n4p3. pdf.

Finnie, Ross, and Arthur Sweetman. 2003. "Poverty Dynamics: Empirical Evidence for Canada", Canadian Journal of Economics, 36 (2): 291 – 325.

Fitzgerald, John, Peter Gottschalk, and Robert Moffitt. 1998. "An Analysis of Sample Attrition in Panel Data: The PSID", Journal of Human Resources, 33 (2): 251 – 299.

Flood, Sarah, Miriam King, Renae Rodgers, Steven Ruggles and J. Robert Warren. 2018. "Integrated Public Use Microdata Series, Current Population Survey: Version 6.0", Minneapolis, MN: IPUMS. https://doi.org/10.18128/D030.V6.0.

Forster, M., and M. D'Ercole. 2012. "The OECD Approach to Measuring Income Distribution and Poverty", In David Besharov and Ken Couch (eds.) Counting the Poor: New Thinking About European Poverty Measures and Lessons for the United States New York: Oxford University Press.

Gottschalk, Peter, Sara McLanahan, and Gary D. Sandefur. 1994. "The Dynamics of Intergenerational Transmission of Poverty and Welfare Participation", In Sheldon Danziger, Gary Sandefur, and Daniel Weinberg (Eds.) Confronting Poverty: Prescriptions for Change, Cambridge: Harvard University Press.

Gottschalk, Peter, and Minh Huynh. 2010. "Are Earnings Inequality and Mobility Overstated? The Impact of Nonclassical Measurement Error", Review of Economics and Statistics, 92 (2): 302-315.

Grieger, Lloyd D., Robert F. Schoeni, and Sheldon Danziger. 2009. "Accurately Measuring the Trend in Poverty in the United States using the Panel Study of Income Dynamics", Journal of Economics and Social Measurement, 34: 105-117.

Henry, Eric L., and Charles D. Day. 2005. "A Comparison of Income Concepts: IRS Statistics of Income, Census Current Population Survey, and BLS Consumer Expenditure Survey", www.irs.gov/pub/irs-soi/05henry.pdf.

HUD (Department of Housing and Urban Development). 2018. "The 2018 Annual Homeless Assessment Report (AHAR) to Congress. Part 1: Point-in-Time Estimates of Homelessness", https://files.hudexchange.info/resources/documents/2018-AHAR-Part-1.pdf.

Iceland, John. 1997. "Urban Labor Markets and Individual Transitions Out of Poverty", Demography, 34 (3): 429-441.

Jenkins, Stephen P., and Philippe Van Kerm. 2017. "How does attrition affect estimates of persistent poverty rates? The case of EU-SILC", In: Atkinson, Anthony B., Anne-Catherine Guio, and Eric Marlier (eds.), Monitoring Social Inclusion in Europe. Publications Office of the European Union, Luxembourg City, Luxembourg.

Larrimore, Jeff, Jacob Mortenson, and David Splinter. 2016. "Income and Earnings Mobility in U.S. Tax Data", Federal Reserve Bank of St. Louis and the Board of Governors of the Federal Reserve System (eds.) Economic Mobility: Research & Ideas on Strengthening Families, Communities, & The Economy, 481-516.

Larrimore, Jeff, Jacob Mortenson, and David Splinter. 2019. "Household Incomes in Tax data: Using Addresses to Move from Tax Unit to Household Income Distributions", Journal of Human Resources. Advance online publication. doi: 10.3368/jhr.56.2.0718-9647R1.

Larrimore, Jeff. Richard V. Burkhauser, and Philip Armour. 2015. "Accounting for Income Changes over the Great Recession Relative to Previous Recessions: The Impact of Taxes and Transfers", National Tax Journal, 62 (2): 281-318.

McCue, Daniel, George Masnick, and Chris Herbert. 2015. "Assessing Households and household Growth Estimates with Census Bureau Surveys", Joint Center for Housing Studies Working Paper W15-5. www. jchs. harvard. edu/sites/default/files/w15-5_mccue_masnick_herbert. pdf.

McKernan, Signe-Mary, and Caroline Ratcliffe. 2005. "Events that Trigger Poverty Entries and Exits", Social Science Quarterly, 86: 1146 – 1169.

Meyer, Bruce D. , and James X. Sullivan. 2012. "Winning the War: Poverty from the Great Society to the Great Recession", Brookings Papers on Economic Activity, 45 (2): 133 – 183.

Meyer, Bruce D. , Derek Wu, Victoria R. Mooers, and Carla Medalia. 2019. "The Use and Misuse of Income Data and Extreme Poverty in the United States", NBER Working Paper No. 25907.

Molloy, Raven, Christopher L. Smith, and Abigail Wozniak. 2011. "Internal Migration in the United States", Journal of Economic Perspectives, 25 (3): 173 – 196.

Mortenson, Jacob, James Cilke, Michael Udell, and Jonathan Zytnick. 2009. "Attaching the Left Tail: A New Profile of Income for Persons who do not Appear on Federal Income Tax Returns", Proceedings of the 102nd Annual Conference of the National Tax Association.

Orshansky, Mollie. 1965. "Counting the Poor. Another Look at the Poverty Profile", Social Security Bulletin, 28 (1): 3 – 29.

Proctor, Bernadette D. , Jessica L. Semega, and Melissa A. Kollar. 2016. "Income and Poverty in the United States: 2015", Current Population Reports P60-256 (RV).

Rainwater, Lee. 1981. "Persistent and Transitory Poverty: A New Look", Joint Center for Urban Studies at MIT and Harvard University Working Paper 70.

Ruggles, Steven, Sarah Flood, Ronald Goeken, Josiah Grover, Erin Meyer, Jose Pacas and Matthew Sobek. 2019. "IPUMS USA: Version 9. 0", Minneapolis, MN: IPUMS. https: // doi. org/10. 18128/D010. V9. 0

Semega, Jessica, Melissa Kollar, John Creamer, and Abinash Mohanty. 2019. "Income and Poverty in the United States: 2018", Current Population Reports. United States Census Bureau.

Smeeding, Timothy M. , and Daniel H. Weinberg. 2001. "Toward a Uniform Definition of Household Income", Review of Income and Wealth, 47 (1): 1 – 24.

Social Security Administration. 2019. "The 2019 Annual Report of the Board of Trustees of the Federal Old-age and Survivors insurance and Federal Disability Insurance Trust Funds. " www. ssa. gov/OACT/TR/2019/tr2019. pdf.

Splinter, David. 2019. "Income Mobility and Inequality in the United States: Evidence from Tax Data since 1979", Working Paper. www. davidsplinter. com/Splinter-Mobility_and_Inequality. pdf.

Splinter, David. 2019. "Who Pays No Tax? The Declining Fraction Paying Income Taxes and Increasing Tax Progressivity", Contemporary Economic Policy, 37 (3): 413 – 426.

Stevens, Ann Huff. 1999. "Climbing out of Poverty, Falling back in: Measuring the Persistence of Poverty Over Multiple Spells", Journal of Human Resources, 34 (9): 557 – 588.

新冠肺炎疫情下美国的收入与贫困情况

韩建勋、布鲁斯·D. 梅耶、詹姆斯·X. 沙利文*

摘　要：本文针对新冠肺炎疫情对美国的经济影响，提供了当前疫情下关于收入和贫困的及时、准确的信息，以帮助引导政府将资源分配给受影响最严重的人群，并评估当前政策努力的成效。我们使用基本月度当前人口调查（CPS）的高频数据构建了仅滞后几周的收入分配和贫困的新衡量标准。CPS 收集了大量具有代表性的美国家庭的收入信息。因为此前很少有人使用这个项目的家庭收入数据，我们同时计算了依赖于这些数据的历史估计数据和更广为使用的收入和消费数据的估计值，并通过对二者进行比较来验证新得出的收入衡量标准。我们的研究结果表明，在疫情暴发之初，政府政策有效地抵消了居民收入所受到的影响：贫困率下降，收入的低百分位数在各个人口群体和地区都有所上升。根据 CPS 的详细数据和政府支付总额进行的模拟，我们发现贫困的整体下降可以归因于政府援助的增加，包括失业保险福利和经济影响补助。我们的模拟进一步表明，那些失去就业机会的人，绝大多数都获得了失业保险的赔付。但是在疫情早期，情况并非如此，而且各州的失业救济领取情况也不均衡，有些州的失业居民未得到大比例的失业保险赔付。

一、引　言

在美国，新冠肺炎疫情的暴发迅速导致经济活动空前萧条，美国人就业和收入急剧下降。与此同时，作为《冠状病毒援助、救济和经济安全法案》（CARES Act）和相关刺激法案的一部分，联邦政府采用经济影响补助、小企业贷款等措施进行退税，并且史无前例地大幅扩大了失业保险规模。所有这些法案都承诺投入超过 3 万亿美元，以应对新冠肺炎疫情的影响。这些政策是否足以抵消损失、对收入和贫困究竟产生多少正面影响，我们尚不清楚。为了确保政府能够跟踪美国人口的总体收入变化情况，并按人口统计最有效地确定和调整其财政对策，获取关于收入和贫困的及时信息非常必要。然而，2020 年收入和贫困的官方估计值要到 2021 年 9 月才能获得。这些官方统计数据对联邦、州和地方政府的政策制定者来说用处不大，因为他们需要迅速决定如何分配稀缺资源，以尽量减少新冠肺炎疫情对弱势群体的影响。因此，为应对这场危机，需要有人提供关于当前疫情（以及未来的冲击）对个人和家庭的经济福祉影响

---

* 作者简介：韩建勋（Jeehoon Han）供职于浙江大学，布鲁斯·D. 梅耶（Bruce D. Meyer）供职于芝加哥大学，詹姆斯·X. 沙利文（James X. Sullivan）供职于美国国家经济研究局。

的及时、准确的信息。

为了解决关键、实时信息方面的差距问题，我们使用大量具有代表性的美国家庭和个人样本的高频数据，构建了仅滞后几周的收入分配和收入贫困新指标。我们主要依赖于基本月度当期人口调查（月度 CPS），这个调查包含了一项远未得到充分利用的家庭年收入调查问卷。使用月度 CPS 来估计收入和贫困变化的一个明显优势是，这些数据的快速发布使我们能够及时了解宏观经济条件和政府政策的直接影响。例如，如果使用月度 CPS 的收入数据进行分析，我们就可以早于官方估计数据 14 个月揭示大衰退对贫困所产生的负面影响。我们的方法可以立即获得对总人口收入和贫困的有用估计值，并且同时揭示这些指标如何因人口群体和地理位置的变化而变化。我们还通过比较使用这些数据获得的估计值与使用范围更广、历史更悠久的收入数据获得的估计值，来验证这种新的、及时的家庭收入衡量方法的可靠性。我们的验证结果将有助于其他研究人员了解这种新方法估计即时经济福利变化的优势和局限。

我们的初步证据表明，在疫情暴发初期，美国政府的政策有效抵消了疫情对收入的影响，降低了贫困率，并使低百分位的收入水平在一系列人口群体和地区中上升。随后的证据则表明，在美国新冠肺炎疫情暴发后不久，贫困人口有所下降，尤其是贫困率。我们将过去 12 个月的家庭收入与官方贫困阈值进行比较，计算得出每个月的贫困率，从疫情暴发初期（2020 年 1 月和 2 月）的 10.9% 下降到最近三个月（2020 年 4 月、5 月和 6 月）的 9.4%，下降幅度达到 1.5 个百分点。尽管就业率在 4 月下降了 14%，达到有史以来最大的单月降幅，但贫困人口还是有所下降。贫困的减少对大多数人口群体来说是显而易见的，尽管我们发现的一些证据表明，那些认为自己既不是白人也不是黑人的人群，以及那些仅仅受过高中及以下教育的人群的减贫效果最为明显。

我们使用详细且具有全国代表性的 CPS 数据进行的模拟表明，包括定期失业保险计划、扩大的失业补助计划和经济影响补助计划在内的政府计划可以解释贫困率的整体下降，如果没有这些计划，贫困人口会增加 2.5 个百分点。这些计划也有助于进一步提高收入较高者的收入，但幅度较小。根据在这些项目上实际支出的金额得出的证据，我们发现，大多数符合条件的家庭获得了经济影响补助，扩大失业保险的覆盖范围涵盖了绝大多数希望参加工作但无法找到工作的家庭。然而，各州在帮助大量产生的失业者方面进展缓慢，有些州甚至在最初出现就业率下降后三个月，仍然无法采取有效措施帮助大部分失业人口。

本文的研究提供了一些第一手证据，证明了新型冠状病毒肺炎如何影响美国个人和家庭的经济福祉，以及哪些群体受到的影响最大。长期以来，经济学家一直在研究大规模宏观经济冲击，比如经济衰退（Grusky et al.，2011）或疫情（Almond，2006；Almond and Mazumder，2005）。然而，由于数据有限，研究者很难随着重大冲击的演变而对其进行跟踪研究，已有的研究大多发生在事件发生很久之后。而我们的研究则为未来理解大规模经济冲击提供了一个模板。本文还讨论了一些重要的社会统计调查问题，如月度调查的年收入计算模式是否与官方统计的年调查收入模式一致，对一个单一总体收入问题的回答数据与依靠许多收入来源问题估计的总收入水平相比差异如何。基于调查获得的收入数据在经济研究中具有突出的作用，因此理解其计量的有效性非常重要。

二、了解新冠肺炎疫情的影响

新冠肺炎疫情对劳动力市场的影响迅速且严重。2020 年 4 月就业率（见附图 1）大幅下降超过 8 个百分点（14%），单月跌幅创历史纪录。同时，经营部门的总体盈利下降超过 10%（见附图 2）。尽管收入和就业水平在 2020 年 5 月和 6 月有所反弹，但绝对水平仍远低于 2020 年初的水平。

经济影响补助和扩大失业保险福利是政府用来抵消收入突然下降的两项最直接的措施。经济影响补助计划向年收入低于 75 000 美元的个人和年收入低于 112 500 美元的单亲户主提供 1 200 美元，并向年收入低于 150 000 美元的已婚夫妇提供 2 400 美元；每名符合条件的儿童可获额外 500 美元；对于那些收入超过这些阈值的人，项目支付金额将减去超出部分的 5%。

经济影响补助计划开始于 2020 年 4 月的第二周，提前支付给调整后总收入最低的公司。如附图 3 所示，截至 2020 年 4 月 17 日，美国国家税务局已向近 9 000 万人支付了经济影响补助，并在随后 5 周向另外 6 300 万人支付了经济影响补助。截至 2020 年 6 月 3 日，已处理 1.59 亿笔付款。①

通过扩大失业保险福利，政府向失业者提供了额外救济。2020 年 3 月底通过的《冠状病毒援助、救济和经济安全法案》创立了大规模失业补偿计划，除了通常的补助金，每周还向申请人额外提供 600 美元，这些付款在 2020 年 7 月底到期。该法案还将领取福利的资格扩大到传统失业救济计划未涵盖的群体，如自营职业者、兼职工人，以及那些工作经历不足，不符合传统计划（疫情失业救济计划）的人群，并将定期领取失业救济的期限延长了 13 周（疫情紧急失业补偿）。

在疫情期间，申请这些福利计划的人数空前增多。如附表 4 所示，从 2020 年 3 月中旬开始，首次申请人数激增。截至 4 月 4 日那一周，有 620 万人

① www.irs.gov/newsroom/159-million-economic-impact-payments-processed-low-income-people-and-others-whoarent-required-to-file-tax-returns-can-quickly-register-for-payment-with-irs-non-filers-tool.

初次提出申请。截至3月21日到6月20日的几周里，有超过5 000万起初次赔付。根据美国财政部财政服务局的数据，从2019年2月到2020年2月，该计划的月度支付总额从未超过30亿美元，而在2020年3月，该计划的付款总额跃升至42亿美元，4月达到484亿美元，5月达到937亿美元，6月达到1 157亿美元。

这些政策共同发挥作用，有可能显著提高家庭收入，使许多家庭至少暂时摆脱贫困。考虑一个包含两个成年人和两个孩子的四口之家，其家庭收入完全来自户主的收入。如果户主的收入在疫情暴发之后没有变化，且该家庭的收入（不包括经济影响补助）低于贫困线的90%，那么该家庭就能在2020年4月得到最大数额的经济影响补助，并在4月摆脱贫困（即他们过去12个月的收入将超过类似规模与构成的家庭的贫困阈值）。此外，一次性经济影响补助将足以使这类家庭在过去12个月中的收入维持在贫困线以上一整年，直至2021年3月。或者，如果这类家庭在疫情前的收入低于贫困线的80%，并且户主在2020年4月失去工作，他们就能领取失业津贴，同时持续领取每周600美元的额外津贴，一直到2020年7月。由此，这类家庭在4月的收入将超过贫困线，并能保持九个月①。

三、早期关于及时衡量收入和贫穷的研究

虽然有大量的文献研究收入和贫困的测算和趋势（Ruggles，1990；Citro and Michael，1995；Meyer and Sullivan，2012；Burkhauser et al.，2019），但是这些研究都没有涉及官方收入数据的长期滞后问题，也很少有人使用当期人口调查（月度CPS）的数据。伯格曼和科德尔（Bergmann and Coder，2010）使用月度CPS构建了一个基于2005年至2009年期间的收入数据和估算的失业保障福利水平的贫困测算标准。一些研究人员使用月度CPS来生成及时的收入估计数据，并将这些估计与CPS的年度社会和经济补编（ASEC）数据进行比较。然而，上述研究关注的重点是收入的中位数（Green and Coder，2020），对收入的测算方法只提供了非常少的解释和推导。因此，本文所关注的针对收入和贫困的及时、有效的衡量标准在既有文献中几乎没有先例。

四、数据和方法

在这种情况下，我们选择使用收入数据来测算贫困。尽管本文作者中有两个人为此已经抗议了长达15年，即对于历史研究（而非及时研究），消费数

① 这一计算假设户主收到的失业补助等于离职前收入的一半。

据应该是贫困测算指标的首选。然而，我们从来不认为应该完全使用消费数据。收入和消费数据是互补的，在某些情况下，某一指标的信息量可能相对大于另一个指标。鉴于在时效性的要求方面，很难获得详尽、全面和具有代表性的消费数据，收入数据就成为我们测算贫困的一个重要来源①。此外，从本次疫情的近期影响来看，消费可能独立于收入的短期变化，因此单独对收入进行研究就更具合理性。通过研究疫情期间收入的短期变化，我们可以检查伴随而来的消费下降是由于当前收入不足还是其他原因引起的，比如消费某些商品和服务的机会有限，或者是未来收入的不确定性。

我们设计的收入分配和基于收入的贫困新测算方法依赖于月度 CPS 数据，这些数据收集了大约 40 000 ~ 50 000 户家庭的劳动力市场结果和人口统计学信息②。这项调查提供了全国最具代表性的家庭收入数据。月度 CPS 已经收集了近 40 年的收入信息。因此，我们可以在新冠肺炎暴发之前的很长时间就观察收入的周期模式，以及收入与其他变量的关联。这样做有助于理解收入数据的有效性，因为其结果使我们能够将这些数据中的收入和其他可观察到的特征与许多其他历史数据系列中的数据进行比较。尽管对于一些分析，我们报告了更多历史估计值，但为了了解疫情暴发前后的收入变化，我们将重点关注 2020 年 1 月至 2020 年 6 月的调查数据。

（一）样本分析

我们的分析集中在月度 CPS 数据的一个包含多个个体的子样本中，因为出于多种原因，我们并未观察到所有个人的家庭收入。在附表 1 中，我们报告了 2020 年每个月参与调查的家庭和个人的数量，以及这些数字在我们对样本施加限制后的变化。首先，被选入 CPS 的家户通常只在第一个月和第五个月接受调查时会被询问家庭收入（一个家户在 CPS 样本中存续 16 个月，其中最开始四个月记入数据，中间八个月不计入，最后四个月再计入）③。其次，总收入问题只是参考户主家庭的收入，因此我们没有观察户主家庭以外的个人（即无关系的个人和无关系的子家庭）的收入信息，这些个人在第一个或第五个调查月中约占 5%。最后，在我们对样本进行调查的第一个或第五个月中，23% ~28% 的人没有回答关于家庭收入的问题。虽然美国人口普查局为那些没

① 如果美国劳工统计局（Bureau of Labor Statistics）遵循近年来的时间表，那么消费者支出调查（Consumer Expenditure Survey）中 2020 年具有全国代表性的消费数据要到 2021 年 9 月才能公布。

② 我们通过集成公共使用微数据集（IPUMS-CPS）（Flood et al.，2020）来获取月度 CPS 数据。

③ 对于在第一个月或第五个月没有回答这个收入问题的家庭，其在随后的几个月里会被问到这个问题。因此，在其他几个月里，大约有 3% 的家庭被询问并回答家庭收入问题。否则，在公共用途档案中，其他月份的家庭收入只是从第一个月或第五个月的答复中结转而来。

有回答的人提供了估算的收入值，但我们的分析中没有包括这些样本。由于这些限制，我们能够获得受访者提供的第一个月或第五个月的家庭收入数据，月度样本的范围是从 2020 年 2 月的 8 999 户 20 822 人至 2020 年 4 月的 6 149 户 14 383 人。

在分析疫情暴发前后的收入时，需要考虑的一个重要问题是，当时对新冠肺炎的关注可能已经影响到调查结果。出于防疫的原因，美国人口普查局于 2020 年 3 月将对部分家庭的月度 CPS 的调查收集方法从面对面访谈转为电话访谈，到 2020 年 4 月则已经调整为对所有家庭均采用电话访谈。这一时期正好处于调查期限第一个月和第五个月的家庭受此变化的影响最大，因为此前第一个月、第五个月的调查通常是面对面进行的，而其他月份的调查则通过电话进行。例如，在 2020 年 1 月，66% 的家庭在第一个月或第五个月接受了面对面调查。

在附表 2 中，我们检验了调查方法的变化如何影响 2020 年 2 月至 6 月期间的调查无回应率以及整个访谈月的样本组成。该表第一行显示，2020 年 4 月、5 月和 6 月调查的所有访谈月的无回应率均远高于 2020 年 2 月。然而，这一增长对在此期间接受第一个月调查的家庭最为显著，在一定程度上对第五个月接受调查的家庭也是如此。第一个月或第五个月的调查无回应率较其他月份的调查无回应率上升更为明显，这表明从面谈转为电话访谈可能对回应率产生影响。我们也看到家庭收入问题的非回应数增加，尽管这一增加远低于调查总体非回应率的增加。

如果调查或子项目的无回应不是随机的，上述无回应率变化的模式就可能对我们的研究造成麻烦。为考察受访者是否自主选择不做回应，我们在疫情开始前后的整个访谈月内检查样本的可观察特征，并且将样本限制在没有估算家庭收入的户主家庭中的个人。我们在附表 2 中报告的大多数特征在疫情前后相似，而不论是否在访谈月份。然而，有证据表明，在 2020 年 4 月、5 月和 6 月的第一个访谈月，受访个人的受教育程度比在疫情之前的第一个面谈月略高，而且是单亲家庭的概率也较低。这些微小的差异表明，调查回应率的变化可能导致在最近的调查月份中第一个月的回应者样本略微有利于获得高收入的结果，但进一步的分析表明这些差异不是实质性的[①]。

① 对于我们的主要样本（第一个月和第五个月的受访者），我们拒绝接受附表 2 中的人口统计特征（不包括收入和就业）与 1 月和 2 月相同的联合假设（$p < 0.01$）。然而，当我们用这些特征对其他采访月份的样本的失业率进行回归运算，并使用该模型的估计值来预测调查月份的主要样本的失业率时，整个样本期的平均预测值实际上是相同的，相差不到 0.024 个百分点（0.96%）。它们实际上也与没有从面对面访谈转向电话采访的其他采访月份的平均预测值相同，这表明访谈模式的改变并未对样本构成产生实质性的影响。

为谨慎起见，我们使用两种方法来解决样本代表性可能发生的变化。第一，对于我们的主要分析，我们对3月至6月的样本进行重新赋权，以使这些月份样本的包括家族类型、年龄和教育程度在内的可观察特征与附录1所述的1月和2月的分布相匹配。第二，作为一个额外的稳健性检验，我们报告了一个单独样本的结果，其中只包括在第五个月接受采访的个人，因为最近几个月的无回应率和人口统计学特征变化对这个群体来说是较小的。

（二）月度CPS的家庭收入

我们的主要分析依赖于整体月度CPS中关于住户家庭前12个月总现金收入的问题。具体而言，问题要求受访者报告："在过去12个月内，家庭所有成员的总收入，包括工作收入、商业收入、农场收入或租金、养老金、股息、利息、社会保障金，以及15岁及以上家庭成员收到的任何其他货币收入[①]。"

月度CPS问卷关于普遍家庭收入的问题与当前人口调查的社会和经济补编（CPS ASEC）对总现金收入定义高度一致，官方贫困和收入统计使用的就是这一定义，尽管CPS ASEC的家庭收入是通过加总对收入的许多不同组成部分的相关问题的回答计算得到的。因为访谈是在每月的第三周进行的，所以我们假设受访者在回答问题时包含了访谈月份的收入。进行这种区分对于确定我们预期这种家庭收入衡量标准何时能够反映疫情的影响来说很重要。例如，在进行这种区分的情况下，可以认为4月CPS的受访者在回答中包括了4月前几周收到的政府支付的负收入冲击。在这几周里，失业保险申请人数急剧增长，第一波经济影响赔偿金发放完毕。

同样不清楚的是，受访者对这一问题的回答是否给予前12个月同等的权重，还是更重视最近几个月的收入。如果存在可伸缩性，即受访者更准确地回忆最近的收入，那么月度收入调查中对收入问题的最新回答更有可能反映疫情的影响。调查CPS家庭月收入数据是否存在可伸缩性的证据是未来研究的重要领域。

在月度收入调查中，受访者没有报告总收入的具体数额，而是从16个分类收入范围中进行选择。对于收入分配的最底层，收入范围相当小。在15 000美元以下有五个类别，从15 000美元到40 000美元的区间间隔是5 000美元。为了计算贫困和不同百分位收入分配的估计值，我们将分类回答转化为一个连续衡量标准下的数据，方法是从同一调查年度的CPS ASEC家庭中随机选择收入水平属于相同范围且具有类似人口统计学特征的家庭的收入值。在附录1中，我们提供了详细的估算过程，并将月度CPS中的家庭收入与CPS ASEC中

① https：//www. census. gov/programs-surveys/cps/techdocs/questionnaires/Labor%20Force. pdf.

的家庭收入进行了比较（参见本文第六部分，了解来自月度 CPS 的收入计量有效性的其他分析）。

（三）衡量收入贫困和收入分配的标准

我们对贫困的估计方法将月度 CPS 中受访前 12 个月的家庭收入与每个家庭的官方贫困阈值（因家庭规模和组成而异）进行比较。我们使用的官方贫困阈值与月度 CPS 中参考期的最近一个月一致。例如，由于 2020 年 4 月 CPS 受访者参考期的最近一个月在 2020 年，我们使用"官方"2020 年贫困阈值来计算这些受访者的贫困情况①。

许多研究指出，官方衡量标准有许多局限性，如使用夸大通货膨胀的价格指数调整跨期起征点，忽略了税收、税收抵免和实物福利，如食品券和住房补贴，以及使用较为特殊的规模等价设定（Citro and Michael，1995；Meyer and Sullivan，2012；Burkhauser et al.，2019）。然而，只要这些因素在短期内没有改变，上述局限性与本研究的重点——贫困的短期变化——关系不大。例如，尽管价格指数偏差显著影响对几十年来贫困变化的估计（Meyer and Sullivan，2012），但对于一年内贫困的变化而言，这种偏差可以忽略不计。虽然由于月度 CPS 不包括收到非现金类福利的数据，我们没有将此类项目纳入我们的分析，但这些项目可能在弥补疫情期间损失的收入方面发挥了重要作用。有关这些计划重要性的更多讨论，请参阅比特勒（Bitler）、霍因斯（Hoynes）和尚岑巴赫（Schanzenbach）的相关研究。

由于经济活动的突然中断对所有收入水平的家庭都有影响，使许多家庭有资格领取政府救济津贴，因此我们还调查了疫情期间除贫困线水平以外的其他收入分位点的人群发生的变化。我们特别关注 10%、25%、50% 和 75% 收入分位的家庭收入水平的变化。在这些分析中，我们使用西特龙和迈克尔（Citro and Michael，1995）推荐的规模等价处理法调整不同规模和组成家庭的收入计量，并使用个人消费支出链式价格指数计算通货膨胀情况。

五、疫情期间贫困与收入分配的变化

在图 1 中，我们报告了 2019 年 1 月至 2020 年 6 月期间的贫困率以及三个月的移动平均数。在表 1 中，我们重点列出 2020 年 1 月至 6 月期间每个月的估计数，以及 2020 年 1 月至 2 月、2020 年 4 月至 6 月两个时间段（新冠肺炎

① 为了获得 2020 年的"官方"临界值，我们使用城市消费者物价指数（CPI-U）来调整 2019 年的通货膨胀阈值，这是美国人口普查局每年用来调整官方通货膨胀阈值的价格指数。

疫情暴发前和暴发后）的贫困情况变化。

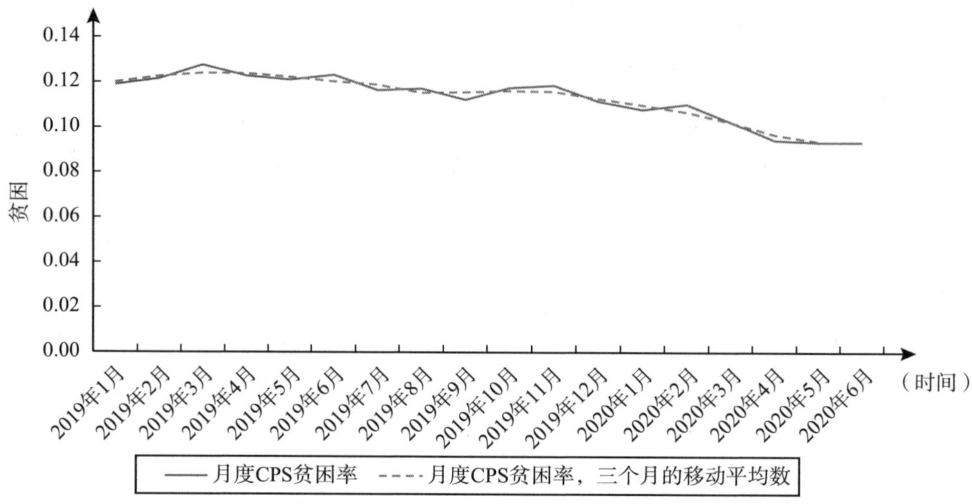

图 1　2019～2020 年月度 CPS 的贫困率

注：样本包括户主的家庭成员以及调查中第一个月或第五个月的个人，不包括在月度 CPS 中估算收入的个人。三个月的移动平均数按第 t－1、t 和 t＋1 个月的未加权平均贫困率计算。自 2020 年 3 月起，该统计数字采用固定人口权重进行加权。

表 1　　2020 年月度 CPS 的贫困率

变量		1 月	2 月	3 月	4 月	5 月	6 月	(4 月＋5 月＋6 月)－(1 月＋2 月)
所有样本		10.80% (0.5)	11.00% (0.5)	10.20% (0.5)	9.40% (0.6)	9.30% (0.6)	9.30% (0.6)	－1.5% (0.5)
个体数量		20 020	20 822	16 733	14 383	14 236	14 391	
年龄	0～17 岁	15.30% (1.0)	15.30% (1.0)	16.30% (1.2)	14.40% (1.4)	13.20% (1.4)	13.10% (1.3)	－1.7% (1.0)
	18～64 岁	9.80% (0.4)	9.90% (0.4)	8.50% (0.5)	8.00% (0.6)	8.40% (0.6)	8.40% (0.5)	－1.6% (0.4)
	65 岁及以上	7.70% (0.6)	8.70% (0.6)	7.60% (0.6)	7.10% (0.6)	6.60% (0.6)	7.10% (0.7)	－1.3% (0.6)
人种	白人	9.40% (0.5)	9.20% (0.5)	8.70% (0.6)	7.80% (0.6)	8.30% (0.6)	7.90% (0.6)	－1.3% (0.5)
	黑人	18.20% (1.6)	20.80% (1.7)	21.30% (2.1)	18.70% (2.5)	16.10% (2.2)	18.20% (2.2)	－1.9% (1.8)
	其他	12.40% (1.5)	12.10% (1.6)	9.00% (1.4)	9.50% (1.9)	9.10% (2.2)	8.60% (1.7)	－3.2% (1.6)

续表

变量		1月	2月	3月	4月	5月	6月	(4月+5月+6月)-(1月+2月)
性别	男性	10.30% (0.5)	10.10% (0.5)	8.70% (0.5)	8.70% (0.7)	8.50% (0.6)	8.80% (0.7)	-1.5% (0.5)
	女性	11.30% (0.5)	11.90% (0.5)	11.70% (0.6)	10.10% (0.7)	10.10% (0.7)	9.90% (0.7)	-1.6% (0.6)
最高学历	高中及以下	20.90% (1.1)	20.30% (1.1)	20.50% (1.3)	19.50% (1.6)	18.10% (1.4)	17.00% (1.6)	-2.4% (1.1)
	大学及以上	6.00% (0.4)	6.40% (0.4)	5.30% (0.4)	4.70% (0.5)	5.30% (0.6)	5.90% (0.6)	-0.9% (0.4)

注：样本包括户主的家庭成员以及在调查中处于第一个月或第五个月的个人，不包括估算收入的个人。自2020年3月起，该统计数字采用固定人口权重进行加权。标准错误集中在家庭层面。括号中的数字为同疫情之前相比增减的数值。

图1中的结果表明，在疫情之前，贫困率正在稳步下降。从2019年11月到2020年2月，贫困率下降了0.9个百分点。疫情暴发后，贫困率的下降趋势甚至一度加速。贫困率在前后两个时期下降了1.5个百分点（约14%），这个差异在统计学上是有意义的①。表1中每个月的估计数值表明，贫困率在3月份有所下降，这是令人惊讶的，因为《冠状病毒援助、救济和经济安全法案》是在这个月的CPS调查发生之后通过的。然而，这种下降是此前明显的下降趋势的延续，并且彼时失业率也几乎没有开始上升。此外，考虑到估计存在一定的不精确性，我们认为无须对一个月的变化做过多的调整。

为了确定劳动力市场冲击和政府应对措施是否对某些人口群体产生了不同的影响，我们探索了不同年龄（0~17岁、18~64岁和65岁及以上）、种族（白人、黑人和其他）、性别以及户主的受教育程度（高中及以下、大学及以上）对相应群体贫困率影响的差异。从年龄来看，三个群体的贫困率都有所下降：0~17岁的贫困率下降了1.7个百分点（11.1%），18~64岁的贫困率下降了1.6个百分点（16.1%），65岁及以上的贫困率下降了1.3个百分点（17.1%）。两个年龄较大的群体的贫困率下降在统计学上是显著的，但彼此之间没有显著差异。我们同时也注意到种族、性别和受教育程度差异的影响。其他种族（既不是白人也不是黑人）的贫困率下降幅度最大，同疫情前相比下降了3.2个百分点或下降了25.6%，其次是低学历人群，他们的贫困率同疫

① 当我们将样本限制为仅在第五个访谈月的回应者，但不重新加权近几个月的数据以保持人口特征固定不变（附表5和附表7），我们发现这与本部分结论类似。

情前相比下降了2.4个百分点，下降至11.3%①。这两个变化都具有统计学意义。然而，我们无法拒绝这样一个假设，即贫困率下降的趋势在所有种族或所有受教育程度群体之间并无差异。

我们还考虑了造成不同的贫困变化模式的原因：各国在疾病流行初期受到的打击严重程度不同，其政策反应也不同。例如，我们分别研究了新冠肺炎死亡率高和低的州，提前与推迟实施居家令、宣布进入紧急状态的州，以及失业率高与低的州的贫困变化模式。保险公司回报率、领取失业救济金的失业工人的百分比是衡量各州福利计划慷慨程度的标准指标（Wandner，2018）。关于我们如何划分这些样本的详细信息参见附录1，这些分组的结果可参见附表6。我们发现所有这些群体的贫困率都有所下降，这种下降对于较晚发布首批居家令的州来说最为明显，它们的贫困率下降了2.3个百分点。尽管这种下降在统计上是显著的，但我们不能否认这样一个假设，即这种下降与较早发布居家令的州并无不同。事实上，这些组之间的差异没有统计学意义。

除了贫困估计之外，我们还考虑了新冠肺炎疫情如何影响收入分配的差异。在图2中，我们列出了2019年1月至2020年6月期间家庭收入的第10百

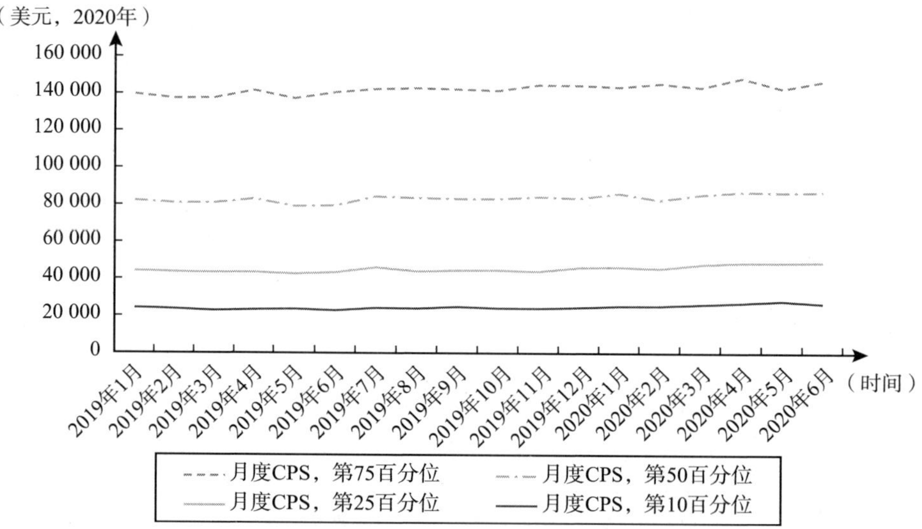

图2 2019～2020年家庭月度CPS收入百分位

注：样本包括户主的家庭成员及第一个月或第五个月接受调查的个体，不包括在月度CPS中估算收入的个体。家庭收入经等值量表调整后，相当于有两个成年人和两个孩子的家庭。收入使用个人消费支出链式价格指数随时间调整，并以2020年5月美元表示。自2020年3月起，该统计数字采用固定人口权重进行加权。

① 其他种族包括美洲印第安人、阿拉斯加原住民、夏威夷原住民或其他太平洋岛国居民（根据2020年5月的调查，占16%）、亚裔（58%）及报告的两个或以上种族（26%）。

分位、第 25 百分位、第 50 百分位和第 75 百分位（相当于一个有两个成人和两个孩子的家庭）。在表 2 中，我们列出了 2020 年 1 月至 6 月期间每个月第 25 百分位的估计值，以及疫情前后第 25 百分位上收入水平的变化。结果与表 2 所示类似，其中第 50 百分位和第 75 百分位的结果在附表 8 和附表 9 中列出。

表 2　　2020 年月度 CPS 的第 25 百分位

变量		1 月	2 月	3 月	4 月	5 月	6 月	(4 月 +5 月 +6 月) - (1 月 +2 月)
所有样本		$46 246 (785)	$45 546 (916)	$47 736 (912)	$48 796 (1 081)	$48 821 (1 340)	$48 977 (1 206)	$2 965 (897)
个体数量		20 020	20 822	16 733	14 383	14 236	14 391	
年龄	0 ~ 17 岁	$38 577 (1 213)	$37 417 (1 142)	$35 598 (1 699)	$39 311 (2 222)	$40 966 (1 222)	$41 163 (2 124)	$2 669 (1 145)
	18 ~ 64 岁	$49 928 (1 305)	$49 691 (1 026)	$53 605 (1 284)	$54 844 (1 307)	$54 274 (1 357)	$54 165 (1 582)	$4 698 (1 047)
	65 岁及以上	$47 398 (1 017)	$46 477 (958)	$49 074 (1 015)	$48 437 (1 448)	$50 499 (1 430)	$48 391 (1 326)	$2 045 (1 154)
种族	白人	$50 216 (1 133)	$49 050 (985)	$51 934 (1 172)	$52 927 (1 277)	$52 754 (1 328)	$53 162 (1 478)	$3 184 (958)
	黑人	$31 051 (1 578)	$30 280 (1 454)	$29 289 (2 105)	$35 359 (3 826)	$34 836 (1 909)	$32 864 (2 148)	$3 460 (1 833)
	其他	$44 044 (3 309)	$43 970 (2 110)	$48 199 (2 056)	$52 727 (3 653)	$45 574 (3 733)	$49 314 (4 309)	$5 344 (3 035)
性别	男性	$47 469 (806)	$47 976 (937)	$50 707 (1 125)	$51 886 (1 525)	$50 969 (1 357)	$50 451 (1 445)	$3 258 (995)
	女性	$45 378 (899)	$43 588 (901)	$45 391 (1 099)	$47 221 (920)	$46 705 (1 110)	$47 367 (1 149)	$2 600 (827)
最高学历	高中及以下	$29 323 (746)	$30 082 (906)	$29 713 (867)	$30 186 (1 469)	$33 144 (1 376)	$31 896 (1 276)	$2 160 (1 006)
	大学及以上	$62 750 (1 512)	$61 390 (1 321)	$64 412 (1 618)	$66 108 (1 892)	$64 360 (1 661)	$64 033 (1 341)	$2 850 (1 318)

注：样本包括家庭成员和第一个或第五个月参加调查的个人。估算收入的个人被排除在样本之外。家庭收入经等值量表调整后，相当于有两个成年人和两个孩子的家庭。收入随着时间的推移，使用个人消费支出链式指数（PCE）进行调整，并以 2020 年 5 月美元表示。自 2020 年 3 月以来，统计数据使用固定的人口加权。标准误差是在家庭层面聚集导致的。括号中的数值为同疫情前相比的变化。

图 2 中的结果显示，我们列出的每个百分位收入在 2019 年 1 月至 2020 年 2 月期间保持不变，此后收入开始上升。第 25 百分位的家庭收入从 1 月和 2 月

的约46 000美元增加到4月、5月和6月的49 000美元，在统计上显著增加了约3 000美元，增幅达到6.4%（见表2）[①]。考虑到低收入家庭可能有资格享受的政府福利，包括3 400美元的经济影响补助（对于有两个孩子的已婚夫妇）和包括每周600美元封顶的失业补助，这一增长似乎是合理的。

我们也看到了收入在更高百分位的增长，尽管上升的幅度随着分配占比的增加而减小。收入中位数（见附表8）在此期间增加了约2 500美元（2.8%），这一增长在统计学上是显著的。在第75百分位（见图2和附表9），收入增长较为温和，大约增加了1 300美元（0.9%），这在统计上并不显著。收入在第75百分位的增长不会太令人惊讶，因为那些收入在这个水平的人仍然有资格享受扩大的政府福利。第75百分位的等效收入值，一对有两个孩子的夫妇约为14.5万美元，个人约为6.5万美元。这些值低于获得全部经济影响补助的收入阈值。

与我们对贫困的研究结果一样，有一致的证据表明，在我们所考虑的所有分组中，新冠肺炎疫情发生前后的收入都有所增加（见表2和附表10），而且在几乎所有的情况下，收入的增加在统计学上都是显著的，尽管这些变化的估计值在各群体之间没有显著差异。

政府政策对收入变化的影响

我们发现，尽管收入急剧下降，但在疫情开始后的头几个月里，贫困减少，收入增加。这表明政府针对疫情的政策调整对收入产生了重大影响。我们可以通过计算贫困差异、其他收入统计数据，同时观察包括和不包括政府福利的家庭收入衡量标准，估计向个人支付补贴的直接影响。因为我们可以直接观察到包括福利在内的收入，所以只需计算第二个反事实的收入指标，在原本的收入数据中减去这些福利。虽然我们没有直接观察到收到的经济影响补助和扩大的失业补助，但月度CPS中有足够的信息用于计算每个家庭可能获得的年收入、家庭规模和结构以及失业状况和持续时间。

特别地，对于4月、5月和6月的CPS样本，我们估算了直接将现金收入转移给个人和家庭的三个主要政府项目的福利，即疫情失业补助（PUC）计划、大流行性失业援助（PUA）计划和定期失业补助计划，因为这些支付在疫情开始后也大幅增加。我们的方法还将考虑大流行病紧急失业补偿（PEUC）计划的福利，该计划将失业补助的期限延长了13周，尽管在我们的样本期内，该计划仅仅影响了少数申请人。

由于几乎所有符合收入条件的个人和家庭都收到了这类付款，因此估算经

---

① 1月的数据约为四口之家官方贫困线的1.75倍。

济影响补助很简单。我们根据家庭收入、规模和构成计算出适当的福利金额。总的来说，我们的插补法准确地计算出了政府所支付的经济影响补助总和，同时我们限制了估算的收益以匹配这些总额。有关我们计算步骤的详细说明，请参见附录2。

因为扩展的失业补助计划的覆盖范围远远超出了传统的失业人群，我们需要将失业补助分配给目前没有工作的广泛人群。事实上，如果我们只把福利分配给那些失业的人，那么福利总额将远远低于支付的总金额。因此，我们为报告失业（不工作和正在找工作）的一部分人（以前是自营职业者除外）估算定期的失业补助。对于大流行性失业援助计划（PUA），我们为目前失业但以前是个体经营者的部分人群，由于健康原因、家庭责任、儿童保育问题和其他原因而缺勤的人以及那些想要工作，但在过去的四周内没有找工作的人估算福利，原因包括：（1）认为在自己的专业领域没有工作机会；（2）找不到工作；（3）有家庭责任感；（4）无法安排托儿；（5）其他原因。虽然这些群体中的很大一部分可能有资格获得某种形式的失业保险，但也有一些有资格获得失业保险赔付的个人无法得到福利。例如，由于没有完整的就业历史数据，因此我们将漏掉那些在受访前12个月内获得了失业补助，但在受访时已经重新就业的人。为确定分配支付的失业补助的适当金额，我们对计算福利的个人数量（随机选择）设置上限，以便估算的福利总额与行政总额相匹配（美国财政部，2020）。因为个人获得失业补助的条件在各州可能不同，我们在实际计算中允许根据附录2中所述的各州失业补助接受率，改变各州的上限。详情请参阅附录2。

利用这些估算收益，我们得以观察在是否包含这些收益的情况下，家庭收入低于贫困线和贫困线倍数的个人所占份额的变化。表3列出了主要贫困估计数值。这些估计数值是以报告的家庭年总收入为基础的，因此这些数值在理论上包括了经济影响补助计划以及扩大的和定期的失业补助。然后，从收入中减去4月、5月和6月CPS样本的政府福利来考察贫困的变化。在该表的最后一列，我们列出了2020年1月至2020年6月每项贫困指标的变化情况。我们发现，如果把所有这些政府政策都排除在外，从1月至6月，贫困率会增加2.7个百分点，这在统计学上是显著的。换言之，根据我们所观察到的，政府计划不仅有助于总体贫困率的下降，而且能阻止贫困率的快速上升。

为了确定这些项目（EIP、PUC、PUA）在减贫方面的相对贡献，我们将其分别排除在外。计算结果表明，虽然失业补助和经济影响补助在阻止贫困增加方面都发挥了重要作用，但经济影响补助的效果更大。如果不包括这些付款，6月的贫困率比1月高1.1个百分点。相反，如果我们排除所有失业补助项目，但保留经济影响补助，贫困人口的增长率是0.8%。如果我们仅排除扩大后的失业补助（PUC 和 PUA），那么从 1 月至 6 月贫困率将略微下降（0.1%），在这种反事实的情况下，6 月的贫困率仍远高于6 月的实际估计值（1.3%）。

表 3　　2020 年月度 CPS 的有或无新冠肺炎疫情相关政府救助的贫困率

类别	1月	2月	3月	4月	5月	6月	1月至6月
小组 A：收入低于贫困线的 100%							
实际贫困率	10.8% (0.5)	11.0% (0.5)	10.2% (0.5)	9.4% (0.6)	9.3% (0.6)	9.3% (0.6)	-1.5% (0.8)
不包含或没有 EIP 和所有失业保险				11.1% (0.7)	11.6% (0.7)	13.5% (0.7)	2.7% (0.8)
不包含或没有 EIP 和 PUC/PUA				11.0% (0.7)	11.4% (0.7)	13.3% (0.7)	2.5% (0.8)
不包含或没有 EIP				10.8% (0.7)	10.7% (0.7)	11.9% (0.7)	1.1% (0.8)
不包含或没有所有失业保险				9.6% (0.6)	9.9% (0.6)	11.6% (0.7)	0.8% (0.8)
不包含或没有 PUC/PUA				9.5% (0.6)	9.8% (0.6)	10.9% (0.6)	0.1% (0.8)
小组 B：收入低于贫困线的 200%							
实际贫困率	29.1% (0.7)	29.3% (0.7)	27.8% (0.8)	27.4% (0.9)	27.4% (0.9)	26.9% (0.9)	-2.1% (1.1)
不包含或没有 EIP 和所有失业保险				28.9% (0.9)	30.4% (0.9)	31.2% (0.9)	2.10% (1.1)
不包含或没有 EIP 和 PUC/PUA				28.9% (0.9)	30.2% (0.9)	30.6% (0.9)	1.5% (1.1)
不包含或没有 EIP				28.9% (0.9)	29.3% (0.9)	29.4% (0.9)	0.3% (1.1)
不包含或没有所有失业保险				27.6% (0.9)	28.4% (0.9)	28.5% (0.9)	-0.6% (1.1)
不包含或没有 PUC/PUA				27.5% (0.9)	28.1% (0.9)	28.3% (0.9)	-0.8% (1.1)

续表

类别	1月	2月	3月	4月	5月	6月	1月至6月
小组 C：收入低于贫困线的 300%							
实际贫困率	45.0% (0.7)	46.7% (0.7)	45.0% (0.8)	43.8% (0.9)	44.5% (0.9)	45.1% (0.9)	0.1% (1.2)
不包含或没有 EIP 和所有失业保险				45.0% (0.9)	47.6% (0.9)	48.0% (0.9)	3.0% (1.2)
不包含或没有 EIP 和 PUC/PUA				44.9% (0.9)	47.3% (0.9)	47.7% (0.9)	2.7% (1.2)
不包含或没有 EIP				44.9% (0.9)	46.6% (0.9)	46.6% (0.9)	1.6% (1.2)
不包含或没有所有失业保险				44.0% (0.9)	45.4% (0.9)	46.4% (0.9)	1.4% (1.2)
不包含或没有 PUC/PUA				43.9% (0.9)	45.1% (0.9)	46.1% (0.9)	1.1% (1.2)
小组 D：收入低于贫困线的 500%							
实际贫困率	69.9% (0.6)	69.5% (0.6)	69.3% (0.7)	68.3% (0.8)	69.6% (0.8)	69.7% (0.8)	-0.2% (1.0)
不包含或没有 EIP 和所有失业保险				69.2% (0.8)	71.5% (0.8)	71.0% (0.8)	1.1% (1.0)
不包含或没有 EIP 和 PUC/PUA				69.1% (0.8)	71.5% (0.8)	70.9% (0.8)	1.0% (1.0)
不包含或没有 EIP				69.0% (0.8)	71.0% (0.8)	70.6% (0.8)	0.7% (1.0)
不包含或没有所有失业保险				68.5% (0.8)	70.1% (0.8)	70.2% (0.8)	0.3% (1.0)
不包含或没有 PUC/PUA				68.4% (0.8)	70.0% (0.8)	70.1% (0.8)	0.2% (1.0)

注：本次调查样本包括住户家庭成员及调查第一个月或第五个月的个人。具有估算收入的个人被排除在样本之外。自 2020 年 3 月以来，使用固定人口权重对统计数据进行加权。标准误差集中在家庭层面。EIP 和 UI 付款的计算详情参见附录 2。括号中的数字表示同疫情前相比的差值。

在表 3 的其余部分，我们考虑了这些政策对收入分配较高分位数值的影响：分别为贫困线收入的 200%、300% 和 500%。随着收入分配分位的上升，政策的效果会成比例下降。鉴于相关项目的针对性，以及这些支付金额的固定数额在家庭收入中所占的比例较小，这一点是可以预期的。收入分配最高分位组的估计结果表明，所有项目的效果是将贫困人口减少 30.6%（从 13.5% 到

9.3%），这些综合项目将收入低于2倍贫困线水平的家庭的比例降低了13.6%。经济影响补助和失业补助都有助于降低收入低于2倍贫困线的家庭。在收入分布中更高的位置上，政府项目同样增加了收入，但影响较小。所有项目的效果是将3倍贫困线以下的家庭比例减少6.2%，5倍贫困线水平以下的比例减少1.8%。

我们的估算还使我们能够就有关政府如何应对受疫情影响的个人和家庭的其他重要问题提供证据。尤其是，我们可以检查符合受助资格家庭获得福利的程度，并探索哪些人口群体更可能或不太可能实际获得福利。虽然在我们的数据中没有看到这些福利的实际收入，但我们拥有每月发放福利总额的有效信息，而且我们对CPS样本中有哪些家庭可能符合受助资格也有相当有效的信息。

考虑到主要基于收入的经济影响补助计划对受助人的资格要求较为宽泛，估算此类福利较为简单。尽管有人关心某些个人群体获得这些福利的障碍，但我们的模拟显示，到6月的第三个星期，大多数符合资格的个人和家庭都获得了这些福利。如果我们假设，在6月，所有符合条件的CPS样本家庭都获得了分配款项，这些福利的加权总额为2 760亿美元，仅比美国国税局报告的截至2020年6月3日的实际支付金额（2 670亿美元）高出约3%。[①]

对于失业补助，我们针对估算总福利所设置的上限在每个月都具有约束力，这表明相比我们的推算，有更多的个人被认定为符合常规失业补助或扩大的失业补助（PUA）资格的救助标准。估算与实际情况的差距在最初几个月更为明显。例如，在5月，实际符合PUA资格的人被分配估算福利的比例只有38%，而实际符合常规的失业补助并获得相应福利的人中我们只估算了65%（见表4）。到6月，这些计划的估算接收率要高得多，PUA为81%，常规失业补助为86%，这表明截至此时，大多数失业者都获得了福利。值得强调的是，一些我们在估算中认为符合条件的人可能由于退出、成为新进入者或不满足PUA要求而没有真正符合条件。因此，真实的接收率可能高于这些分配百分比。为了再次检查我们对疫情中失业补助覆盖范围的评估，我们将已公布的失业补助申请数量与估计的数量进行了比较。该分析证实了我们模拟的主要结论（见附录2和附表15）。在这场疫情中，国家失业补助最初反应缓慢，但到6月，绝大部分失业者都被扩大后的失业补助系统所覆盖。

① https://home.treasury.gov/news/press-releases/sm1025.

表 4 估算的累计刺激和 UI 付款及接收率

月份	项目	模拟合格金额（10 亿美元）	政府支付数据（10 亿美元）	模拟收款金额（10 亿美元）	接收率（%）	个人接收率（%）
4 月	EIP	274	160	162	59	59
	PUA	47. 5		2. 7	6	5
	常规 UI	25. 9		10. 0	39	37
	PUC	90. 2		19. 9	22	23
	总 UI	164	32. 4	32. 6	20	23
5 月	EIP	279	259	260	93	93
	PUA	53. 6		20. 9	39	38
	常规 Ul	40. 6		27. 5	68	65
	PUC	142		73. 8	52	52
	总 Ul	237	122	122	52	52
6 月	EIP	278	267	278	100	100
	PUA	48. 4		39. 8	82	81
	常规 Ul	49. 3		42. 8	87	86
	PUC	164		138	84	84
	总 Ul	261	224	220	84	84

注：模拟合格金额是我们在所有符合申领条件的人都获得福利的情况下估算的加权累计福利总额。政府支付数据反映根据美国国税局或美国财政部（2020）的数据支付的累计美元总额。模拟接收金额反映估算福利总额上限，以符合行政数据总额（六月的 EIP 除外）。个人接收率按被指定为符合申领条件的人在该计划分配的估算福利的比例计算。数据截至 2020 年 6 月 3 日。

我们进一步细分这些接收率，按 2020 年第一季度开始的州级接收率将各州进行分组（见表 5）。接收率通常被用来表示各州对申请失业补助的欢迎程度——税率低的失业金领取被认为是不好的申请行为，政府在取消他们申请人资格方面也更加积极。这些结果表明，各组间的接收率差异很大。例如，5 月接收率最低的 1/3 人群中，只有 23% 符合 PUA 资格的人得到了预估的福利，而接收率最高的 1/3 人群中则有 50% 获得了福利。对于常规失业补助，后 1/3 人群中补助金的接收率为 46%，前 1/3 人群中补助金的接收率则为 81%。6 月 PUA 的接收率有所上升，后 1/3 人群中补助金的接收率为 54%，前 1/3 人群中补助金的接受率则为 95%，而常规失业补助的相应数据分别为 62% 和 99%。

表 5　　按互惠税率表及月份估算的 UI 接收率

月份	UI 类型	接收率的百分位数	接收率（%）
4 月	PUA	1	6
		2	5
		3	6
	常规 Ul	1	33
		2	38
		3	40
5 月	PUA	1	23
		2	40
		3	50
	常规 Ul	1	46
		2	65
		3	81
6 月	PUA	1	54
		2	91
		3	95
	常规 Ul	1	62
		2	95
		3	99

注：2020 年第一季度各州采用各自的常规 UI 接收率确定的接收率百分位数。

显然，在失业补助接收率方面，传统上失业补助接收率低的州与接收率高的州之间存在很大的差异。这些地区接收率的差异会影响失业补助系统对特定人口群体的影响。例如，由于低接收率的州有更高比例的人口是黑人（最低百分位占比是 17%，最高百分位是 12%），与美国白人相比，美国黑人在失业补助系统中受到的待遇较差。

六、家庭月收入数据与其他收入数据来源的比较

由于 CPS 家庭月收入数据很少用于衡量收入或贫困程度，我们对其进行基准化，并通过与其他收入数据来源进行比较来检验其准确性。我们考虑这些不同的收入来源如何在水平和趋势上保持一致，也评估收入或贫困的年度衡量

指标的月度更新（我们可以利用月度 CPS 数据）是否能够预测到此后发布的、只有年度调查数据（比如 CPS ASEC）才能揭示的变化。我们更感兴趣的是，家庭月消费支出的年内变化是否与其他来源的数据一致。这些比较将提供信息，使研究人员能够识别这些重要但很少使用的公共数据的优势和劣势，并有助于使用和解释这些数据。

对月度 CPS 最直接的比较是当前人口调查的年度社会和经济补编（CPS ASEC），因为本次调查是对 2 月、3 月和 4 月的月度 CPS 样本的补充。CPS ASEC 是美国官方收入统计数据的来源。这两项调查中的问题都是为了获得一个类似的收入概念：税前收入。这些指标之间的一个重要区别是，月度 CPS 依赖于一个单一的概况性问题，即过去 12 个月内住户家庭所有来源的个人收入，而 CPS ASEC 的收入数据来源于所有 15 岁及以上个人上一个日历年中超过 25 个不同收入来源的信息。因此，将月度 CPS 与 CPS ASEC 进行比较，可以揭示有关收入的概况问题实际上在多大程度上可以从许多不同的来源获得。

为了评估这些不同来源的模式的可比性，在图 3 中我们使用 2005 年至 2020 年期间的月度 CPS 和 CPS ASEC 收入贫困情况报告。对于 CPS ASEC 估计，我们将样本仅限于住户家庭中的个人，因为这是我们在月度 CPS 中观察收入的样本。为了进行比较，我们还列出了美国官方的贫困率，这是根据 CPS ASEC 的数据得出的。这两种方式与 CPS ASEC 的唯一区别在于，官方的报告方法还包括了住户家庭以外的个人。由于我们的月度 CPS 样本比 CPS ASEC 的样本要小得多，因此受到的干扰更大，我们还列出了月度 CPS 贫困率的三个月移动平均值。对于所有指标，x 轴表示收入基准期的最近一个月。因此，我们在每年 12 月绘制 CPS ASEC 的估计值，因为参考期是日历年，但对于月度 CPS，我们将在访谈月份绘制估计值。

图 3 中的结果表明，户主家庭成员比其他个人的贫困率低。官方贫困率比 CPS ASEC 排除户主家庭成员以外的个人的指标高出约 1 个百分点。月度 CPS 的贫困估计值比 CPS ASEC 的可比指标高出 1 个到 2 个百分点。这种水平上的差异表明，在 CPS ASEC 中提出的更详细的收入问题比关于家庭收入的单一的概况性问题能够涵盖更多的收入。然而，随着时间的变化，这两个序列的模式变得非常相似。例如，在 2007 年 12 月至 2010 年 12 月期间，年度 CPS ASEC 贫困率上升了 19%，而 CPS 年度月度贫困率（三个月移动平均值）上升了 25%。2014 年 12 月至 2018 年 12 月，CPS ASEC 贫困率下降了 18%，CPS 月度贫困率下降了 21%。事实上，从这两个来源估算的年贫困率与 12 月 CPS 的贫困率之间存在高度的相关性。在 2005 年至 2018 年间，这两项贫困衡量指标

之间的相关性为0.91。

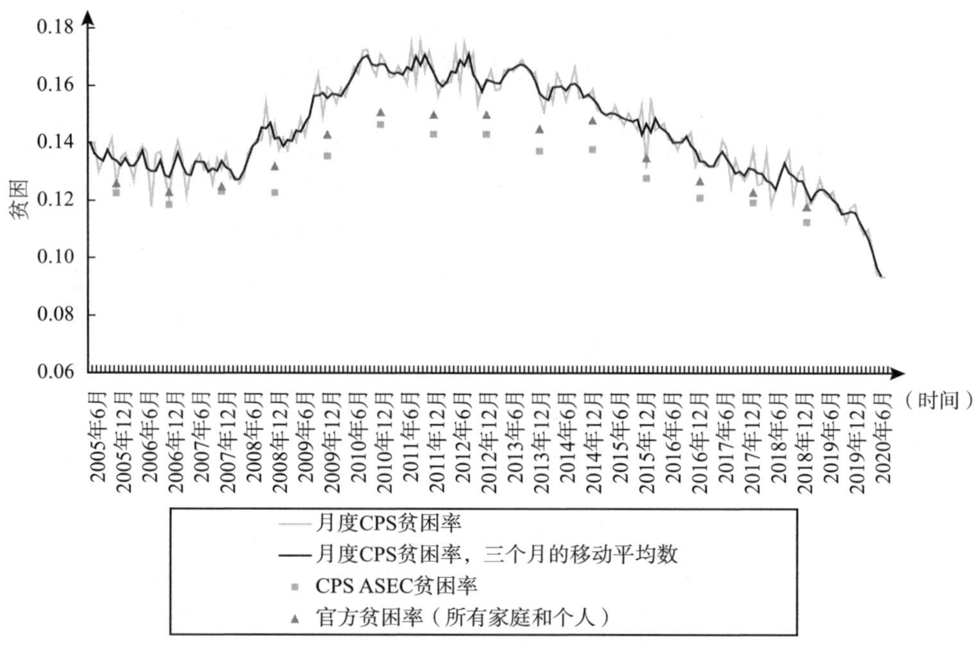

图3　2005～2020年从月度CPS和CPS ASEC获得的贫困率

注：月度CPS和CPS ASEC样本包括户主家庭成员。家庭月度CPS样本仅限于在调查的第1个月或第5个月有非估算收入的个人。三个月的移动平均数是t-1、t和t+1月贫困率的未加权平均数。自2020年3月以来，使用固定人口权重对统计数据进行加权。

图3还显示了使用月度CPS提供更具时效性估计值的优势。直到2009年9月官方公布2008年的贫困估计数据（以及CPS ASEC数据），才首次证明了大衰退对贫困的负面影响。然而，使用月度CPS数据，我们早在2008年6月就可以看到年度贫困率出现上升——这一估计本可以在2008年7月计算出来的，比官方要早整整14个月。及时的月度CPS数据意味着我们已经可以看到在疫情暴发之前和暴发之后的几个月里贫困状况是如何变化的。而我们将继续尽早了解在未来几个月里，随着宏观经济环境的演变，经济福利是如何变化的。

在图4中，我们报告了2005年至2020年期间月度CPS和CPS ASEC家庭实际收入在各百分位的变动趋势。同样，我们看到CPS ASEC收入超过月度CPS收入，但是对于我们报告的每一个百分位的数值，这两个数据源随时间的变化非常相似。

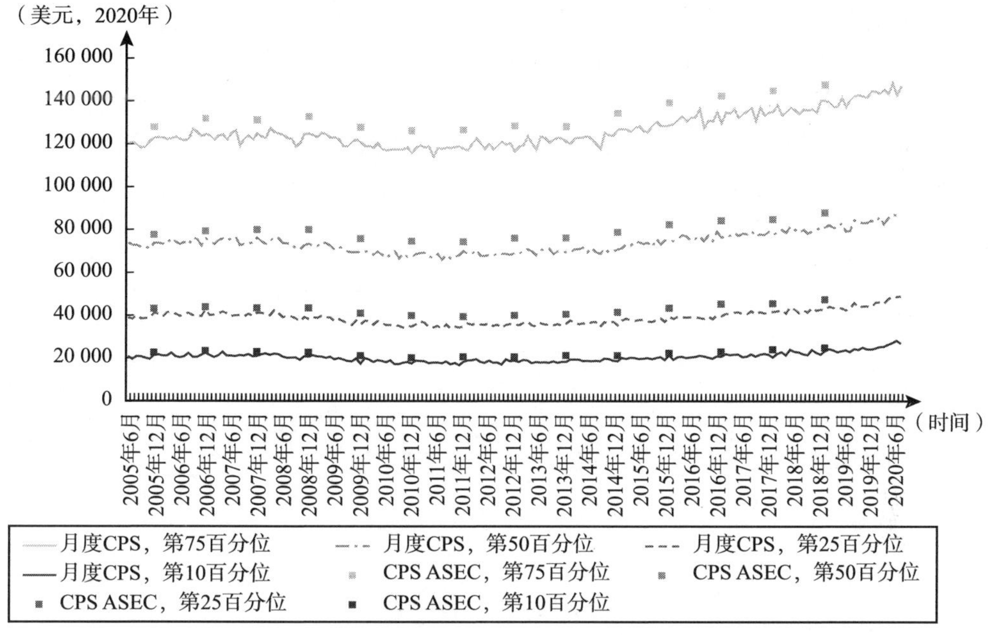

图 4　2005～2020 年从月度 CPS 和 CPS ASEC 获得的家庭收入百分位

注：月度 CPS 和 CPS ASEC 样本包括户主家庭成员。月度 CPS 样本仅限于调查中第一个月或第五个月有非估算收入的个人。家庭收入经等值量表调整后与一个有两个成人和两个子女的家庭等值。收入使用个人消费支出链式指数（PCE）随时间调整，并以 2020 年 5 月美元表示。自 2020 年 3 月起，该统计数字采用固定人口权重进行加权。

与 CPS ASEC 收入度量相比，考察月度 CPS 收入度量准确性的另一种方法是检查每种度量方式的离散程度。通常情况下的做法是构建一个变量，由真实分量加上与真实分量不相关的误差分量之和计算得到。在这种情况下，更大的离散性意味着更多的误差。有关这两种来源的收入计量的标准差、方差和变异系数，可参见附表 12。该表显示，月度 CPS 计量的标准差比 ASEC 的标准差低约 9%，而变异系数则高出约 2%，这表明两种收入来源的计量误差几乎没有差别。

我们还比较了月度 CPS 的收入与消费者支出调查（CE）中的收入。CE 是一项具有全国代表性的调查，是美国最全面的消费数据调查。它是一项轮转进行的小组调查，每季度采访大约 7 500 个家庭。调查的重点是支出数据，同时也收集家庭收入信息。这种比较的一个好处是，CE 全年都会与家庭进行面谈，收入问题的参考期是前 12 个月，这与月度 CPS 收入问题的参考期一致。图 5 给出了从 2014 年第一季度到 2018 年年底，按季度计算的年收入贫困估计值（使用 CE 数据和月度 CPS 的估计值，按照季度加总）。如图 5 所示，月度 CPS

的贫困长期趋势与图中 CE 所示结果非常接近。从 2014 年第一季度到 2018 年最后一个季度，使用月度 CPS 的数据计算，贫困率下降了 18%，使用 CE 的数据计算则下降了 13%。从这两个来源估计的年贫困率高度相关。在此期间，这两个衡量贫困的标准之间的相关性为 0.84。这些模式表明，月度 CPS 所示的家庭收入变化与其他常用的、具有全国代表性的数据来源是一致的。

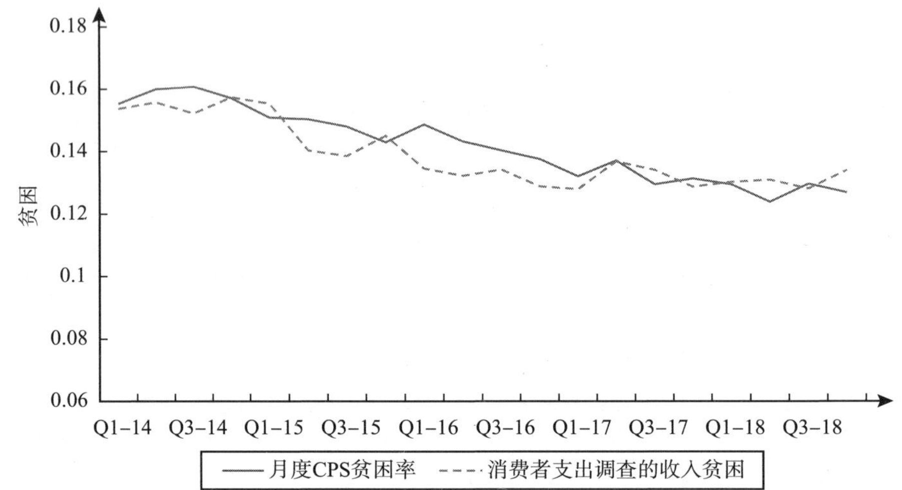

图 5　2014～2018 年从月度 CPS 和消费者支出调查获得的贫困率

注：贫困率按每个调查季度计算。月度 CPS 样本包括户主家庭成员以及调查中第一或第五个月的个人，不包括在月度 CPS 中估算收入的个人。消费税收入按税前收入减去食品券计算。Q = 季度。

七、疫情期间与收入和福利相关的其他信息

近几个月来，大量近乎实时的数据揭示了疫情初期人口经济福利的变化情况。本文研究至少有两个方面值得注意。首先，来自调查和行政数据的其他证据在来源上与本文中的证据有很高的一致性。其次，虽然这些其他来源提供了关于疫情期间个人和家庭的经济状况如何变化的重要信息，但我们从月度 CPS 中提供的证据仍然具有很大的优势。

与我们的结果一致，经济分析局（BEA）的个人收入和支出数据（截至 2020 年 6 月，如附图 5 所示）表明，实际可支配个人收入在 3 月下降了 2%，但在 4 月又回升到 13%，在两种情况下，都是按照对比上月的变化计算的。虽然 5 月有所下降，但个人收入仍远高于 3 月的水平。经济分析局还报告说，4 月实际个人消费支出下降了 13%，5 月和 6 月则略有增长。考克斯等人（Cox et al.，2020）以及切蒂等人（Chetty et al.，2020）也发现，4 月的支出分别在银行账户和累计信贷记录中有所下降，尽管在 5 月都出现了上升。考克

斯等人（Cox et al.，2020）还发现，在疫情初期，储蓄增加，尤其是那些以前收入较低的人。他们得出的结论是，观察到的最初的消费下降并不是由于劳动力市场冲击造成的收入下降。其他证据表明，信用卡债务、个人贷款甚至从当铺借款都有所下降[①]。收入和储蓄的增加与最初的消费下降相符合，因为消费机会受到居家令和旅行禁令的限制，此外，个人为避免感染或病毒传播而做出的选择、未来收入来源的不确定性和其他因素也会导致储蓄增加。因此，我们发现的收入增长与其他证据是一致的。

虽然加总的国民账户或财务记录提供了关于消费总量变化的有用信息，但它们并没有按人口群体对经济福祉进行分类估计，这无助于我们了解哪些群体受到这次疫情的伤害最大。同样，我们也无法从这些数据中获得诸如收入百分位数或贫困率等用于评估受该疫情影响的分布统计数据。家庭财务记录有可能提供分类和分布的详细信息，但不能代表全部人口，而且相当一部分人口没有银行账户，这一点也很重要。

一些重要和及时的新调查来源提供了有关其他领域的宝贵信息，但它们很少或根本没有关于收入的信息。这些调查包括美国人口普查局的家庭人口调查、联邦储备银行的家庭经济决策调查和数据基金会的新冠肺炎疫情影响调查（有关这些调查的详细信息，请参见附表13）。这些调查不收集当前收入的数据，尽管最近一轮的调查确实询问了受访者上个月收入的变化情况。然而，这次的采访是在4月初进行的，在我们考虑大部分政府福利分配之前。新冠肺炎疫情影响调查（Hamilton项目组，2020）发现，与之前不同的调查相比，对粮食无保障的担忧有所增加，而美国人口普查局的家庭脉搏调查（美国人口普查局，2020）发现无力支付租金的比率很高。这些消息来源以及美国食品银行使用的证据表明，在疫情之后，人们的生活更加艰难。我们应该强调，这一流行病造成的严重破坏，如学校、商店、教堂和其他设施的关闭，未来收入来源的不确定性，对家人和朋友健康的担忧以及其他干扰，都可能导致人们生活更加困难。贫困率的上升可能是真实的，尽管因为疫情前后信息来源不同，我们不太确定随着时间的推移贫困率变化的程度。就政策而言，本文得出的一个重要事实是，贫困人口的增加并不是由于总体收入的损失，而是由于这一流行病的其他干扰，包括收入流动的不平衡。此外，考虑到措辞或问题顺序的微小变化会对调查结果产生重大影响，与使用没有历史基准的新调查相比，拥有几十年相同形式实地调查传统的调查数据可以让我们更确定相关证据的此类影响。

---

① https：//www. wsj. com/articles/consumers-flush-with-stimulus-money-shun-credit-card-debt-11596373.

八、讨论与结论

尽管劳动力市场急剧萎缩，但我们的结果表明，在疫情的最初几个月中，贫困率下降了，收入的百分位数增加了，这是使用美国人口唯一可用的、具有代表性的及时收入数据来源所得出的结论。我们进一步证明，如果没有刺激救助和扩大的失业保险计划，贫困率将急剧上升。尽管扩大的政府计划有助于避免贫困增加，但其中许多收益是一次性的或暂时的，因此未来的收入估算将取决于这些收益的可得性如何变化。

尽管我们发现年收入在所有百分位数上都在增加，但收入总体分配的改善仍然与收入大幅下降的家庭比例保持一致。观察到的数据显示，少数家庭短期的收入大幅下降与数量庞大的家庭的收入少量增长混合在一起，变得更为难以辨别。

这些变化的背后是年度收入指标。年度参考期将通过平均化处理，消除每月潜在的巨大收入波动，因为政府的大部分救济是一次性的或暂时的。在理想情况下，我们还将在较短的时间内检查高质量的、具有国家代表性的收入数据，但这些数据并不存在。对于没有储蓄或没有其他缓冲的人，短期收入的减少会导致其生活极度困难。

我们的模拟还提供了有关合格家庭可以在多大程度上获得政府补助的证据。对总付款的比较表明，大多数符合条件的家庭到 6 月都收到了疫情经济影响补助。关于失业补助，许多符合条件的人在疫情的最初几个月没有得到任何救助。而到 6 月，大多数符合条件的人已经领取了津贴。但是，各州之间的接收率明显不同，这对那些实际上或多或少可以获得收益的人口群体具有重要影响。例如，由于接收率低的州的黑人人口比例较高，因此符合失业补助资格的美国黑人相对不太可能接收补助。进一步检查不同人口群体的失业补助覆盖范围差异是未来研究值得关注的有趣话题。

我们的结果中有一些潜在的偏差值得注意。我们怀疑，在过去一年的报告中，有某种趋势强调最近的收入模式，但这种趋势有多强，目前尚不清楚。这种偏差意味着，我们的估计值比名义的一年参考期在更短的时间内更接近收入的变化。我们还怀疑，收入来源从工作挣得的钱（一个被广泛报道的收入来源）转移到失业保险（一个漏报的收入来源）意味着我们可能低估了收入的一些改善或夸大了一些收入的下降。近年来，CPS 报告了大约 90% 的收入，而失业保险只有大约 60% （Meyer，Mok and Sullivan，2015）。

这项研究对政策和未来的研究都有重要的启示。更好、更及时地了解收入和贫困将有助于联邦、州和地方政府决策者更好地分配稀缺资源，以减少新冠肺炎疫情（以及未来的流行病或其他经济冲击）对弱势人群的冲击。此外，通过使用多个收入来源评估这些新措施的有效性，本文的研究为今后及时评估贫困奠定了基础，并让其他人了解到这些重要但很少使用的公共数据的优点和不足。

参考文献

Almond, Douglas. 2006. "Is the 1918 Influenza Pandemic Over? Long-term Effects of In Utero Influenza Exposure in the Post-1940 U. S. Population", Journal of Political Economy, 114 (4): 672 – 712.

Almond, Douglas and Bhashkar Mazumder. 2005. "The 1918 Influenza Pandemic and Subsequent Health Outcomes: An Analysis of SIPP Data", American Economic Review, 95 (2): 258 – 262.

Burkhauser, Richard V., Kevin Corinth, James Elwell and Jeff Larrimore. 2019. "Evaluating the Success of President Johnson's War on Poverty: Revisiting the Historical Record Using a Full-Income Poverty Measure", NBER Working Paper 26532.

Bergmann, Barbara and John Coder. 2010. "Developing Monthly Poverty Estimates Based on the Monthly Current Population Survey Labor Force Public Use Files: A Report on Methods and Results", SCSPI Working Paper.

Citro, Constance F. and Robert T. Michael. 1995. Measuring Poverty: A New Approach, eds. Washington, D. C.: National Academy Press.

Chetty, Raj, John N. Friedman, Nathaniel Hendren, Michael Stepner, and the Opportunity Insights Team. 2020, "Real-Time Economics: A New Platform to Track the Impacts of COVID-19 on People, Businesses, and Communities Using Private Sector Data", Working Paper, May.

Cox, Natalie, Peter Ganong, Pascal Noel, Joseph Vavra, Arlene Wong, Diana Farrell and Fiona Greig. 2020. "Initial Impacts of the Pandemic on Consumer Behavior: Evidence from Linked Income, Spending, and Savings Data", Working Paper.

Flood, Sarah, Miriam King, Renae Rodgers, Steven Ruggles and J. Robert Warren. 2020. Integrated Public Use Microdata Series, Current Population Survey: Version 7. 0 [dataset]. Minneapolis, MN: IPUMS. https://doi. org/10. 18128/D030. V7. 0

Green, Gordon and John Coder. 2020. "Household Income Trends December 2019", Sentier Research, LLC.

Grusky, David B., Bruce Western, and Christopher Wimer. 2011. "The Great Recession", New York: Russell Sage Foundation.

Hamilton Project. 2020. "Blog Post: The COVID-19 Crisis Has Already Left Too Many Children Hungry in America", https://www. hamiltonproject. org/blog/the_covid_19_crisis_has_already_left_too_many_ children_hungry_in_america.

Meyer, Bruce D., Wallace K. C. Mok, and James X. Sullivan. 2015. "Household Surveys in Crisis", Journal of Economic Perspectives, 29 (4): 199 – 226.

Meyer，Bruce D. and James X. Sullivan. 2012. “Winning the War：Poverty from the Great Society to the Great Recession”，Brookings Papers on Economic Activity，Fall，pp. 133 – 183.

Ruggles，Patricia. 1990. Drawing the Line-Alternative Poverty Measures and Their Implications for Public Policy. Washington，DC：The Urban Institute Press.

U. S. Census Bureau. 2020. “Household Pulse Survey Interagency Federal Statistical Rapid Response Survey to Measure Effects of the Coronavirus（COVID-19）Pandemic on the United States Household Population”，https：//www. census. gov/programs-surveys/demo/technical-documentation/hhp/2020_HPS_Background. pdf

Wandner，Stephen A. 2018. Unemployment Insurance Reform：Fixing a Broken System. W. E. Upjohn Institute.

附录1 研究方法

在月度 CPS 展示收入中估算来自固定连续收入的部分。

在月度 CPS 中，被调查者在 16 个收入范围中选择，而不是报告家庭收入的特定金额。这 16 个收入范围是：（1）少于 5 000 美元；（2）5 000 ~ 7 499 美元；（3）7 500 ~ 9 999 美元；（4）10 000 ~ 12 499 美元；（5）12 500 ~ 14 999 美元；（6）15 000 ~ 19 999 美元；（7）20 000 ~ 24 999 美元；（8）25 000 ~ 29 999 美元；（9）30 000 ~ 34 999 美元；（10）35 000 ~ 39 999 美元；（11）40 000 ~ 49 999 美元；（12）50 000 ~ 59 999 美元；（13）60 000 ~ 74 999 美元；（14）75 000 ~ 99 999 美元；（15）100 000 ~ 149 999 美元；（16）150 000 美元及以上。

我们通过随机选择 CPS ASEC 中来自同一调查年度①、属于同一收入范围且人口结构相似的家庭的家庭收入值，将分类回答转换为一个连续的计量特点，具体而言，我们根据 16 个收入类别和 15 个人口类别（按家庭规模、子女数量以及户主年龄是否为 65 岁或以上划分）来定义用于提取收入价值的单元。例如，我们将通过从 CPS ASEC 抽样中随机选择收入值，为每月报告收入为 20 000 ~ 24 999 美元的 65 岁以上单身人士分配收入值。CPS ASEC 抽样中，65 岁及以上的单身人士报告的总收入值为 20 000 ~ 24 999 美元。这种估算方法的主要假设是，在月度 CPS 中，某一类别内的分配与 CPS ASEC 中的分配相同。这种假设是合理的，因为两个问题均涉及一个月的时间跨度，并依赖于相同的收入定义。

1. 月度 CPS 与 CPS ASEC 的收入比较

作为对月度 CPS 中家庭收入计量有效性的初步评估，我们将月度 CPS 中

① 在 2020 年，我们使用 2019 年的 CPS ASEC 数据，因为 2020 年的数据要到 9 月才能获得。

的收入报告与月度 CPS ASEC 中的收入报告进行比较（有关该收入计量有效性的其他分析，请参见前文第六部分）。由于大多数 CPS ASEC 调查的参与者也参与了月度 CPS 调查，我们可以将对 CPS ASEC 中收入问题的回答与在访谈日期或参考期间（即查看在同一次访谈中同时完成月度 CPS 和 CPS ASEC 调研的被调查者）或参考期间（但不是两个同时）之前每月保持不变的 CPS 中的回答进行比较①。对于这些比较，我们排除了使用估算收入的个人。

在附表 3 中，我们列出了保持参考期不变的月度 CPS 家庭收入等级的 CPS ASEC 家庭收入的分布情况，即那些自 12 月或 1 月起也对 CPS ASEC 做出回应的月度 CPS 受访者的样本。尽管就特定的月度 CPS 收入等级而言，CPS ASEC 的收入分布存在相当大的分散性，但在特定的月度 CPS 收入等级中，有相当大比例的个人报告的收入与其在 CPS ASEC 报告的收入属于同一等级。例如，在 12 月或 1 月 CPS 报告家庭收入低于 5 000 美元的个人中，有 34% 的人在数月后的 CPS ASEC 调研中报告他们的收入低于 5 000 美元，另有 2/3 的人报告收入低于15 000美元。CPS ASEC 收入与月度 CPS 收入之间的皮尔森相关性估计远低于 1，但等级相关性超过 0. 7（见附表 4，A 组）。当我们保持调查月不变，但允许参考期有所不同时，相关系数会稍大（见附表 4，B 组）。值得注意的是，相关性低于 1 的部分原因是，在月度 CPS 数据中，我们的收入计量方法是从一个分类的收入值范围内随机抽取。我们可以通过观察 CPS ASEC 中个人的实际收入与从各自收入范围内随机抽取的收入之间的相关性来检验分类的作用。对于 2019 年的 CPS ASEC，皮尔森相关系数为 0. 85，等级相关系数为 0. 985（见附表 4，C 组）。

2. 调整调查权重

为了解决对样本代表性可能发生变化的担忧，我们对 4 月至 6 月的样本进行了重新加权，以便使这些月份的可观察特征与 1 月和 2 月的特征相匹配。具体而言，我们首先汇集了 2020 年 1 月和 2 月的调查，并将样本分为 27 个由三个变量定义的人口统计单元：年龄（18 ~ 39 岁、40 ~ 64 岁、65 岁及以上）、受教育程度（高中及以下学历、大学或大专及以上学历）和家庭类型（65 岁及以上，有/无子女的非老年已婚人士，有/无子女的非老年未婚人士）。我们对这些单元的定义足够宽泛，以确保在任何调查月份都没有空单元。最后，在实施文中所述的样本限制后，我们调整权重，使这些人口统计特征的加权平均

① CPS ASEC 的受访者在 2 月、3 月和 4 月接受访问，并被询问上一日历年的收入情况。月度 CPS 全年都会走访个人和家庭，并询问过去 12 个月的家庭收入情况。因此，为了比较基准期大致不变的调查结果，我们将重点放在参与 12 月或 1 月 CPS 月度调查的 CPS ASEC 受访者身上，因为这些月度 CPS 受访者的家庭收入问题的参考期与他们回答 AESC 的参考期密切相关（上一日历年）。

数随时间推移保持不变，并等于1月和2月合并样本的人口构成。

3. 用于亚组分析的分组状态

在对各亚组贫困变化的分析中，我们考虑了不同模式的差异，这取决于早期疫情对各州的冲击程度以及各州政策反应的差异。例如，我们分别研究了新冠肺炎死亡率较高和较低的州、实施居家命令的州、提前和推迟宣布紧急状态的州，以及失业保险接收率高和低的州的模式。具体来说，我们根据每个州截至5月18日的新冠肺炎死亡率将各州分为两组："高死亡率"的州每10万人中有10例或以上死亡病例，而"低死亡率"的州每10万人中有10例或以下死亡病例。同样，我们根据是否针对大多数人在3月24日之前实施居家令，将各州分为早期和晚期"居家"州。我们还根据一个州在3月10日之前是否宣布紧急状态，将各州分为早期紧急状态州和晚期紧急状态州。最后，我们将各州分为两组，根据2020年第一季度常规失业保险的接收率——即被保险失业者占总失业人数的比例——进行分组。高保险接收率的地区是那些接收率大于或等于35%的州。对于以上每一个临界值的选择，都是根据对样本进行大致平均划分的原则，以最大化子样本量和我们能够识别组间差异的可能性。

附录2　模拟政府福利收据与付款记录对比

在本附录中，我们描述了如何估计联邦政策的分配效果，以应对疫情，并检查哪些项目达到了预期效果，哪些没有。为了确定政府项目的作用，我们估算了直接将现金收入转移给个人和家庭的三个主要政府项目的福利价值，即经济影响补助、疫情失业补助（PUC）计划和疫情失业援助（PUA）计划。当然，也包括常规失业补助，因为在疫情出现后，这方面的支付也显著增加。

1. 估算经济影响补助

由于几乎所有符合收入条件的个人和家庭在样本期结束时都收到了此类付款，因此估算经济影响补助额很简单。获得这项福利的条件主要取决于家庭收入、规模和构成，所有这些要素我们都能在月度CPS数据中观察到。然而，为了计算经济影响补助额，在某些情况下，我们必须假设：①纳税申报单位中的个人构成；②家庭总收入在拥有多个纳税单位的家庭中的分配情况。

（1）明确纳税申报单位

为了将月度CPS中的个人分配到税务申报单位，我们做了四个假设。第一，每个独立的家庭（有户主的家庭）都是一个单独的纳税单位。因为月收入问题我们只询问户主家庭，所以我们必须关注这个问题所覆盖的95%的人口。幸运的是，这些人中有97%是在只有一个家庭而没有子家庭的家庭中。

其余案例的一个例子是，当一个家庭有一个主要家庭和一个子家庭时，我们将分别提交纳税申报表。对于有多个子家庭的家庭，每个子家庭都是一个单独的纳税单位。第二，夫妻共同纳税。第三，年龄在23岁以下的非户主或户主配偶（即孩子或户主的其他亲属）属于家属纳税单位。第四，24岁及24岁以上的非户主或户主配偶是一个单独的纳税单位。

（2）明确纳税申报单位的收入

在多家庭的家庭中，我们首先假设每个小家庭对大家庭的收入贡献率与家庭中成年人的数量成正比。同样，这一步骤只适用于人口占总人口3%的家庭。例如，假设一个家庭由两个家庭组成，其中第一个家庭有两个成年人，第二个家庭有三个成年人。我们将家庭收入按照2×（家庭总收入/5）分配给第一个家庭，3×（家庭总收入/5）分配给第二个家庭。同样，我们计算纳税申报单位的收入是家庭收入乘以家庭中属于纳税单位的成年人的百分比。总的来说，11%的人生活在以这种方式分配收入的家庭中，其中大多数是单身家庭，其他成年家庭成员是单独的纳税单位。

（3）家庭层面的经济影响补助

有了估算的纳税申报单位及其收入，我们通过经济影响补助资格/福利规则计算每个纳税申报单位的经济影响补助金额。具体来说，我们将1 200美元分配给一个收入低于75 000美元的纳税单位。超过收入75 000美元时，我们赋予5%的福利削减率。我们将2 400美元分配给收入低于150 000美元的已婚夫妇纳税单位，并对收入超过150 000美元的，收入每增加1美元，提供5%的福利减免。对于每个被抚养人，我们为每个纳税单位额外分配500美元。最后，我们将家庭层面的经济影响补助额计算为一个家庭所有纳税申报单位的经济影响补助额之和。当我们以这种方式分配估算的经济影响补助时，获得的加权金额略高于美国国税局①在某些月份②报告的实际分配金额。为了与实际分配的福利金额相匹配，我们对领取经济影响补助的家庭数量进行了限制。具体来说，我们从随机抽样的家庭中排除了经济影响补助，这样我们计算的福利金

① https：//www. irs. gov/newsroom/treasury-irs-deliver-89-point-5-million-economic-impact-payments-in-firstthree-weeks-release-state-by-state-economic-impact-payment-figures；https：//www. irs. gov/newsroom/treasury-irs-release-latest-state-by-state-economic-impact-payment-figures-for-may-22-2020；https：//home. treasury. gov/news/press-releases/sm1025.

② 由于我们的分析样本是整个CPS样本的一个子样本，我们对调查权重进行了调整，使我们样本中的权重总和代表美国总人口。具体而言，我们对调查权重应用5.7的调整系数，其中调整系数计算为整个CPS样本中的权重之和除以分析样本中的权重之和。这个权重说明了样本减少的四个来源，使用两个月的样本，这两个月的回答率较低，对户主家庭的限制以及对收入问题则没有反应。

总额就能与美国国税局截至访谈周末的月度 CPS 的累计总额相匹配①。

2. 估算失业保险计划的福利

我们分别计算疫情失业援助（PUA）和常规失业补助（UI）福利，因为这些计划在准入和额度上都有所不同。我们的方法还将考虑了疫情紧急失业补偿（PEUC）计划的福利，该计划将失业补助福利的期限延长了 13 周，尽管在我们的样本期内，该计划仅对少数申请人进行了补偿。我们分三步计算这些收益。首先，我们识别有资格接收常规 UI 或 PUA 的个体。其次，我们在收到福利之前为潜在的接受者估算收入。最后，考虑到这些收益值，我们根据程序规则计算个人获得的 UI 福利金额并限制接收者的数量，以匹配官方行政汇总。

（1）指定福利受益人

我们将月度 CPS 中的所有个人指定为符合常规 UI 条件、符合 PUA 条件或两者都不符合。符合常规 UI 条件的群体包括所有报告失业的人（不工作，但正在找工作），不包括以前是自营职业的人。符合 PUA 条件的群体包括以前自雇的失业者，以及因健康原因、家庭责任、儿童保育问题和其他原因而失业的人；而那些想找工作但在过去 4 周内没有找工作的人因为：①认为在自己的专业领域没有工作；②找不到工作；③有家庭责任感；④不能安排托儿；⑤其他原因而处于失业状态。所有其他个人被指定为既不符合常规 UI 也不符合 PUA 条件。我们从一个非常宽泛的角度来看待资格问题，包括一些不符合条件的失业者，例如那些被解雇、辞职或是新加入的劳动者。按月份划分的群体规模可参见附表 14。对于那些有工作和非劳动人口，上述类别包括一些不符合条件的个人，例如那些没有工作但仍在领取工资的人（从历史数据来看，约占这一群体的 1/4）。因此，我们估计的收款率可能低估了真正合格接收者所占的份额。

（2）计算离职前收入

因为我们没有在月度的 CPS 中观察到收入历史，因此我们需要估算每名潜在受益人的离职前收入，以估计个人有资格获得的适当每周福利金额。对于来自 4 月、5 月和 6 月 CPS 调查的一个汇总样本，我们的估计基于可观察特征（包括年龄、性别、教育、人种/民族、行业、职业、居住状态）的普通每周收入的 OLS 回归，以及对调查月指标的样本年龄在 15 岁以上的个体，目前受雇为有工资及薪金的工人，正在进行第四个月或第八个月的采访，即收集有关一般每周收入的数据。然后，我们使用此回归中的参数估计来预测符合 PUA 和常规 UI 条件的公司的盈利状况。由于我们进行的是线性预测，预测盈利的

① 具体而言，我们将分配给 4 月 CPS 样本、5 月 CPS 样本和 6 月 CPS 样本的经济影响补助总额上限分别确定为 1 600 亿美元、2 590 亿美元和 2 760 亿美元。有关前两个数字的来源，请参见图 3。对于后一个数字，我们假设，到 6 月，所有符合资格的人均已收到经济影响补助。

分布与真实盈利分布相比将不够分散，这可能导致在考虑上述人口和工作特征后，低收入个人的每周福利金额被高估。

这些盈利预测值基于目前受雇人员的数据，由于不可观察特征的差异，我们很可能高估未受雇人员在失业之前的收入。为了说明这一点，我们减少了这些预测盈利。特别是对于目前有工作的个人，他们报告收入为正，并且在2019年7月、8月或9月进行第四个月的采访，我们会根据以上所列的相同特征，以及在2020年的4月、5月或6月的第五个月采访中个人是否被指定为合格的常规UI和合格的PUA指标，对收入进行回归。这些回归的估计表明，在有工资和薪酬的工人中，随后不工作且被认为符合常规UI条件（PUA条件）的工人的收入比随后被认为不符合常规UI或PUA条件的工人低12.5%和16.4%。我们使用这些估计来缩减每个组别中个人的估算收益。

（3）计算每周福利金额

确定符合条件的个人的UI每周福利金额的两个关键点是收入历史和居住状态。虽然特定州的福利金额可能会根据前四个季度内个人收入水平及其变化而有所不同，但我们无法观察到样本的收入的详细历史资料。我们假设个人在申请福利前四个季度的离职前收入保持不变。例如，我们将离职前的年度收入指定为预测正常每周盈利的52倍。如果实际离职前收入较低，这一假设可能会导致我们高估每周福利金额。

鉴于离职前收入的估算值，我们使用各州有关替代率、最高福利金额和最低福利金额的规则来计算每周福利金额（美国劳工部，2020a）。此外，对于符合PUA条件的潜在受益人，我们使用各州的PUA特定最低福利金额计算每周福利金额。根据美国劳工部规定，该金额应设定为各州定期UI平均每周福利的至少50%（美国劳工部，2020b）。

对于生活在s州，且被我们指定为符合常规UI条件的个人i，我们计算的潜在每周福利金额（WBA）如下：

$$WBA_{is} = \max[\text{minimum benefit}_s,\ (\min(\text{Imputed quarterly earnings}_{is}) \times (\text{quarterly replacement rate}_s)),\ \text{maximum benefits})] + 600$$

式中，额外的600美元用于支付流行病失业补偿（PUC）[①]。

对于我们认定符合PUA条件的个人，我们计算的WBA为：

$$WPS\_PUA_{is} = \max[WBA_{is},\ \text{PUA minimum benefit}_s] + 600$$

使用此方法，将导致常规UI接收者的平均WBA仅略高于劳工部月度福利和索赔数据中报告的全国平均值[②]。

---

① 如下文所述，当我们计算总福利时，我们将每周600美元的PUC福利追溯至2020年3月29日。

② https：//oui. doleta. gov/unemploy/claimssum. asp.

我们在附表 11 中按月份列出估算的每周平均福利金额以及全国平均水平。尽管不包括家属津贴，我们的模拟 WBA 仍高于全国平均水平，但差异很小：4 月高出 1%，5 月高出 5%，6 月则高出 8%。

（4）计算每个人的潜在失业补助收益总额

对于那些我们指定为有资格享受定期失业保险的人，我们观察月度 CPS 数据中失业期的持续时间。因此，我们将潜在的常规 UI 福利总额计算为 WBA 乘以连续失业周数①，并将每个调查月的总福利最大金额设置为 WBA_{is} 乘以采访周到 2020 年 3 月 29 日之间的周数。对于那些我们认定为符合 PUA 条件的人，如果他们以前是自营职业者，我们只观察他们失业的那段时间。因此，我们将潜在的 PUA 福利总额计算为 WBA_PUA_{is} 乘以自营职业者连续失业的周数，但对于 PUA 的其他福利，我们将总福利金额计算为 WBA_PUA_{is} 乘以失业者每月的平均失业时间（4 月为 8 周，5 月为 11 周，6 月为 13 周）。对于每个调查月，我们将符合 PUA 条件的潜在总福利的最大金额设定为 WBA_PUA_{is} 乘以采访周到 2020 年 1 月最后一周之间的周数，因为 PUA 申请者有资格获得追溯性福利。但是，在计算符合 PUA 条件的人的总福利时，我们只包括从 2020 年 3 月29 日，即 PUC 的第一个应付周开始的每周 600 美元的 PUC 福利。

（5）匹配失业补助的官方行政汇总

虽然在疫情开始后不久，领取 UI 福利的人数急剧增加，但并不是所有因疫情而工作中断的人都得到了 UI 福利。为了确保不会高估转移的总金额，我们设定了计算收到福利的个人数量的上限，以便估算的福利总额与行政总额相匹配。首先，由于我们在数据中指定那些符合 PUA 和常规 UI 条件的人的方法最终会高估 PUA 接收者相对于常规 UI 接收者的数量，所以我们随机选择 PUA 接收者的一个子集，以便使相应组中潜在接收者的比例与这些类型的分布相匹配。在这些行政数据中，符合 PUA 条件的人在 4 月的持续申请人数中占 10.6%，5 月占 32.0%，6 月占 39.4%②。

接下来，每个调查月，我们将样本分为三组，由 2020 年第一季度的州回报率指标来划分③。回报率通常被视为国家对失业保险申请接纳态度的重要指标。低回报率被认为是阻碍申请和更积极地取消申请人资格的指标。在每一组中，我们随机对符合常规 UI 和 PUA 条件的人进行排序，并根据该顺序将收到

① 只有俄勒冈一个州有一个等待周。参见美国劳工部（2020a）；https：//www. workplacefairness. org/deadosure-insurance-coronavirus；并辅以互联网搜索。

② 美国劳工部的索赔数据可以包括在一周内对同一索赔人的多个索赔，因此，这些数据不能准确反映每种福利类型的领取人数。

③ 这些组根据州人口平均加权。接收率数据来自美国劳工部季度 UI 数据摘要（https：//oui. doleta. gov/unemploy/data_summary/DataSum. asp）。

的估算福利金额分配给这些个人，直至收到的福利累计金额达到根据每日财务报表（US Treasury，2020）中的行政数据提供的 UI 福利总额为止[①]。

在表 4 中，我们列出了按项目和月份估算的 UI 福利的总金额。在所有州，一旦将福利上限定为行政总额，我们估计到 4 月常规 UI 和 PUA 的总和为 326 亿美元，5 月为 1 220 亿美元，6 月为 2 200 亿美元。由于我们对领取福利的个人数量设定了上限，因此被认定为符合常规 UI 和 PUA 条件的许多个人不领取福利。在表 4 中，我们还列出了被指定为符合这些计划条件并实际获得估算福利的人员比例。这些比例表明，一旦我们限制总福利以便与实际支付的美元相匹配，许多有潜在资格的人就不会获得福利，特别是在最初几个月。这些收入率受到两个潜在的抵消偏见的影响，我们错过了在某个月前结束的短期失业期，夸大了领取率，但我们将许多不符合条件的人列入我们列为合格的人中，低估了领取率。

我们的模拟已经扩展了这些程序，以检验失业补助的工作方式。我们的模拟表明，绝大多数失业者在六月前收到失业补助，但在疫情的最初几个月里这一比例远低于 1。这些计算采用准确计量的限制，即所支付的模拟福利总额不应超过我们实际知道的已支付金额。一种方法是检查在一周内没有工作的人数与该周支付的每周失业补助福利的数量。比特勒等人（Bitler et al.，2020）采用了这种方法的一个版本。不幸的是，可获得的福利周信息具有较长且不固定的滞后期，而且在疫情期间各州的报告尤其不均衡。因此，对于个人，必须使用提出失业金申请的周数，而非实际获得支付的周数。在附表 15 中，我们列出了这种替代方法的估计值。我们在估计结果中看到的模式与在模拟中看到的类似。最初，在 4 月，该比率远低于 1，但到了 5 月，该比率约等于 1，而在 6 月则大大超过 1。根据我们对失业人数的两个广义定义，该比率表示所要求的周数超过失业人数的 42% ~76%。由于并非所有提出赔付申请的周内都在实际上进行了支付，该计算高估了那些实际收到失业补助的百分比，事实上历史上未支付的索赔比例约为 15%。显然，失业补助福利的覆盖面已远远超出传统上被视为失业和符合失业补助条件的失业者，并在该群体中占很大份额。

① 每日财务报表提供从失业信托基金提取的所有与失业相关福利的资金，以及联邦 UI 计划（包括 PUC、PUA 和 PEUC 福利）的账户。尽管各州在资金支付程序上有所不同，但从失业信托基金中提取资金的时间应与实际收到 UI 福利的时间保持一致（美国劳工部，1996）。为估算各州接受率和月份的总支出，我们采用各州每月支付的定期 UI 福利，考虑各州的 PUC 与 PUA 付款，对这些总付款进行比例调整，然后重新调整总福利，使之与每日国库结单中的全国总额相匹配。这些州一级的支出金额随后汇总到接收率的三分位数。

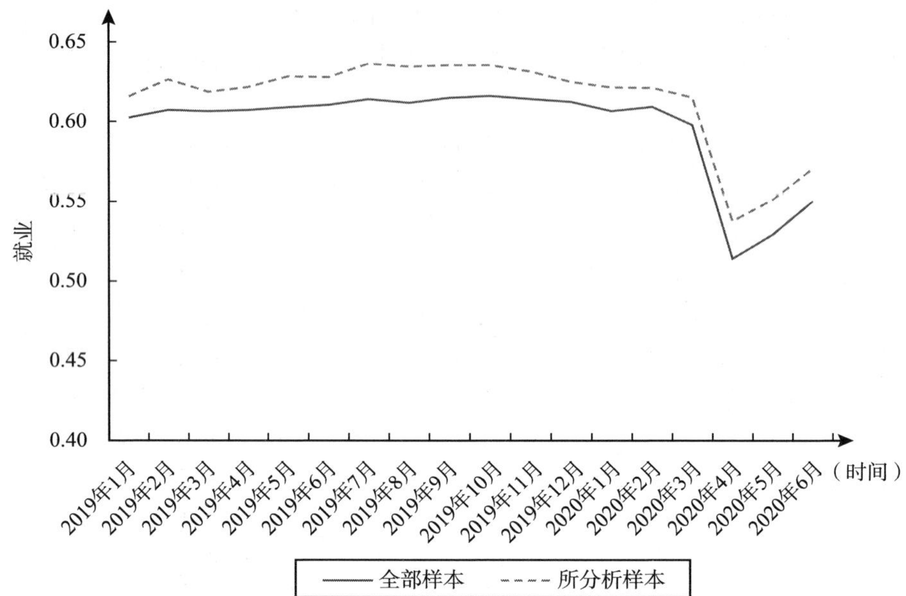

附图 1　2019～2020 年基于月度 CPS 的月度就业状况

注：完整样本包括调查中任何月份的 16 岁及以上的个人，而分析样本仅限于 16 岁及以上拥有非估算收入的个人，这类人包括在住户家庭中，且在调查的第一个月或第五个月内。自 2020 年 3 月起，分析样本的统计数据使用固定人口权重进行加权。

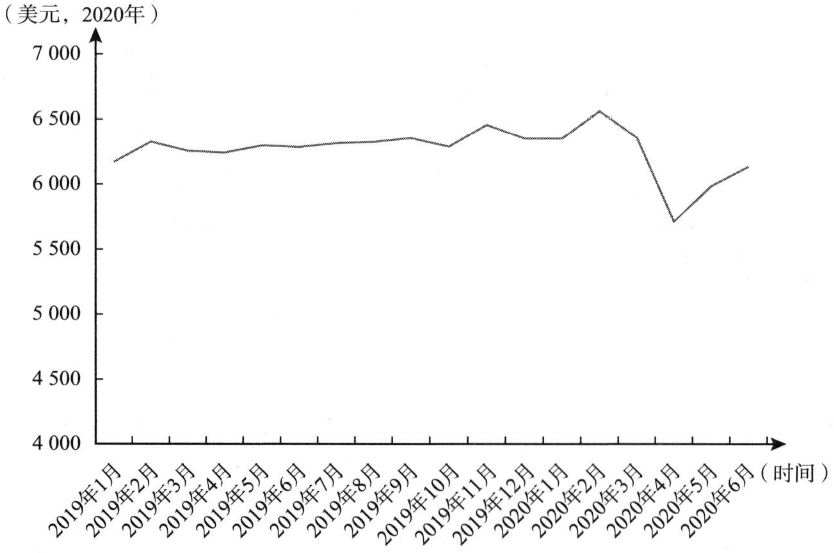

附图 2　2019～2020 年基于月度 CPS 的家庭月平均收入

注：样本包括在调查的第四个月或第八个月的 16 岁及以上的个人，这些人都属于户主家庭。家庭月收入按被调查家庭每周总收入乘以 4.3 计算。家庭收入等值量表调整并等值为一个有两个大人和两个孩子的家庭。盈利使用 PCE 链型价格指数随时间调整，并以 2020 年 5 月美元表示。

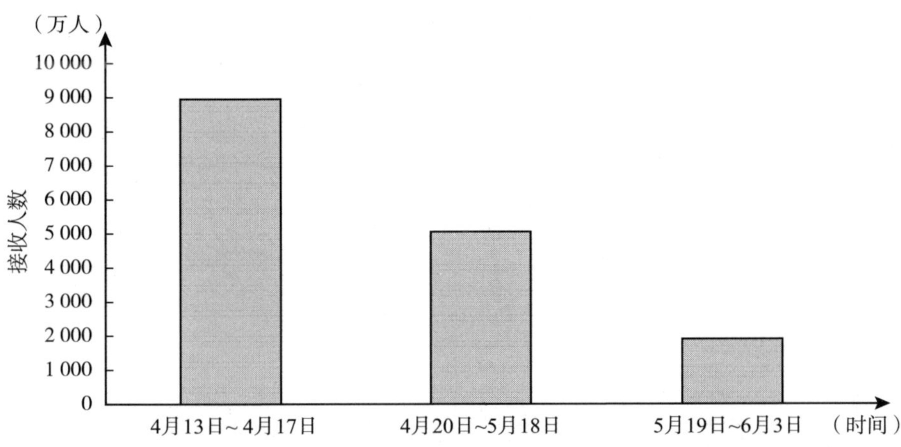

附图3　经济影响补助的接收人数

注：接收者按个人而非家庭水平衡量。

资料来源：美国国家税务局，https：//www. irs. gov/newsroom/news-releases-for-current-month。

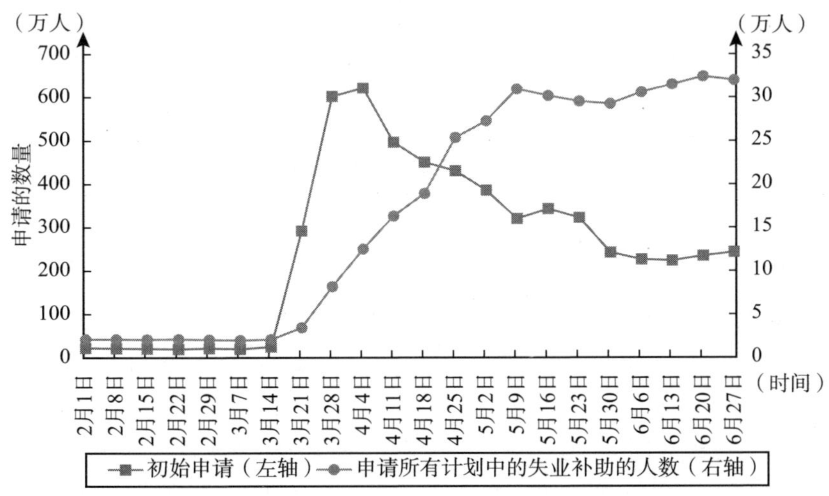

附图4　每周常规失业补助申请的数量

注：初始申请为非季节性调整申请，包括常规州计划、联邦疫情失业援助（PUA）计划、联邦雇员计划（UCFE）和新退伍军人计划（UCX）。所有计划均包括常规国家计划、PUA、UCFE、UCX、疫情紧急 UC、扩展福利、国家额外利益、STC/Workshop。

资料来源：USDOL ETA 网站。

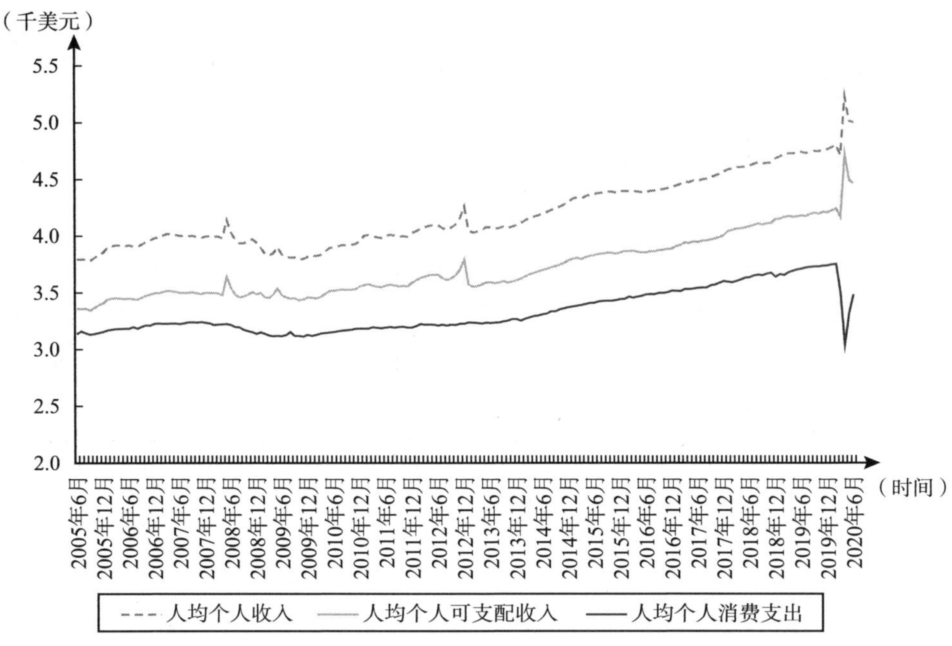

附图 5　2005～2020 年美国国家统计局月度个人收入和消费

注：数据取自国民收入和产品账户数据档案，第 2 节——个人收入和支出。原始数据是年度化的，因此每个数据点除以 12 以获得月估计值。收入和支出使用 PCE 链式价格指数随时间调整，并以 2020 年 5 月美元表示。

附表 1　　2020 年月度 CPS 的样本量

分类		1 月	2 月	3 月	4 月	5 月	6 月
个体数量	所有样本（人）	116 837	117 477	104 520	101 278	97 437	93 237
	第一或第五个月（人）	28 578	28 818	22 756	20 678	20 760	21 057
	第一或第五个月，住户家庭（人）	27 069	27 253	21 671	19 754	19 800	20 091
	第一或第五个月，户主家庭，无收入损失（人）	20 020	20 822	16 733	14 383	14 236	14 391
家庭数量	所有样本（户）	48 720	48 872	43 443	42 065	40 568	39 016
	第一或第五个月（户）	11 885	11 904	9 390	8 601	8 779	8 860
	第一或第五个月，户主家庭，无收入损失（户）	8 712	8 999	7 166	6 149	6 165	6 245

注：本表为 2020 年 6 月月度 CPS 调查的个人和家庭数量。

附表 2 **2020 年采访月的月度 CPS 样本特征**

单位：%

类别	调查月														
	2020 年 2 月			2020 年 3 月			2020 年 4 月			2020 年 5 月			2020 年 6 月		
	采访月														
	1 月	5 月	2～4 月，6～8 月	1 月	5 月	2～4 月，6～8 月	1 月	5 月	2～4 月，6～8 月	1 月	5 月	2～4 月，6～8 月	1 月	5 月	2～4 月，6～8 月
调查无回应率	0. 20	0. 20	0. 17	0. 43	0. 31	0. 24	0. 53	0. 3	0. 26	0. 52	0. 32	0. 29	0. 52	0. 32	0. 33
遗漏收录率	0. 20	0. 28		0. 20	0. 26		0. 26	0. 28		0. 26	0. 29		0. 27	0. 30	
男性	0. 48	0. 49	0. 49	0. 48	0. 49	0. 49	0. 48	0. 50	0. 49	0. 49	0. 49	0. 49	0. 49	0. 49	0. 49
白人	0. 77	0. 77	0. 77	0. 79	0. 77	0. 77	0. 76	0. 76	0. 77	0. 76	0. 77	0. 77	0. 78	0. 76	0. 76
黑人	0. 13	0. 12	0. 13	0. 11	0. 13	0. 13	0. 12	0. 13	0. 13	0. 12	0. 12	0. 13	0. 12	0. 13	0. 13
年龄	38. 3	38. 6	38. 3	38. 5	37. 9	38. 3	38. 9	36. 9	38. 3	38. 1	37. 5	38. 2	39. 1	37. 5	38. 0
家庭规模	3. 27	3. 22	3. 23	3. 23	3. 31	3. 25	3. 25	3. 37	3. 26	3. 27	3. 27	3. 29	3. 27	3. 26	3. 28
孩子数量	1. 06	1. 07	1. 06	1. 06	1. 08	1. 07	1. 07	1. 13	1. 07	1. 08	1. 06	1. 07	1. 07	1. 09	1. 07
单亲家庭	0. 12	0. 12	0. 12	0. 12	0. 12	0. 12	0. 10	0. 12	0. 12	0. 11	0. 11	0. 12	0. 10	0. 12	0. 12
父母结婚	0. 36	0. 38	0. 36	0. 37	0. 37	0. 37	0. 38	0. 41	0. 37	0. 38	0. 38	0. 37	0. 38	0. 38	0. 37
单身	0. 15	0. 15	0. 15	0. 13	0. 14	0. 15	0. 14	0. 13	0. 15	0. 14	0. 14	0. 14	0. 10	0. 14	0. 14
结婚未生子女	0. 18	0. 18	0. 18	0. 19	0. 20	0. 18	0. 19	0. 18	0. 18	0. 20	0. 20	0. 19	0. 19	0. 18	0. 19
65 岁及以上	0. 19	0. 18	0. 18	0. 19	0. 17	0. 19	0. 20	0. 17	0. 18	0. 18	0. 17	0. 18	0. 19	0. 18	0. 18
高中辍学	0. 32	0. 31	0. 31	0. 32	0. 32	0. 32	0. 30	0. 33	0. 32	0. 30	0. 31	0. 32	0. 28	0. 31	0. 31
高中学历	0. 21	0. 21	0. 20	0. 20	0. 20	0. 20	0. 20	0. 19	0. 20	0. 19	0. 20	0. 20	0. 19	0. 19	0. 20

续表

类别	调查月														
	2020 年 2 月			2020 年 3 月			2020 年 4 月			2020 年 5 月			2020 年 6 月		
	采访月														
	1 月	5 月	2～4 月，6～8 月	1 月	5 月	2～4 月，6～8 月	1 月	5 月	2～4 月，6～8 月	1 月	5 月	2～4 月，6～8 月	1 月	5 月	2～4 月，6～8 月
大学肄业	0. 21	0. 21	0. 21	0. 21	0. 22	0. 21	0. 21	0. 21	0. 21	0. 21	0. 21	0. 21	0. 21	0. 20	0. 21
大学学历及以上	0. 26	0. 27	0. 27	0. 27	0. 27	0. 27	0. 29	0. 27	0. 27	0. 30	0. 27	0. 27	0. 31	0. 29	0. 28
就业	0. 49	0. 49	0. 49	0. 48	0. 48	0. 48	0. 42	0. 42	0. 41	0. 44	0. 44	0. 43	0. 45	0. 45	0. 45
收入低于 10 000 美元	0. 04	0. 04		0. 04	0. 03		0. 02	0. 03		0. 01	0. 03		0. 03	0. 02	
收入为 10 000～19 999 美元	0. 06	0. 06		0. 06	0. 06		0. 04	0. 05		0. 05	0. 05		0. 06	0. 05	
收入为 20 000～29 999 美元	0. 08	0. 07		0. 06	0. 08		0. 07	0. 07		0. 06	0. 07		0. 06	0. 07	
收入为 30 000～39 999 美元	0. 09	0. 10		0. 09	0. 09		0. 08	0. 09		0. 08	0. 09		0. 08	0. 10	
收入为 40 000～49 999 美元	0. 07	0. 07		0. 07	0. 07		0. 07	0. 07		0. 06	0. 07		0. 07	0. 07	
收入为 50 000～59 999 美元	0. 08	0. 08		0. 07	0. 07		0. 06	0. 08		0. 09	0. 08		0. 08	0. 09	
收入为 60 000～74 999 美元	0. 10	0. 12		0. 11	0. 10		0. 12	0. 10		0. 11	0. 11		0. 10	0. 10	
收入为 75 000～99 999 美元	0. 13	0. 13		0. 15	0. 14		0. 15	0. 13		0. 15	0. 15		0. 14	0. 15	
收入为 100 000～149 999 美元	0. 15	0. 15		0. 16	0. 18		0. 18	0. 17		0. 18	0. 17		0. 17	0. 17	
收入高于 150 000 美元	0. 19	0. 17		0. 19	0. 17		0. 22	0. 20		0. 20	0. 17		0. 21	0. 18	
个体数量	10 812	10 010	64 992	7 707	9 026	61 245	6 031	8 352	60 637	6 089	8 147	57 123	6 092	8 299	52 487

注：样本包括家庭成员。预估收入的个人被排除在第 3～27 行估计统计外。调查无回应率数据来自 https：//cps. ipums. org/cps/covid19. shtml。

附表 3　2005～2019 年按月度 CPS 收入等级划分的 CPS ASEC 收入

月度 CPS 收入等级	CPS ASEC 收入																分享收入人群月度 CPS 收入等级
	5 000 美元以下	5 000～7 499 美元	7 500～9 999 美元	10 000～12 499 美元	12 500～14 999 美元	15 000～19 999 美元	20 000～24 999 美元	25 000～29 999 美元	30 000～34 999 美元	35 000～39 999 美元	40 000～49 999 美元	50 000～59 999 美元	60 000～74 999 美元	75 000～99 999 美元	100 000～149 999 美元	150 000 美元以上	
低于 5 000 美元	0. 34	0. 10	0. 09	0. 08	0. 05	0. 08	0. 06	0. 04	0. 03	0. 02	0. 03	0. 02	0. 02	0. 02	0. 01	0. 01	0. 03
5 000～7 499 美元	0. 17	0. 13	0. 16	0. 10	0. 06	0. 11	0. 07	0. 04	0. 03	0. 03	0. 03	0. 02	0. 02	0. 02	0. 01	0. 01	0. 02
7 500～9 999 美元	0. 12	0. 06	0. 22	0. 15	0. 08	0. 11	0. 07	0. 04	0. 03	0. 02	0. 03	0. 02	0. 02	0. 02	0. 02	0. 01	0. 03
10 000～12 499 美元	0. 09	0. 04	0. 08	0. 18	0. 13	0. 15	0. 10	0. 06	0. 04	0. 03	0. 03	0. 02	0. 02	0. 02	0. 01	0. 01	0. 04
12 500～14 999 美元	0. 08	0. 03	0. 05	0. 08	0. 14	0. 21	0. 11	0. 07	0. 05	0. 04	0. 04	0. 03	0. 02	0. 02	0. 02	0. 01	0. 03
15 000～19 999 美元	0. 06	0. 02	0. 04	0. 05	0. 06	0. 25	0. 17	0. 09	0. 06	0. 04	0. 05	0. 03	0. 03	0. 02	0. 02	0. 01	0. 05
20 000～24 999 美元	0. 05	0. 02	0. 02	0. 03	0. 03	0. 10	0. 22	0. 16	0. 10	0. 06	0. 08	0. 04	0. 04	0. 03	0. 02	0. 01	0. 06
25 000～29 999 美元	0. 04	0. 01	0. 02	0. 02	0. 02	0. 07	0. 11	0. 19	0. 14	0. 09	0. 11	0. 06	0. 05	0. 03	0. 02	0. 01	0. 06
30 000～34 999 美元	0. 03	0. 01	0. 01	0. 02	0. 02	0. 05	0. 06	0. 09	0. 18	0. 14	0. 16	0. 09	0. 07	0. 04	0. 03	0. 01	0. 06

续表

月度 CPS 收入等级	CPS ASEC 收入																分享收入人群月度 CPS 收入等级
	5 000 美元以下	5 000～7 499 美元	7 500～9 999 美元	10 000～12 499 美元	12 500～14 999 美元	15 000～19 999 美元	20 000～24 999 美元	25 000～29 999 美元	30 000～34 999 美元	35 000～39 999 美元	40 000～49 999 美元	50 000～59 999 美元	60 000～74 999 美元	75 000～99 999 美元	100 000～149 999 美元	150 000 美元以上	
35 000～39 999 美元	0.03	0.01	0.01	0.01	0.01	0.04	0.05	0.06	0.09	0.16	0.21	0.12	0.09	0.06	0.04	0.02	0.06
40 000～49 999 美元	0.02	0.01	0.01	0.01	0.01	0.03	0.04	0.04	0.05	0.07	0.27	0.17	0.13	0.09	0.05	0.02	0.09
50 000～59 999 美元	0.02	0.00	0.01	0.01	0.01	0.02	0.02	0.03	0.03	0.04	0.11	0.24	0.23	0.15	0.07	0.03	0.08
60 000～74 999 美元	0.01	0.00	0.00	0.00	0.00	0.01	0.02	0.02	0.02	0.02	0.06	0.09	0.29	0.27	0.12	0.04	0.10
75 000～99 999 美元	0.01	0.00	0.00	0.00	0.00	0.01	0.01	0.01	0.01	0.02	0.04	0.04	0.10	0.38	0.29	0.08	0.11
100 000～149 999 美元	0.01	0.00	0.00	0.00	0.00	0.01	0.01	0.01	0.01	0.01	0.02	0.02	0.04	0.11	0.51	0.25	0.10
150 000 美元以上	0.01	0.00	0.00	0.00	0.00	0.00	0.00	0.01	0.01	0.01	0.01	0.02	0.03	0.05	0.15	0.70	0.08
分享收入人群 CPS ASEC 收入	0.04	0.01	0.02	0.02	0.02	0.05	0.05	0.05	0.05	0.05	0.08	0.07	0.10	0.12	0.14	0.11	

注：每个单元格列出的 CPS ASEC 收入属于一个给定 CPS ASEC 收入类别（列）的个人百分比，对应一个给定的月度 CPS 收入等级（行）。CPS ASEC 修改后的对于指定的月度 CPS 收入等级以灰色突出显示。样本包括于 12 月或 1 月报告家庭收入的个人，并对 CPS ASEC 作出回应。样本中不包括每月消费物价指数中的估算收入或消费物价指数 ASEC 中的估算收入的个人。

附表 4　CPS ASEC 与月度 CPS 收入的相关性

组别	关联类型	皮尔森相关	斯皮尔曼等级相关
A 组：固定参考月	系数	0.421	0.737
	人数（人）	66 106	
B 组：固定调查月	系数	0.444	0.755
	人数（人）	33 071	
C 组：实际与估算 CPS ASEC 收入之间的相关性	系数	0.848	0.985
	人数（人）	66 106	

注：相关系数为收入计量的自然对数。收入总值 1 被分配给报告家庭收入为零或负的个人。月度 CPS 中的估算收入的个人或计入 CPS ASEC 的估算收益除外。A 组和 C 组中的样本包括在 12 月或 1 月报告家庭收入并对 CPS ASEC 作出回应的个人。B 组的样本包括在 3 月消费物价指数中申报家庭收入并对消费物价指数 ASEC 作出回应的个人。

附表 5　2020 年基于月度 CPS 的第五个月未加权的贫困率

类别		1 月	2 月	3 月	4 月	5 月	6 月	(4 月 +5 月 +6 月) -(1 月 +2 月)
所有样本		10.9% (0.7)	10.9% (0.7)	10.6% (0.7)	10.1% (0.9)	9.5% (0.8)	8.8% (0.7)	-1.4% (0.7)
个体数量		9 490	10 010	9 026	8 352	8 147	8 299	
年龄	0～17 岁	15.8% (1.5)	14.2% (1.3)	16.8% (1.6)	14.7% (1.7)	13.4% (1.6)	12.1% (1.6)	-1.6% (1.4)
	18～64 岁	9.7% (0.6)	10.0% (0.6)	8.7% (0.6)	8.8% (0.8)	8.7% (0.7)	7.7% (0.7)	-1.4% (0.6)
	65 岁及以上	8.5% (0.9)	9.4% (0.9)	7.8% (0.9)	7.5% (0.9)	6.5% (0.8)	7.3% (0.9)	-1.8% (0.8)
人种	白人	9.5% (0.7)	8.9% (0.7)	8.9% (0.8)	8.3% (0.9)	8.6% (0.8)	8.4% (0.9)	-0.8% (0.7)
	黑人	18.2% (2.3)	22.7% (2.6)	21.7% (2.8)	20.6% (3.4)	17.1% (2.8)	12.3% (2.2)	-3.8% (2.4)
	其他	13.1% (2.4)	11.7% (2.1)	9.0% (1.9)	10.0% (2.6)	7.6% (2.1)	7.4% (1.9)	-4.1% (2.0)
性别	男性	10.3% (0.8)	9.9% (0.7)	9.0% (0.8)	9.8% (0.9)	8.6% (0.8)	8.8% (0.9)	-1.0% (0.7)
	女性	11.5% (0.8)	11.9% (0.8)	12.0% (0.9)	10.5% (0.9)	10.4% (0.9)	8.7% (0.7)	-1.8% (0.7)

续表

类别		1月	2月	3月	4月	5月	6月	(4月+5月+6月)-(1月+2月)
最高学历	高中及以下	22.2% (1.7)	19.8% (1.5)	20.6% (1.8)	21.8% (2.2)	18.1% (1.7)	16.5% (1.7)	-2.1% (1.6)
	大学及以上	5.8% (0.6)	6.4% (0.7)	5.9% (0.7)	4.8% (0.6)	5.8% (0.8)	5.3% (0.7)	-0.8% (0.6)

注：样本包括被纳入户主家庭且在调查第五个月的个人，不包括估算收入的个人。标准错误集中在家庭层面。括号中的数字是与上一个调查期相比的差值。

附表6　　2020年基于CPS的各个州的贫困率

类别		1月	2月	3月	4月	5月	6月	(4月+5月+6月)-(1月+2月)
高死亡率(≥0.01%)		9.4% (0.6)	10.9% (0.7)	10.1% (0.7)	9.1% (0.9)	8.7% (0.8)	8.7% (0.8)	-1.4% (0.6)
低死亡率(≤0.01%)		12.1% (0.7)	11.2% (0.7)	10.3% (0.8)	9.8% (0.9)	10.0% (0.9)	10.0% (0.9)	-1.7% (0.7)
发布居家令的日期	较早发布(3月23日之前)	10.2% (0.7)	10.6% (0.7)	10.3% (0.8)	10.0% (1.0)	9.3% (0.9)	9.8% (0.9)	-0.7% (0.7)
	较晚发布(3月23日之后)	11.3% (0.6)	11.4% (0.6)	10.2% (0.7)	8.9% (0.8)	9.3% (0.9)	8.9% (0.8)	-2.3% (0.7)
宣布进入紧急状态的日期	较早发布(3月9日之前)	10.3% (0.7)	10.6% (0.7)	9.7% (0.8)	9.7% (1.0)	8.9% (0.9)	9.5% (1.0)	-1.1% (0.7)
	较晚发布(3月9日之后)	11.3% (0.6)	11.4% (0.6)	10.8% (0.7)	9.1% (0.8)	9.8% (0.9)	9.2% (0.7)	-2.0% (0.7)
救助接收率	高接受率(≥35%)	9.5% (0.6)	10.1% (0.7)	8.5% (0.7)	8.3% (0.8)	8.7% (0.9)	8.9% (0.9)	-1.2% (0.7)
	低接受率(<35%)	12.0% (0.7)	11.9% (0.7)	11.9% (0.8)	10.5% (0.9)	10.0% (0.9)	9.8% (0.8)	-1.9% (0.7)

注：样本包括住户家庭成员中的个人，以及家庭成员中第一个月或第五个月的个人调查。个人样本中不包括估算收入。自2020年3月起，该统计数字采用固定人口权重进行加权。标准差集中在家庭层面。括号中的数字是与上一个调查期相比的差值。

附表 7　2020 年基于月度 CPS 的第五个月未加权的第 25 百分位数

类别		1 月	2 月	3 月	4 月	5 月	6 月	(4 月 +5 月 +6 月) - (1 月 +2 月)
所有样本		$46 757 (1 200)	$45 634 (1 205)	$46 696 (1 398)	$47 885 (1 485)	$47 997 (1 591)	$49 928 (1 831)	$2 216 (1 253)
个体数量		9 490	10 010	9 026	8 352	8 147	8 299	
年龄	0 ~ 17 岁	$38 783 (1 491)	$38 631 (2 047)	$35 607 (2 572)	$37 936 (2 913)	$41 301 (1 925)	$43 409 (2 388)	$2 378 (1 884)
	18 ~ 64 岁	$52 512 (1 803)	$48 505 (1 330)	$52 670 (1 874)	$53 805 (1 745)	$52 188 (1 862)	$55 265 (1 905)	$3 655 (1 606)
	65 岁及以上	$45 690 (1 303)	$46 544 (1 775)	$48 006 (1 604)	$47 885 (2 003)	$48 944 (1 733)	$48 215 (1 610)	$2 445 (1 602)
人种	白人	$51 874 (1 486)	$49 035 (1 387)	$51 006 (1 710)	$51 404 (1 762)	$50 760 (1 744)	$52 625 (2 002)	$974 (1 564)
	黑人	$31 336 (1 960)	$29 814 (2 593)	$29 308 (3 362)	$33 006 (4 745)	$34 646 (2 871)	$40 607 (4 185)	$4 801 (2 798)
	其他	$39 604 (4 530)	$43 970 (2 983)	$45 891 (4 106)	$57 853 (4 703)	$50 820 (5 639)	$49 811 (5 540)	$9 247 (4 220)
性别	男性	$47 625 (1 699)	$47 734 (1 271)	$48 859 (1 651)	$50 550 (2 079)	$49 695 (1 812)	$50 004 (2 210)	$2 320 (1 480)
	女性	$45 690 (1 210)	$43 970 (1 214)	$44 546 (1 531)	$46 363 (1 386)	$46 581 (1 781)	$49 549 (1 761)	$2 326 (1 279)
最高学历	高中及以下	$28 167 (1 039)	$30 634 (1 235)	$28 932 (1 765)	$28 287 (1 393)	$33 429 (1 368)	$32 337 (1 526)	$2 012 (1 387)
	大学及以上	$64 291 (1 768)	$60 840 (2 093)	$63 366 (2 247)	$66 698 (2 820)	$63 585 (2 249)	$63 931 (1 892)	$2 187 (1 905)

注：样本包括被纳入户主家庭且在调查第五个月的个人，不包括估算收入的个人。家庭收入经等值量表调整后与一个有两个成人和两个子女的家庭等值。收入使用个人消费支出链式价格指数（PCE）随时间调整，并以 2020 年 5 月美元表示。标准误差是在家庭层面上自发聚集的。括号中的数字是与上一个调查期相比的差值。

附表 8　2020 年基于月度 CPS 固定人口权重的第 50 百分位数

类别		1 月	2 月	3 月	4 月	5 月	6 月	(4 月 +5 月 +6 月) - (1 月 +2 月)
所有样本		$86 120 (1 220)	$82 620 (1 278)	$85 469 (1 447)	$87 115 (1 668)	$86 795 (1 471)	$86 991 (1 565)	$2 450 (1 054)
个体数量		20 020	20 822	16 733	14 383	14 236	14 391	
年龄	0 ~ 17 岁	$71 223 (1 784)	$66 456 (1 817)	$69 744 (2 174)	$72 643 (2 322)	$70 179 (2 000)	$71 640 (1 963)	$2 403 (1 622)
	18 ~ 64 岁	$94 082 (1 224)	$92 467 (1 635)	$93 903 (1 750)	$96 697 (2 038)	$95 306 (1 661)	$95 198 (1 366)	$2 014 (1 221)
	65 岁及以上	$80 763 (1 880)	$77 903 (1 893)	$81 874 (1 592)	$83 115 (2 738)	$82 344 (1 631)	$78 499 (1 831)	$1 975 (1 560)
人种	白人	$90 446 (1 354)	$87 625 (1 371)	$90 146 (1 446)	$92 124 (1 867)	$90 475 (1 758)	$91 650 (1 603)	$2 520 (1 205)
	黑人	$58 571 (2 934)	$56 241 (2 369)	$55 935 (2 438)	$57 639 (4 192)	$60 780 (3 795)	$57 556 (2 610)	$1 217 (2 499)
	其他	$88 848 (5 088)	$84 902 (4 237)	$91 084 (5 923)	$102 133 (7 177)	$91 858 (5 502)	$96 034 (5 156)	$10 104 (4 773)
性别	男性	$89 131 (1 447)	$86 095 (1 300)	$90 006 (1 438)	$91 738 (1 806)	$89 309 (1 624)	$90 334 (1 675)	$2 753 (1 209)
	女性	$82 762 (1 506)	$79 247 (1 419)	$81 082 (1 530)	$83 809 (1 530)	$84 574 (1 526)	$83 792 (1 693)	$3 128 (1 240)
最高学历	高中及以下	$52 425 (1 335)	$50 430 (1 070)	$52 635 (1 394)	$52 676 (1 659)	$54 274 (1 799)	$55 727 (1 861)	$3 127 (1 492)
	大学及以上	$105 428 (1 495)	$104 462 (1 547)	$106 279 (1 631)	$109 628 (1 855)	$105 784 (1 783)	$103 962 (2 133)	$1 456 (1 444)

注：样本包括家庭成员和第一个或第五个月参加调查的个人。估算收入的个人被排除在样本之外。家庭收入是相当的，调整后相当于有两个大人和两个孩子的家庭。收入随着时间的推移使用个人消费支出链式价格指数（PCE）进行调整，并以 2020 年 5 月的美元表示。自 2020 年 3 月以来，统计数据使用固定的人口加权。标准误差是在家庭层面上自发聚集的。括号中的数字是与上一个调查期相比的差值。

附表 9　　2020 年基于月度 CPS 固定人口权重的第 75 百分位数

类别		1月	2月	3月	4月	5月	6月	(4月+5月+6月)-(1月+2月)
所有样本		$143 546 (1 675)	$145 440 (1 911)	$143 432 (2 455)	$148 508 (2 287)	$142 791 (2 032)	$146 895 (2 297)	$1 265 (1 431)
个体数量		20 020	20 822	16 733	14 383	14 236	14 391	
年龄	0~17 岁	$121 444 (3 421)	$120 018 (4 108)	$121 503 (4 348)	$125 108 (3 910)	$120 288 (4 068)	$124 180 (4 855)	$2 662 (3 444)
	18~64 岁	$153 155 (2 116)	$157 517 (2 840)	$156 848 (2 373)	$160 138 (3 022)	$153 816 (2 259)	$159 486 (3 088)	$2 103 (2 377)
	65 岁及以上	$129 147 (2 465)	$129 913 (4 102)	$130 231 (2 636)	$139 098 (4 349)	$130 526 (2 660)	$130 266 (2 420)	$2 876 (2 538)
人种	白人	$145 564 (1 867)	$149 880 (2 191)	$145 509 (2 716)	$153 223 (2 918)	$144 967 (1 800)	$151 749 (2 386)	$1 576 (1 852)
	黑人	$111 212 (6 407)	$102 337 (4 304)	$101 727 (5 800)	$106 016 (5 727)	$109 125 (7 847)	$98 288 (4 852)	($492) (4 278)
	其他	$151 989 (5 580)	$163 674 (7 499)	$165 411 (7 535)	$167 618 (7 080)	$167 682 (10 695)	$166 782 (10 362)	$11 747 (7 241)
性别	男性	$146 873 (1 663)	$150 717 (2 175)	$150 883 (2 660)	$153 312 (3 183)	$145 134 (2 060)	$150 055 (2 493)	$631 (1 736)
	女性	$139 695 (2 339)	$140 510 (2 062)	$137 849 (1 957)	$143 122 (2 322)	$139 695 (2 758)	$143 019 (2 363)	$1 952 (1 850)
最高学历	高中及以下	$89 472 (2 646)	$84 902 (1 859)	$86 880 (2 740)	$84 892 (2 305)	$89 262 (2 308)	$91 460 (2 934)	$1 564 (2 210)
	大学及以上	$165 157 (2 946)	$171 636 (2 716)	$166 704 (3 583)	$175 151 (3 210)	$166 410 (2 809)	$173 456 (2 990)	$2 817 (2 764)

注：样本包括家庭成员和第一个或第五个月参加调查的个人。估算收入的个人被排除在样本之外。家庭收入是相当的，调整后相当于有两个大人和两个孩子的家庭。收入随着时间的推移使用个人消费支出链式价格指数（PCE）进行调整，并以 2020 年 5 月美元表示。自 2020 年 3 月以来，统计数据使用固定的人口加权。标准误差是在家庭层面上自发聚集的。括号中的数字是与上一个调查期相比的差值。

附表 10　　2020 年基于月度 CPS 的各州第 25 百分位数

类别		1 月	2 月	3 月	4 月	5 月	6 月	(4 月 +5 月 +6 月) - (1 月 +2 月)
新冠肺炎死亡率	高死亡率（≥0.01%）	$50 776 (1 453)	$47 692 (1 188)	$52 320 (1 724)	$52 440 (2 141)	$52 625 (1 341)	$51 102 (1 590)	$3 394 (1 231)
	低死亡率（≤0.01%）	$42 437 (1 184)	$43 970 (979)	$44 745 (1 343)	$47 041 (1 076)	$45 757 (1 266)	$46 599 (1 681)	$2 914 (1 015)
发布居家令的日期	较早发布（3 月 23 日之前）	$50 142 (1 590)	$46 821 (1 256)	$52 083 (1 627)	$50 451 (2 305)	$48 730 (1 748)	$51 815 (1 779)	$2 209 (1 338)
	较晚发布（3 月 23 日之后）	$43 973 (1 108)	$44 577 (1 088)	$44 693 (1 236)	$48 227 (1 157)	$48 821 (1 964)	$46 759 (1 353)	$3 593 (1 120)
宣布进入紧急状态的日期	较早发布（3 月 9 日之前）	$48 009 (1 290)	$45 234 (1 196)	$49 665 (1 495)	$49 163 (1 943)	$49 926 (1 472)	$51 810 (2 194)	$3 432 (1 243)
	较晚发布（3 月 9 日之后）	$44 620 (1 160)	$46 039 (1 192)	$45 965 (1 439)	$48 726 (1 303)	$47 074 (2 060)	$47 000 (1 321)	$2 625 (1 176)
接受率	高接受率（≥35%）	$50 934 (1 380)	$48 581 (1 281)	$53 837 (1 457)	$52 802 (2 047)	$49 393 (1 787)	$55 108 (1 625)	$2 507 (1 375)
	低接受率（<35%）	$42 764 (1 311)	$43 241 (1 166)	$42 271 (1 103)	$47 387 (1 011)	$47 937 (2 006)	$45 025 (1 297)	$3 844 (1 120)

注：样本包括家庭成员和第一个或第五个月参加调查的个人。估算收入的个人被排除在样本之外。家庭收入是相当的，调整后相当于有两个大人和两个孩子的家庭。收入随着时间的推移使用个人消费支出链式价格指数（PCE）进行调整，并以 2020 年 5 月美元表示。自 2020 年 3 月以来，统计数据使用固定的人口加权。标准误差是在家庭层面上自发聚集的。括号中的数字是与上一个调查期相比的差值。

附表 11　　实际和估算平均 WBA 的比较

月份	实际 WBA	估计 WBA	估计值/（实际值 -1）
4 月	330.7	333.7	0.01
5 月	325.4	342.3	0.05
6 月	316	341.3	0.08

注：表中包括美国劳工部月度福利及索偿数据中的全国平均每周福利金额（WBA），以及我们对普通失业补助接收者的模拟中的估算平均 WBA。为估算平均 WBA，我们先估算失业补助接收者的离职前收入，然后再将各州的失业保险计算公式应用于估算收益。

附表 12　　2019 年基于 CPS ASEC 固定参考月份的月度 CPS 和 CPS ASEC 的收入数据统计

	月度 CPS	CPS ASEC
平均数（美元）	87 975	98 198
标准差	101 698	111 236
方差	10 342 448 245	12 373 449 434
变异系数	1. 16	1. 13
人数（人）	66 106	—

注：样本包括于 12 月或 1 月报告家庭收入并对 CPS ASEC 作出回应的个人，不包括在月度 CPS 中估算收入或在消费物价指数 ASEC 中估算收入的个人。

附表 13　　疫情期间收集收入数据的家庭调查的特点

调查项目	月度 CPS	家庭经济决策①	家庭人口	新冠肺炎疫情影响
调查第一年	1982②	2013	2020	2020
调查数	462	8	4	3
2020 年进行调查的月份	1～6 月	4 月	4～6 月	4～6 月
收入问题参考期	过去 12 个月	过去 12 个月	上一个日历年	上一个日历年
调查方式③	面谈（3%），电话访谈（97%）	线上	线上	线上（94%），电话访谈（6%）
收入在 25 000 美元以下等级的人数③	7	7	1	2（低于 20 000 美元）
收入在 50 000 美元以下等级的人数③	11	11	3	5
调查无回应率③	0. 47	0. 98	0. 97	0. 97
未计收入率③	0. 28	—	0. 15	0. 02
家庭数③	8 860	1 030	101 215	7 505

注：①家庭经济决策调查中的收入数据是从最初的人口概况调查中提取的。没有关于初次调查月份的信息。

②第一年的收入调查问题。

③数据来自最新的调查数据。通过电子邮件或短信联系家庭人口调查的受访者。家庭的数量包括那些收入缺失的家庭。

附表 14　按照不工作的原因划分的接收失业补助的人数占总人口的百分比　单位：%

失业保险类型	类别	4 月	5 月	6 月
获得 PUA 的资格	失业、个体经营	0.54	0.53	0.33
	由于健康原因失业	0.90	0.60	0.45
	由于家庭原因失业	0.04	0.04	0.04
	由于子女原因失业	0.09	0.14	0.15
	由于其他原因失业	3.17	2.17	1.20
	由于缺少工作岗位而没有工作	0.26	0.25	0.13
	由于没有找工作而没有工作	0.28	0.16	0.22
	由于家庭原因而没有工作	0.20	0.28	0.32
	由于照顾孩子而没有工作	0.07	0.05	0.08
	由于其他原因而没有工作	1.65	1.76	1.40
获得常规失业保险的资格	新人，寻找全职工作	0.07	0.16	0.20
	新人，寻找兼职工作	0.03	0.09	0.15
	有经验，寻找全职工作	6.14	5.27	4.79
	有经验，寻找兼职工作	2.55	1.61	1.47
总计		16.1	13.1	10.9

注：表中包括因不工作而被指定为符合失业保险补助模拟条件的人数占 16 岁及以上总人数的百分比。

附表 15　持续申请失业保险与失业人数情况

时期	失业保险总申请金额（美元）	失业人数（人）	就业/失业的年同比改变量	NILF 的年同比改变量
1/18/2020	2 108 515	5 892 000	-569 014	-201 000
2/15/2020	2 092 483	5 787 000	-307 870	-126 000
3/14/2020	2 105 265	7 140 000	1 339 134	1 243 000
4/18/2020	18 919 431	23 078 000	11 568 470	7 268 000
5/16/2020	30 167 170	20 985 000	4 074 007	5 741 000
6/20/2020	32 436 335	17 750 000	673 080	4 368 000

附录参考文献

U. S. Department of Labor（2020a）. "Significant Provisions of State Unemployment Insurance Laws，Effective January 2020"，https：//oui. doleta. gov/unemploy/content/sigpros/2020-2029/January2020. pdf. Retrieved July 24，2020.

U. S. Department of Labor（2020b）. "U. S. DOL Answers Questions from States about PUA Unemployment Program"，www. lawandtheworkplace. com/2020/04/u-s-dol-answers-questions-from-states-about-pua-unemployment-program/. Retrieved July 24，2020.

U. S. Department of Labor（1996）. "Unemployment Insurance Program Letter No. 22-96"，https：//oui. doleta. gov/dmstree/uipl/uipl96/uipl_2296. htm. Retrieved July 24，2020.

U. S. Treasury（2020），Daily Treasury Statement：https：//datalab. usaspending. gov/dts/?start = 20050609&end = 20200617&frequency = mtd&c ategory = Unemployment% 20Insurance% 20Benefits. Retrieved July 23，2020.

第三部分

减 贫 实 践

孟加拉国的稻米价格、经济增长和减贫*

汗·艾哈迈德·赛义德、穆尔希德·穆罕默德·尤努斯

摘　要： 本文利用有关文献及相关资料，研究了孟加拉国稻米价格与经济增长、减贫及粮食安全（包括对生产者和消费者的影响）之间的复杂关系及其联系机制。研究发现，从历史上看，稻米种植曾经在孟加拉国农业和整个经济中占主导地位，稻米价格在该国是非常敏感的政治经济变量，影响着 GDP 增长率、通货膨胀、工资、就业、粮食安全和贫困问题。随着农业经济的多样化，农业部门和稻米在 GDP 中所占份额出现下降，加之工业化快速发展、服务业增长，前述情况发生了巨大变化。孟加拉国的稻米生产部门从绿色革命（Green Revolution）中受益匪浅，其产量在三十年中翻了三倍，并继续在创造就业、粮食安全方面发挥重要作用。稻米生产部门也从 20 世纪 80 年代和 90 年代的贸易自由化和结构调整改革中获益，这些改革使孟加拉国的农业向世界市场开放，同时也减少了补贴，取消了许多直接干预措施。令人吃惊的是，稻米生产部门的发展表现伴随着稻米实际价格的长期下降。在没有技术进步，成本也没有降低的情况下，稻米生产部门的发展不太可能持续，因此决策者需要关注如何向这一重要部门提供价格和非价格激励措施。

一、背　　景

（一）稻米对孟加拉国发展的重要性

稻米是孟加拉国最重要的农作物，是该国 1.57 亿人口的主要主食。鉴于食品和稻米在 CPI 中占有很大比重，而且可能潜在地影响国际收支和国际储备（例如，如果突然短缺会导致从世界市场大量进口稻米）①，如果同时考虑生产量、雇佣量（参与生产的男性和女性）、贸易和加工量、食品安全和营养问题，以及稻米对价格水平、通货膨胀和贫困问题的潜在宏观影响，我们就可以得出这样的结论：稻米在经济的微观层面和宏观层面都具有非常重要的地位。

稻米种植部门的就业率占孟加拉国农村总就业的 48%——如果进一步考虑稻米贸易、运输和加工活动，这一就业数字将进一步提高。此外，稻米提供了孟加拉国全国人口 2/3 的热量需求及近一半的蛋白质需求。稻米种植对农业

---

* 本文收录于联合国贸易和发展会议—粮农组织的《2017 年商品市场、经济增长与发展报告》论文集。

① 实际上，孟加拉国在 2008 ~ 2009 年全球金融危机期间正好遇到这种情况，当时世界稻米价格飙升至每吨 1 000 美元以上，即使按这样的价格，也很难获得供应。

GDP 的贡献约为 70%，其在国民收入中所占份额为 1/6。换言之，尽管在长期显现出衰落趋势，但稻米在孟加拉国仍继续发挥着关键作用（Faruqee，2012）。

如今，超过 1 300 万个农场种植（BRRI①）了约 1 050 万公顷的水稻——在过去的三十年中这一数字总体保持稳定——占农作物总面积的 75%，占灌溉土地的 80%（Hossain and Deb，2011）。

自 1972 年以来，政府农业发展政策的主要支柱始终是实现稻米的“自给自足”，从而实现粮食安全，主要途径是推广新的高产品种（HYV）和在传统农民中推广基于“种子—肥料—水”的“绿色革命”技术。这一系列举措是为了鼓励不熟悉新技术的农民转向使用新技术。

这些政策最初针对雨季水稻作物（包括 Aus 和 Aman 两个品种）以及旱季水稻作物（Boro）。这两种作物中，前者倾向于雨水灌溉，而后者需要人工灌溉和水量控制。最终，大部分关注点都集中于对当时总产量贡献很小的旱季水稻作物。得益于对现代灌溉技术的巨额投资（大多采用小规模技术，如抽水机和管井，来挖掘地表水和大量地下水），旱季水稻已成为孟加拉国最重要的农作物。在 1971 年至 2013 年间，稻米总产量增加了两倍，从 11 亿吨增加到今天的约 3 400 万吨（Hossain，2015），经过数十年的奋斗，孟加拉国克服了与技术、政策和制度相关的复杂限制，成为稻米自给自足的国家。实际上，孟加拉国以稻米为主的农业在过去的二十年中表现出色，尤其是在 2005 年后，不仅在南亚地区名列前茅，而且比许多东亚国家都要出色②。

如今，孟加拉国不再依靠大量的粮食进口或粮食援助，从而减轻了其国际收支压力，维持了外汇储备的稳定。同时，粮食（稻米）的充足供应使稻米实际价格总体上低于工资水平，这一点对减贫产生了非常积极的影响。由于 2005 年后农村地区实际工资增长迅速，如今孟加拉国的城乡工资差距已经大大缩小。

但是由于经济快速增长，随着时间的推移，农业和稻米生产部门在经济中的作用逐渐减弱。广义农业（包括渔业、畜牧业和林业）在孟加拉国国内生产总值中所占份额在 20 世纪 60 年代为 55%，在 70 年代和 80 年代分别下降到 44% 和 32%，到 2015 年，已下降到不足 15%。稻米生产在经济中的份额也以相对略高的速度下降，目前固定地占国内农业生产总值的 70% 以上（即 2013 年国内生产总值的 7% ~8%，低于 1996 年的 18%）。③

在农业的子部门中，生产结构并没有发生太大变化——孟加拉国农业的辛

---

① 孟加拉国水稻研究所。

② 这一论断是基于孟加拉国和世界银行专家与作者非正式发布的一些初步分析得出的。

③ 参见 CPD（2015）；Ahmed（2004）。

普森多样性指数（Simpson Diversity Index）较低——在可观测的耕地中，仍约有77%～80%为水稻田。从价值上看，自20世纪90年代初以来，稻米在农作物总价值中的占比已从74%下降到64%（World Bank，2015）。但是，稻米仍然是所有农业子部门中对增长贡献最大的作物。

消费、营养和贫困

鉴于稻米在孟加拉国当地人饮食结构中的重要性，稻米价格和稻米消费成为一个敏感问题。孟加拉国政府一直致力于确保稻米价格稳定于穷人的购买力之内。为此，政府必须持有足够的稻米储备，以备不时之需，并在出现不可预见的粮食短缺时对穷人进行补助。当前，官方谷物库存量为110万～150万吨，稻米储备主要通过国内采购积累，但有时也通过进口积累。实际上，孟加拉国可能是当今世界上最大的人均稻米消费国。对孟加拉国来说，未来的挑战是促进居民饮食结构多样化，用水果、蔬菜、豆类、鱼类、乳制品和肉类替代稻米——这一趋势已经初现端倪。侯赛因（Hossain，2015）指出，在1983年至2010年，食物消费量从761克/人·天上升到952克/人·天——这一变化伴随着稻米消费的显著减少以及蔬菜、水果和其他食品消费的显著增加。

除了政府部门，全国数百万的稻米种植农户也对稻米价格也十分关切。但是在过去10～15年的大部分时间里，实际稻米价格总体上一直处于下降趋势。然而，在2005年之后，稻米生产力提升似乎对通过种植稻米获利的人带来了一定的利好。

稻米对贫困的影响是非常直接的。粮食短缺直接关系到稻米价格，而稻米产量则与小农生活直接相关。[①] 这意味着有关稻米的政策制定问题将非常复杂，政府需要在生产者和消费者的利益之间进行权衡取舍。这其中涉及采购和分配/承购的资金筹措、为面临粮食安全问题的脆弱群体设计有针对性的分配安全网、通过大量公开市场销售实现价格稳定，等等，因此稻米也对国家预算产生重大影响。

稻米价格在宏观层面主要影响通货膨胀（食品和稻米在CPI中的占比很大），因此稻米价格的变动至少会间接地对国际预算和国际收支产生影响。由于稻米收成不佳而造成的突然赤字和大宗商品价格突然上涨，在2007～2008年金融危机中，孟加拉国的国际收支面临着巨大的挑战。

（二）稻米部门的结构生产

孟加拉国的所有地区和各种农业生态区都有稻米种植活动。尽管生产季节

① 贫困线的消费支出水平包括粮食和非粮食支出。粮食贫困是指个体无法满足基本粮食需求的情况。

发生了很大变化，但过去三十年来稻米种植面积基本保持不变。19 世纪七八十年代，稻米生产以 Aman 品种（于 12 月 11 日收获）为主。灌溉体系的引入使得在 5 月至 6 月收获的旱季水稻作物 Boro 品种可以广泛地用于水稻种植。现在，该品种已成为该国主要的水稻种植品种。此外，该国某些地区也种植了在 7 月至 8 月收获的 Aus 品种。

在小型家庭农场中，水稻往往是主要粮食作物，其他重要农作物有马铃薯、小麦、玉米、黄麻、甘蔗和油料种子。但是，近年来农场的平均规模一直在下降（从 1983 ~ 1984 年的平均 0.89 公顷下降到 2008 年的 0.6 公顷，参见 Hossain，2015），并且主要依赖农业作为生计和收入来源的农户数量也在下降。农业的蓬勃发展也伴随着其他非农产业的快速发展，这使得许多农民完全离开了农业，租户农场的份额增加。

在孟加拉国，有 70% 的人生活在农村地区，农业仍然是居民的主要收入来源。其中，大约 60% 的农村家庭从事农业活动。但是，土地所有权依然不平等，近 30% 的家庭没有土地，另外 35% 的家庭拥有的土地不到半英亩（World Bank，2015）。即使拥有最先进的技术，如此少的土地也无法为农民及其家庭提供足够的食物。因此，对于大多数人而言，从市场上购买食品是确保粮食安全的重要途径，这使得粮食安全又与工资和收入息息相关。

交易和碾磨加工

随着稻米种植从很大程度上由生计驱动的活动转向更为商业化的活动，稻米贸易发生了重要变化。稻米生产者的剩余量约为 45%（Jabbar，2010），这意味着每年大约有 150 万吨稻米进入市场，其中 14% 的农场出售了大部分的稻米（Bayes and Hossain，2007）。去壳的稻米在半自动或自动碾米机中进行碾磨，然后出售给本地和外地的贸易商，其中大部分出售给后者。这是自 20 年前以来发生的巨大变化。20 年前市场规模和碾磨技术尚不完善，在使用半自动碾米机进行稻谷压碎处理之前，必须依靠小型处理器进行初始准备。自 20 世纪 90 年代后期以来，随着大型全自动碾米机的问世，碾米能力大大提升。尽管无法提供精确的数字，但微观调查表明新机器的产量是原来的两倍。在诺克哈里，2010 年已经建立了 20 家大型稻米厂，覆盖了 90% 的市场，而十年前大型稻米厂仅覆盖 10% 的市场份额（Murshid，2015）。

外地贸易市场的扩展同样导致了两个截然不同的市场分化：一方面是小型、本地、迎合本地需求的市场，另一方面是外地、面向城市、迎合城市需求和口味的市场。这一过程产生的有趣结果是，制粉业的附加值不断提高——通过对基础稻米进行抛光、切割、分级和装袋来创造“品质或价值”，制粉者可以在生产者和种植者之间适当分配贸易利润（Murshid，2015）。

向更富裕的城市消费者推销高价值品牌的稻米和“有机”稻米的现代零售业也渐渐发展成熟起来。尽管目前该领域的市场地位仍微不足道，但预计该领域将快速增长。

(三) 制度和政策环境

长久以来，孟加拉国在稻米经济的各个环节都存在干预传统，这些环节包括生产、贸易、分配、库存、粮食减免和配给制度，以及为种植者提供最低价格的制度、公共粮食分配系统（PFDS）、为满足政府复杂目标的采购业务体系，政府部门尤其重视稳定粮食价格、确保种植者获得公平价格、实现粮食自给自足、将粮食引入安全网等目标。

20 世纪 90 年代，原料和产品市场都进行了重大改革。私营部门首次获准进口粮食，这是迄今为止政府许可的唯一特权。此前，人们普遍认为私营部门将控制市场并导致粮食价格过高，这样的印象也使得私营部门无法获得政府的信任。

直到 20 世纪 90 年代中期，孟加拉国才结束了其稻米市场与世界其他地区的隔绝，在这之前，孟加拉国政府不允许粮食出口，而进口则只能通过国家进行。该国政府目前有一个规模较大的公共粮食分配系统（PFDS），旨在通过国际援助、进口和国内采购获得粮食，然后通过“配给制度”分配给包括城市和农村家庭在内的不同类别的消费者。PFDS 还承担了保持粮食价格稳定，以及通过承购干预市场以抑制价格或从农场/工厂采购来建立储备并保持最低价格，从而确保农民的“公正”价格的任务（见图 1）。除城市和农村家庭外，还有一些特殊消费者，包括各种安全网的目标人群，以及特殊机构，如警察、国防部门、公立医院、监狱和半官方机构等。1970 ~ 1990 年，大部分粮食进口均由国际援助组织提供资金。政府政策的目标是通过援助获得尽可能多的粮食，并通过进口来获得剩余的粮食需求。某些年份的进口量很大，对孟加拉国的国际收支构成沉重压力。

孟加拉国在 20 世纪 90 年代中期开始进行的一系列改革使得到 21 世纪末 PFDS 的职能被严重削减。在简化和重新定义公共干预措施的同时，孟加拉国取消了大规模的定量配给系统。被削减了大部分职能的 PFDS 如今仍作为安全网而存在，并保留了大量公共粮食储备，以在需要时实现公开市场销售并向群众提供粮食。

随着时间的推移，公共粮食总库存量持续下降。1989 ~ 1993 年，包括稻米（51%）和小麦（49%）在内的平均库存为 109 万吨。2003 ~ 2008 年，包括 93% 的稻米在内的粮食库存量下降至 73 万吨。除了总库存下降之外，库存中的稻米比重持续上升。传统上，孟加拉国政府认为库存水平在 75 万到 150 万吨之间是合理的——从这个角度来看，该国目前（2016）的粮食可利用总量约为 4 000 万吨，其中包括 3 480 万吨的稻米（Shahabuddin et al.，2009）。

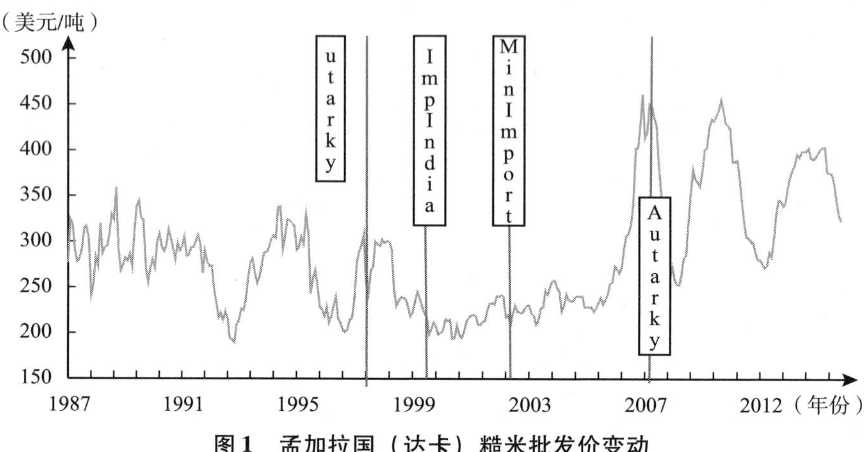

图 1 孟加拉国（达卡）糙米批发价变动

注：垂直线和方框显示了附录 1 表 A2 中列出的从印度或自给自足的私营部门进口的情况。

资料来源：作者根据世界银行和孟加拉国统计局（BBS）的数据计算。

同样，随着时间的流逝，销售和非销售渠道都减少了对库存的使用。相对而言，非销售渠道的份额变得更为重要，因为这些渠道能够提高整个 PFDS 的效率（Shahabuddin，2013）。

作为贸易自由化改革的一部分，农业设备进口关税的降低使得人们更容易获得稻米生产中所使用的灌溉泵和电动耕地机。同时，对投入补贴的减少和简化，也使孟加拉国的农业部门更具竞争力和实力。

稻米产业发展的另一方面是政府自 20 世纪 70 年代以来系统地推广绿色革命技术。这一政策包括提供灌溉技术、投入补贴、信贷和建立灌溉用水用户群，迄今仍一直在修改和完善。其结果是，如今孟加拉国的农业达到了一个难以实现更高生产率增长的水平。尽管如此，一些观察者认为，鉴于持续的人口压力，孟加拉国仍然需要大力追求生产率的增长（Hossain，2015）。

（四）与其他国家的相关程度

孟加拉国在贸易自由化、结构调整和农业（主要是稻米）政策改革方面的经验堪称典范。投入和产出市场的贸易自由化导致资本和原材料更加廉价，这降低了生产成本，提高了农业部门的盈利能力（Ahmed，1999）。同时，私营部门迅速进入稻米进口市场并占有很大份额，并通过从印度（通常拥有大量储备）进口稻米，从而实现对市场需求做出更迅速的反应。PFDS 的职能削减及对其一些基本操作的限制（与市场稳定、有针对性的粮食分配和安全网相关）对预算产生了非常积极的影响。同样，减少与粮食和投入有关的补贴增强了农业的竞争力，减少了其对捐助的依赖。投入分配已经放开，私营部门获准进入粮食市场以代替承担这一重任的公众公司（孟加拉国农业发展公司，BADC），这一改变带来了巨大的效率收益并减轻了政府的财政压力。

尽管仍然存在一些化肥和柴油补贴，孟加拉国的稻米生产行业目前状况良好。现在的主要挑战是通过更新的技术和更好的管理模式来扩展生产前沿。现有技术的潜力已接近枯竭，因此现在非常需要进行第二代绿色革命。严重的市场失灵依然存在，特别是在投入品市场方面，低劣的假冒农药和肥料仍然猖獗。尽管宏观政策环境不利，但粮食和农业部门仍然取得了成功，即使部门贸易条件和外部政策环境（即名义保护率和相对保护率这两个主要指标均未显示出对农业有利（Kathuria Malouche，2015）。

孟加拉国的经验对于所有那些对自身农业——包括投入市场与产出市场——进行严格保护的发展中国家（甚至包括发达国家）都十分重要。该国在拥有大型粮食半国营产业、持有大量公共粮食储备、建立投入品分配系统以调节粮食或投入品价格等方面的经验也值得借鉴。然而，如今仍然有像印度这样的对粮食进行大量补贴、持有大量粮食储备且进行市场监管的国家。对稻米市场进行大量干预的国家还包括泰国、越南，以及撒哈拉以南非洲、中东和北非的国家，同样，孟加拉国的经验对于像柬埔寨这样正在探索干预稻米经济的国家来说也很重要。

二、稻米价格及其与当地增长和发展的关系

稻米价格仍然是生产者、贫困消费者和政策制定者所关心的敏感因素。在地方层面，稻米价格会对从稻米中摄取主要热量的贫困消费者产生影响（2009年为70%）。稻米价格对生产者也至关重要，对于他们来说，稻米种植正日益成为家庭主要的收入来源。稻米可以作为衡量工资水平的一种指标，尽管这种联系似乎正在减弱，但稻米价格依然影响着农村和城市地区劳动力市场的工资水平（Rashid，2002）。

稻米价格除了对当地经济产生直接影响外，还通过加工、贸易、运输和零售等各个环节产生一系列间接影响。相对高的价格不仅对生产者有利，对价值链中的参与者也有利。特别地，由于碾磨环节在稻米生产与销售的价值链中占附加值的份额最大，磨坊主的影响力也非常重要（Minten et al.，2011）。

（一）本地稻米市场的整合

人们经常关注的一个问题是稻米市场是否属于充分竞争市场，抑或有巨大的力量将市场分割，甚至受到当地的寡头机构控制。回答这个问题的一个好的方法是，通过协整分析测试空间分布市场的集成。这一问题对于诸如公开市场销售（OMS）这样的价格政策也非常重要，因为在市场整合状况良好的情况下，政府可能不需要广泛地使用类似 OMS 的政策。

通过对孟加拉国稻米市场的协整分析，我们发现，由于各个市场的弹性趋近统一，市场已得到较好的整合。表 1 列出了七个区域市场中糙米和中等品质稻米批发价格的协整估计向量。弹性系数较大且接近统一，表明市场已经整合，但两种稻米并不能做到完全互相替代。矢量误差校正模型中的调整速度系数（α）表明，糙米价格可以在一个月内校正 25% ~60%。在中等品质稻米价格中，这一比例为 15% ~36%。但是，应该指出的是，某些市场似乎比其他市场的整合程度更高，其原因还有待进一步研究。

表 1　糙米和中等品质稻米价格的协整向量

市场	糙米	中等品质稻米	常数项
吉大港	1.000	0.968*** (76.86)	-0.059
调整系数（α）	-0.255*** (-3.54)	0.275*** (4.05)	—
达卡	1.000	0.980*** (76.97)	-0.090
调整系数（α）	-0.325*** (-4.89)	0.258*** (4.32)	—
库尔纳	1.000	0.923*** (89.02)	0.070
调整系数（α）	-0.405*** (-5.18)	0.177** (2.15)	—
纳拉扬甘杰	1.000	0.954*** (91.04)	-0.022
调整系数（α）	-0.327*** (-4.15)	0.269*** (3.56)	—

续表

市场	糙米	中等品质稻米	常数项
拉杰沙希	1.000	0.937*** (63.21)	0.020
调整系数（α）	-0.359*** (-5.02)	0.153* (2.52)	—
朗布尔	1.000	0.940*** (76.73)	0.043
调整系数（α）	-0.577*** (-7.23)	0.208*** (3.08)	—
锡尔赫特	1.000	0.956*** (104.14)	-0.018
调整系数（α）	-0.317*** (-3.36)	0.361*** (3.89)	—

注：括号中的数字为t值。*、** 和 *** 表示在10%、5%和1%水平上显著。糙米和中等品质稻米是1975年7月至1975年6月之间七个区域城镇市场的每月批发价。

从稻米市场协整分析可以看出，政府为稳定稻米价格采取的公开市场干预将有效稳定市场价格，包括正在接受干预的特定市场以及整个稻米市场体系。类似于公开市场销售的政府干预措施在稳定稻米价格方面的效力也能够证实这一点。

（二）国际稻米价格的趋势和影响

在过去的几十年中，孟加拉国稻米市场经历了重大的政策转变，政府在稻米市场进行了重大改革以减少补贴，开放输入和输出市场以进行无限制或较少限制的贸易，这使得该市场由全面干预、与世界市场隔绝变得更加开放和自由。同时也有人认为，世界市场正在变得更加可靠。协整分析表明，达卡市场和某些区域市场，尤其是印度和泰国稻米市场的一体化程度很高，但与越南（前河内）市场的一体化程度却不高，这可能会鼓励决策者通过开放贸易来增加对世界稻米市场的依赖。

然而，国际稻米价格容易出现大幅波动，孟加拉国也受此影响。1987年7月至2015年6月期间，国际稻米市场每月价格的变动证明了这一点（见表2）。图2显示，印度、泰国和越南稻米离岸价格（Free On Board）在2007～2008年达到高点后存在相似的下降趋势。

应当指出，在20世纪最后一个季度中，稻米价格波动有所加剧，在21世纪第一个五年中出现了中断，在第二个五年又由于全球金融危机而急剧上升。自 2010 年以来，稻米价格波动相对于其他谷物而言已经放缓。

表 2　稻米价格的波动（变异系数）

时期	孟加拉国批发价（达卡）	印度批发价（德里）	泰国（5% 碎米）	越南（5% 碎米）
1987 ~ 1990 年	0. 0831	0. 0660	0. 1031	—
1991 ~ 1995 年	0. 1411	0. 0805	0. 1709	—
1996 ~ 2000 年	0. 1408	0. 0677	0. 2170	—
2001 ~ 2005 年	0. 0650	0. 0839	0. 2004	0. 0845
2006 ~ 2010 年	0. 2265	0. 1581	0. 2946	0. 2725
2011 ~ 2014 年	0. 1264	—	0. 1516	0. 1352

资料来源：作者的计算。

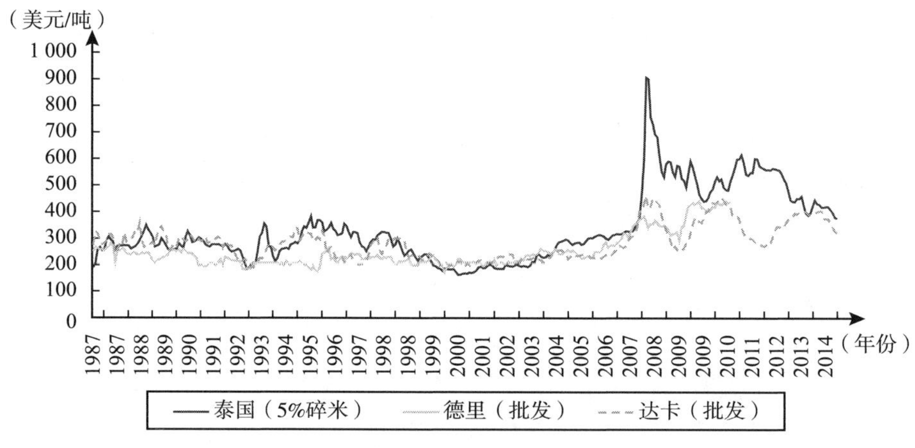

图 2　泰国、越南和印度糙米的批发价格走势

注：图中显示的是多年来的每月数据。

资料来源：作者基于世界银行和孟加拉国统计局的数据整理。德里的批发价来自保罗·多罗什（Paul Dorosh）博士的论文。

稻米价格在近几年呈现出明显的稳定趋势，特别是 2011 年以后。近年来，国际稻米价格的稳定与同期贸易量波动的急剧增加形成了鲜明对比。的确，尽管稻米贸易的强劲增长与交易量的逐年变化具有相关性，但其对稻米国际价格并没有产生相应的影响，而国际价格的波动性也较小，是因为：（1）稻米贸易的增长对价格具有稳定器作用；（2）作为供应源的出口商具有足够的可信度，从而提高了世界价格的稳定性；（3）大量稻米库存以及政府在20世纪90年代愿意持有和管理更大储量稻米，使进口需求和出口供应的大幅波动对世界价格的影响得到缓解；（4）稻米供需信息的完善和国际报价可得性的提高也增加了国际稻米市场的透明度（FAO，2004）。

本文用GARCH模型检验了稻米国际价格的波动。结果显示，印度稻米的批发价具有明显的ARCH效应，泰国和越南的碎稻米离岸价均具有ARCH和GARCH效应。这些结论意味着稻米的国际价格具有很大的不稳定性。在印度，价格的不稳定性仅受过往价格残差平方和的影响，而在其他两个国家，稻米价格的不稳定既受过往价格的残差平方和影响，也受其方差的影响。可能的解释是，波动率和集群的冲击都对波动性产生影响。上述发现的经济意义在于，这些变量本质上不能被视为随机变量（因此也不可预测）。这一结论也引发了非随机性的特征，以及造成它的潜在因素的讨论，这些问题都值得进一步分析。

根据蒂默和道威（Timmer and Dawe，2007）的研究，尽管依然在技术创新和粮食安全方面还有提升空间，但全球粮食价格仍然在持续下降。1900～2008年，稻米价格平均每年下降1.37%，玉米和小麦价格的下降幅度则相对较小。尽管价格呈下降趋势，全世界稻米和粮食价格大约每30～35年便会遭受一次严重冲击。最近的一次冲击发生在2006～2008年的全球金融危机期间，孟加拉国自然也无法摆脱其影响。价格冲击始于原油价格上涨，随后是金属。2007年5月小麦价格也开始上涨，接着是玉米价格，而玉米价格变化的部分原因是小麦产量实际下降。接着，大宗商品市场升温，投机交易开始相互影响。然而，稻米价格最初在全球范围内和孟加拉国国内均保持稳定，但在小麦价格达到峰值后却出乎意料地开始上涨。实际上，从2007年10月到2008年4月，曼谷的稻米价格在短短六个月内史无前例地增长了两倍①。但是，由于产量水平令人满意且供应量正在增加，当时似乎不存在导致稻米市场不稳定的根本因素。为了寻找稻米价格暴跌的“真正原因”，学者们做出了很多努力。截至目前，他们的共识是：（1）这归咎于一些主要生产/消费国的国内稻米价格政策（如印度）；或（2）将此归因于投机行为或稻米的“金融化”（Timmer，2011）。一个更基础的问题与周期性价格泡沫的存在有关，尽管大多数研究未能使用日价格数据，使得对泡沫是否存在的定量验证结果较为模糊（Areal et al.，2014；Gilbert，2010），但学者们已经发现了泡沫存在的一些证据。

在孟加拉国和世界市场危机发生之前，孟加拉国国内稻米市场就开始作出反应。高昂的价格导致农民的强劲供给反应。2009年冬季Boro品种稻米大获

① 有人指出，按实际价值计算，2008年稻米最高价格实际不到1972～1974年平均价格的一半。

丰收，为迅速使市场恢复平稳提供了助力。然而，世界市场上仍然存在用钱买不到稻米的时期——因为不确定性的存在，每个人都紧紧握住自己手中的供给。稻米丰收、世界经济低迷和国内价格波动给 2009 年的稻米生产农户造成了严重的激励问题，这使得政府通过化肥和能源补贴大力干预农业的努力受到了损害。从 2010～2011 年起，粮食价格压力导致孟加拉国通货膨胀上升。在孟加拉国，通货膨胀受粮食价格引导的现象非常常见，因为粮食几乎占消费者物价指数（CPI）篮子的 59%，其中仅稻米一项就占了 20% 以上。实际上，2011～2012 年，稻米价格对孟加拉国 CPI 涨幅的贡献高达 23.4%。

在孟加拉国独立后不久，1972～1973 年气象灾害给该国带来了巨大的冲击。当时世界各国（尤其是美国和苏联）保护主义盛行，又使得气象灾害的后果变得更加严重。1974 年的孟加拉大饥荒就与这一事件有关，彼时孟加拉国正从战乱和水稻歉收中恢复过来，而气象灾害则导致 1974 年的经济崩溃。与 2006～2008 年一样，孟加拉国经历了一个世界水稻市场价值完全蒸发的艰难时期（1973 年至 1974 年间的 9 个月）。

全球冲击给贫穷国家留下了深刻的烙印，使它们认为无法完全依靠市场来确保粮食安全，这也成为孟加拉国和印度等国家进一步开放国内稻米市场的主要障碍。

在粮食市场危机之外，还有另一个问题与孟加拉国国内稻米市场在世界市场中的整合程度有关。在 20 世纪 90 年代中期之前，外部市场的影响大多是通过稻米数量传递的。在稻米数量问题中，较为重要的是粮食援助的到来时间等，这些因素又与国内粮食生产不足有关。自 20 世纪 90 年代以来，国内市场一体化程度已经有了大幅提高。特别是针对印度市场：孟加拉国的稻米进口大部分来自印度。因此，价格影响的跨境传递将取决于进口量及其价格。除了纯投机成分外，价格还由预期收成、公共部门的粮食储备、稻米加工厂和贸易商发出的价格信号等因素决定。

2015 年稻米价格异常低迷，一方面是由于收成良好，另一方面是由于更低的国际价格导致低廉的进口成本。孟加拉国国内价格与世界市场价格之间的相互关系不是直接的，并且正在发展中——随着时间的流逝，这种联系已经变得越来越紧密。这是一个具有现实意义的、值得进一步研究的议题。

（三）稻米价格对消费者、贸易商、磨坊主和生产者的影响

稻米价格对消费者、工薪劳动者以及生产者、加工者和贸易商具有深远的影响。由于超过 90% 的人口食用稻米，稻米价格对消费者的影响最为普遍。消费者平均将大约 39% 的家庭预算用于购买谷物，主要是购买稻米。对于穷

人来说，这一比例预计会更高。谷物的边际消费倾向估计约为0.3（Islam, Hossain and Jaim，2007）。

消费者面临的主要挑战往往是收获前期（3月至4月和9月至10月）的高稻米价格。因此，季节性价格高点是实施市场干预措施以稳定价格的重要时机，尤其是在预期收成低于正常水平时。然而，绿色革命之后一年中水稻收成的时间分布更加均匀，这种季节性差异减小。淡季的不利影响不仅体现为稻米收获前的高价格，也体现为淡季时工作机会的缺乏。这个问题在孟加拉国种植单一作物、低洼山洪易发地带尤为严重，这种地区往往易暴发山洪而无法种植多种水稻。随着在这些地区迅速推广新的、生长期短的水稻品种，淡季带来的问题已基本消除。因此，北部地区类似饥荒的年度“Monga”时期现在已成为过去，贫困的农民和工人不再季节性地离开村庄去其他地方找工作[①]。交易者提供的套利服务随着时间和空间的变化而变化，而两者都需要一定程度的价格变动才能获利。从历史上看，由于稻米作物之间的歉收期较短，季节性价格变化幅度有所下降。同时，快速的城市化和劳工阶层的扩大导致稻米需求急剧增加，尤其是在城市地区。不论是从农村到农村还是从农村到城市，稻米的贸易大部分是空间交易，因此价格和销售利润率对于交易非常重要。曾经有一段时间，稻米贸易中有一种典型的债务捆绑（Murshid，2015；Reardon et al.，2014），这种做法曾经使得稻米市场成为一个充满活力、竞争激烈的市场，但如今已经消失。

如今，磨坊主和加工商已成为稻米行业中的重要参与者。大型全自动碾米厂的大量投资建成使得稻米碾磨能力得到了极大的提高（Reardon，2014）。随着大型现代化工厂的发展，传统的小型加工厂逐渐消失。利用新技术将普通稻米转化为优质稻米，提高稻米外观、现代装袋/品牌技术的发展，使得新工厂的总产值急剧增加。以上这些举措使磨坊主能以更高的附加值角逐市场份额（Minten，2014）。

生产者面对的价格仍然是孟加拉国面临的主要政策挑战。多年以来，粮食政策制定者已经学会了通过大量承购、有针对性地分配给弱势群体、公开市场销售等措施来缓解高价格对消费者的压力。为此，公共粮食分配机构需要通过国内采购、进口、粮食援助等渠道积累足够的库存。贸易自由化还使私营部门可以从印度进口廉价粮食。来自印度的大量额外稻米和小麦库存也有助于稳定

---

① 水稻绿色革命的成功以及Boro水稻种植的扩大导致孟加拉国传统的价格工资“季节性”显著减弱。这一点在许多研究中都有记述，具体事例可参见Ahmed（2004）。最近，与该国某些地区相关的剩余季节性低谷（由不利的生态条件导致，包括洪水）也已被消除——基本上是通过采用BRRI开发的极短生长期水稻作物、实施包括信贷在内的干预措施和资产转移（参见Khandker and Mahmud，2012）。

孟加拉国的稻米市场①。稻米收获时价格低廉的问题很难解决，向农民提供“公平”的、有偿价格的目标也并不是很成功。这一政策通常需要以“公平”的价格从农民手中采购大量的稻谷，而这一政策所需的后勤资源往往难以获得。尽管如此，政府依然采取最低采购价格政策并在每个季节确定采购目标。政策指定的采购产品为碾米，从能够提供高质量散装商品的指定磨坊主处购买。因此，磨坊主有机会从中受益，但这种政策并不会给生产者本身带来更高的米价。

对生产者而言，最有效的扶持政策是提供农业信贷，对化肥、种子、灌溉、能源、柴油等投入品进行补贴，这些补贴使农民至少可以在市场价格暴跌时避免或减少损失。因此，尽管实际稻米价格下降趋势长期存在，但农民仍在继续扩大产量——稻米产量在30年内翻了三倍——主要原因就在于较低的投入价格和更好的增产技术能够维持农场层面的利润。

在1972～1973年至2008～2009年期间，Aus品种稻米种植面积的年增长率约为-3.92%（见表3），在同一时期，其单位面积产量增长了约1.86%。单产的增长在某种程度上阻止了农作物减产的过程。但是，Aus稻米实际价格的负增长（-0.43%）侵蚀了生产者的一部分利润，使实际的收入增长幅度为-2.49%。在此期间，Aman品种的种植面积和价格均出现了细微的负增长。在此背景下，因为高产品种（High Yielding Variety，HYV）的水稻种植逐渐扩大，农作物单产长期处于增长态势。在同一时期，Boro水稻种植面积增长最为明显，增长幅度达到4.79%。由于单产稳定增长超过1.5%，并且抑制了实际价格的负增长，该作物为农民带来了很高的收入增长（超过6%）。在种植高产Boro品种的情况下，产量的高增长、土地投入的增加主要得益于灌溉的可利用性。三种稻米品种的生长状况差异表明，Boro品种的稻米对于满足未来粮食的增长需求至关重要。

表3　1972/1973年至2008/2009年水稻面积、产量和价格趋势　单位：%

作物品种	面积	产量	价格
Aus	-3.92	1.86	-0.43
Aman	-0.11	1.83	-0.07
Boro	4.79	1.72	-0.22

资料来源：Yunus and Shahabuddin（2013）。

① 由于印度已经大大减少了粮食储备，这种选择现在已经过时了。

近期的价格趋势表明，孟加拉国的稻米生产价格高于国际价格，因此该国即使在国内产出令人满意的情况下也存在进口稻米的动机——这也使当地价格在一定程度上受到抑制。考虑到孟加拉国种植面积和产量的偏差，该国只能勉强维持稻米生产的自给自足（Yunus et al.，2013），稻米价格波动已成为该国近年来面临的主要的粮食安全问题。孟加拉国政府曾试图通过征收进口关税来对稻米进口进行监管。这一措施也表明，该国需要仔细监控国内和国际市场价格以及生产者的回报/利润率。换言之，比起淡季消费者面对的高价格，生产者面临的价格偏低，这也是一个值得担忧的问题。

（四）价格、贫困、食品安全与增长

孟加拉国农业政策的基石是“粮食自给自足”，而因为稻米对粮食安全至关重要，这个目标基本上可以约等于“稻米自给自足”。围绕此目标的早期政策受到1974年大饥荒、稻米国内生产不稳定和对国际粮食援助严重依赖的影响。对粮食援助的依赖往往意味着需要依靠大量的自有现金进口（这对国际收支平衡和外汇储备造成了较大负担），同时面临较大的国际价格波动（参见孟加拉国的第一个和第二个五年计划）。

尽管直到今天孟加拉国仍在定期小批量地进口谷物，但该国已经实现了“粮食自给自足”这一目标。得益于政策、贸易自由化、技术进步、种子—肥料—水的投入和稳定的宏观经济环境，该国稻米产量增加了三倍、绿色革命获得成功，已经在国家层面实现了稻米自给自足，并且使稻米的生产和价格保持稳定。此外，在政府监督下被赋予支持生产者和消费者任务的PFDS，保障了贫困消费者购买稻米时较为稳定的价格。

在农业贸易条件下降以及稻米相对价格下降的情况下，稻米主要通过稻米产量和单位面积产量，对增长、减贫和粮食安全产生影响。由于粮食生产在国民经济中所占份额很大，并且对下游贸易、制粉和加工均产生间接影响，因此粮食生产与孟加拉国国内生产总值增长有较大的正向关系。实际上，以水稻生产为基础的绿色革命是农村经济在创造就业和需求方面的重大突破。低廉的粮食价格还通过低工资、低通货膨胀和稳定的宏观经济促进了工业化的发展。

由于国内产量的增加以及粮食援助等逐步减少，粮食供应大幅提高，粮食安全在孟加拉国全国范围内得以实现。对于非生产者而言，稳定低廉的稻米价格有助于提高他们的实际工资并改善所有社会群体的粮食可得性。非农业部门的发展也与农业生产（包括水稻、非水稻类作物和非农作物产业）息息相关。由于稻米价格下降，非农业部门迎来了史无前例的农村经济活力时期（Rahman，2015；Ahmed，2016。这两篇论文都侧重于分析农业增长和实际工资上涨的广义本质）。

稻米价格上涨在 1970 ~ 1990 年期间通过以下渠道产生了重要的影响：

（1）因为稻米在 CPI 篮子中占很大份额，通货膨胀受到直接影响。尽管随着时间的推移，稻米在 CPI 篮子中所占比例有所下降，但直到今天，稻米对 CPI 的显著影响依然存在。

（2）一段时期内，孟加拉国不得不用本国资源定期换取大量粮食进口，从而导致大量消耗本已稀缺的外汇储备。当时稻米价格上涨对该国国际收支和汇率是一项较大的风险（Murshid，1985）。如今，由于孟加拉国中央银行持有大量外汇储备（300 亿美元），并且进口需求降低，这种情况已经发生了变化。

（3）稻米价格上涨对政府预算也是一个很大的挑战，对财政预算的需求源于庞大的 PFDS、针对大量民众的粮食补贴、粮食安全网、采购业务、公开市场销售措施等。预算持续受到粮食业务的影响，但压力却有所减轻，在很大程度上是因为 PFDS 的规模缩小，并且即使预算的总规模大大增加了，以粮食为基础的业务却在减少（关于粮食政策的财政影响，参见 Murshid，1998）。

孟加拉国政府采取的粮食政策通常集中在增产和稳定价格上，政策效果尚佳。实际上，政府的结构改革和贸易自由化政策在降低农业机械的进口价格方面发挥了很好的作用。此外，在国内粮食短缺的情况下，私营部门能够从印度进口价格低廉的稻米。同时，孟加拉国迎来了一个以稻米生产为基础的农业快速增长时期，这种增长很快又溢出到其他农业地区。稻米生产的繁荣导致对稻米价值链的大量投资，特别是在制粉和仓储方面。农业的迅速增长进而为男性工人和女性工人都创造了就业机会。农村农业家庭从国外获得的外汇收入、快速增长的成农业工人收入同小额信贷和基层机构的发展一起，很好地激励了农民投资并扩大了他们获得金融服务的渠道。以健康、教育、基础设施和电力为重点的国家发展政策也有助于建立有利发展的环境，使增长、就业和发展不受束缚。

因此，尽管政府无法完全控制生产者面对的稻米价格，但在 2000 年之后，有许多直接或间接的干预措施，以及一系列使农业快速增长的有利条件都在缓解这一问题方面发挥了作用。这一点可以通过使用全要素生产率（TFP）增长的实证估计结果所证实。尼 - 普拉特（Nin-Pratt，2015）估算了孟加拉国的农业 TFP 指数，并将 TFP 增长分解为技术变革部分和效率部分。实证结果显示，孟加拉国的 TFP 在 1980 ~ 1900 年期间以每年 0.2% 的速度缓慢增长，但在 1995 年之后的 15 年中跃升至惊人的 2.7%。

以稻米为首的农业增长为经济增速达到 6% 以上以及快速减贫奠定了基础。使用面板数据的分析表明，自 2000 年以来，农业发展一直是该国减贫的主要推动力——尽管没有单一原因可以解释——但证据显示，家庭正在将多种活动和收入来源结合起来以求摆脱贫困（Khandker and Mahmud，2012）。

三、高粮食价格的影响——定量分析

高粮食或稻米价格对城市消费者，特别是对贫困消费者而言，具有明显的影响，而对农村消费者而言，其净影响则更加复杂。高稻米价格对农村消费者的影响程度取决于农村家庭是否生产稻米供自己消费和销售，以及他们作为消费者和生产者的市场参与程度。本部分尝试对这一议题进行定量分析。

（一）稻米的市场模式与家庭福利

孟加拉国的一部分家庭从稻米的净销售额（NS）中获得部分或全部收入，另一部分家庭购买稻米用于消费，这部分支出会贡献给净购买（NB），其余家庭则不参与（NP）稻米交易。粮食价格上涨对家庭的直接福利影响取决于家庭的稻米净销售状况。净卖家从较高的价格中获利，而净买家则会亏损。按照梅勒（Mellor，1978）的定义，稻米的生产—收入比是指稻米生产价值占消费支出（PR）的百分比，稻米的消费—收入比是指稻米消费价值占消费支出（CR）的百分比，而稻米的净收益率（Net Benefit Ratio，NBR）是指生产—收入比减去消费—收入比。

家庭收入和支出调查（HIES，2010）提供了有关不同类型家庭的稻米消费及生产方式的详细信息。但是，如果如家庭收入和支出调查（2010）数据上定义的那样，使用生产—收入比和消费—收入比将在这两个份额之间造成名义上的不匹配，因为稻米（Aus、Aman 和 Boro 稻谷）的生产是按照农场价格计算，而稻米（优质、中等质量稻米和糙米）的消费则以零售（消费者）价格计算。实际上，即使一个家庭生产和消费稻米的实际数量相同，由于农户价格低于零售价格，其生产—收入比也会下降。但是，并非所有农民都以农场价格出售稻米，许多拥有较好私人仓储设施的农民也可能以批发价将稻米卖给磨坊主或贸易商。实际上，在计算时往往将农场价格作为批发商或 aratdars[①] 向农民支付的批发价格。在对稻米和其他两种农产品销售利润率和价值链进行分析时，穆尔希德等人（Murshid et al.，2013）发现稻米的批发和零售价格为 19.46 塔卡[②]和 37.24 塔卡。这些价格之间的差距被用于调整 Aus、Aman 和 Boro 稻米的价格，以使消费—收入比和生产—收入比之间可以互相比较。

① aratdars 是当地的一种卖方和买方匹配的佣金代理商，通常还承担批发功能。

② 按当前汇率（2016 年），1 美元可兑换 78 孟加拉国塔卡。

从表4可知，平均来说，稻米收入比约为18.38%，而稻米的预算比约为17.24%，因此NBR为1.14%（18.38－17.24），这意味着农场或批发和稻米零售价每上涨10%，平均实际收入将增加0.11%。

在农村家庭中，稻米生产相比稻米消费的收入份额要大得多，NBR为7.52%，这表明农村家庭是净卖家。因此，一般来说，农村家庭将从高稻米价格中获利。在城市家庭中，稻米的生产—收入比为5.82%，而稻米消费—收入比为14.04%，城市家庭的NBR为－8.22%，这意味着他们是净购买者，将因稻米价格的上涨而蒙受损失。对于给定幅度的价格上涨，城市普通家庭的损失抵消了一部分农村普通家庭的收益。

水稻在家庭收入中的重要性在朗布尔地区最高（34.87%），其次是拉杰沙希地区（28.65%）、库尔纳地区（21.30%）和锡尔赫特地区（19.37%）。考虑到它们的消费—收入比，这四个地区似乎存在稻米生产过剩的现象。但是，由于后两个地区的消费—收入比并没有显著更低，因此实际上盈余的规模并不大。这些地区非常符合“自给自足”的条件，因此在稻米的区域贸易中贡献很小。在巴里萨尔、达卡和吉大港地区，NBR为负数。因此，孟加拉国国内稻米的区域贸易的特征是从西北部向中部和东南部流动。此外，盈余区域中正NBR的绝对值的平均值大于赤字区域中负NBR的绝对值的平均值。

表4　　按家庭组别划分的稻米生产、消费和净销售　　单位：%

家庭分类		PR	CR	NBR	NS	NP	NB
全国		18.38	17.24	1.14	24.0	1.4	74.6
地区	农村	26.95	19.42	7.52	32.4	1.9	65.7
	城市	5.82	14.04	－8.22	8.9	0.6	90.5
区域	巴里萨尔	12.16	17.29	－5.13	18.9	1.3	79.8
	吉大港	10.29	13.44	－3.14	19.0	1.5	79.6
	达卡	15.79	17.78	－1.99	21.2	1.3	77.5
	库尔纳	21.30	18.85	2.45	27.6	1.5	70.9
	拉杰沙希	28.65	19.06	9.60	28.5	1.5	70.0
	朗布尔	34.87	19.98	14.89	34.3	1.1	64.6
	锡尔赫特	19.37	17.91	1.46	22.8	1.9	75.3
职业	农民	32.18	17.50	14.68	43.2	1.8	55.0
	非农民	7.37	15.77	－8.40	12.0	1.2	86.8

续表

家庭分类		PR	CR	NBR	NS	NP	NB
收入组别	第一分位组	14.69	21.63	-6.94	20.1	1.7	78.2
	第二分位组	16.10	19.97	-3.87	23.4	1.7	74.8
	第三分位组	19.33	17.73	1.60	25.9	1.5	72.6
	第四分位组	20.67	13.38	7.28	26.5	0.7	72.8

资料来源：作者基于 HIES（2010）计算。

稻米的销售模式在农民和非农民之间差异很大。尽管消费—收入比与全国平均水平相当，但约有 1/3 的农业家庭收入来自稻谷（稻米）种植，NBR 为 16.46%。非农民的稻米消费—收入比较低（因为他们收入较高），但稻米的生产—收入比很小（7.37%），因而 NBR 为 -8.40%。

从表 4 的最后一部分可以明显看出，稻米的消费—收入比由最贫穷组别的 21.63% 降至最富有组别的 13.38%。然而，稻米产量对于收入的重要性随着收入的增加而增加，表中从 14.69% 增至 20.67%。因此，NBR 显示出相应的趋势：富裕家庭（第四分位）比中等家庭（第三分位）生产和出售更多的稻米，而极端贫困家庭（第一分位）比中度贫困家庭（第二分位）购买更多的稻米。

表 4 的后三列展示的是以下几类家庭的百分比：NBR >0 的净卖方家庭（NS）；NBR =0，即无净销售额（NP）的家庭；NBR <0 的净买方家庭（NB）。总体而言，不到 1/4 的家庭是净卖方，在短期内从稻米价格上涨中受益；大约 1/3 的农村家庭有稻米净销售额，2/3 的家庭是净买家。净卖家的比例正如预期的那样，两个西北地区和一个东北地区的净卖家数量最高。但是，即使在这些地区，净卖家家庭的占比也不到 1/3，并且高收入人群中净卖家的比例高于低收入人群。

总体而言，稻米市场上净头寸为零的家庭比例很小。超过 98% 的农村家庭，无论是作为买家还是作为卖家，都与稻米市场紧密相关。净销售额为零的家庭比例徘徊在 1% ~2%。此外，贫困家庭完全不参与市场的比例是富裕家庭的两倍。

简而言之，7/10 的家庭和七个地区中的四个地区是稻米的净购买者。这意味着，在短期内，大多数人将因稻米价格上涨而蒙受损失。令人欣慰的是，因稻米价格上涨而受益最多的两个地区（拉杰沙希和朗布尔）是较为贫穷的两个地区，而损失最大的两个地区（吉大港和达卡）则较为富裕。

（二）稻米价格、实际收入和贫困问题

前述分析并未告诉我们稻米价格上涨对获利者和损失者的影响程度。因

此，我们无法捕捉这种价格波动对分配的影响程度。基于补偿变化（价格变化引起的支出函数差异）考察由于稻米的消费者价格上涨而给消费者带来的损失以及由于稻米的生产者价格上涨而导致的利润函数的变化，米诺特和戈莱蒂（Minot and Golleti，2000）写出了以下表达式：

$$\frac{\Delta w_i}{x_{0i}} = \underbrace{\left[\frac{\Delta P^p}{P_0^p}PR_i - \frac{\Delta P^c}{P_0^c}CR_i\right]}_{T_1} + \underbrace{\frac{1}{2}\left[\left(\frac{\Delta P^p}{P_0^p}\right)^2 PR_i\varepsilon^s - \left(\frac{\Delta P^c}{P_0^c}\right)^2 CR_i\varepsilon^H\right]}_{T_2}$$

其中，Δw_i 是按地区、收入组别或职业组别分类的家庭类别 i 在稻米价格变化时的福利变化；x_{0i}是家庭类别 i 的原始收入（消费支出）；P_0^p 是用于评估稻米生产价格的原始值；P_0^c 是用于估算稻米消费价格的原始值；PR_i 和 CR_i 的定义如前所述；ε^s 是稻米供应的价格弹性；ε^H 是希克斯稻米需求的价格弹性；T_1 是福利变化或稻米价格变化影响的一阶近似值；T_1+T_2 是福利变化的二阶近似值或稻米价格变化的短期效应。

我们使用 HIES（2010）的家庭级营销数据来评估当生产者和消费者对价格变化做出反应时，稻米价格上涨 10% 对实际收入和贫困的影响程度。PR 和 CR 的值是根据上文中报告的 HIES（2010）数据估算的。稻米的短期供应弹性的估计值设置为 0.248，这是根据尤努斯和谢哈布丁（Yunus and Shahabuddin，2013）报告的估计值加权平均得到的①。希克斯稻米需求弹性的估计值来自穆尔希德（Murshid，2008）②。

表 5 第二列显示了稻米价格上涨 10% 对不同家庭群体的实际收入的响应前效应。由于假定生产者和消费者价格都上涨相同幅度，因此结果只需要将 NBR 乘以价格的上涨比例（0.1）。根据迪顿（Deaton，1989）的研究，我们估算出 T_1。农村家庭、粮食盈余地区（库尔纳、拉杰沙希、朗布尔和锡尔赫特）的居民、农民和富裕家庭都从稻米价格上涨中受益，但非农民、城市家庭和南部地区的居民却遭受了损失。净效应为正，表明孟加拉国的家庭平均收入在增加。

米诺特和戈莱蒂（Minot and Golleti，2000）指出，迪顿（Deaton，1989）所使用的 NBR 变化是一个非常短期的指标，它假设家庭作为生产者或消费者都不对价格作出反应，并且价格变化不会导致劳动力市场或非农业收入发生变化。

---

① 尤努斯和谢哈布丁（Yunus and Shahabuddin，2013）指出，Aus、Aman 和 Boro 三类稻米收入占总收入的份额分别为 7.85%、38.95% 和 27.97%。应用协整方法，他们估计 Aus、Aman 和 Boro 三类稻米的短期供应响应分别为 0.321、0.280 和 0.183。

② 根据穆尔希德等人（Murshid et al.，2008）的研究，仅针对国家、农村、城市和四分位数群体提供了单独的估算值，假设七个地区的估算值与国家估算值相同，并且农民和非农民的估算值分别与第三分位数和第一分位数相同。

表 5　按家庭组别划分的稻米价格提高 10%的影响

家庭分类		真实收入的变化		贫困人口比例的变化	
		冲击	短期	冲击后	短期后
全国		0.11	0.17	31.27	31.23
地区	农村	0.75	0.82	34.53	34.45
	城市	-0.82	-0.78	21.81	21.75
区域	巴里萨尔	-0.51	-0.46	39.62	39.56
	吉大港	-0.31	-0.27	26.61	26.41
	达卡	-0.20	-0.14	30.53	30.45
	库尔纳	0.25	0.31	31.94	31.89
	拉杰沙希	0.96	1.03	28.96	28.75
	朗布尔	1.49	1.57	44.48	44.39
	锡尔赫特	0.15	0.21	27.87	27.78
职业	农民	1.47	1.55	22.64	22.56
	非农民	-0.84	-0.81	35.34	35.27
收入组别	第一分位组	-0.69	-0.64	100.0	100.0
	第二分位组	-0.39	-0.33	27.21	26.92
	第三分位组	0.16	0.22	0.00	0.00
	第四分位组	0.73	0.79	0.00	0.00

资料来源：作者基于 HIES（2010）计算。

根据米诺特和戈莱蒂（Minot and Golleti，2000）的研究，表 4 第三列显示了稻米价格上涨对孟加拉国根据居住地、地区、职业和人均月收入四分位数划分的家庭的响应后效应。在所有情况下，响应后的效应都比响应前的效应要小得多。该结果反映了一条一般性原则，即当考虑到消费者和生产者的反应时，价格变化的福利效应会更加积极。但是，由于需求和供给相对缺乏弹性，短期和长期影响之间的差异很小，仅约为 0.1 个百分点。

表 5 最后两列给出了稻米价格上涨 10% 之后的贫困发生率。通过调整样本中每个家庭的实际收入并计算新收入低于原始贫困线的家庭比例，可以估算出稻米价格变化对贫困率的影响。城市贫困率上升了 0.5 个百分点，而农村贫困率下降超过 0.5 个百分点。

应该强调的是，这些计算没有考虑一般均衡效应，这种均衡效应既考虑了消费者需求量的减少，又考虑了农民的供给反应的增加，而这反过来又会产生额外的就业机会。这种对劳动力的需求将对工资造成上行压力，从而增加农业劳动力的劳动收入。在一定程度上，穷人从农业劳动中获得了很大一部分收入，这将加强稻米价格上涨对减贫的影响。由于在孟加拉国，雇佣劳动和无土地现象很普遍，因此稻米价格对通过工资产生的收入影响可能会更大。

从长期来看，孟加拉国的平均收入将增长 0.2%。因此，贫困率将从 31.5%降至 31.23%。即使只有 1/4 的家庭是稻米的净销售者，稻米价格对贫困发生率的影响也很小。如果生产者价格和消费者价格的百分比变化相差很大，这些结论可能就不太合理。但是，由于稻米价格上涨，无论是农村还是城市的贫困消费者的情况都会更糟。迄今为止，属于第三分位的消费者中约有 1%会滑落到第二分位，其中许多人会陷入第二级贫困陷阱。这些发现与卡南等人（Khanam et al.，2015）的观点一致。

（三）稻米绝对价格和相对价格以及农业工资

人们认识到，稻米价格的上涨几乎不会影响穷人，特别是在农村地区。从农业工资率和稻米价格随时间的变化中也可以看出这一点。男性农业劳动者的名义工资（不包括食物）从 1993 年的 38 塔卡上涨到 2014 年的 291 塔卡，每年增长 9.58%。相反，每千克糙米的价格从 8.42 塔卡上涨到 30.77 塔卡，年增长率为 5.69%。考虑到在此期间非粮食通货膨胀率的平均水平约为 6%，以 2005 ~ 2006 年不变价格计算，稻米的实际价格在 20 塔卡附近波动，没有上升或下降趋势。相反，劳动者日工资可兑换的稻米从 1993 年的 4.38 千克增加到 9.47 千克。在 2008 年前，该比率一直保持稳定的上升趋势，但在 2008 年以后，该比率急剧上升（见图 3）。

图 3　农业工资率趋势

资料来源：作者基于 HIES（2010）估算。

与拉希德（Rashid，2002）的发现不同，协整结果表明，农业工资率相对于稻米价格的长期弹性为 1.89，即稻米价格上涨 10% 将导致农业工资率上涨约 20%。张晓波等人（Zhang et al.，2013）推测，实际农业工资率的急剧上升证明了孟加拉国剩余劳动力刘易斯拐点的到来。张晓波等人将工资上涨的原因归结为：（1）非农业部门出现了更多的工作机会，尤其是以女性就业为导向的制造业的发展；（2）大量海外男性工人的汇款。他们认为，实际工资上涨可以提高工人收入，并减少他们变贫穷的可能性。

四、结论及政策含义

孟加拉国在粮食政策方面必须面对的斗争是实现粮食自给自足并向农民提供生产激励，同时又要确保粮食价格稳定。这意味着激励生产的主要政策需要通过投入和信贷方来实现，而不是产出方。同时，由于担心绝大多数贫困消费者政治上的反对，政府对"高价"表现出极大的敏感性。考虑到较低的贫困率、较高的农村收入以及较高的稻米价格在包括贫困人口在内的整个经济中的传递，评估较高的稻米价格制度是否是最佳选择至关重要。我们建议朝这个方向谨慎制定政策。

稻米价格上涨还会诱使消费者转向其他非稻米食品，如蔬菜、水果和乳制品。考虑到人口的营养状况不佳，这一转变十分可取。

参考文献

Ahmed, R. 1999. Liberalization of Agricultural Input Markets, in S. S. Sidhu and M. S. Mudahar (ed.): Privatization and Deregulation: Needed Policy Reforms Agribusiness Development, Kluwer Academic Publishers, Dordrecht, Holland.

Ahmed, R. 2004. Rice Economy of Bangladesh: Progress and Prospects, Economic and Political Weekly, 39 (36): 4043 – 4052.

Ahmed, R., Haggblade, S. & Chowdhury, T. E. 2000. Out of the Shadow of Famine: Evolving Food Markets and Food Policy in Bangladesh, Johns Hopkins University Press (in collaboration with International Food Policy Research Institute), Baltimore, USA.

Ahmed, S. 2016. Growth With Equity: Contemporary Development Challenges of Bangladesh, Bangladesh Bank Training Academy, Dhaka.

Areal, F. J., Balcombe K. G. & Rapsomanikis G. 2014. Testing for Bubbles in Agricultural Commodity Markets, FAO Agricultural Development Economics Working Paper No. 14-07, FAO, Rome.

Bayes, A. & M. Hossain. 2007. Gramer Manush-Grameen Arthaniniti-Jiban Jibikar Poribortan Parjalochona, Writers Foundation, Dhaka.

Bangladesh Bureau of Statistics. 2011. Report of the Household Income and Expenditure Survey

2010. Ministry of Planning, Government of the People's Republic of Bangladesh, Dhaka. Bangladesh Bureau of Statistics (BBS).

Bollerslev, T. P. 1986. Generalized Autoregressive Conditional Heteroscedasticity. Journal of Econometrics, 31 (3): 307 - 327.

Centre for Policy Dialogue. 2015. State of the Economy in 2015 - 16, Centre for Policy Dialogue (CDP).

Deaton, A. 1989. Rice Prices and Income Distribution in Thailand: A Non-parametric Analysis. Economic Journal, 99 (395) (Supplement): 1 - 37.

del Ninno, C., Dorosh, P. A., Smith, L. G. & Roy, D. K. 2001. The 1998 Floods in Bangladesh: Disaster Impacts Household Coping Strategies and Response. Research Report No. 122. Washington, D. C., International Food Policy Research Institute (IFPRI).

Dickey, D. A. & Fuller, W. A. 1979. Distributions of the Estimators for Autoregressive Time Series with a Unit Root. Journal of the American Statistical Association, 75 (366): 427 - 431.

Dorosh, P. A. 2001. Trade Liberalization and National Food Security: Rice Trade between Bangladesh and India. World Development, 29 (4): 673 - 689.

Dorosh, P. A. 2009. Price Stabilization, International Trade and National Cereal Stocks: World Price Shocks and Policy Response in South Asia. Food Security, 1 (2): 137 - 149.

Engle, R. F. 1982. Autoregressive Conditional Heteroscedasticity with Estimates of the Variance of the United Kingdom Inflation, Econometrica, 50 (4): 987 - 1008.

Faruqee, R. 2012. Stock-taking of Major Studies and Reports on Agriculture and Rural Development in Bangladesh, mimeo, World Bank.

FAO. 2004. World Rice Research Conference. 2004. International Trade in Rice, Recent Developments and Prospects, available at http://www.fao.org/fileadmin/templates/est/COMM_MARKETS_MONITORING/Rice/Documents/Japan_04_paper_last.pdf.

Foster, J., Greer, J. & Thorbecke, E. 1984. A Class of Decomposable Poverty Measures. Econometrica, 52 (3): 761 - 766.

Gilbert, C. L. 2010. Speculative Influences on Commodity Prices, Discussion Paper no. 197, United Nations Conference on Trade and Development (UNCTAD), Geneva.

Hossain, M. 2015. Sustaining Food Security: Achievements and Challenges in Ahmed, S. etal (ed.) Bangladesh Vision 2030, Bangladesh Institute of Bank Management, Dhaka.

Hossain, M. & Deb U. 2011. Crop Agriculture and Agrarian Reforms in Bangladesh: Present Status and Future Options, in Mujeri M. K. & Alam S. (ed.): Sixth Five Year Plan of Bangladesh 2011-15, Background Papers, Planning Commission, Government of Bangladesh, Dhaka.

Islam, M. R., Hossain, M. & Jaim, W. M. H. 2007. Disaggregated Demand for Rice in Bangladesh—An Analysis Using LA/AIDS Model, Bangladesh Journal of Agricultural Economics, 30 (1): 1 - 22.

Jabbar, M. A. 2010. Empirical Estimation of Marketed Surplus of Rice in Bangladesh: A

Critical Review, Bangladesh Journal of Agricultural Economics, 33 (1 and 2): 1 – 22.

Johansen, S. 1991. Estimation and Hypothesis Testing of Co-integration Vectors in Gaussian Vector Autoregressive Models, Econometrica, 59 (6): 1551 – 1580.

Johansen, S. 1996. Likelihood-Based Inference in Co-integrated Vector Autoregressive Models, 2nd Edition, London, Oxford University Press.

Kathuria, S. & Malouche M. M. 2016. Toward New Sources of Competitiveness in Bangladesh: Key Findings of the Diagnostic Trade Integration Study. Directions in Development. Washington, D. C., World Bank.

Khanam T. S., Bhandari, H. & Mohanty, S. 2015. Rice Price Inflation and Its Impact Onpoverty and Livelihood: Insights from Bangladesh, Journal of Food, Agriculture and Environment, 13 (2): 107 – 117.

Khandker, S. & Mahmud, W. 2012. Seasonal Hunger and Public Policies: Evidence from North West Bangladesh. Washington, D. C., World Bank.

Khondker, B. H. & Mahzab, M. M. 2015. Lagging District Development, Background Paper, 7th Five Year Plan, Mimeo, Planning Commission, Government of Bangladesh. Dhaka.

Mellor, J. 1978. Food Price Policy and Income Distribution in Low-income Countries. Economic Development and Cultural Change, 27 (1): 1 – 26.

Minot, N. & Golleti, F. 2000. Rice Market Liberalization and Poverty in Viet Nam, Research Report No. 114. Washington, D. C., International Food Policy Research Institute (IFPRI).

Minten, B., Murshid, K. A. S. & Dearden, T. A. 2011. The Quiet Revolution in Agri-Food Value Chains in Asia: The Case of Increasing Quality in Rice Markets in Bangladesh, IFPRI Discussion Paper 01141, Washington, D. C., International Food Policy Research Institute (IFPRI).

Murshid, K. A. S. 1985. Instability in Foodgrain Production: Causes, Adjustments, Policy: A Case Study of Bangladesh, PhD. Dissertation, Faculty of Politics and Economics, Cambridge University.

Murshid, K. A. S. 1998. Fiscal Implications of Food Policy, IFPRI-FMRSP Working Paper 6, Government of Bangladesh, Dhaka.

Murshid, K. A. S. 2015. Exploring Transition and Change in a Complex Traditional Market: The Case of the Rice Market in Bangladesh, Journal of Agrarian Change, 15 (4): 480 – 498.

Murshid, K. A. S., Khan, M. N. I., Shahabuddin, Q., Yunus, M., Akhter, S. & Chowdhury, O. H. 2008. Determination of Food Availability and Consumption Patterns and Setting up of Nutritional Standard in Bangladesh. Bangladesh, United Nations World Food Programme (WFP).

Murshid, K. A. S., Yunus, M., Ali, S. M. Z. & Ahmed, N. 2013. Bangladesh Food Market Performance: Instability, Integration, and Institutions, Research Monograph 23. Dhaka, Bangladesh Institute of Development Studies (BIDS).

Nin-Pratt, A. 2015. Inputs, Productivity and Agricultural Growth in Africa South of the Sahara, Discussion Paper 01432. Washington, D. C., International Food Policy Research Institute (IFPRI).

Rahman, R. I. 2015. Inclusive Development and Agricultural Labour, Abdul Ghafur Memorial Lecture. Dhaka, Bangladesh Institute of Development Studies (BIDS).

Rashid, S. 2002. Dynamics of Agricultural Wage and Rice Price in Bangladesh, MTID Discussion Paper. Washington, D. C., International Food Policy Research Institute (IFPRI).

Reardon, T., Chen, K. Z., Minten, B., Adriano, L., Dao, T. A., Wang, J. & Gupta, S. D. 2014. The quiet revolution in Asia's rice value chains, Annals of the New York Academy of Sciences, 44: 1 – 13.

Shahabuddin, Q., Asaduzzaman, M., Clay, E. & Jones, S. 2009. Price Support, Domestic Procurement Programme and Public Stock Management, Policy Paper. Dhaka, Bangladesh Institute of Development Studies (BIDS).

Shahabuddin, Q., Dorosh, P. A., Yunus, M., Rashid, S. & Shahana, S. 2013. Management of Public Stock for Improved Effectiveness of PFDS in Bangladesh, Report prepared for IFPRI under the Policy Research and Strategy Support Program, mimeo. Dhaka, Bangladesh Institute of Development Studies (BIDS).

Timmer, P. C. 2011. Managing Price Volatility: Approaches at the Global National and Household Levels. Stanford, USA. Center on Food Security and the Environment (FSE).

Timmer, P. C. & Dawe, D. 2007. Managing Food Price Instability in Asia: A Macro Food Security Perspective, Asian Economic Journal, 21 (1): 1 – 18.

USDA. November, 2012. Grain: World Markets and Trade, Circular Series. Washington, DC, United States Department of Agriculture (USDA).

World Bank, 2008. Poverty Assessment for Bangladesh: Creating Opportunities and Bridging the East-West Divide, Bangladesh Development Series, Paper No. 26, Dhaka, World Bank.

Gautam, M. & Faruqee, R. 2016. Dynamics of Rural Growth in Bangladesh: Sustaining Poverty Reduction. Directions in Development—Agriculture and Rural Development; Washington, D. C., World Bank.

Yunus, M., & Shahabuddin, Q. 2013. Farmers' Supply Response to Prices and Non-Price Factors in Bangladesh, Report prepared for IFPRI under the Policy Research and Strategy Support Program, mimeo. Dhaka, Bangladesh Institute of Development Studies (BIDS).

Yunus, M., Shahabuddin, Q., Mujeri, M. K., Asaduzzaman, M., Ahmed, N., Hossain, M., Shahana, S. & Alam, M. 2013. Estimation of the Parameters Needed for Integrated and Effective PFDS Planning in Bangladesh, Report Prepared for the Ministry of Food, Government of Bangladesh, mimeo. Dhaka, Bangladesh Institute of Development Studies (BIDS).

Zaman, K. A. U. & Akita, T. 2012. Spatial Dimensions of Income Inequality and Poverty in Bangladesh: An Analysis of the 2005 and 2010 Household Income and Expenditure Data, Bangladesh Development Studies, 35 (3): 19 – 50.

Zhang, X., Rashid, S., Ahmad, K., Mueller, V., Lee, H. L., Lemma, S., Belal, S. & Ahmed, A. 2013. Rising Wages in Bangladesh, IFPRI Discussion Paper No. 01249. Washington, D. C., International Food Policy Research Institute (IFPRI).

越南消除饥饿与减少贫困计划对学校教育的影响

马可·贝托尼、奎恩·胡恩、洛伦佐·罗科*

摘　要：本文使用超过15年的纵向数据和双重差分模型（DID），研究了越南“消除饥饿和减少贫困计划”（HEPR）对入学率的影响。研究发现，较早受益于计划的儿童（8岁），其入学率提高了9%。然而，这种积极影响在15岁时便消失了，在城市地区尤为明显。与之形成鲜明对比的是，较晚受益于计划的儿童（12～15岁）更有可能在15岁前辍学，特别是在农村地区。在入学率下降的同时，劳动力市场参与率也在上升。我们将这些不同年龄段儿童受影响的不同结果归因于另一个针对农村地区15岁以上人群开展的职业培训项目的意外影响。研究结果强调，应当对不同的扶贫措施进行整合，从而提高效率，实现社会目标。

一、引　言

在数以百万计的贫困人口中，儿童是最脆弱的。许多扶贫项目旨在通过人力资本投资，从长远角度改善贫困地区儿童的环境和机会。世界各地，特别是发展中国家，越来越多地采用旨在鼓励教育投资的现金转移支付计划①。一些研究表明，不论转移是否附带特殊条件，此类项目在提高儿童教育和减少童工方面都卓有成效②（de Brauw et al.，2015；Glewwe and Kassouf，2012；Ravallion and Wodon，2000；Filmer and Schady，2008；Edmonds and Schady，2012）。

本文关注越南的儿童减贫状况，而“消除饥饿和减少贫困计划”（HEPR）是越南最全面的反贫困项目。符合HEPR资格的家庭可获得免费医疗保险、补贴贷款、小额现金和实物转移，而其学龄子女则从小学到大学都能享受学费减免、就学物资补贴和学生贷款。此外，居住在农村的符合条件的适龄家庭成员

* 作者简介：马可·贝托尼（Marco Bertoni）供职于瑞典吕勒奥理工大学，奎恩·胡恩（Quynh Huynh）供职于加拿大皇后大学，洛伦佐·罗科（Lorenzo Rocco）供职于意大利帕多瓦大学。

① 由于在1997年首次启动时的随机性，墨西哥有条件现金转移（CCT）计划在短期和长期的影响已被广泛研究（Gertler，1999；Fernald，Gertler and Neufeld，2009；Behrman，Parker and Todd，2011；Attanasio，Meghir and Santiago，2012；Adhvaryu et al.，2018）。类似的项目有巴西的Bolsa Escola/Familia、厄瓜多尔的Bono de Desarrollo Humano，以及孟加拉国的“教育食品”（Food-for-Education）。

② 德霍普等人（de Hoop et al.，2019）提供的证据表明，菲律宾对教育的部分补贴既提高了入学率，也增加了参加有偿工作的人数以弥补学费的不足，强调了转移规模也很重要，资金不足可能会带来意想不到的影响。

还可以获得免费参加“农民工职业培训计划”的资格。该培训计划是一项大规模的职业教育活动，每年约有 100 万人参加。

尽管有几项研究调查了该计划的效率、演变以及随着时间的推移而逐步实施的情况（Turk，1999；van de Walle，2004b；Berg and Cuong，2011；World Bank，2012；Oxfam，2017b），关于 HEPR 如何影响儿童发展，特别是影响教育成果，我们仍然知之甚少[①]。这是由于数据的限制和计划设计的复杂性使研究者无法区分各种干预措施的效果（van de Walle，2004a，2004b；Evans and Harkness，2008；Roelen，2010；Berg and Cuong，2011）。[②]

我们通过使用“年轻的生命”（Young Lives）数据来估计 HEPR 联合措施对入学率的影响。“年轻的生命”是一项关于四个国家（埃塞俄比亚、印度、秘鲁和越南）儿童贫困的国际研究项目。其中，越南的样本包括出生于两个不同时间段的 3 000 名儿童，该项目在 2002 年至 2016 年期间对这些儿童进行了五轮跟踪调查研究。该项目 15 年的时间跨度与 HEPR 完全吻合。至关重要的是，在每一轮的跟踪调查研究中，对于每一个孩子，该项目都会报告孩子所在家庭是否为 HEPR 受益人。这种纵向数据的可用性使我们能够分析计划的效果是如何受儿童首次接受计划资助时的年龄的影响。

我们的识别策略基于双重差分（DID）设计，比较了受益于 HEPR 家庭的儿童（接受资助的儿童）和不受该项目影响家庭的儿童（对照组儿童）的入学率随时间的变化情况。正如在任何 DID 设计的环境中一样，模型识别依赖于对平行趋势的假设，这一点我们能够在相关效应发生之前的时期进行测试。更普遍而言，由于 HEPR 存在一个设计预期之外的特性，即较差的瞄准机制，平行趋势假设很可能在我们的设定中成立（参见 Evans and Harkness，2008；Roelen，2010）。虽然所有符合劳动伤残与社会事务部（MOLISA）所设定贫困标准的家庭都应该获得 HEPR 福利，但许多非贫困家庭却被错误地纳入该计划，而一些贫困家庭却被排除在外。该计划的这一特点使我们能够观察和比较具有相似经济条件的受计划资助的家庭和对照组家庭，并且强化了这样一种假

① 很少有人试图评估在越南颁布的福利政策的效果，他们关注的是少数族群的情况（Pham et al.，2008；Phung et al.，2012；Nguyen and Baulch，2007；Oxfam，2017a）。范德沃勒（van de Walle，2004b）指出，由于公共行政效率的低下和无序，越南在 20 世纪最后 10 年的减贫奇迹与公共政策关系不大。有学者发现，扶贫政策产生了相当不利的影响，如加剧了不平等（Berg and Cuong，2011；Phan et al.，2017）。有充分证据表明，在公共干预的管理中，存在目标定位不当和实际不当行为（Evans and Harkness，2008；van de Walle，2004a，2004b；Turk，1999；Berg and Cuong，2011；UNDP，2009）。此外，中央设计的方案往往资金不足，平均年覆盖费用低至每人 0.22 美元（van de Walle，2004a）。

② 转移的货币规模（van de Walle，2004a，2004b；Evans and Harkness，2008）或转移收入报告通常被用作接受收益的指标（Berg and Cuong，2011；Roelen，2010）。然而，扶贫项目提供的收益中只有一小部分是以现金的形式，直接针对性项目通常提供实物转移、免税和补贴。

设：如果没有实施 HEPR，这些家庭也会遵循类似的趋势。

我们的研究结果可以总结如下：一方面，较早接受计划资助（8 岁）使入学率增加了 9%，该效应一直持续到 12 岁，但到 15 岁就消失了。同时，这种积极效应主要集中作用于居住在城市地区的儿童。另一方面，我们发现 12 岁才第一次参加该项目的儿童并没有受到相同的影响。相反，当他们到了 15 岁时，入学率显著下降。类似地，15 岁才开始接受计划资助的儿童更有可能辍学，这种负面影响在农村地区的儿童中更为普遍。

HEPR 对不同资助年龄儿童教育的异质效应表明，时机很重要，早期投资比后期投资更有效。这与人力资本形成的动态模型的现有理论和证据一致，表明早期教育投资更加有效（Cunha and Heckman，2007；Cunha and Heckman，2008）。此外，在儿童长大后，上学的机会成本更高（当儿童达到最低工作年龄时），尽管有进行纠正性投资的可能，但是得到的回报却更少。

然而，技能形成理论不能解释 15 岁青少年入学率下降的原因。在越南，15 岁正好是孩子完成中学学业进入高中的关键期。此外，这也是合法进入劳动力市场的最低年龄。

我们推测，不同项目和福利计划之间的相互作用是导致 15 岁青少年入学率下降的原因。我们在此特别指出，可以免费获取的农民工职业培训计划（VTP）面向的是居住在农村地区的受助家庭，而未受到 HEPR 项目覆盖的家庭需要支付一大笔费用才能加入该培训计划。VTP 是一个向 15 岁以上的农村工人提供职业培训的大型项目。培训持续三个月，培训结束后，学员将进入劳动力市场。我们可以假设，参加 VTP 的可能性促使许多农村地区接受计划资助的青少年在 15 岁时辍学。此外，农村地区的学校资源稀缺也可以解释为什么在这些地区，HEPR 对较早受益于计划的孩子的影响也不太显著。

我们对现有文献的贡献包含以下三个方面。第一，我们评估了越南 HEPR 计划对学校教育的影响，从而揭示了该政策中一个非常重要但迄今仍被忽视的组成部分。第二，我们提供的证据表明，教育政策对穷人的影响取决于儿童最初受益于计划的年龄。第三，我们强调在扶贫政策的设计和评估中考虑项目替代效应的重要性。

本文其余部分内容的安排如下：我们将在第二部分描述 HEPR 计划的制度安排，在第三部分和第四部分分别描述数据和实证方法，在第五部分我们将给出实证结果，并在第六部分对这些结果进行解读，第七部分给出结论。

二、HEPR 计划及贫困的定义

作为千年发展目标的一部分，越南政府在 1998 年首先通过了“国家目标方案”（NTPs）和“消除饥饿和减贫计划”（HEPR），旨在从多个方面促进经济增长和发展[①]。事实上，HEPR 是一个伞形结构，在这个伞形结构下，各种针对特定目标的子项目和政策会随着时间的推移而不断推出。最初，诸如投资基础设施这样的大型项目在该计划中位于核心地位，但从 2002 年开始，一些政策也开始面向生活在贫困中的个人和家庭，比如提供免费医疗保险、从幼儿园到大学的学费减免以及获得较低银行优惠贷款利率的社会政策[②]。截至 2010 年，单是公立学校的月均学费一项，就在农村地区人均下降了 2 万 ~8 万越南盾，在城市地区则人均下降了 4 万 ~20 万越南盾，这至少相当于贫困家庭人均收入的 10% ~80%（见附表 1）。与越南的其他福利项目类似，HEPR 战略由中央政府设计，由当地的省、区和社区（基层政府的最低级别）执行，以更好地惠及穷人[③]。

家庭能否获得 HEPR 资格取决于他们的贫困状况。MOLISA 制定了国家贫困线，财产总数低于国家贫困线的家庭被划定为贫困家庭，符合该参与计划的条件。作为政府五年社会经济发展计划的一部分，贫困线和用于衡量家庭收入的经济资源清单每五年修改一次（详见附表 1）。这些标准可能因地区、居住地和少数民族地位的不同而有所差异，部分标准由负责评估贫穷状况的官员自行决定。在最近一段时间（2016 ~2020 年），为了协调全国的评分过程，使其更加公平和客观，一种单项与综合相结合的评分表（所谓的“B1 表”）被引入。这种新形式在收入标准的基础上，采用了一种多维贫困评估方法，新的标准考虑了健康、教育、卫生以及住房面积和设施等多个指标。

贫困状态的标准每年由社区正式确定。每个社区（大区）包括几个村庄（街区）。每年村长都会根据自己的观察经验和村民的参选情况，起草一份本村贫困和接近贫困家庭的名单。由反贫困官员组成的当地小组（社区委员会）与村长交谈，了解村里各家庭的社会经济状况。然后，小组走访每家每户，以更好地评估他们的生活状况，并确定其是否符合 MOLISA 定义的贫困标准。然后，当地小组将公布一份贫困家庭名单以供审查，以防村民代表有任何反馈或异议。最后，官方的贫困户名单会在村庄的公告栏中公开。这个过程每年都会重复一次。

---

① 该计划的目标广泛，涉及发展基础设施、生产、教育、医疗支持、信贷和穷人培训、促进农林渔业、为 HEPR 工作人员提供培训、促进定居和发展新经济区，以及支持少数民族发展。

② 国家目标计划，2001 ~2005 年、2006 ~2010 年、2011 ~2015 年五年国家发展目标。

③ HEPR 的资金来源于中央和地方融资。

三、数 据

我们的分析基于“年轻的生命”调查（Young Lives Study）的数据。这是一项跨国协作的纵向调查，追踪调查了埃塞俄比亚、印度、秘鲁和越南各3 000名儿童。该项目通过调查来追踪这些孩子的发展（2002 年进行第一轮调查；2006 年进行第二轮；2009 年进行第三轮；2013 年进行第四轮；2016 年进行第五轮），目的是调查儿童贫困的原因和后果，并得出相关的政策启示。该项目组追踪了两个同生群：一个大龄队列 OC，第一轮时 8 岁，一直随访到 22 岁；一个年轻队列 YC，第一轮时 1 岁，一直随访到 15 岁。我们使用了 3 000 名越南儿童样本，其中 1 000 名来自大龄队列 OC，处于第一轮和第四轮之间①，2 000名来自年轻队列 YC，处于第一轮和第五轮之间。表 1 总结了调查开始时“年轻的生命”儿童及其家庭的一般特征。

表 1　按队列组别进行的第一轮描述性统计　单位：%

变量		OC 组	YC 组	合计
孩子性别	男	50. 10	51. 35	50. 93
	女	49. 90	48. 65	49. 07
户主性别	男	84. 00	84. 25	84. 17
	女	16. 00	15. 75	15. 83
父亲的学历	小学以下	28. 68	29. 92	29. 5
	初中以下	35. 08	35. 36	35. 27
	高中以下	20. 80	20. 08	20. 32
	高等或职业教育	15. 44	14. 46	14. 91
母亲的学历	小学以下	35. 32	33. 57	34. 15
	初中以下	35. 01	36. 51	36. 01
	高中以下	18. 07	18. 66	18. 47
	高等或职业教育	11. 60	11. 26	11. 37

① 在第五轮中，当 OC 组年满 22 岁时，他们中的许多人已搬走并拥有自己的家庭。为了捕捉家庭组成和生活的变化，本轮 OC 组所使用的问卷与前几轮以及 YC 组所使用的问卷有很大不同。我们在分析中使用的几个变量不适用于第五轮的 OC 组。因此，对于这个队列，我们只分析在前四轮中收集到信息。

续表

变量		OC 组	YC 组	合计
家庭规模	2 人	0. 7	0. 35	0. 47
	3 人	9. 9	22. 3	18. 17
	4 人	36. 2	30. 4	32. 33
	5 人	26. 1	17. 95	20. 67
	6 人	14. 8	11. 95	12. 9
	7 人及以上	12. 3	17. 05	15. 47
种族	Kinh 族（多数）	87. 2	85. 6	86. 13
	少数民族	12. 8	14. 4	13. 87
居住地	城市	20	20	20
	农村	80	80	80
所在地区	北部高地	20	20	20
	红河三角洲	20	20	20
	中部海岸	20	20	20
	南部中央海岸	20	20	20
	湄公河三角洲	20	20	20
观察值（人）		1 000	2 000	3 000

注：第一轮所选的 3 000 名儿童的样本居住在 20 个站点，这些站点覆盖 31 个公社，属于五个省/市（老街、洪延、岘港、富安和本特）的 14 个区，每个区都位于不同的地区（分别是北部高地、红河三角洲、中部海岸、南部中央海岸和湄公河三角洲）。随着时间的推移，“年轻的生命”儿童及其家庭移居到该国其他地区。

相对于之前对越南反贫困项目有效性的调查（van de Walle，2004a，2004b；Evans and Harkness，2008；Roelen，2010；Berg and Cuong，2011），本研究的主要改进之一是我们准确地知道一个家庭是否从计划中获益，也就是说，我们知道这个家庭是否被列入社区官方的贫困名单，是否因此有资格获得 HEPR 福利。

社区委员会每年都要修订参与社区健康促进计划的贫困家庭名单。陷入贫困的家庭将被列入名单，而有一些家庭则将被移出名单，因为他们在该计划实施期间成功地累积了财富。这意味着家庭的“贫困”状态在研究期间并不是固定的。

从 2006 年的第三轮跟踪调查开始，“年轻的生命”调查询问家庭是否被列入社区委员会制定的《××年消除饥饿和减贫 MOLISA 标准》贫困家庭名单，其中年份具体包含2006年以及2009～2016年期间的每一年。为了尽量减少回忆偏差，我们只使用2006年（第二轮数据收集）、2009年（第三轮数据收集）、2012年（第四轮数据收集）和2016年（第五轮数据收集）的贫困状态信息①。

有两个原因使我们确信这个问题的答案是可靠的，并且只会出现较小的测量误差。首先，从问题的措辞可知，该贫困名单是根据MOLISA标准创建的，目的是接受HEPR的相关规定。一旦被划入贫困范围，每个家庭都可以从社区委员会获得“贫困证明”，在申请和接受扶贫政策福利时必须出示这一证明。这种证明确保了调查对象不会将HEPR与其他可能使家庭受益的福利计划相混淆。其次，由于“年轻的生命”特别关注贫困和不平等问题，实地调查小组必须与抽样家庭建立密切的联系和信任，这些家庭需要配合他们未来15年的工作。同时，调查小组必须有策略地设计采访问题，以避免受访者感觉因为自己的答案而受到道德评价。也正因为如此，受访家庭不太可能因为对自己的贫困状况感到尴尬而给调查小组一个虚假的答案②。

在具体的分析中，我们将接受计划资助组和对照组分别定义如下：

（1）接受计划资助组（以下简称受助组）的家庭：在时间 T 首次进入官方贫困名单，之前未出现在名单中。

（2）对照组是从未被列入官方贫困人口名单的控制组家庭③。

表2阐明了根据时间 T 分组的受助组和对照组的全套定义，并显示了它们在最终样本中所占比重。根据这些定义，针对某个时间 T 的每次分析只考虑属于相应时期受助组或对照组的受访者，不包括在时间 T 以外的任何时间第一次进入官方贫困名单的调查对象。

重要的是，根据我们的定义，接受计划资助的状态只取决于一个家庭是否在时间 T 第一次出现在贫困名单中，不论以后是永久存在于名单中，还是被移出。如表3所示，在时间 T 接受计划资助的家庭中，25%～50%的家庭在接下来的时期（3～4年后）仍在名单中。

---

① 第一轮没有官方贫困人口名单的入学数据。然而，这并不是一个主要的限制。虽然针对贫困家庭的反贫困干预措施可以追溯到2002年，即进行第一轮调查的那一年，但该方案的分阶段实施出现了延迟，因此至少到2003年都不太可能发生任何相关的事情。所以，我们可以把2002年作为一个计划开始前的阶段。

② 贫困人口名单也向全村公布，避免了受访者说谎。此外，贫穷的观念在越南相当普遍，而接受HEPR通常与社会耻辱无关。在一项关于主要社会保护方案优缺点的调查中，我们注意到HEPR“缺乏具体的机制来监测政策和战略对不同性别人群的影响”，但它的名声却没有受到影响（Jones，2010）。

③ YC组涉及2002年至2016年期间的任何时间，OC组则涉及2002年至2012年期间的任何时间。我们没有考虑2016年（第五轮）OC组儿童的贫困状况，因为我们的分析没有使用这一轮的信息。

表 2　　按队列组别和年龄划分的受助组和对照组的定义

队列组别		5 岁	8 岁	12 岁	15 岁	19 岁	观测值
YC 组	轮数	第二轮	第三轮	第四轮	第五轮		
	8 岁接受资助	○	X	X/○	X/○	—	155
	12 岁接受资助	○	○	X	X/○	—	84
	15 岁接受资助	○	○	○	X/○	—	61
	对照组	○	○	○	○	—	1 212
OC 组	轮数			第二轮	第三轮	第四轮	
	12 岁接受资助	—	—	X	X	X/○	174
	15 岁接受资助	—	—	○	X/○	X/○	70
	对照组	—	—	○	○	○	641

注：○表示不在贫困名单中，X 表示在贫困名单中。

表 3　　贫困名单的持久性

小组 A：一段时间后就被移除出名单：皮尔森相关系数			
	2009 年贫困	2012 年贫困	2016 年贫困
2006 年贫困	0. 4439 *	0. 2693 *	0. 2600 *
2009 年贫困		0. 3237 *	0. 2656 *
2012 年贫困			0. 3983 *
小组 B：*T* 年接受资助的家庭在下一阶段仍在名单上的比例			
	2009 年贫困	2012 年贫困	2016 年贫困
2006 年受助	53. 07%	35. 73%	29. 81%
2009 年受助		34. 39%	23. 61%
2012 年受助			37. 17%

注：* 表示相关性在 0. 01 水平上显著。贫困状况是指某一年内该家庭在 HEPR 贫困名单上。资助状态表示根据我们的定义，在第 *T* 年接受资助的家庭。

我们将一个经济资源指数分配给样本中所有轮次的所有家庭，这个指数来自上文描述过的“B1 表”。因此，我们将该指数称为 B1 得分。“B1 表”中使用的大多数项目的数据都可以在“年轻的生命”的问卷中找到，只有很少的缺失值需要进行近似处理（“B1 表”和数据处理的详细说明参见附录）。我们对不同轮次的 B1 得分进行了标准化处理，以消除时间效应的影响。

表 4 总结了 B1 得分的统计数据和按接受资助状况划分的主要家庭特征。

表 4　按资助效果对主要家庭特征的描述性总结

A 组：年轻组（YC）												
变量	8 岁受助			12 岁受助			15 岁受助			对照组		
	平均值	标准差	观测值	平均值	标准差	观测值	平均值	标准差	观测值	平均值	标准差	观测值
B1 得分	−0. 61	0. 96	155	−0. 66	1. 06	84	−0. 85	1. 2	61	0. 23	0. 81	1 212
家庭规模（人）	4. 6	1. 34	155	4. 62	1. 28	84	5	1. 29	61	4. 45	1. 08	1 212
家庭受抚养人数（人）	2. 41	0. 97	155	2. 39	1. 06	84	1. 77	1. 16	61	2. 11	0. 86	1 212
家庭成员最高学历	0. 19	0. 49	155	0. 12	0. 33	84	0. 41	0. 88	61	0. 57	0. 97	1 212
家庭成员工作部门	1. 53	0. 5	155	1. 61	0. 49	84	1. 61	0. 49	61	1. 72	0. 45	1 212
混凝土墙材料	0. 59	0. 49	155	0. 65	0. 48	84	0. 59	0. 5	61	0. 81	0. 4	1 212
人均居住面积（平方米）	2. 03	1. 19	155	2. 86	1. 25	84	2. 89	1. 23	61	2. 54	1. 26	1 212
每月耗电量（千瓦时）	752	1 068	155	1 544	1 425	84	1 815	1 599	61	1 460	2 765	1 212
获得安全饮用水的机会	0. 15	0. 36	155	0. 15	0. 36	84	0. 34	0. 48	61	0. 21	0. 41	1 212
获得卫生设施的机会	0. 48	0. 5	155	0. 54	0. 5	84	0. 79	0. 41	61	0. 71	0. 45	1 212
城市居民	0. 2	0. 4	155	0. 13	0. 34	82	0. 21	0. 41	61	0. 21	0. 41	1 212
少数民族	0. 25	0. 44	155	0. 37	0. 49	84	0. 39	0. 49	61	0. 06	0. 24	1 212
孩子性别	0. 5	0. 5	155	0. 46	0. 5	84	0. 48	0. 5	61	0. 52	0. 5	1 212
观测值	155			84			61			1 212		

续表

B 组：年长组（OC）									
变量	12 岁受助			15 岁受助			对照组		
	平均值	标准差	观测值	平均值	标准差	观测值	平均值	标准差	观测值
B1 得分	-0.63	0.86	174	-0.15	1.02	70	0.21	0.93	641
家庭规模（人）	4.91	1.32	174	4.37	1.28	70	4.79	1.17	641
家庭受抚养人数（人）	2.29	0.97	174	1.39	1.13	70	2.43	0.93	641
家庭成员最高学历	0.17	0.43	174	0.56	0.93	70	0.54	0.9	641
家庭成员工作部门	1.51	0.5	174	1.64	0.48	70	1.37	0.48	641
混凝土墙材料	0.45	0.5	174	0.7	0.46	70	0.64	0.48	641
人均居住面积（平方米）	2.29	1.3	174	2.4	1.29	70	2.66	1.25	641
每月耗电量（千瓦时）	345	297	174	835	884	70	757	754	641
获得安全饮用水的机会	0.08	0.27	174	0.24	0.43	70	0.10	0.30	641
获得卫生设施的机会	0.48	0.5	174	0.63	0.49	70	0.52	0.50	641
城市居民	0.2	0.4	174	0.23	0.42	70	0.17	0.38	641
少数民族	0.24	0.43	174	0.17	0.38	70	0.1	0.29	641
孩子性别	0.5	0.5	174	0.54	0.5	70	0.48	0.5	641
观测值	174			70			641		

注：每个变量在受助者第一次接受资助的年龄和对照组 8 岁时进行测量。

有 7 人或更多成员的家庭被编码为 7。

家属包括 15 岁以下的儿童、60 岁以上的人、不能工作的残疾人。

学历水平为：0 表示初中及以下，1 表示高中，2 表示职业培训，3 表示大专、大学教育。

工作部门分为：1 表示农业部门，2 表示非农业部门。

性别编码为：0 表示女，1 表示男。

表 4 中 A 组为 YC 组，B 组为 OC 组。每个变量在接受资助的调查对象第一次受助的年龄和对照组对象 8 岁时进行测量。

平均而言，接受资助的家庭的 B1 得分较低。接受资助的孩子都来自受抚养人数较多的大家庭（受助组和对照组在受助组年龄段的均值比较结果未展示在表 4 中）。他们的家庭更有可能从事农业生产（经营大片的一年生树木作物，拥有更多的牲畜），并且更可能是少数民族。与对照组相比，受助组的住房质量（建筑材料和居住空间）要差得多，而且获得洁净水和电的机会有限。同时，受助组家庭拥有的资产（电视、车辆、冰箱、电话等）非常少，受教育程度也比较低。

如上文所述，根据 HEPR 规定，我们的 B1 得分能很好地预测 2015 年计划的分配情况。它提供了对家庭经济状况的全面描述，因此在前几轮中是一个相当好的预测指标。图 1 分别给出了每轮处理后的 B1 得分的分布情况。虽然接受资助的家庭平均 B1 得分较低，但这两类家庭分别获得的计划支持程度相同，这是项目执行中针对性较差的明显证据。

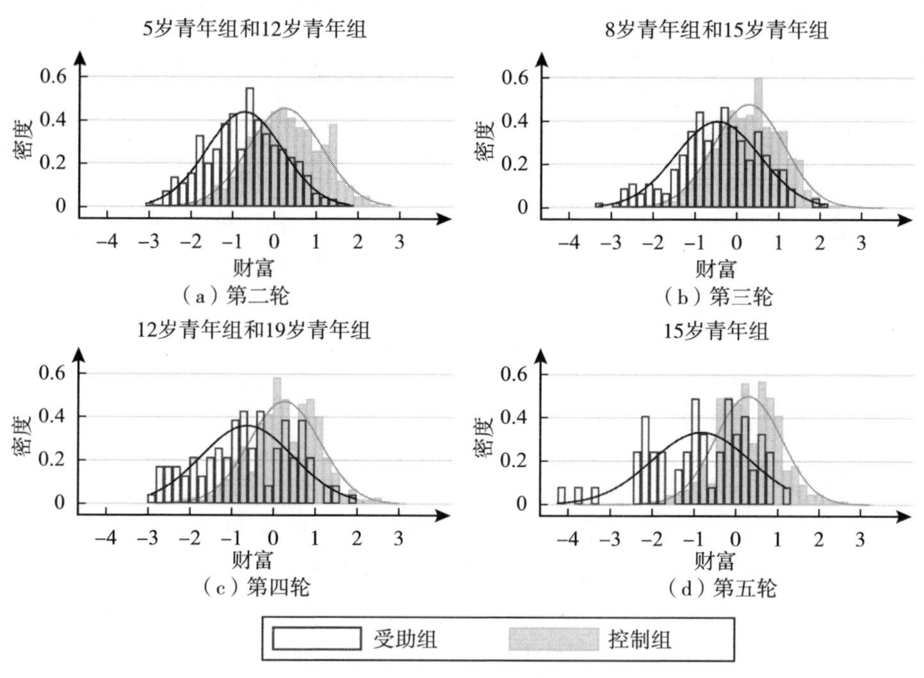

图 1　按受助组和轮次划分的 B1 得分分布

注：B1 为衡量家庭社会经济状况的指标，得分统一取整。

在下文中，我们将评估 HEPR 对两个结果的影响：入学现状（孩子在接受小组采访时已在本学年入学）和儿童工作现状（孩子在家庭外从事带薪工作，或每天花费超过 4 小时完成家庭任务，如家务活、农活或在家族企业工作）。对照组结果变量的描述性统计数据如附表 2 所示。

四、实证方法

我们用普通最小二乘法（OLS）估计如下线性模型：

$$Y_{irt} = \alpha_i + \sum_{\substack{\tau=-3 \\ \tau\neq -1}}^{2} \beta_{T+\tau} Poor_{ir}^{T} \times D_{T+\tau} + \gamma_t + \delta_{rt} B1_{irt} + \varepsilon_{irt} \quad (1)$$

其中，Y_{irt}是 t 年居住在 r 地区①的孩子 i 的状态。$Poor_{ir}^{T}$是一个反映时间固定效应的虚拟变量，如果一个样本家庭在时间 T 首次出现在官方贫困名单中，该变量取 1，如果家庭从未被列入贫困名单，则取 0；当 $T=T+\tau$ 时，$D_{T+\tau}$，即 T 之后的第 τ 期（调查轮数）等于 1，否则取 0。而 $t=T-1$ 时的样本不计入考察范围。此外，$B1$ 则是上文中讨论的 $B1$ 得分，其影响可以随着地区和时间的变化而变化。α_i 与 γ_t 分别代表儿童与时间的固定效应。最后，ε_{irt}是一个误差项，我们允许该项通过孩子 i 进行聚类。$\beta_{T+\tau}$系数②反映了接受计划资助儿童与对照组儿童在 $T+\tau$ 时入学率的差异。当 τ 为负值时，β_{T-2}和 β_{T-3}系数表明了 HEPR 对儿童后续发展状况的所有影响，并提供了计划开始前受助组和对照组之间平行趋势的测试。

我们分别对每个队列进行回归分析。如表 3 所示，在第三轮、第四轮和第五轮中，YC 组儿童的年龄分别与第一轮、第二轮和第三轮的 OC 组儿童一样大。我们利用这种重叠来比较两个同生群在特定年龄段的项目效果。

五、研究发现

（一）教育成果

表 5 显示了按接受计划资助年龄和队列组别划分的 HEPR 对入学率的影响（见图 2 的注释）。列（1）显示了 YC 组在 8 岁时的受助效果③，列（2）和列（3）分别显示了 YC 组和 OC 组在 12 岁时的受助效果，列（4）和列（5）显示了 15 岁时 YC 组和 OC 组的资助效果。从列（1）可见，在 8 岁时接受项

---

① 为了尽量减少选择性移民造成的潜在偏差，除非另有说明，我们将家庭分配到他们在第一轮中居住的地区。

② 需要注意的是，对应于 $T+\tau$ 处理效果的系数 $\beta_{T+\tau}$随资助时间 T 的变化而变化。

③ 2002 年，当 OC 组儿童年仅 8 岁时，HEPR 尚未实施。

目资助，能够使孩子的入学率立即提高9个百分点①，这一效果一直持续到孩子12岁（$T+1$），而一旦他们到了15岁，这种影响就几乎消失（$T+2$的点估计量为0.027，在统计上可以忽略）。

在表5列（2）和列（3）中，我们看到在12岁接受项目资助似乎不会影响孩子的入学率。如果说有什么区别的话，那就是接受资助的儿童上学的可能性反而较小，但其影响幅度微不足道。然而，接受资助的个体在4年后（$T+1$时）有很强的辍学倾向。列（2）显示，YC组儿童15岁时入学率下降了17.1个百分点。对于OC组儿童，这一效应等于13.1个百分点，如列（3）所示。7年后，即19岁时（$T+2$），项目资助的负向效应仍然显著。YC组$T-2$的系数与0的差异不显著，说明平行趋势的假设在计划开始前没有被拒绝，对我们的识别策略来说这是一个令人放心的结果。

表5 按队列组别和首次受益于计划的年龄划分的资助对入学率的影响（基线）

因变量：入学率	(1)	(2)	(3)	(4)	(5)
	8岁（YC）	12岁（YC）	12岁（OC）	15岁（YC）	15岁（OC）
$T-3$				-0.065 (0.052)	
$T-2$		-0.039 (0.045)		-0.010 (0.022)	0.056 (0.035)
T	0.088 ** (0.035)	-0.028 (0.025)	-0.029 (0.026)	-0.183 *** (0.063)	-0.124 ** (0.061)
$T+1$	0.099 ** (0.039)	-0.171 *** (0.055)	-0.131 *** (0.050)		-0.095 (0.067)
$T+2$	0.027 (0.049)		-0.094 ** (0.047)		
观测值	5 496	5 179	3 061	5 101	2 716
样本数	1 383	1 313	799	1 290	710

注：所有回归均包括个体固定效应、样本轮数、B1得分与区域以及轮数的交互作用。括号内为稳健标准误差在个别水平上的聚集：*** 表示 $p<0.01$，** 表示 $p<0.05$，* 表示 $p<0.1$。

① 省略系数β_{T-1}对应于计划开始前的一轮，在本例中，即当YC组儿童为5岁且应在幼儿园时。列（1）中没有β_{T-3}和β_{T-2}的估计值。通过构造，这些系数分别指的是年轻队列组尚未出生和1岁时。因此，我们不能在这种回归方程中测试计划开始前（2002年）的平行趋势。

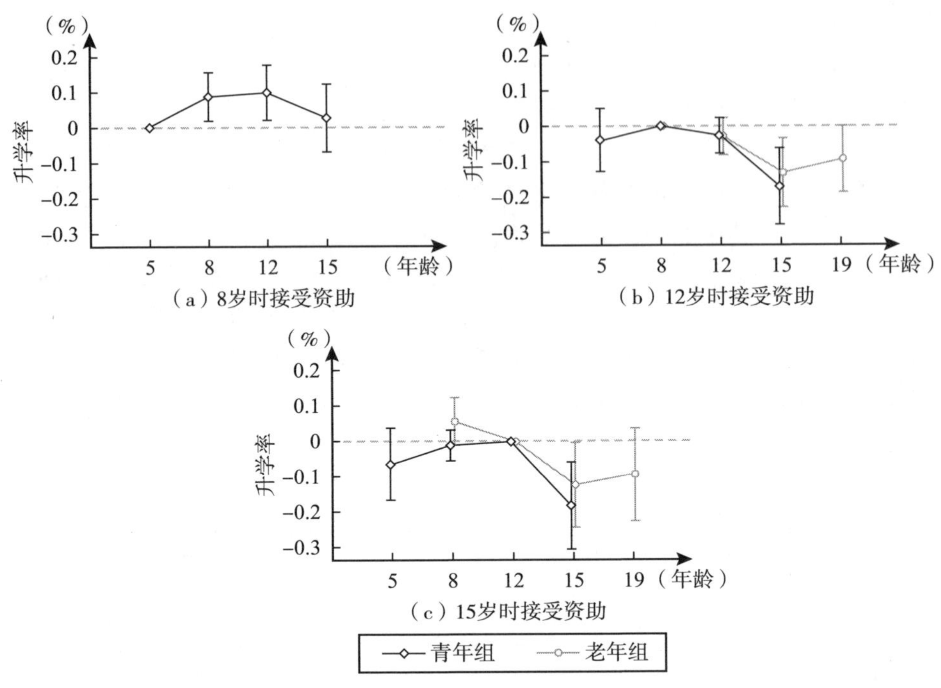

图2 接受资助对入学率的影响（95%的置信区间）

注：该图说明了受助组和对照组在入学率方面随时间的差异变化。水平虚线与对照组儿童 $T-1$ 时的时间效应和资助效果的趋势一致。三个图分别显示了三个受助组的资助效果，即 8 岁时受助的儿童、12 岁时受助的儿童和 15 岁时受助的儿童。估计系数见表 5，分别在列（1）、列（2）、列（3）、列（4）和列（5）中展现。

与上述模式一致，15 岁时接受资助的 YC 组和 OC 组儿童上学的可能性分别降低了 18.3 个和 12.4 个百分点。而受助组和对照组儿童直到 19 岁时，上学情况仍没有统计学意义上的显著差异。最后，我们没有观察到任何与平行趋势假设相悖的证据，因为前计划效应对两个同生群在 $T-3$ 时期和 $T-2$ 时期入学率的影响在统计学上可以忽略不计。

这种影响的异质性在一定程度上符合人力资本形成的动态模型（Cunha and Heckman，2007；Cunha and Heckman，2008；Heckman et al.，2014）。由于人力资本的积累在生命周期的最初阶段是最有效的，在孩子 8 岁时，家庭会认为免交学费以及其他与教育有关的福利是对教育进行投资的巨大机会。相反，12 岁接受资助和 15 岁接受资助的儿童被认为年龄太大，其受教育的边际收益无法补偿上学的边际成本。一旦儿童达到这些年龄，对人力资本的投资会产生较低的回报，造成经济上的低效率，因此即使有激励，家庭也不会进行相应的教育投资。

我们进行的所有测试都没有脱离平行趋势的假设。虽然这些测试的结果令人鼓舞，但它们只涉及计划开始前的阶段，并且不能像所有的双重差分分析一样对计划开始后的结果进行评估。幸运的是，HEPR 项目针对性较差为平行趋势假设的成立创造了合适的条件。较差的针对性意味着，我们观察到位于任何给定 B1 得分水平的受助组家庭和对照组家庭在当前和潜在的经济状况方面必然非常相似。当然，接受资助的家庭和未接受资助的家庭在许多我们无法控制的其他方面会有所不同，比如他们与社区官员的联系强度，这增加了家庭获得 HEPR 福利的可能性。尽管存在所有这些问题，经济状况相似的家庭在决定子女上学问题时，都可能面临类似的权衡。

（二）稳健性检查

1. 民族

HEPR 计划有一部分尤其强调改善少数民族社区的生活条件。例如，在 HEPR 内实施的 135 号方案改善了偏远地区（北部山区、中部高原、岛屿）和少数民族极度贫困地区居民的福祉（详情见 UNDP、乐施会、CEMA 的报告和讨论）。由于这些项目的资格标准和规定与 HEPR 的其他组成部分不一致，将不同种族的儿童汇集在一起分析可能存在问题。为了解决这一问题，我们在表 6 中列出了当我们将其他少数民族儿童排除在基线样本之外，只使用多数民族 Kinh 族儿童时的评估结果。

表 6　计划对多数民族 Kinh 族儿童入学率的子样本的资助效果

因变量：入学率	(1)	(2)	(3)	(4)	(5)
	8 岁（YC）	12 岁（YC）	12 岁（OC）	15 岁（YC）	15 岁（OC）
$T-3$				-0.029 (0.063)	
$T-2$		-0.011 (0.052)		-0.014 (0.009)	0.039 (0.034)
T	0.082** (0.041)	-0.006 (0.018)	-0.010 (0.023)	-0.162** (0.073)	-0.159** (0.068)
$T+1$	0.098** (0.044)	-0.153** (0.055)	-0.142** (0.050)		-0.146** (0.072)
$T+2$	0.022 (0.057)		-0.110** (0.054)		

续表

因变量：入学率	(1)	(2)	(3)	(4)	(5)
	8岁（YC）	12岁（YC）	12岁（OC）	15岁（YC）	15岁（OC）
观测值	5 031	4 785	2 673	4 719	2 435
样本数	1 273	1 210	699	1 194	637

注：所有回归均包括个体固定效应、样本轮数、B1 得分与区域以及轮数的交互作用。括号内为稳健标准误差在个别水平上的聚集：*** 表示 $p<0.01$，** 表示 $p<0.05$，* 表示 $p<0.1$。

计划对 8 岁儿童的资助效果几乎没有变化，8 岁和 12 岁儿童的入学率分别提高了 8.2 个和 9.8 个百分点。其余结果与基础分析一致。值得一提的是，对于 12 岁或 15 岁接受资助的 OC 组儿童，15 岁时的负面影响似乎一直持续到 19 岁。

2. 地区

随着时间的推移，“年轻的生命”调查的孩子及其家庭可能会进行跨地区流动。在基础分析中，我们使用第一轮观察时的原居住地，以避免产生与内生流动性相关的问题。在这里的检验中，我们使用的是当前居住地区，而不是原户籍地区。这意味着区域固定效应可以与个人固定效应分开估计，并由此包含在等式（1）中。结果基本保持不变，见表 7。

表 7　　按当前居住地划分的资助对入学率的影响

因变量：入学率	(1)	(2)	(3)	(4)	(5)
	8岁（YC）	12岁（YC）	12岁（OC）	15岁（YC）	15岁（OC）
$T-3$				-0.061 (0.053)	
$T-2$		-0.031 (0.045)		-0.002 (0.023)	0.042 (0.032)
T	0.083** (0.035)	-0.026 (0.027)	-0.027 (0.026)	-0.161*** (0.062)	-0.127** (0.061)
$T+1$	0.090** (0.039)	-0.175*** (0.055)	-0.137*** (0.049)		-0.117** (0.068)
$T+2$	0.026 (0.048)		-0.086* (0.049)		
观测值	5 434	5 159	3 036	5 066	2 695
样本数	1 383	1 313	799	1 290	710

注：所有回归均包括个体固定效应、样本轮数、B1 得分与区域以及轮数的交互作用。括号内为稳健标准误差在个别水平上的聚集：*** 表示 $p<0.01$，** 表示 $p<0.05$，* 表示 $p<0.1$。

3. 财富

由于参与 HEPR 计划可能会影响家庭的资产和资源，由此产生的 B1 得分可能会受到一个负面的控制效果。在这项稳健性检查中，对于在时间 *T* 接受的每项资助，家庭的 B1 得分都保持在当时的普遍水平。结果如表 8 所示，这一结果也完全佐证了我们基线结果。

表 8　家庭 B1 得分保持不变时的资助对入学率的影响

因变量：入学率	(1)	(2)	(3)	(4)	(5)
	8 岁（YC）	12 岁（YC）	12 岁（OC）	15 岁（YC）	15 岁（OC）
T-3				-0.062 (0.052)	
T-2		-0.044 (0.044)		-0.016 (0.022)	0.047 (0.032)
T	0.078** (0.035)	-0.026 (0.024)	-0.026 (0.026)	-0.190*** (0.063)	-0.129** (0.061)
T+1	0.071** (0.038)	-0.159*** (0.056)	-0.139*** (0.049)		-0.111* (0.066)
T+2	0.021 (0.049)		-0.121** (0.049)		
观测值	5 422	5 129	3 056	5 089	2 701
样本数	1 365	1 288	795	1 286	703

注：所有回归均包括个体固定效应、样本轮数、B1 得分与区域以及轮数的交互作用。括号内为稳健标准误差在个别水平上的聚集：*** 表示 $p<0.01$，** 表示 $p<0.05$，* 表示 $p<0.1$。

（三）性别影响

表 9 显示了根据等式（1）估计的资助对男孩和女孩的影响。

有趣的是，HEPR 对入学率的积极影响仅对男孩有效（在 8 岁时增加了 14.1 个百分点，在 12 岁时增加了 15.8 个百分点），而对女孩的相应估计值则要小得多，且不显著。

相比之下，无论在哪个同生群，对于 12 岁接受资助的孩子来说，女孩在 15 岁时受到的负面影响更大。而对于 15 岁接受资助的孩子，男孩入学率的下降效应则更为强烈。

表 9　按性别划分的资助对入学率的影响

因变量：入学率	(1)	(2)	(3)	(4)	(5)	(6)	(7)	(8)	(9)	(10)
	8 岁女孩（YC）	8 岁男孩（YC）	12 岁女孩（YC）	12 岁男孩（YC）	12 岁女孩（OC）	12 岁男孩（OC）	15 岁女孩（YC）	15 岁男孩（OC）	15 岁女孩（OC）	15 岁男孩（OC）
$T-3$							-0.072 (0.076)	-0.071 (0.074)		
$T-2$			0.026 (0.050)	-0.0124* (0.074)			0.034 (0.039)	-0.052** (0.024)	0.034 (0.047)	0.071 (0.052)
T	0.040 (0.049)	0.141*** (0.050)	-0.023 (0.030)	-0.032 (0.042)	-0.013 (0.037)	-0.039 (0.040)	-0.126* (0.073)	-0.218** (0.097)	-0.068 (0.077)	-0.191** (0.094)
$T+1$	0.049 (0.052)	0.158*** (0.058)	-0.250*** (0.076)	-0.079 (0.082)	0.142** (0.069)	-0.101 (0.071)			-0.150 (0.092)	-0.042 (0.096)
$T+2$	-0.023 (0.064)	0.066 (0.073)			-0.122* (0.069)	-0.061 (0.064)				
观测值	2 635	2 834	2 508	2 689	1 607	1 454	2 454	2 647	1 425	1 291
样本数	669	714	636	677	413	386	623	667	366	344

注：所有回归均包括个体固定效应、样本轮数、B1 得分与区域以及轮数的交互作用。括号内为稳健标准误差在个别水平上的聚集：*** 表示 $p<0.01$，** 表示 $p<0.05$，* 表示 $p<0.1$。

性别差异造成的不同影响反映了越南的性别不平等和文化观念，越南社会更注重男性教育而非女性教育。同样，很多地方都存在类似的情况，比如在墨西哥，贝尔曼等人（Behrman et al.，2011）观察到，年龄较大的女孩（计划开始时为13~15岁）已开始工作，而她们的弟弟（9~10岁）则会继续接受教育。

（四）工作

为了补充对于学校教育的分析，我们估计了HEPR对适龄儿童参加工作的影响。我们考虑不同年龄段的受助情况，并调查它是否影响15岁和19岁青少年参与劳动力市场。如果青少年在市场上从事任何有偿工作，或每天花在家庭工作或家务上的时间超过4小时，则被解释的虚拟变量等于1（因此，我们也考虑了在家庭中进行的非正式工作）。这个变量是根据“过去7天的时间使用”数据构建的，这些数据适用于第二轮和第五轮之间的年轻人，当时YC组的年龄为5~15岁，OC组的年龄为12~19岁。表10显示了在8岁、12岁、15岁时接受资助的YC组儿童和在15岁时接受资助的OC组儿童的估计值①。

表10　按队列组别和首次资助年龄划分的资助对儿童工作的影响（基线）

因变量：工作	(1)	(2)	(3)	(4)
	8岁（YC）	12岁（YC）	15岁（YC）	15岁（OC）
$T-3$			-0.007 (0.029)	
$T-2$		-0.023 (0.019)	0.028 (0.033)	
T	0.02 (0.012)	0.037 (0.036)	0.129** (0.060)	0.077 (0.059)
$T+1$	0.022 (0.020)	0.098* (0.050)		0.010 (0.071)
$T+2$	0.070** (0.034)			
观测值	5 364	5 095	4 998	2 091
样本数	1 385	1 313	1 290	715

注：所有回归均包括个体固定效应、样本轮数、B1得分与区域以及轮数的交互作用。括号内为稳健标准误差在个别水平上的聚集：*** 表示 $p<0.01$，** 表示 $p<0.05$，* 表示 $p<0.1$。

① 我们不估计12岁时接受资助的OC组儿童对工作的影响，因为在12岁之前没有OC组的时间使用数据。

在表10列（1）、列（2）和列（3）中，无论资助时的年龄多大，在接受资助的YC组儿童满15岁时，他们工作的概率增加了7.0~12.9个百分点。有趣的是，受助时间越晚，该效果越显著。列（4）的结果也表明，15岁时接受资助的OC组儿童更有可能在接受资助期间参加工作。然而，这些估计量在统计上并不显著。

所有受助组的变动与前述的受助儿童在15岁时退学的情况相匹配（见图3）。对于OC组，当正规教育自然结束时，计划的资助效果会随着时间的推移逐渐消失。

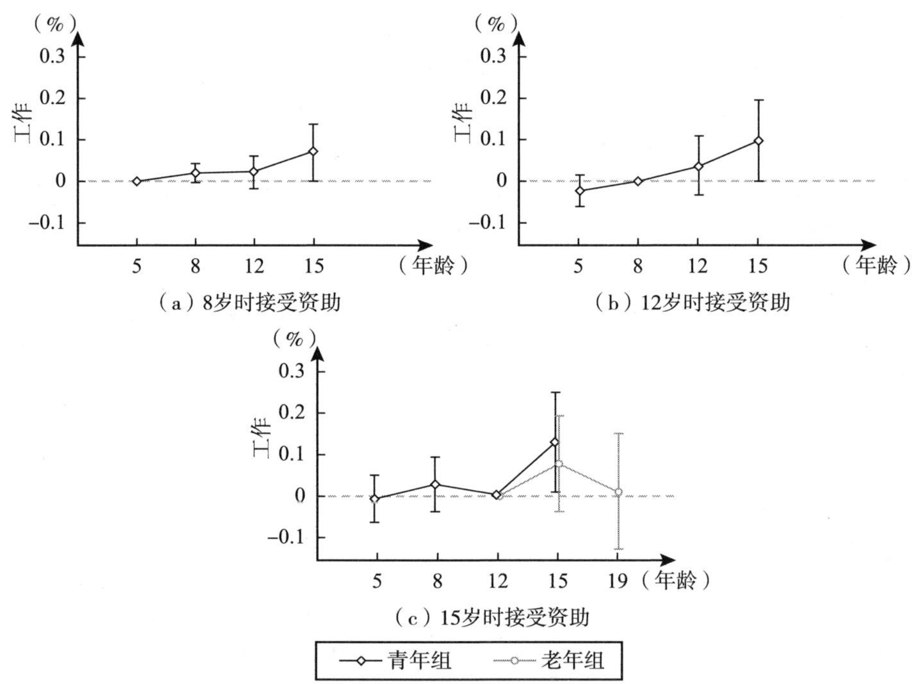

图3 对儿童参加工作的资助效果（95%的置信区间）

注：图中显示了受助组和对照组儿童参加工作比率随时间的差异变化。水平虚线与对照组儿童 $T-1$ 时的时间效应和资助效果的趋势一致。三个图分别显示了三个受助组的资助效果即8岁时受助的儿童、12岁时受助的儿童和15岁时受助的儿童。估计系数分别在表10的列（1）、列（2）、列（3）和列（4）中展现。

六、讨 论

虽然HEPR在早期的积极作用是可以预期的，并且与文献相符，但是对15岁青少年入学率的负面影响（跨同生群和受助年龄）是出乎意料的。将降低教育成本的扶贫项目纳入计划之中，怎么会反而导致儿童辍学呢？

为了对这一结果背后的机制有一些直观的认识，我们区分了城市和农村地区。根据官方的行政体制，社区分为城市社区和农村社区。前者的教育基础设施更密集，教育回报率更高，而后者就业的主要部门是农业，在学校学到的技能与就业的相关性较小（在我们的样本中，农村地区参与农业活动的家庭比例是城市地区的 10 倍，见附表 3）。

分析结果见表 11。我们观察到，在城市儿童中，8 岁接受计划资助对入学率的积极影响更大。事实上，在城市地区，这种积极影响一直持续到 15 岁。农村地区的资助效果很小，没有统计显著性，且到 15 岁会完全消失。对于在孩子 12 岁时接受的资助，有一些证据表明在城市地区会产生轻微的即时正面效果。相反，12 岁接受计划资助的农村儿童则会在 15 岁时受到负面影响。此外，15 岁时接受资助的农村儿童同样会受到负面影响。总而言之，该项目似乎扩大了越南城乡教育差距。这一结果与德布鲁（de Brauw）等人在 2015 年关于“Bolsa Familia”计划影响的调查结果相反，该计划明显减少了巴西儿童教育成果的城乡差距。

我们推测这种结果取决于两个因素。首先，与城市地区不同，农村地区的学校不容易进入。许多社区和村庄没有本地或附属学校，因此，如果孩子们想学习，他们必须去邻近的社区或地区中心学习，初中和高中尤其如此。根据提高妇女地位全国委员会的数据，北部高地、中北部和湄公河三角洲的大多数学生步行上学要花近 1 个小时。在北部高地的朗森省，小学生每天要走 6 公里以上的路程，穿越岩石路和山涧（国际经济中心，2002）。学校设施的缺乏，再加上教科书和学习材料的有限供应，以及教学质量的低下①，使得农村地区的教育吸引力下降。在这种情况下，即使免除学费也可能无法支持农村地区的儿童入学。

其次，自 2009 年（第三轮）以来，有另一项规定影响了正规教育的学费免除的效果，这一计划是免费的“农民工职业培训计划”（VTP）。职业培训计划旨在提高农村劳动力的素质，通过对农村工人进行为期三个月的农业和非农业培训，促进农业部门和农村地区的工业化和现代化。每年，该项目涉及约 100 万名处于工作年龄（15 ~ 59 岁）的农村工人，并保证至少 80% 的参与者就业。课程结束后，学员将获得初级职业证书。

虽然这个项目对所有农村劳动者开放，但它优先考虑为革命作出贡献的人、贫困户、近贫困户、少数民族、残疾人和农地国有化农民。被列入官方贫

① 教师更喜欢在大城市教学（国际经济中心，2002）。

表 11　按城市或农村地区划分的资助对入学率的影响

因变量：入学率	(1) 8 岁农村 (YC)	(2) 8 岁城市 (YC)	(3) 12 岁农村 (YC)	(4) 12 岁城市 (YC)	(5) 12 岁农村 (OC)	(6) 12 岁城市 (OC)	(7) 15 岁农村 (YC)	(8) 15 岁城市 (YC)	(9) 15 岁农村 (OC)	(10) 15 岁城市 (OC)
T-3							-0.091 (0.065)	-0.000 (0.077)		
T-2			-0.051 (0.051)	0.030 (0.090)			-0.008 (0.029)	-0.008 (0.015)	0.049 (0.040)	0.081 (0.070)
T	0.058 (0.038)	0.213** (0.088)	-0.037 (0.031)	0.022* (0.013)	-0.035 (0.031)	-0.011 (0.018)	-0.219*** (0.077)	-0.066 (0.082)	-0.111 (0.068)	-0.176 (0.143)
T+1	0.066 (0.043)	0.223** (0.102)	-0.205*** (0.063)	-0.033 (0.090)	-0.158*** (0.057)	0.014 (0.087)			-0.096 (0.078)	-0.074 (0.135)
T+2	0.000 (0.054)	0.182* (0.109)			-0.110** (0.055)	0.013 (0.120)				
观测值	4 276	1 176	4 080	1 100	2 471	560	3 983	1 103	2 192	504
样本数	1 106	330	1054	308	659	150	1 031	309	584	135

注：所有回归均包括个体固定效应、样本轮数、B1 得分与区域以及轮数的交互作用。括号内为稳健标准误差在个别水平上的聚集：*** 表示 $p<0.01$，** 表示 $p<0.05$，* 表示 $p<0.1$。

困名单的学员[①]，免收其课程和材料费（金额高达 300 万越南盾或 120 美元），可以以“贫困学生”的身份向社会政策银行获得低息贷款，并可在培训期间获得交通和住宿津贴。

中学毕业后，15 岁的青少年可以选择进入高中，进入正规职业学校，或离开学校。正规职业课程的持续时间为 2 ~ 3 年。相比之下，职业培训计划的培训时间大大缩短，而且有利于就业，因此对年轻人来说，这是一个有吸引力的选择。因此，我们假设，对于农村青少年，职业培训免收费用的好处大于正规学校免收学费的好处。

不幸的是，我们的数据中没有关于 VTP 的信息来直接检验这个假设。考虑到受训人员有望迅速就业，对于这个假设间接的支持来自这样的证据：在农村地区，VTP 项目对于儿童工作活动的促进效应大于城市地区。

表 12 按居住区域分别报告了 YC 组 8 岁、12 岁、15 岁儿童，以及 OC 组 15 岁受助儿童的工作情况所受到的项目影响。如前所述，对入学率的影响主要集中于农村儿童。在表 12 的列（1）、列（3）和列（5）中，居住在农村地区、接受资助的 YC 组儿童在 15 岁时从事工作的可能性提高了 8. 5 ~ 19 个百分点。尽管受助时间有所不同，但是对工作情况的影响只在受助儿童 15 岁时出现。计划对城市儿童的工作状况没有明显的影响，但 12 岁时接受资助的 YC 组儿童的工作状况显著下降了 7. 3%，如表 12 列（4）所示。该证据与这一群体同期的高等学校入学人数一致，见表 11 列（4）。YC 组儿童在 2016 年年满 15 岁，而 OC 组儿童则在 2009 年年满 15 岁，后者正好是 VTP 开始实施的年份。随着 VTP 项目逐渐产生影响，对于在 15 岁时接受资助的 OC 组儿童，HEPR 对工作的影响较小且无统计学意义，这是可以理解的。

由于 VTP 向贫困家庭的所有成员都提供免费的培训机会，该计划可以通过家庭内部的替代效应，引导青少年多工作、少学习。如果职业培训计划提高了父母的就业能力，他们甚至可能会要求未满 15 岁的孩子在家里或在家族企业中承担额外的任务。这种可能性进一步推动了城乡之间免收学费措施在儿童入学方面的影响差异。

综上所述，积极和消极影响的综合结果取决于农村和城市地区学费减免影响的显著差异，以及该政策与 VTP 之间的相互作用。

① VTP 从当地政府获得这些信息，而 MOLISA 对贫困的定义是官方的，即使它不在 HEPR 的伞状结构下。

表 12　　按城市或农村地区划分的资助对儿童工作的影响

因变量：入学率	(1) 8 岁农村 (YC)	(2) 8 岁城市 (YC)	(3) 12 岁农村 (YC)	(4) 12 岁城市 (YC)	(5) 15 岁农村 (YC)	(6) 15 岁城市 (YC)	(7) 15 岁农村 (OC)	(8) 15 岁城市 (OC)
T-3					-0.009 (0.039)	-0.011 (0.009)		
T-2			-0.027 (0.023)	-0.011 (0.008)	0.034 (0.045)	-0.010 (0.010)		
T	0.025 (0.015)	0.002 (0.006)	0.036 (0.043)	0.066 (0.071)	0.181** (0.076)	-0.040 (0.025)	0.078 (0.068)	0.063 (0.115)
T+1	0.014 (0.022)	0.068 (0.051)	0.139** (0.059)	-0.073*** (0.026)			-0.032 (0.084)	0.075 (0.145)
T+2	0.085** (0.041)	-0.020 (0.038)						
观测值	4 192	1 155	3 999	1 079	3 902	1 081	1 681	388
样本数	1 107	330	1 053	308	1 030	309	585	136

注：所有回归均包括个体固定效应、样本轮数、B1 得分与区域以及轮数的交互作用。括号内为稳健标准误差在个别水平上的聚集：*** 表示 $p<0.01$，** 表示 $p<0.05$，* 表示 $p<0.1$。

七、结　论

本文评估了越南的反贫困措施（HEPR 计划）对青少年入学率的影响。我们的检验模型采用双重差分设计，使用的是为期为 15 年的“年轻的生命”的纵向数据。这项研究有助于了解越南儿童福利及权益保护，并且强调早期干预的重要性。

事实上，我们发现不同的资助时机对学校教育产生了不同的影响。如果在 8 岁时接受资助，儿童入学的可能性高出 9%。这种积极影响的作用时机一直持续到 12 岁，在孩子 15 岁时完全消失。积极影响在城市地区的儿童特别是男孩中更为明显。当项目资助发生在青少年中后期（12 岁或 15 岁）时，我们观察到受助青少年在 15 岁时入学率将会下降，这种影响对农村孩子尤其是女孩更为明显，同时受助青少年的劳动力市场参与率也相应增加。

虽然早期干预对入学的积极影响支持人力资本形成的动态理论，即早期投资在提高教育成就方面更有效，但项目资助在青少年 15 岁时产生的负面影响更令人费解。

上述效应的城乡差异有助于理解这一现象。一方面，城市地区教育基础设施的普及程度较高，这意味着学费减免在提高城市入学率方面更为有效。另一方面，农村地区对 15 岁以上子女实行的职业培训免费制度（VTP）降低了农村儿童入学的激励，他们可能会发现，辍学参加用时更短的 VTP 项目更有吸引力。

在我们的分析中，不同计划之间的替代效应是扶贫计划缺乏协调的有力证据，这些计划的目标有时可能会相互冲突。我们的研究结果表明，越南的几项社会福利计划迫切需要得到全面整合。目前这些计划在性质上经常重叠，在实施和实现目标方面效率低下。

参考文献

Adhvaryu, Achyuta, Anant Nyshadham, Teresa Molina, and Jorge Tamayo. 2018. “Helping Children Catch up: Early Life Shocks and the PROGRESA Experiment”, 24848. NBER Working Paper Series.

Attanasio, Orazio P., Costas Meghir, and Ana Santiago. 2012. “Education Choices in Mexico: Using a Structural Model and a Randomized Experiment to Evaluate PROGRESA”, Review of Economic Studies, 79 (1).

Behrman, Jere R., Susan W. Parker, and Petra R. Todd. 2011. “Do Conditional Cash Transfers for Schooling Generate Lasting Benefits? A Five-Year Followup of Progresa/Oportunidades”, The Journal of Human Resources, 46 (1): 93 – 122.

Berg, Marrit Van Den, and Nguyen Viet Cuong. 2011. "Impact of Public and Private Cash Transfers on Poverty and Inequality: Evidence from Vietnam", 29 (6): 689 – 728.

Brauw, Alan de, Daniel O. Gilligan, John Hoddinott, and Shalini Roy. 2015. "The Impact of Bolsa Familia on Schooling", World Development, 70: 303 – 316.

Centre for International Economics. 2002. "Vietnam Poverty Analysis".

Cunha, Flavio, and James Heckman. 2007. "The Technology of Skill Formation", American Economic Review, 97 (2): 31 – 47.

Cunha, Flavio, and James Heckman. 2008. "Formulating, Identifying and Estimating the Technology of Cognitive and Noncognitive Skill Formation", The Journal of Human Resources, 43 (4): 738 – 782.

de Hoop, Jacobus, Jed Friedman, Eeshani Kandpal, and Furio C. Rosati. 2017. "Child Schooling and Child Work in the Presence of a Partial Education Subsidy", Journal of Human Resources, 54 (2): 503 – 531.

Edmonds, Eric V., and Norbert Schady. 2012. "Poverty Alleviation and Child Labor", American Economic Journal: Economic Policy, 4 (4): 100 – 124.

Evans, Martin, and Susan Harkness. 2008. "Social Protection in Vietnam and Obstacles to Progressivity", 2: 30 – 52.

Fernald, Lia C H, Paul J Gertler, and Lynnette M Neufeld. 2009. "10-Year Effect of Oportunidades, Mexico's Conditional Cash Transfer Programme, on Child Growth, Cognition, Language, and Behaviour: A Longitudinal Follow-up Study", Lancet 374 (December).

Filmer, Deon, and Norbert Schady. 2008. "Getting Girls into School: Evidence from a Scholarship Program in Cambodia", Economic Development and Cultural Change, 56 (3): 581 – 617.

Gertler, Paul J. 1999. "Do Conditional Cash Transfers Improve Child Health? Evidence from PROGRESA's Control Randomized Experiment", Health, Health Care, and Economic Development, 94 (3): 336 – 341.

Glewwe, Paul, and Ana Lucia Kassouf. 2012. "The Impact of the Bolsa Escola/Familia Conditional Cash Transfer Program on Enrollment, Dropout Rates and Grade Promotion in Brazil", Journal of Development Economics, 97: 505 – 517.

Heckman, James J, and Stefano Mosso. 2014. "The Economics of Human Development and Social Mobility", 19925. NBER Working Paper.

Jones, Nicola. 2010. "Gendered Risks, Poverty and Vulnerability in Viet Nam: A Case Study of the National Targeted Programme for Poverty Reduction October 2010", Overseas Development Institute. Vol. 44.

Nguyen, Thi Thu Phuong, and Bob Baulch. 2007. "A Review of Ethnic Minority Policies and Programs in Vietnam".

Oxfam. 2017a. "Enhancing the Effectiveness of Vocational Training in Ethnic Minority Areas", Hanoi.

——. 2017b. “Reforming Agricultural Extension and Production Policies: Towards Poverty Reduction in Ethnic Minority Communities”, Hanoi.

Pham, Thai Hung, Dang Trung Le, Javier Herrera, Mireille Razafindrakoto, and François Roubaud. 2008. “Analysis of the Program 135-Ⅱ Baseline Survey”, Hanoi.

Phan, Phuc Van, O Martin, Silvia Mendolia, and Alfredo Paloyo. 2017. “National Pro-Poor Spending Programmes and Their Effect on Income Inequality and Poverty: Evidence from Vietnam”, Applied Economics, 49 (55): 5579 – 5590.

Phung, Tung D, Cuong V Nguyen, Thu T Phung, Ngoc T B Vu, Trung D Le, Hung T Pham, Nga T Nguyen, Daniel Westbrook, and James Taylor. 2012. “Impact of Program 135-Phase Ⅱ through the Lens of Baseline and Endline Surveys”, Hanoi.

Ravallion, Martin, and Quentin Wodon. 2000. “Does Child Labor Displace Schooling? Evidence on Behavioural Responses to an Enrolment Subsidy”, 110 (1998): 158 – 175.

Roelen, Keetie. 2010. “Social Welfare in Vietnam: A Curse or Blessing for Poor Children?”, Asian Social Work and Policy Review, 4 (2): 66 – 83.

The World Bank. 2012. “Well Begun, Not Yet Done: Vietnam's Remarkable Progress on Poverty Reduction and the Emerging Challenges”.

Turk, Carrie. 1999. “Voices of the Poor”.

UNDP. 2009. “A Mapping Exercise-Poverty Reduction Programmes and Policies in Vietnam”, Hanoi.

Walle, Dominique van de. 2004a. “Testing Vietnam's Public Safety Net”, 32: 661 – 679.

——. 2004b. “The Static and Dynamic Incidence of Vietnam's Public Safety Net”, In Economic Growth, Poverty, and Household Welfare in Vietnam, 185 – 224. Washington, D. C.: The World Bank.

附录 “B1 表”上各项数据的近似值

“B1 表”评估以下项目：家庭成员数量、受抚养人数量、家庭最高学历、家庭成员在非农业部门工作情况、养老金、住房质量、人均居住面积、每月用电量、水源情况、厕所状况、主要资产（电视、冰箱、摩托车、汽车、加热器、烤箱、空调、船）、土地和财产（用于生活、农业、渔业、生产）、牲畜数量、地区。

为了估算每一轮的月用电量（千瓦时），我们使用越南电力集团 EVN 同期提供的信息，将住户每月平均电费（千越南盾）除以电价报价。为了按用途确定土地和水面的总面积，我们使用每种植物报告的土地面积，然后区分一年生作物和多年生作物（在我们的数据中，多年生作物包括鳄梨、黑胡椒、咖啡、桉树、水果、番石榴、芒果、橘子、菠萝、甘蔗、苹果、椰子、李子、龙眼、荔枝、红毛丹、腰果、盆景、橡胶、山竹、茶），最后根据作物类型进行总结。如果家庭报告有用于水产养殖的水面，则将其视为养鱼用地。由于在某些轮次中无法获得养老金信息（第二轮、第四轮和第五轮只收集年轻群体的数据）以及领取养老金的人口比例相对较小（<10%），我们将该项目排除在计算之外。此外，我们使用第二轮的信息，对第一轮的平均居住空间、电力、烤箱、船只以及第三轮的平均居住空间、土地和财产的缺失数据进行了插补。每个项目的权重从 0 到 25 点不等，取决于区域（见表 3）。如果家庭的总分低于 140（170）分，并且居住在农村（城市）地区，则将其划分为贫困家庭。

附表 1　　MOLISA 对国家贫困线的定义

<table>
<tr><th rowspan="2">时间段</th><th rowspan="2">类别</th><th colspan="2">乡村</th><th rowspan="2">城市</th><th rowspan="2">单位（人均）</th></tr>
<tr><th>乡村 1</th><th>乡村 2</th></tr>
<tr><td>2000 年前</td><td>贫困</td><td>15</td><td>20</td><td>25</td><td>米饭的公斤数</td></tr>
<tr><td>2000～2005 年</td><td>贫困</td><td>80 000</td><td>1 000 000</td><td>150 000</td><td>越南盾</td></tr>
<tr><td>2006～2010 年</td><td>贫困</td><td colspan="2">200 000</td><td>260 000</td><td>越南盾</td></tr>
<tr><td rowspan="2">2011～2015 年</td><td>贫困</td><td colspan="2">400 000</td><td>500 000</td><td>越南盾</td></tr>
<tr><td>接近贫困</td><td colspan="2">520 000</td><td>620 000</td><td>越南盾</td></tr>
<tr><td rowspan="5">2016～2020 年</td><td>贫困</td><td colspan="2">700 000</td><td>900 000</td><td>越南盾</td></tr>
<tr><td rowspan="2">贫困</td><td colspan="2">1 000 000</td><td>1 300 000</td><td>越南盾</td></tr>
<tr><td colspan="2">服务匮乏 3 个指标以上</td><td>服务匮乏 3 个指标以上</td><td>服务指数</td></tr>
<tr><td rowspan="2">接近贫困</td><td colspan="2">1 000 000</td><td>1 300 000</td><td>越南盾</td></tr>
<tr><td colspan="2">服务匮乏 3 个指标以下</td><td>服务匮乏 3 个指标以下</td><td>服务指数</td></tr>
</table>

注：2016 年的方法综合考虑了 10 项服务获取的衡量指标：获得医疗服务的机会、医疗保险的所有权、成人受教育程度、儿童受教育程度、住房质量、人均住房面积、清洁用水、卫生厕所、电信服务使用情况以及用于获取信息的资产。

附表 2　　对照组随时间变化的平均结果变量

年龄	年轻队列组（YC）		老年队列组（OC）	
	入学	工作	入学	工作
5 岁	0.86	0.00	—	—
8 岁	0.99	0.01	0.99	—
12 岁	0.99	0.02	0.97	0.07
15 岁	0.88	0.1	0.84	0.15
19 岁	—	—	0.54	0.49

注：如果子女在接受调查时已在本学年入学，则入学率取 1，否则为 0。如果子女在外面做带薪工作或每天花超过 4 小时做家庭工作，则被认为在工作。

附表3　按居住面积划分的非农业家庭比例　单位：%

部门	城市	乡村	总计
农业	4.05	50.06	40.6
非农业	95.95	49.94	59.4
总额	100	100	100

注：作者使用“年轻的生命”的数据，将所有轮次汇集在一起进行计算。

第四部分

国别案例

对美国 2016 年、2017 年贫困状况的研究

——基于旧版和新版人口调查处理系统*

约翰·克里默、阿什利·爱德华兹**

摘 要：当前人口调查（CPS）的年度社会和经济补编（ASEC）是美国贫困状况评估的官方资料来源。2014 年，美国人口统计局对收入和健康保险问题进行了修订，2015 年，原来只针对已婚伴侣和未婚伴侣的统计进一步精确到涵盖同性伴侣或异性伴侣。虽然数据收集方法迅速进行了相关调整，但数据处理流程直到最近才最终确定了新的方案，从而充分发挥了上述数据收集革新的价值。

2019 年 9 月，美国人口统计局在《美国收入与贫困：2018》年度报告中公布了收入和贫困状况的统计数据，这次公布的统计结果第一次反映了相关调整造成的影响。

本文记录了使用旧版和新版 CPS ASEC 数据处理系统评估的 2016 年、2017 年贫困状况。已有论文表明，2016 年的贫困状况在两种数据处理系统下的评估结果差异不大。本文主要对 2017 年的数据进行了评估，并为数据使用者建立了相关指标的时间序列数据，方便使用者运用即将公布的 2018 年数据。在联合统计大会上展示这篇报告将帮助数据使用者理解美国收入和贫困数据处理方法变化的动机、影响和释义。

一、基于当期人口普查的收入和贫困评估

（一）背景

当前人口调查（CPS）由美国劳动统计局（BLS）提供资金支持，由美国人口统计局（Census）进行数据收集，是一份月度的、全国范围的家庭调查报

---

* 美国人口普查局审查了该数据未经授权披露的机密信息，并批准了披露避免惯例适用于此发布，CBDRB-FY19-POP001-0002。发布这篇论文是为了让有关方面了解正在进行的研究，并鼓励各方对正在进行的工作进行讨论。在方法或操作问题上表达的观点是作者的观点，不一定是美国人口普查局的观点。任何错误或遗漏均由作者自行负责。所有数据都会受到各种来源的误差的影响，包括抽样误差、非抽样误差、建模误差和任何其他误差来源。有关数据收集、统计标准和准确性的进一步信息，请参见 https：//www. census. gov/programs-surveys/cps/techny-documentation. html。

** 作者简介：约翰·克里默（John Creamer）、阿什利·爱德华兹（Ashley Edwards）均供职于美国人口普查局。

告。该调查是为收集被广泛使用的劳动力统计数据而设计的，比如月度失业率。该项调查是美国历史最悠久、规模最大、组织最完善的调查。

CPS 和 ASEC 由美国劳动统计局和美国人口统计局共同提供资金支持。CPS ASEC 在每年二月到四月进行实地调查，主要形式为发放问卷，问卷内容涵盖 51 种在过去一个日历年中的收入和其他非现金收益，比如营养补助项目、学校午餐补助和住房补助等①。CPS ASEC 在采访过程中也收集家庭构成、家庭特征和个人人口普查数据。

作为最优质的国家级收入统计资料来源，CPS ASEC 提供的历史数据在时间跨度上可以追踪到 1959 年。基于以上特点，“管理与预算办公室”第 14 号统计政策指导文件确立了 CPS ASEC 为美国联邦政府使用的唯一国家级官方贫困统计数据②。

（二）近期的问卷和数据处理系统更新

美国人口统计局在过去几年一直致力于对 CPS ASEC 的人口统计指标、收入和健康保险部分进行升级改善③。这些措施可分为两个步骤：第一步，在 2014～2016 年间对调查问卷进行改革；第二步，在近期对数据处理系统进行升级。

CPS ASEC 的人口统计中包含了诸多信息，如资源在一个单元中如何分配，这些信息对于衡量贫困有着很重要的意义。从 2015 年 5 月开始，美国人口统计局逐渐将报告家庭关系的内容加入 CPS 基础调查中。这一改变的意义在于更清晰地在调查中区分同性婚姻伴侣和未婚伴侣。从 2017 年开始，CPS ASEC 的所有参与者收到的调查问卷全部为升级后的版本。通过正确识别生活单元内的家庭状况，我们可以对美国的贫困状况进行更准确的刻画。

贫困调查方法方面的另一项改变为收入调查的变化。如图 1 所示，为了更好地收集收入来源数据，通过概率分离的面板设计，将问卷更改纳入 2014 年 CPS ASEC，参考年为 2013 年。2014 年 CPS ASEC 在接受调查的 98 000 个家庭中随机选择了 30 000 个家庭分发新版调查问卷，剩余的 68 000 家则收到了和往年一样的老版调查问卷。2015 年 CPS ASEC（参考年为 2014 年）数据的报告中，对所有样本家庭均发放了新版收入调查问卷，并且在此后的年份也全部采用新版调查问卷。官方的贫困评估结果只基于现金收入水平。

---

① 收集的收入数据之后被分解为 27 个变量。

② 参见 https：//www. census. gov/topics/income-poverty/poverty/about/history-of-poverty measure/omb-statpolicy14. html，获得关于第 14 号统计政策指导文件的更多细节。

③ 由于医疗保险状况不影响对贫困的衡量，因此没有详细讨论这些变化。

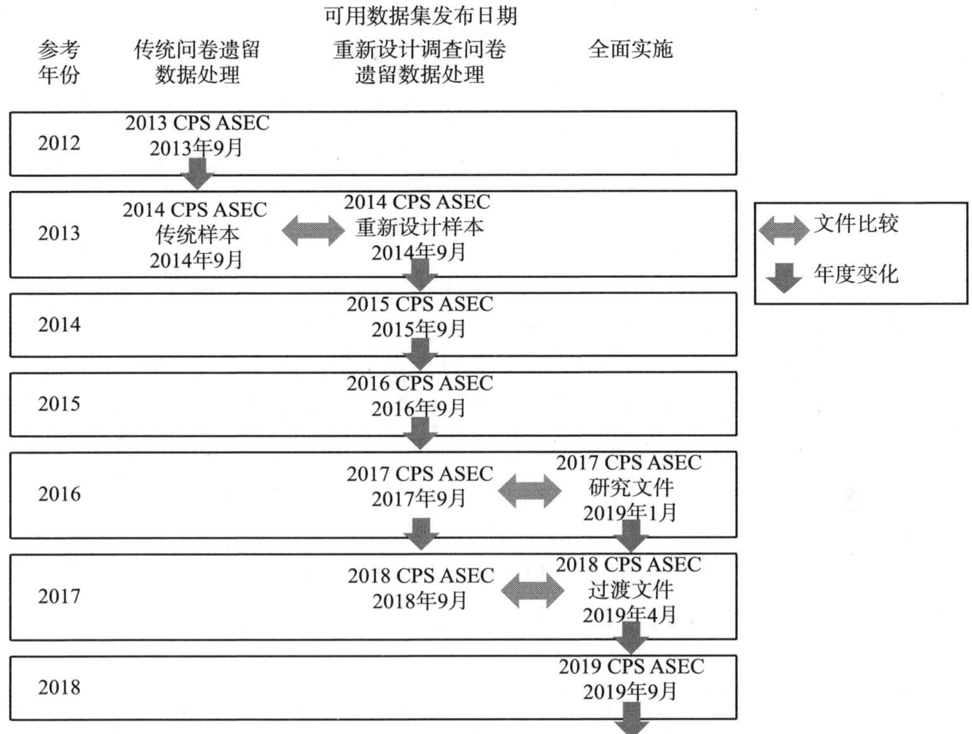

图1　CPS ASEC 改革时间

虽然 CPS ASEC 数据收集对以上变化迅速进行了调整，但数据处理过程需要进行代码更新，才能最大限度发挥新数据的优势。为避免《美国收入与贫困》报告以及相关表格和调查文档发布的延迟，新的 CPS ASEC 数据根据旧版数据处理工具进行了调整。CPS ASEC 2013 ~2017 年的调查数据已经反映出调查问卷的变化，但是既有的数据处理流程并未完全展示出新数据的优越性。

当 2019 年 9 月《美国收入与贫困：2018》报告发布时，第二阶段的数据处理系统升级即将完成。为了帮助数据使用者应对可能存在的文件结构、内容和统计数据方面的变化，美国人口统计局重新对外发布了 2017 年和 2018 年新数据处理系统的数据文件，包括调查文件和过渡文件。

爱德华兹和克里默（Edwards and Creamer，2019）主要针对内含 2016 年数据的 CPS ASEC 2017 年调查文件。该研究提供了收入、人口统计指标变化产生的动机、实现过程和影响。如果对《美国收入和贫困：2018》这一唯一基于新数据处理系统的报告进行同期对比研究，厘清数据使用者对不同数据处理系统间的区别理解就十分重要。

二、方法及数据

正如在图1时间轴上体现的，美国人口统计局分别在2019年1月和4月对外重新发布了2017年和2018年的CPS ASEC使用新数据处理系统后产生的报告①。2017年的报告内含2016年的统计数据，该文件比美国人口统计局常规发布的文件更为精简，并以研究文档的形式对外发布，目的在于更快地从数据使用者中收集反馈。2018年的CPS ASEC过渡文件反映了使用者对于2017年统计数据的反馈和相关改进意见。两份文件能让外部研究者更好地理解升级后的数据处理系统所产生的新变量，以及新版和老版的数据处理系统带来的统计学上的变化。

为了使数据使用者更好地适应即将于2019年9月发布的《美国收入与贫困：2018》，本文将对2016年和2017年的数据在新数据处理系统进行处理。我们的分析将对新老数据处理系统下基于新人口统计指标和收入统计方法获得的贫困率进行对比。对于贫困率在新老数据处理系统下的差异，我们将90%设为显著性评价的置信区间标准，除非另有注明。2016年和2017年贫困率的跨年对比将在不同数据处理系统下进行，从而验证贫困率跨年变化是否会因为数据处理系统不同而产生显著变化。

作为月度或者说基础的CPS的补充，ASEC在选取合格的抽样家庭时，会首先包括CPS在3月取样的家庭，并在CPS 2月和4月的样本中进行补充。补充样本一般针对西班牙裔、非西班牙裔的少数族裔以及虽非西班牙裔但有18岁及以下儿童的白人家庭，从而针对上述人群收集更可靠的数据②。

然而，在升级的数据处理系统中，2017年和2018年的样本数量仅发生了细微变化。在两年间，大约有0.01%的数据只能使用旧版数据处理系统，但无法被升级后的系统所使用，另外还有0.01%的数据仅能使用升级后的系统处理，而无法兼容旧版系统。由于人口统计指标处理方法的不同，一些家庭样本可能被移入或移出ASEC样本集或贫穷家庭范围。

考虑到在样本构成以及样本对象的人口统计特征方面存在细微差别，样本权重被重新计算。计算权重的方法和过去统一，权重由年龄、性别、种族、是

---

① 具体资料参见 https：//www. census. gov/data/datasets/time-series/demo/income-poverty/data-extracts. html。

② 有关CPS ASEC样本的其他技术文档，请参见 https：//www. census. gov/programsurveys/cps/techny-documentation/complete. html。有关符合CPS ASEC资格家庭的更多信息，请参阅Technical paper 66，Current Population Survey：Design and Methodology，U. S. Census Bureau，U. S. Department of Commerce，2006，www. census. gov/prod/2006puble/tp-66. pdf.

否为西班牙裔、在未被监禁人口中的占比等因素所决定①。

三、主要发现

（一）数据处理系统变化带来的年内影响

表1和表2展示了2016年和2017年新老系统间贫困率的对比。我们发现，新老系统变化并未带来明显的贫困率计算结果改变。

表1 基于2017年CPS AESC的旧版和新版信息处理系统下2016日历年的贫困状况

特征		2016年旧版系统			2016年新版系统			贫困变化（2016年新版系统减去旧版系统）	
		总计（千人）	低于贫困线		总计（千人）	低于贫困线		数量（千人）	比重（%）
			数量（千人）	比重（%）		数量（千人）	比重（%）		
总计		319 900	40 620	12.7	319 900	40 840	12.8	228	0.1
家庭状态	家庭中人口	259 900	27 760	10.7	260 600	28 140	10.8	374	0.1
	异性婚姻	192 800	11 250	5.8	193 200	11 690	6.1	*437	*0.2
	同性婚姻	(X)	(X)	(X)	1 187	51	4.3	(X)	(X)
	独居女性	48 240	13 910	28.8	47 670	13 620	28.6	* -290	-0.3
	独居男性	18 780	2 596	13.8	18 610	2 772	14.9	*176	*1.1
	无血缘关系的亚族成员	1 208	519	43.0	1 236	501	40.5	-18	-2.5
	无血缘关系的家庭成员	58 840	12 340	21.0	58 010	12 210	21.0	-127	0.1
种族	白人	246 000	27 110	11.0	246 000	27 370	11.1	255	0.1
	白人，非西班牙裔	195 200	17 260	8.8	195 200	17 330	8.9	63	Z
	黑人	41 960	9 234	22.0	41 960	9 162	21.8	-72	-0.2
	亚裔	18 880	1 908	10.1	18 870	1 827	9.7	-81	-0.4
	西班牙裔	57 560	11 140	19.4	57 550	11 410	19.8	*270	*0.5

① 由于调查权重的设计是为了控制人口特征，因此本研究中使用的权重取决于所使用的人口数据。对于基于旧版人口统计编辑的估计，使用旧版权重。修订后的权重用于基于纳入同性婚姻的最新人口统计编辑的估计。

续表

<table>
<tr><th colspan="2" rowspan="3">特征</th><th colspan="3">2016 年旧版系统</th><th colspan="3">2016 年新版系统</th><th colspan="2">贫困变化（2016 年新版系统减去旧版系统）</th></tr>
<tr><th rowspan="2">总计（千人）</th><th colspan="2">低于贫困线</th><th rowspan="2">总计（千人）</th><th colspan="2">低于贫困线</th><th rowspan="2">数量（千人）</th><th rowspan="2">比重（%）</th></tr>
<tr><th>数量（千人）</th><th>比重（%）</th><th>数量（千人）</th><th>比重（%）</th></tr>
<tr><td rowspan="2">性别</td><td>男性</td><td>156 700</td><td>17 690</td><td>11.3</td><td>156 700</td><td>17 920</td><td>11.4</td><td>236</td><td>0.2</td></tr>
<tr><td>女性</td><td>163 200</td><td>22 930</td><td>14.0</td><td>163 200</td><td>22 920</td><td>14.0</td><td>-7</td><td>Z</td></tr>
<tr><td rowspan="3">年龄</td><td>18 岁以下</td><td>73 590</td><td>13 250</td><td>18.0</td><td>73 600</td><td>13 240</td><td>18.0</td><td>-14</td><td>Z</td></tr>
<tr><td>18～64 岁</td><td>197 100</td><td>22 800</td><td>11.6</td><td>197 000</td><td>22 710</td><td>11.5</td><td>-89</td><td>Z</td></tr>
<tr><td>65 岁及以上</td><td>49 270</td><td>4 568</td><td>9.3</td><td>49 260</td><td>4 899</td><td>9.9</td><td>*331</td><td>*0.7</td></tr>
<tr><td rowspan="4">地理位置</td><td>西北地区</td><td>55 470</td><td>5 969</td><td>10.8</td><td>55 470</td><td>5 919</td><td>10.7</td><td>-50</td><td>-0.1</td></tr>
<tr><td>中西部地区</td><td>66 900</td><td>7 809</td><td>11.7</td><td>66 880</td><td>7 716</td><td>11.5</td><td>-93</td><td>-0.1</td></tr>
<tr><td>南部地区</td><td>121 200</td><td>17 030</td><td>14.1</td><td>121 200</td><td>17 470</td><td>14.4</td><td>*446</td><td>*0.4</td></tr>
<tr><td>西部地区</td><td>76 380</td><td>9 810</td><td>12.8</td><td>76 390</td><td>9 735</td><td>12.7</td><td>-74</td><td>-0.1</td></tr>
<tr><td rowspan="4">居住地</td><td>大都市统计区域内</td><td>276 300</td><td>33 720</td><td>12.2</td><td>276 300</td><td>33 730</td><td>12.2</td><td>12</td><td>Z</td></tr>
<tr><td>主要城市内</td><td>103 300</td><td>16 490</td><td>16.0</td><td>103 200</td><td>16 460</td><td>15.9</td><td>-35</td><td>Z</td></tr>
<tr><td>主要城市外</td><td>173 000</td><td>17 220</td><td>10.0</td><td>173 100</td><td>17 270</td><td>10.0</td><td>46</td><td>Z</td></tr>
<tr><td>大都市统计区域外</td><td>43 610</td><td>6 898</td><td>15.8</td><td>43 600</td><td>7 114</td><td>16.3</td><td>*217</td><td>*0.5</td></tr>
<tr><td rowspan="5">受教育程度</td><td>总计，25 岁及以上</td><td>216 900</td><td>22 640</td><td>10.4</td><td>216 900</td><td>22 820</td><td>10.5</td><td>180</td><td>0.1</td></tr>
<tr><td>无高中学历</td><td>22 540</td><td>5 599</td><td>24.8</td><td>22 540</td><td>5 839</td><td>25.9</td><td>*241</td><td>*1.1</td></tr>
<tr><td>高中学历，无大学学历</td><td>62 510</td><td>8 309</td><td>13.3</td><td>62 500</td><td>8 467</td><td>13.5</td><td>158</td><td>0.3</td></tr>
<tr><td>受过部分大学教育</td><td>57 770</td><td>5 430</td><td>9.4</td><td>57 780</td><td>5 364</td><td>9.3</td><td>-66</td><td>-0.1</td></tr>
<tr><td>本科学历及以上</td><td>74 100</td><td>3 299</td><td>4.5</td><td>74 090</td><td>3 145</td><td>4.2</td><td>* -153</td><td>* -0.2</td></tr>
</table>

注：估算值之前的星号表示在 90% 的置信水平下，变化统计上不为零；（X）表示无法估算；Z 表示或舍入为零；由于人口普查的四舍五入标准，百分比估计可能无法反映报告的数字。2017 年 CPS ASEC 新版处理系统的估算反映了不同的基础数据领域和权重。由于这些估计中存在权重校正，结果可能与爱德华兹和克里默（Edwards and Creamer，2019）先前提供的结果有所不同。

资料来源：美国人口普查局，当前人口调查（CPS），2017 年年度社会和经济补编（ASEC）。

表 2　　基于 2018 年 CPS ASEC 的旧版和新版信息处理系统下 2017 日历年的贫困状况

特征		2017 年旧版系统			2017 年新版系统			贫困变化（2017 年新版系统减去旧版系统）	
		总计（千人）	低于贫困线		总计（千人）	低于贫困线		数量（千人）	比重（%）
			数量（千人）	比重（%）		数量（千人）	比重（%）		
总计		322 500	39 700	12.3	322 500	39 560	12.3	-134	Z
家庭状态	家庭中人口	260 700	26 770	10.3	261 600	26 720	10.2	-46	-0.1
	异性婚姻	194 000	11 000	5.7	194 400	10 600	5.5	* -398	* -0.2
	同性婚姻	(X)	(X)	(X)	1 184	22	1.8	(X)	(X)
	独居女性	48 000	13 380	27.9	47 520	13 520	28.5	147	*0.6
	独居男性	18 670	2 388	12.8	18 450	2 571	13.9	*183	*1.1
	无血缘关系的亚族成员	1 054	339	32.2	1 113	379	34.1	40	1.9
	无血缘关系的家庭成员	60 790	12 590	20.7	59 840	12 460	20.8	-128	0.1
种族	白人	247 300	26 440	10.7	247 300	26 030	10.5	* -410	* -0.2
	白人，非西班牙裔	195 300	16 990	8.7	195 200	16 620	8.5	* -374	* -0.2
	黑人	42 470	8 993	21.2	42 480	9 224	21.7	*231	*0.5
	亚裔	19 470	1 953	10.0	19 530	1 891	9.7	-62	-0.3
	西班牙裔	59 050	10 790	18.3	59 050	10 820	18.3	26	Z
性别	男性	158 100	17 360	11.0	158 100	17 270	10.9	-93	-0.1
	女性	164 400	22 330	13.6	164 400	22 290	13.6	-41	Z
年龄	18 岁以下	73 360	12 810	17.5	73 470	12 760	17.4	-49	-0.1
	18 ~64 岁	198 100	22 210	11.2	198 000	21 910	11.1	-296	-0.1
	65 岁及以上	51 080	4 681	9.2	51 070	4 893	9.6	*211	*0.4
地理位置	西北地区	55 970	6 373	11.4	55 960	6 347	11.3	-26	Z
	中西部地区	67 340	7 647	11.4	67 340	7 571	11.2	-76	-0.1
	南部地区	122 300	16 610	13.6	122 300	16 470	13.5	-135	-0.1
	西部地区	76 980	9 069	11.8	76 980	9 172	11.9	103	0.1

续表

特征		2017 年旧版系统			2017 年新版系统			贫困变化（2017 年新版系统减去旧版系统）	
		总计（千人）	低于贫困线		总计（千人）	低于贫困线		数量（千人）	比重（%）
			数量（千人）	比重（%）		数量（千人）	比重（%）		
居住地	大都市统计区域内	279 500	33 320	11.9	279 500	33 090	11.8	-228	-0.1
	主要城市内	103 900	16 220	15.6	103 900	16 370	15.8	152	0.1
	主要城市外	175 700	17 100	9.7	175 700	16 720	9.5	* -380	* -0.2
	大都市统计区域外	43 010	6 376	14.8	43 000	6 470	15.0	94	0.2
受教育程度	总计，25 岁及以上	219 800	22 160	10.1	219 800	22 010	10.0	-156	-0.1
	无高中学历	22 410	5 485	24.5	22 400	5 488	24.5	3	Z
	高中学历，无大学学历	62 690	7 942	12.7	62 670	8 054	12.9	112	0.2
	受过部分大学教育	57 810	5 075	8.8	57 830	5 178	9.0	104	0.2
	本科学历及以上	76 920	3 661	4.8	76 920	3 286	4.3	* -375	* -0.5

注：估算值之前的星号表示在 90% 的置信水平下，变化统计上不为零。（X）表示无法估算。Z 表示或舍入为零。由于人口普查的四舍五入标准，百分比估计可能无法反映报告的数字。2018 年 CPS ASEC 新版处理系统的估算反映了不同的基础数据领域和权重。

资料来源：美国人口普查局，当前人口调查（CPS），2018 年年度社会和经济补编（ASEC）。

然而，在这两年的数据中，我们确实发现，如果将样本关于人口统计特征进行分类统计，如根据家庭状态、种族、年龄、地理位置和居住地、受教育程度等因素进行分类，贫困率对比将会出现明显的统计变化。

我们对 2016 年和 2017 年的数据考察发现：

（1）从家庭状态角度看，系统升级后独居男性贫困率上升；2016 年，异性夫妻在系统升级后出现贫困率上升，但 2017 年情况则相反。

（2）从种族角度看，表 1 显示，在新的数据处理系统下，2016 年西班牙裔的贫困率显著上升，但表 2 中的数据表明 2017 年数据中未显示出这一特点，在后一年的数据中，贫困率显著变化只与种族有关，与样本家庭是否为西班牙裔无关。

（3）从年龄角度看，在新老系统下，18 岁以下以及 18～64 岁人群的贫困率没有显著变化。但对于 65 岁以上人群，新系统下 2016 年贫困人口增加了 33.1 万人，造成贫困率提高了 0.7%；2017 年贫困人口则增加了 21.1 万人，使得贫困率上升了 0.4%。

（4）从居住地是否为城市看，2016 年居住在南部地区和城市统计区域外的人群的贫困率上升。但在 2017 年，统计差异仅出现在非主要城市的城区内。

（5）从受教育程度看，新系统下，2016 年只有高中以下学历的 25 岁及以上的个人的贫困率上升了 1.1%，但 2017 年没有再次出现这一情况。同时，2016 年和 2017 年受过高等教育，即拥有本科及以上学历的人群，在旧系统中已经是贫困率最低的人群，在新系统中其贫困率再次大幅下降。本科及以上学历的人群的贫困率在 2016 年下降了 0.2%，在 2017 年下降了 0.5%。

（二）数据处理系统变化带来的跨年影响

我们接下来研究跨年份的贫困率在不同数据处理系统下的变化。

对比表 3 和表 4，我们发现系统更新并没有改变 2017 年贫困率低于 2016 年的趋势。但是，新老系统切换确实导致了相关结论的变化：旧系统显示 2016 年与 2017 年贫困人口数量没有发生变化；但表 4 显示，新系统下，2017 年贫困人口数量相对 2016 年显著下降。

表 3　旧版信息处理系统下 2016 年和 2017 年的贫困状况

特征		2016 年旧版系统			2017 年旧版系统			贫困变化（2017 年减去 2016 年）	
		总计（千人）	低于贫困线		总计（千人）	低于贫困线		数量（千人）	比重（%）
			数量（千人）	比重（%）		数量（千人）	比重（%）		
总计		319 900	40 620	12.7	322 500	39 700	12.3	-918	* -0.4
家庭状态	家庭中	259 900	27 760	10.7	260 700	26 770	10.3	* -995	* -0.4
	异性婚姻	192 800	11 250	5.8	194 000	11 000	5.7	-252	-0.2
	独居女性	48 240	13 910	28.8	48 000	13 380	27.9	-535	-1.0
	独居男性	18 780	2 596	13.8	18 670	2 388	12.8	-208	-1.0
	无血缘关系的亚族成员	1 208	519	43.0	1 054	339	32.2	* -180	* -10.8
	无血缘关系的家庭成员	58 840	12 340	21.0	60 790	12 590	20.7	257	-0.2

续表

特征		2016 年旧版系统			2017 年旧版系统			贫困变化（2017 年减去 2016 年）	
		总计（千人）	低于贫困线		总计（千人）	低于贫困线		数量（千人）	比重（%）
			数量（千人）	比重（%）		数量（千人）	比重（%）		
种族	白人	246 000	27 110	11.0	247 300	26 440	10.7	-677	* -0.3
	白人，非西班牙裔	195 200	17 260	8.8	195 300	16 990	8.7	-270	-0.1
	黑人	41 960	9 234	22.0	42 470	8 993	21.2	-241	-0.8
	亚裔	18 880	1 908	10.1	19 470	1 953	10.0	45	-0.1
	西班牙裔	57 560	11 140	19.4	59 050	10 790	18.3	-348	* -1.1
性别	男性	156 700	17 690	11.3	158 100	17 360	11.0	-321	-0.3
	女性	163 200	22 930	14.0	164 400	22 330	13.6	-598	* -0.5
年龄	18 岁以下	73 590	13 250	18.0	73 360	12 810	17.5	-445	-0.6
	18～64 岁	197 100	22 800	11.6	198 100	22 210	11.2	-586	* -0.4
	65 岁及以上	49 270	4 568	9.3	51 080	4 681	9.2	114	-0.1
地理位置	东北部地区	55 470	5 969	10.8	55 970	6 373	11.4	404	0.6
	中西部地区	66 900	7 809	11.7	67 340	7 647	11.4	-162	-0.3
	南部地区	121 200	17 030	14.1	122 300	16 610	13.6	-420	-0.5
	西部地区	76 380	9 810	12.8	76 980	9 069	11.8	* -740	* -1.1
居住地	大都市统计区域内	276 300	33 720	12.2	279 500	33 320	11.9	-396	-0.3
	主要城市内	103 300	16 490	16.0	103 900	16 220	15.6	-277	-0.4
	主要城市之外	173 000	17 220	10.0	175 700	17 100	9.7	-119	-0.2
	大都市统计区域外	43 610	6 898	15.8	43 010	6 376	14.8	* -522	* -1.0
受教育程度	总计，25 岁及以上	216 900	22 640	10.4	219 800	22 160	10.1	-473	* -0.4
	无高中学历	22 540	5 599	24.8	22 410	5 485	24.5	-113	-0.4
	高中学历，无大学学历	62 510	8 309	13.3	62 690	7 942	12.7	* -367	* -0.6

续表

特征		2016年旧版系统			2017年旧版系统			贫困变化（2017年减去2016年）	
		总计（千人）	低于贫困线		总计（千人）	低于贫困线		数量（千人）	比重（%）
			数量（千人）	比重（%）		数量（千人）	比重（%）		
受教育程度	受过部分大学教育	57 770	5 430	9.4	57 810	5 075	8.8	* -356	* -0.6
	本科学历及以上	74 100	3 299	4.5	76 920	3 661	4.8	*363	*0.3

注：估算值之前的星号表示在90%的置信水平下，变化统计上不为零。由于人口普查的四舍五入标准，百分比估计可能无法反映报告的数字。2017年CPS ASEC新版处理系统的估算反映了不同的基础数据领域和权重。

资料来源：美国人口普查局，当前人口调查（CPS），2017年和2018年年度社会和经济补编（ASEC）。

表4　新版信息处理系统下2016年和2017年的贫困状况

特征		2016年新版系统			2017年新版系统			贫困变化（2017年减去2016年）	
		总计（千人）	低于贫困线		总计（千人）	低于贫困线		数量（千人）	比重（%）
			数量（千人）	比重（%）		数量（千人）	比重（%）		
总计		319 900	40 840	12.8	322 500	39 560	12.3	* -1 281	* -0.5
家庭状态	家庭中人口	260 600	28 140	10.8	261 600	26 720	10.2	* -1 416	* -0.6
	异性婚姻	193 200	11 690	6.1	194 400	10 600	5.5	* -1 087	* -0.6
	同性婚姻	1 187	51	4.3	1 184	22	1.8	-30	-2.5
	独居女性	47 670	13 620	28.6	47 520	13 520	28.5	-98	-0.1
	独居男性	18 610	2 772	14.9	18 450	2 571	13.9	-201	-1.0
	无血缘关系的亚族成员	1 236	500	40.5	1 113	379	34.1	* -121	-6.4
	无血缘关系的家庭成员	58 010	12 210	21.0	59 840	12 460	20.8	257	-0.2

续表

特征		2016 年新版系统			2017 年新版系统			贫困变化（2017 年减去 2016 年）	
		总计（千人）	低于贫困线		总计（千人）	低于贫困线		数量（千人）	比重（%）
			数量（千人）	比重（%）		数量（千人）	比重（%）		
种族	白人	246 000	27 370	11.1	247 300	26 030	10.5	* −1 342	* −0.6
	白人，非西班牙裔	195 200	17 330	8.9	195 200	16 620	8.5	* −706	* −0.4
	黑人	41 960	9 162	21.8	42 480	9 224	21.7	62	−0.1
	亚裔	18 870	1 827	9.7	19 530	1 891	9.7	63	Z
	西班牙裔	57 550	11 410	19.8	59 050	10 820	18.3	* −592	* −1.5
性别	男性	156 700	17 920	11.4	158 100	17 270	10.9	* −650	* −0.5
	女性	163 200	22 920	14.0	164 400	22 290	13.6	* −631	* −0.5
年龄	18 岁以下	73 600	13 240	18.0	73 470	12 760	17.4	−481	−0.6
	18 ~64 岁	197 000	22 710	11.5	198 000	21 910	11.1	* −794	* −0.5
	65 岁及以上	49 260	4 899	9.9	51 070	4 893	9.6	−6	−0.4
地理位置	西北地区	55 470	5 919	10.7	55 960	6 347	11.3	*428	0.7
	中西部地区	66 880	7 716	11.5	67 340	7 571	11.2	−145	−0.3
	南部地区	121 200	17 470	14.4	122 300	16 470	13.5	* −1 001	* −0.9
	西部地区	76 390	9 735	12.7	76 980	9 172	11.9	* −563	* −0.8
居住地	大都市统计区域内	276 300	33 730	12.2	279 500	33 090	11.8	−636	* −0.4
	主要城市内	103 200	16 460	15.9	103 900	16 370	15.8	−91	−0.2
	主要城市外	173 100	17 270	10.0	175 700	16 720	9.5	−545	* −0.5
	大都市统计区域外	43 600	7 114	16.3	43 000	6 470	15.0	* −644	* −1.3
受教育程度	总计，25 岁及以上	216 900	22 820	10.5	219 800	22 010	10.0	−809	−0.5
	无高中学历	22 540	5 839	25.9	22 400	5 488	24.5	* −351	* −1.4
	高中学历，无大学学历	62 500	8 467	13.5	62 670	8 054	12.9	* −413	* −0.7

续表

特征		2016 年新版系统			2017 年新版系统			贫困变化（2017 年减去 2016 年）	
		总计（千人）	低于贫困线		总计（千人）	低于贫困线		数量（千人）	比重（%）
			数量（千人）	比重（%）		数量（千人）	比重（%）		
受教育程度	受过部分大学教育	57 780	5 364	9.3	57 830	5 178	9.0	-186	-0.3
	本科学历及以上	74 090	3 145	4.2	76 920	3 286	4.3	141	Z

注：估算值之前的星号表示在 90% 的置信水平下，变化统计上不为零。由于人口普查的四舍五入标准，百分比估计可能无法反映报告的数字。2017 年 CPS ASEC 新版处理系统的估算反映了不同的基础数据领域和权重。由于这些估计中存在权重校正，结果可能与爱德华兹和克里默（Edwards and Creamer，2019）先前提供的结果有所不同。

资料来源：美国人口普查局，当前人口调查（CPS），2017 年和 2018 年年度社会和经济补编（ASEC）。

总体而言，新旧系统间并没有显示出显著的跨年份贫困率变化差异。在旧系统中，异性婚姻家庭、非西班牙裔白人、男性、居住在南部地区的人群、居住在城市统计区域内的人群、居住在非主要城市城区的人群以及没有高中学历的 25 岁及以上人群，其贫困率在 2016 ~2017 年并未显著下降。对比而言，在新系统中，以上各人群都在 2017 年出现了贫困率的显著下降。受过一定大学教育的人群，在旧系统中显示出跨年份贫困率下降，但是在新系统中下降趋势并不显著。从表 3 可见，在旧系统中，拥有本科及以上学历的人群在 2016 ~2017 年间贫困率上升，但在新系统中该变化不显著。同时，表 4 显示，没有任何一个人群类别在 2017 年出现贫困率上升的趋势。新旧系统间，没有任何一种情况显示出贫困率跨年份变化存在显著区别。

然而，跨年份的贫困率变化显著程度在不同系统间确实存在差别，这些差别在图 2 中有所体现。我们发现，新旧系统在不同人口统计特征的分组下存在跨年变化显著程度的差异，但是跨年变化的幅度并不存在系统间差别。总体贫困率和基于各人口统计特征分组后各组的跨年份贫困率测算结果也显示出类似的结论。尽管在不同系统中跨年份变化对于各人群分组存在显著的差异，但图 2显示，在双重差分法下，2016 ~2017 年新旧系统变化并未造成显著的统计差异。

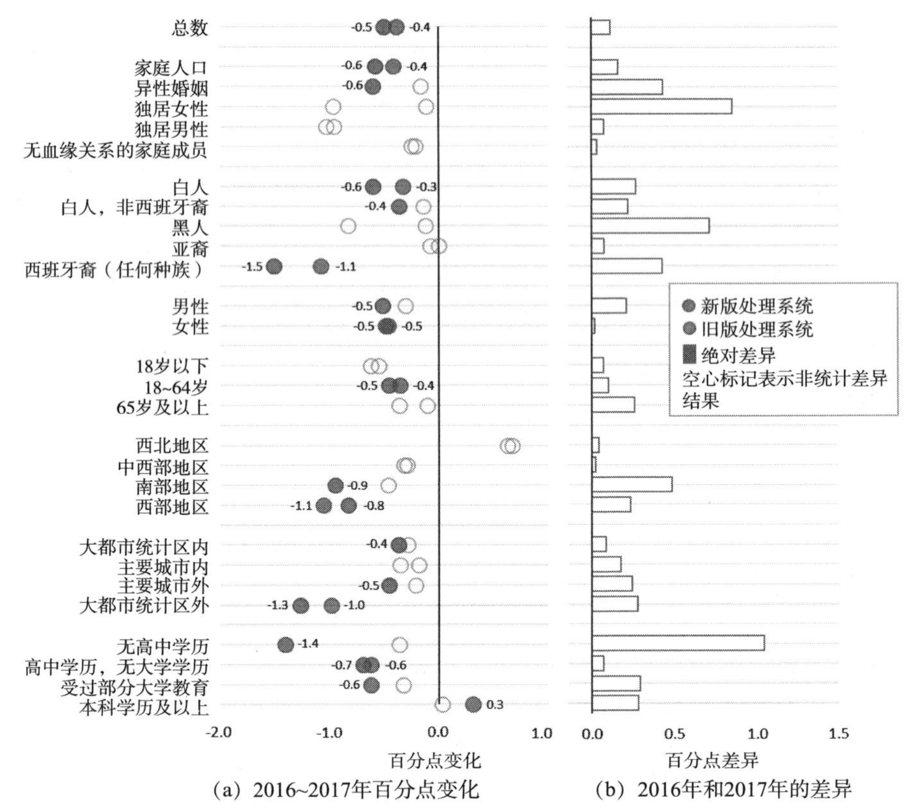

(a) 2016~2017年百分点变化　　(b) 2016年和2017年的差异

图 2　2016～2017 年新旧系统下贫困率变化与双重差分

注：2016～2017 年女性贫困率的百分比变化在两个处理系统中均显著：在旧版处理系统中下降了 0.47 个百分点，在新版处理系统中下降了 0.49 个百分点。这些逐年变化之间的差异在新版旧版处理系统之间统计上并不显著。

需要注意的是2016 年与2017 年之间的绝对差额。由于2017 年 CPS ASEC 新版处理系统，因此结果可能与爱德华兹和克里默（Edwards and Creamer，2019）先前提供的结果有所不同。为简洁起见，省略了无血缘关系的亚族成员。可根据要求提供结果。2017 年和 2018 年 CPS ASEC 更新的处理系统的估算反映了不同的基础统计领域和权重。

资料来源：美国人口普查局，当前人口调查（CPS），2017 年和 2018 年年度社会和经济补编（ASEC）。

由于人口统计数据和收入数据复杂的交叉编辑过程，两个系统对跨年份贫困率变化的计算结果出现统计差异的原因很难找到确切的解释。对于特定群体，家庭构成和资源分配的变化将导致划分贫困人群的阈值和家庭整体资源规模发生变化；对于个体而言，个人收入的变化也会影响个人资源的持有量。罗斯鲍姆（Rothbaum，2019）的研究表明，在升级后的系统中，收入处于较低水平的人群的收入会进一步下降，这导致家庭规模引发收入上升的正向效应和收入调整导致的收入下降效应之间形成竞争。

四、CPS 改革带来的边际影响

下面我们来研究 CPS ASEC 的两项改变，即人口统计指标、收入指标的改变，如何影响整体贫困率。为了衡量个人收入改变对于贫困率的边际影响，我们使用旧版处理系统，保持家庭构成、人口统计特征以及贫困阈值不变，用调整过的收入得到贫困率数据。另外，我们保持个人收入不变，调整家庭构成，研究单独改变人口统计特征对于贫困率测算结果的影响。以上分析均只采用同时在新旧两个系统中都能兼容的样本数据[①]。图 3 和图 4 中的每一个点都表示在给定年份只将收入或人口统计特征其中一项更新代入新系统所带来的百分比变化，柱状图则表示对应更新造成变化幅度的绝对值。

（一）人口统计指标变化的边际影响

图 3 展示了 2016 年和 2017 年人口统计指标变化在不同人群分类中造成的边际影响。下面我们将展示在保持个人收入不变的情况下，新的人口统计指标在边际上如何影响同性婚姻伴侣家庭的度量，以及如何影响同性婚姻伴侣家庭和其他人群分组的贫困率。

据报告 2017 年大约有 100 万同性婚姻伴侣，这一数据和 2016 年没有显著统计差异。如表 5 所示，同性婚姻伴侣更倾向于生活在主要城市。2017 年，44. 9% 的同性婚姻伴侣在大城市定居，而异性婚姻伴侣在大城市生活的比例只有 27. 1% 。不同于异性婚姻伴侣的年龄分布较一般成年人年龄总体分布更高，同性婚姻伴侣整体更为年轻。2017 年，只有 9. 1% 的同性婚姻伴侣年龄在 65 岁及以上，而该数据在异性婚姻伴侣中则高达 22. 9% ，在总成年人口分布中则为 20. 5% 。虽然异性婚姻成员的受教育程度相对于 25 岁及以上的人群而言，本科及以上学历比例较高，但同性婚姻人群中高学历比例更高。2017 年，51. 9% 的同性婚姻伴侣有本科及以上学历，而总人口中拥有本科及以上学历的比例仅为 35. 0% ，异性婚姻人群中则为 39. 7% 。这些受教育程度上的区别可以帮助解释以婚姻状况为基础的个人收入区别。2017 年，31. 4% 的成年同性婚姻人群收入高于 75 000 美元，高于异性婚姻人群的 22. 9% ，也高于总体成年人群体的 16. 6% [②]。

---

① 在匹配的样本中，由于个人在不同的家庭分配下是否被划分为贫困存在不一致，所以在统计计数方面出现了一些差异。

② 收入估计是基于 2018 年的过渡文件，包括人口统计和收入处理的更新。

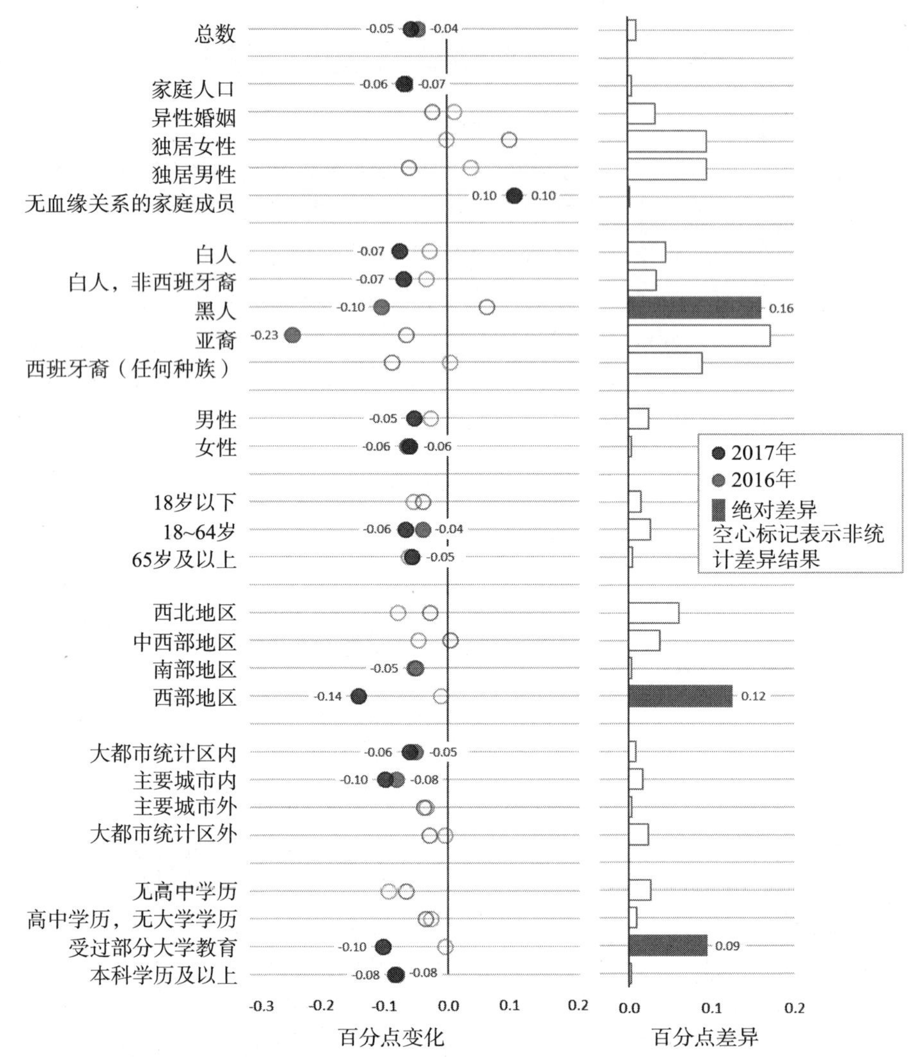

图 3　2016 年和 2017 年人口统计指标变化对贫困率和双重差分的独立影响

注：在新版人口统计数据中，无血缘关系亲属的贫困率变化在 2016 年和 2017 年均显著：2016 年和 2017 年分别增加了 0.100 个百分点和 0.102 个百分点。跨年份变化的统计学差异均不显著。根据最新的人口统计数据，65 岁及以上人口的贫困率百分比仅在 2017 年才出现显著变化：下降了 0.05 个百分点。跨年份百分比变化的差异均不统计显著。

需要注意的是 2016 年与 2017 年之间的绝对差额。由于 2017 年 CPS ASEC 新版处理系统权重存在调整，因此结果可能与爱德华兹和克里默（Edwards and Creamer，2019）先前提供的结果有所不同。为简洁起见，省略了无血缘关系的亚族成员。可根据要求提供结果。2017 年和 2018 年 CPS ASEC 更新的处理系统的估算反映了不同的基础统计领域和权重。

资料来源：美国人口普查局，当前人口调查（CPS），2017 年和 2018 年年度社会和经济补编（ASEC）。

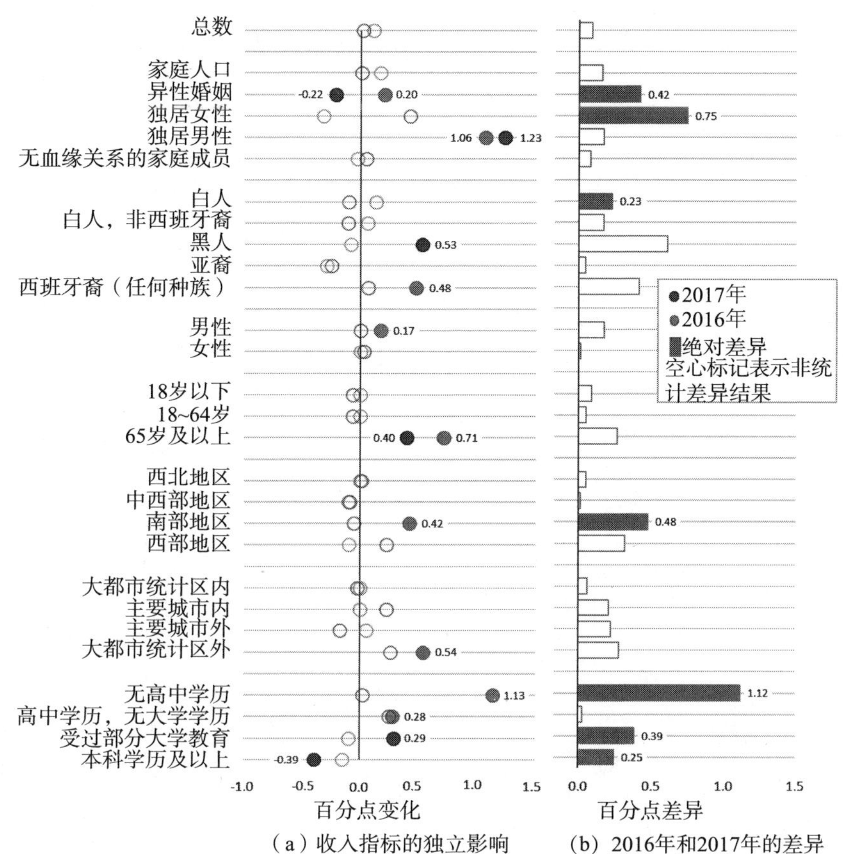

图 4　2016 年和 2017 年收入统计改变对贫困率和双重差分的独立影响

注：需要注意的是 2016 年与 2017 年之间的绝对差额。由于 2017 年 CPS ASEC 新版处理系统权重发生调整，因此结果可能与爱德华兹和克里默（Edwards and Creamer，2019）先前提供的结果有所不同。为简洁起见，省略了无血缘关系的亚族成员。可根据要求提供结果。2017 年和 2018 年 CPS ASEC 更新的处理系统的估算反映了不同的基础领域和权重。

资料来源：美国人口普查局，当前人口调查（CPS），2017 年和 2018 年年度社会和经济补编（ASEC）。

表 5　　2017 年异性婚姻与同性婚姻数据对比

特征		异性婚姻伴侣		同性婚姻伴侣		差异（同性婚姻减去异性婚姻）
		数量（千人）	比重（%）	数量（千人）	比重（%）	比重（%）
总计		126 900	100.0	1 008	100.0	（X）
种族	白人	104 800	82.6	900	89.3	*6.7
	白人，非西班牙裔	87 910	69.3	763	75.7	*6.4

续表

特征		异性婚姻伴侣		同性婚姻伴侣		差异（同性婚姻减去异性婚姻）
		数量（千人）	比重（%）	数量（千人）	比重（%）	比重（%）
种族	黑人	9 761	7.7	53	5.3	* −2.4
	亚裔	9 298	7.3	20	2.0	* −5.4
	西班牙裔	18 520	14.6	150	14.9	0.3
性别	男性	63 780	50.3	468	46.4	−3.8
	女性	63 130	49.7	540	53.6	3.8
年龄	18 ~64 岁	97 840	77.1	916	90.9	*13.8
	65 岁及以上	29 050	22.9	92	9.1	* −13.8
地理位置	东北部地区	21 550	17.0	194	19.3	2.3
	中西部地区	27 320	21.5	129	12.8	* −8.7
	南部地区	47 900	37.7	344	34.2	−3.6
	西部地区	30 140	23.8	340	33.8	* −10.0
居住地	大都市统计区域内	109 000	85.9	914	90.8	*4.9
	主要城市内	34 330	27.1	453	44.9	*18.0
	主要城市外	74 630	58.8	462	45.8	* −13.0
	大都市统计区域外	17 950	14.1	93	9.3	* −4.9
受教育程度	25 岁及以上	124 800	98.4	990	98.3	−0.1
	无高中学历	10 930	8.8	36	3.6	* −5.2
	高中学历，无大学学历	32 930	26.4	170	17.2	* −9.2
	受过部分大学教育	31 430	25.2	270	27.2	2.1
	本科学历及以上	49 560	39.7	514	51.9	*12.2

注：估算值之前的星号表示在 90% 的置信水平下，变化统计上不为零。（X）表示无法估算。由于人口普查的四舍五入标准，百分比估计可能无法反映报告的数字。需要注意的是家庭状态的估计来源为 2018 年 CPS ASEC 旧版处理系统。其他统计特征分类基础为 2018 年 CPS ASEC 新版处理系统。

资料来源：美国人口普查局，当前人口调查（CPS），2018 年年度社会和经济补编（ASEC）。

旧系统中，实质上处于同性婚姻关系但又没有结婚的人群的贫困率和异性婚姻人群之间存在极大的区别。在 2017 年，在旧系统中被定义为两个独立家庭单元的同性婚姻伴侣贫困率为 14.4%，比异性婚姻伴侣的贫困率高 9.4%[①]。

但新系统将同性婚姻伴侣的双方看作一个家庭单元，贫困率也从 14.4% 下降为 3.1%[②]。这一数字与 2017 年异性婚姻人群的贫困率没有显著的统计差异。

2017 年共有 120 万人处于同性婚姻伴侣家庭中，占生活在家庭中总人群的 0.4%[③]。2017 年保持个人收入不变，生活在同性婚姻伴侣家庭中的个人贫困率从旧系统下的 14.2% 下降为新系统下的 2.6%[④]。

如图 3 所示，由于人口基数太少，这些改变对于整体贫困率的影响十分有限[⑤]。2017 年，保持旧系统中的个人收入不变，有 18.1 万人因为同性婚姻伴侣被视为一个家庭单元而不再被划分为贫困人口，使得总体贫困率下降了 0.1%。虽然这个变化在统计上是显著的，但基于样本的点估计贫困率在小数点后十位都与旧系统的结果保持了一致。2016 年的发现也是这样：虽然贫困率下降，但是贫困率的点估计在小数点后十位也是一致的[⑥]。

假定同性婚姻伴侣的人群特征如表 5 所示，家庭信息升级在各个人群中的影响和预期大致一致。如图 3 所示，2016 年和 2017 年，新系统的人口统计指标变化使得女性、28～64 岁人群、拥有本科及以上学历且 25 岁及以上的人群、居住在城市统计区域的人群以及居住在主要城市的人群的贫困率均出现下降[⑦]。在新的人口统计指标下，没有任何一个人群分组出现贫困率上升——如果出现了显著差异，均为贫困率下降[⑧]。

图 3 展示的贫困率在不同家庭组的下降主要反映出家庭分类方式在新旧系统中的改变。2017 年，新系统认定了 100 万同性婚姻人群，这些人在旧系统中只有 16.7% 被认定为是有关联的家庭成员。因此，在新系统中，2017 年独居人口从 6 080 万人下降为 5 980 万人，其中减少的人口主要来源于同性婚姻家

① 在旧版系统中，同性和异性已婚人士的贫困率差异在 2016 年至 2017 年没有统计学差异。

② 在 2017 年实施新的人口统计指标时，同性婚姻个体的贫困率下降了 11.2 个百分点，这与 2016 年观察到的下降没有统计学差异。

③ 如果有其他家庭成员被列为家庭参考人，则报告同性婚姻的个人可能被归类为生活在其他家庭类型。

④ 表 1 和表 2 比较了基于各自 CPS ASEC 处理系统的家庭和人口特征的个人贫困率。因为在更新的处理过程中，同性婚姻家庭中的个人在旧系统中属于不同的家庭分类，因此没有显示对这一人口的直接比较。

⑤ 考虑到基于同性婚姻的报告而重新组建家庭的人口较少，对各种估计的统计检验都偏向于第一类错误，即错误地得出结论，认为这些估计在统计上是不同的，而实际上并非如此。

⑥ 新系统中贫困率的下降幅度在各年之间没有统计上的差异。

⑦ 旧系统中，2016～2017 年，没有血缘关系的个人贫困率的差异在统计学上没有差异。

⑧ 2017 年，旧系统下约 16.6 万居住在原生家庭的个人在过渡文件中被划分为居住在无血缘关系的亚族成员或无血缘关系的家庭成员，净增加了 81.5 万居住在原生家庭的个人。从 2016 年到 2017 年，旧系统中生活在原生家庭的个人贫困率的差异在统计学上没有差异。

庭的认定，这使得独居人口减少了 81 万人。图 5 展示了 2017 年采用新系统后的人群分组变化。除了 81 万独居人士被重新定义为生活在同性婚姻家庭中，还有 28 万人从之前定义的独居女性被重新定义为生活在同性婚姻家庭的人群。此外，还有 8.5 万人从此前的独居男性被重新定义为同性婚姻人群。

虽然无关联人群、独居女性的贫困人数均有所下降，但是只有无关联人群的贫困率出现了显著改变——上升了 0.1%。这一前后矛盾的结果反映出之前被分类为独居但在新系统中被归类为共居家庭中的个体比新旧系统中均被划分为独居个体的人群拥有更低的贫困率。在新系统下，2017 年处于原生家庭中个体的贫困率下降了 0.1%，这是由于有 98.2 万人之前被归类为独居人士或者无血缘关系的共居成员。

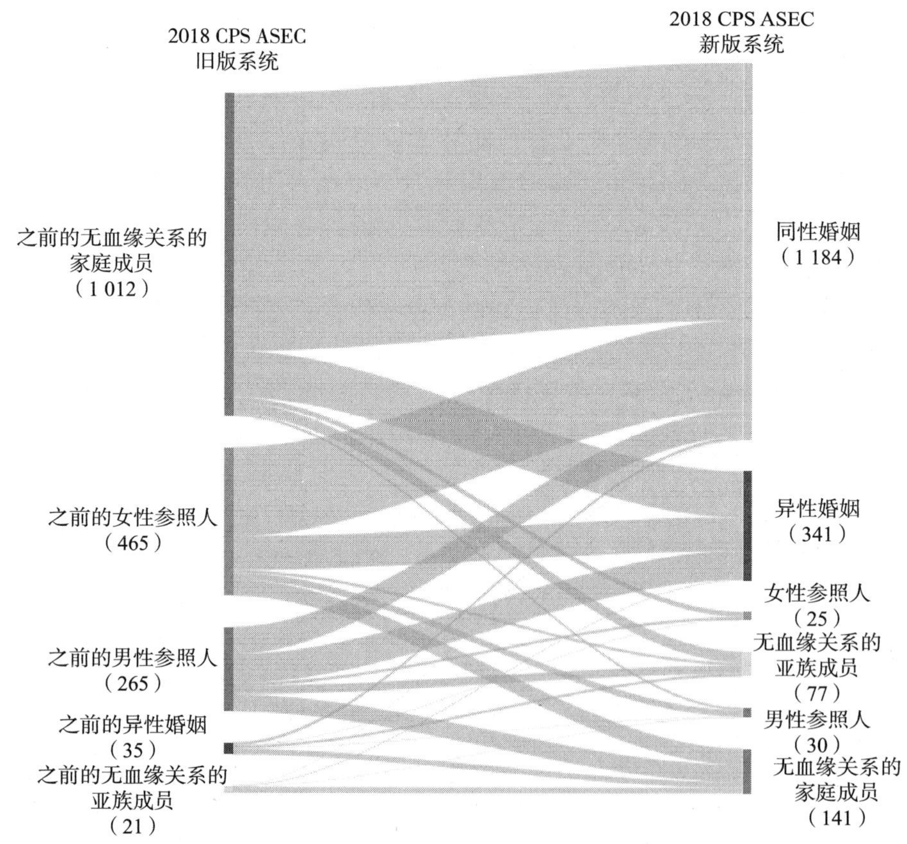

图 5　2018 年 CPS ASEC 新旧系统中个人家庭划分变化

注：数据单位为千人。来自 2018 年 CPS ASEC 新版处理系统的估算反映了不同的基础统计领域和权重。

资料来源：美国人口普查局，当前人口调查（CPS），2018 年年度社会和经济补编（ASEC）。

考察整体处理过程变化时，我们考察了 2016 年和 2017 年人口统计指标变化造成的影响，结果如图 3 中的柱状图所示。我们发现，人口统计指标变化带来的影响在 2016 年对黑人的影响更大，在 2017 年对居住在西部地区、拥有本科学历且 25 岁以上人群的贫困率影响更大。

（二）收入变化的边际影响

CPS ASEC 问卷和数据处理系统升级的目的在于提高数据质量和扩大收入数据收集来源，特别是针对退休收入和其他资产持有形式。升级后的问卷在收入来源方面更加多元细致，也将过去某些受访者不会提供具体规模信息的收入来源按照划分收入区间的方法进行了统计。升级后的收入编辑系统划分了新的区间值，并且将收入上限调高，使得收入较高的群体能够在系统中体现更高的收入。

年龄在 65 岁及以上的人群被认为在上述调整后会出现组内贫困率变化。罗斯鲍姆（Rothbaum，2019）在考察收入来源时发现，在新的调查方式下，该群体 2016 年和 2017 年退休收入、社会补贴收入在收入分布中有所下降[①]。罗斯鲍姆同时指出，在数据处理系统中有些群体的退休抚恤金被重复计算。2016 年退休收入处于第 10、25、50 和 75 百分位的家庭均出现了收入下滑，2017 年的样本也出现了类似情况，并且增加了第 90 百分位家庭退休收入下滑的状况。这证实了罗斯鲍姆关于退休收入下滑的结论。

根据罗斯鲍姆（Rothbaum，2019）的研究，没有被记入退休收入的社会补贴收入在 2016 年和 2017 年也出现了前 10% 和 25% 家庭的收入下滑情况。2016 年，户主年龄在 65 岁及以上的家庭收入中位数上升了 1.8%，但是处于第 10 百分位家庭的收入总体减少了 2.3%，而有趣的是，上述同类家庭收入变化在 2017 年的数据中并未出现。

当保持旧的家庭组成不变的情况下，对于收入来源的调整使得处于收入较少区间的 65 岁及以上人群的贫困率上升。2017 年，年龄在 65 岁及以上的人群的贫困率从 9.2% 上升至 9.6%，但同样的变化在 2016 年数据中并不显著。

对于整体贫困率而言，收入调整在 2016 年和 2017 年并未造成统计上的显著变化。2016 年，保持家庭构成不变对收入进行调整，使得异性婚姻伴侣、独居男性、西班牙裔、男性、居住在南部地区的人群、居住在城市统计区域以外的人群、高中以下学历的人群以及有高中学历但没有大学学历的人群都出现了组内贫困率上升。只有无血缘关系的共居成员的贫困率出现了下降[②]。

---

① 个人退休收入来源的总和。

② 为了表达清晰，图 4 中没有显示。

2017 年收入调整对于贫困率的影响与 2016 年有较大不同。异性婚姻伴侣的贫困率下降，而独居男性的贫困率上升。不仅如此，黑人群体和受过大学教育的人群的贫困率在收入调整后上升。最后，收入调整后，使得拥有本科及以上学历的人群的贫困率下降。由于无法明确解释收入调整对于这些人群造成显著影响的原因，贫困率发生改变的原因也很难获得解释。

我们接下来考察收入调整的边际效应在 2016 年和 2017 年是否有区别。具体结果如图 4 中的柱状图所示。收入数据编辑方式发生调整时，2017 年的贫困率变化在白人、生活在南部地区的人群、高中学历以下人群和本科学历及以上人群中相对较小。对于受过一定大学教育的人群，情况则相反，2017 年的变化大于 2016 年的变化。

五、讨　　论

我们发现，2017 年和 2018 年 CPS ASEC 的整体贫困率在新旧系统中没有显著的统计差异，影响主要体现在人口统计指标和收入处理变化造成不同人群分组的贫困率发生变化。

我们同时展示了两种主要变化造成的边际影响，即保持人口统计指标或收入指标其中一组不变，改变另一组，然后研究贫困指标如何改变。在新的人口统计指标下，2017 年同性婚姻伴侣的贫困率下降了 11.2%；在新的收入统计标准下，65 岁及以上人口的贫困人数增加了 22.7 万人，该变化的主要原因是构成这类人群收入的两项主要来源——退休收入和社保收入——发生了变化，使低收入群体的收入进一步下降。

我们在新系统下对同性婚姻家庭的相关发现与爱德华兹和林德斯特罗姆（Edwards and Lindstrom，2017）使用 2015 年和 2016 年 CPS ASEC 数据的发现一致①。如早先的调查一样，同性婚姻伴侣仅占总人口的一小部分，因此这类人群对于整体贫困率的影响十分有限，即保持收入不变的前提下代入新的人口统计指标，整体贫困率仅在小数点后 100 位出现统计差异。我们还发现，当同性婚姻伴侣家庭被以独立家庭单元对待时，该人群的贫困率大幅下降，使得同性婚姻伴侣和异性婚姻伴侣家庭的贫困率不再有显著的统计差异。

六、下一阶段计划

如图 1 所示，CPS ASEC 的重新设计包含调查工具和处理系统历时四年、

---

① 前一年的 CPS ASEC 提取文件可通过以下网址获得：https：//www. census. gov/data/datasets/timeseries/demo/chinesepoverty/datextracts. html。

两阶段的升级进程。2017 年和 2018 年 CPS ASEC 在新系统下的公开数据分别在 2019 年 1 月和 4 月公布①。这两份基于新系统的文件为 2019 年 9 月公布的第一次完全升级的 CPS ASEC 提供了时间序列数据。但目前没有重新发布 2016 年以前的数据在新系统下处理结果的计划。

参考文献

Edwards, Ashley & John Creamer. (2019). "Updating the Current Population Survey Processing System and Bridging Differences in the Measurement of Poverty", SEHSD Working Paper No. 2019-05. https://census.gov/content/dam/Census/library/working-papers/2019/demo/sehsd-wp2019-05.pdf.

Edwards, Ashley & Rachel Lindstrom. (2017). "Measuring the Presence and Impact of Same-Sex Married Couples on Poverty Rates in the Current Population Survey", SEHSD Working Paper No. 2017-01. https://census.gov/content/dam/Census/library/working-papers/2017/demo/SEHSD-WP2017-01.pdf.

Fontenot, Kayla R., Jessica L. Semega, & Melissa A. Kollar. U. S. Census Bureau. Current Population Reports, P60 – 263. Income and Poverty in the United States: 2017. U. S. Government Printing Office. Washington, D. C., 2018.

Rothbaum, Jonathan. (2019). "Title: Processing Changes to Income in the Current Population Survey Annual Social and Economic Supplement", SEHSD Working Paper No. 2019-18. Presented at the 2019 Population Association of America Conference.

Semega, Jessica L., Kayla R. Fontenot, & Melissa A. Kollar. U. S. Census Bureau. Current Population Reports, P60 – 259. Income and Poverty in the United States: 2016. U. S. Government Printing Office. Washington, D. C., 2017.

U. S. Census Bureau, Current Population Survey Design and Methodology Technical paper 66. October 2006. Available at https://www.census.gov/prod/2006pubs/tp-66.pdf.

① 要访问公共使用数据文件，请参见 https://www.census.gov/data/datasets/timeseries/demo/incomepoverty/cps-asec-design.html。

马来西亚自1965年5月以来的种族不平等与贫困情况（上篇）：不平等情况*

马丁·拉瓦利恩**

摘　要：1965年5月，吉隆坡爆发种族骚乱，此后马来西亚大力减少长期以来的种族不平等现象和高贫困率。本研究分为上下两篇，分别评估马来西亚在这两方面的进展。本文考察马来西亚的种族不平等测算指标自1969年以来如何演变。有两个概念需要强调：一是不平等和两极分化之间的相对区别；二是相对和绝对不平等之间的区别。在过去50年里，马来西亚最贫困的族群——原住民（Bumiputera），家庭收入增长最快。这有助于长期内族群之间的相对不平等程度下降，并使总体不平等大幅降低。种族两极分化的测算指标与组间不平等程度的测算指标之间高度同步。考虑到初始种族间情况的差异，种族之间收入增长率的差异并不足以防止绝对不平等程度的上升。尽管在消除相对不平等方面取得了进展，但如今马来西亚种族之间的绝对差异仍高于50年前。本研究的下篇将会主要考察与贫困相关的主题。

一、引　言

许多发展中国家在种族或族裔群体之间的生活水平差异方面都面临着令人困扰的伦理和社会冲突问题。在忽视这些问题很长一段时间之后，经济学家开始更加关注种族不平等和冲突问题，尽管这方面的长期证据非常少①。

种族之间的不平等一直是马来西亚面临的主要政策问题，其中很大一部分担忧来源于种族冲突。如果按今天的标准来看，几乎肯定马来西亚在1957年独立之时是一个高度不平等的国家。殖民历史给这个国家留下了巨大的、几乎无法解决的种族差异问题，并且多数种族的贫困发生率都非常高，包括马来人

---

* 该研究分为上下两篇，是作者于2019年1月访问马来亚大学经济学院Ungku Aziz中心时撰写的。在此，作者感谢马来亚大学的盛情款待，以及政府统计局和经济事务部的工作人员对本文有关数据提供的帮助。感谢穆哈马德·希尔米（Muhamad Hilmi）、阿卜杜勒·拉赫曼（Abdul Rahman）帮助找到了一些历史数据并翻译了文档。此外，本文收到了来自琼·埃斯特班（Joan Esteban）、尼亚斯·阿萨杜拉（Niaz Asadullah）、加兰斯·金尼科特（Garance Genicot）、沙姆苏尔巴利耶·库·艾哈迈德（Shamsulbahriah Ku Ahmad）、拉维·坎伯（Ravi Kanbur）、大卫·马戈利斯（David Margolis）、多米尼克·范德沃勒（Dominique van de Walle）、李阳（Li Yang）的有价值的评论。

** 马丁·拉瓦利恩（Martin Ravallion）供职于乔治城大学经济系。

① 在一份有关20世纪90年代中期之前的分配与发展文献的调查中，坎伯（Kanbur，2000）对种族不平等和冲突的忽视进行了论述。此后的相关文献综述包括：Alesina and La Ferrara，2005；Blattman and Miguel，2010；Esteban et al.，2012。

和其他非马来族群（统称为本地原住民族群，Bumiputera）。

1970 年马来西亚宣布推行“新经济政策”（NEP），以帮助原住民在经济上追赶上其他马来西亚人，尤其是华裔族群；减少绝对贫困，目标是到 1990 年将贫困率从 49% 降低至 17%（Jomo and Wee，2014）。根据“新经济政策”，原住民将获得良好的教育、住房、公共部门工作机会和公司股份的所有权。这些举措能够减少贫困，促进社会团结，消除种族歧视，缓和种族冲突。这项政策始于 1971 年，持续了 20 年，而其影响力则远远超越了这个期限。

本研究分为上下两篇，旨在评估“新经济政策”在减少不平等和减少贫困这两个方面的目标进展。上篇主要关注不平等，而下篇则关注贫困。本文的主题之一在于，人们看待“种族不平等”的方式将会极大地影响针对不平等所采取的措施。同时，我们也不太清楚经济学家通常开展不平等测算时，其标准是否符合大众所理解的不平等的含义。有些概念区别在文献中得到的关注不够，另一些则过多了。

自“新经济政策”实施以来，量化和测算马来西亚不平等问题变得十分重要，这与如何定义“种族不平等”有关。可以争论的一点是，如果基于族群对不平等进行分解，种族不平等的显著性是否能得到较好的体现（Kanbur，2006）。但是，这并没有减少研究者对组间不平等部分的兴趣，他们转而指出，相对于组内的部分，组间部分的相对规模不需要很大，就会具有较大的重要性。另一个问题是，静态分解（显然）无法告诉我们不平等如何随时间演变。“新经济政策”的批评者认为，不平等的很大一部分体现在族群内部，而不是在族群之间。但是，组间不平等部分在某些时候可能并不显眼，却在随时间的演变中占据着重要的权重。

不平等的组间成分是本文考察种族不平等程度的主要指标，但是研究者逐渐认识到这并不是唯一的衡量方法。种族冲突的可能性部分取决于两极分化的程度（Esteban and Ray，1994，2011；Esteban et al.，2012；Duclos et al.，2004）。为了帮助读者理解其中的概念差异，请考虑以下四个人的两种收入分配情况（以每天赚取美元计算）：

情景 A：（\$1，\$2，\$3，\$4）

情景 B：（\$1.5，\$1.5，\$3.5，\$3.5）

按照通常的转移原则（分配者的收入高于接受者的任何再分配都必须减少不平等），情景 B 的不平等程度相对要小于情景 A，但是情景 B 的两极分化情况更为严重——如果考虑两个群体（第一人和第二人一组，第三人和第四人一组），其在组内更为相似，但组间的差异更大。

尽管这种概念上的区别很明显，但不太明显的是，组间不平等的测算与相应的两极分化指标测算差异很大。在对不同时期的情况进行追踪时，就会出现问题——这些测算是否有不同的结果（Zhang and Kanbur，2001）？我们或许还可以这样推测，如通常测算的那样，绝对两极分化（也就是组间的绝对差异）比相对两极分化更为重要。这两个概念在实践中可能非常相似，这一点相当有趣。

绝对和相对不平等之间的区别。一种较为普遍的观点是，自1969年以来，“原住民与华裔和印度裔马来西亚人之间的收入差距已显著缩小”（Economist，2017）。正如我们将看到的，原住民的平均收入增长率自1969年以来确实高于其他族裔群体。对于较贫穷的族群而言，较高的收入增长率并不一定意味着“收入差距的缩小”（甚至不是“急剧缩小”）。如果初始不平等程度足够高，则相对不平等程度可能会下降，但绝对不平等程度仍可能上升。

仅查看相对和绝对两种测算方法中的一种，可能会具有欺骗性。在某种层面上，二者之间的选择基本上取决于研究者愿意选择两种对立的理论公理中的哪一种①。相对测算法源自规模不变公理（将所有收入都乘以同样的倍数，不平等测算结果不会变化），而绝对测算法则源自平移不变公理（所有收入都增加一定数额，不平等测算结果不会变化）②。一些针对大学生的实验发现，大约有一半人以绝对而非相对的角度考虑不平等问题③。跨国研究表明，经济增长倾向于增加绝对不平等程度，但对相对不平等的影响则并不一致④。

种族冲突仅仅由较高的相对不平等程度所激发（或者说较低的相对不平等能够缓和种族冲突），这一结论实际上也并不显而易见。绝对差异可能更为重要。埃斯特班和雷（Esteban and Ray，2011）将冲突与种族不平等程度（以及我们稍后将要谈到的两极分化程度）联系在一起，指出了绝对差异影响更大的可能性。然而，到目前为止，实证文献仅仅专注于相对不平等的相关研究。

就人口统计学层面而言，马来西亚按种族划分的人口构成演变可能会影响种族不平等和两极分化。原住民人口的比例不断上升，即使相对群体平均收入不变，总体收入的分布仍然会发生变化。即使不考虑收入，人口分隔程度也值得探讨，这在种族冲突与发展的文献当中非常重要（Easterly and Levine，

① 长期以来，人们在不平等问题的理论研究中进行了区分，这一点可以追溯到科尔姆（Kolm，1976）的研究。

② 博斯曼斯等人（Bosmans et al.，2014）提出了一类“中间”措施，这些措施以恒定的相等的比例增长和相等的绝对增长的加权平均值来增加所有收入。在这里，我只考虑相对和绝对指数的两个极端。

③ 基于调查的不平等观念的文献遵循了阿米尔和考威尔（Amiel and Cowell，1992）的研究，他们发现，所调查的大学生中有40%（在英国和以色列）以绝对而非相对的角度考虑了不平等。哈里森和塞德勒（Harrison and Seidl，1994）对大量德国大学生样本也报告了类似的发现。本文作者在乔治城大学对450多名本科生进行了类似的测试，发现有一半以上的人从绝对角度考虑不平等。

④ 参见Ravallion，2003，2018；Atkinson and Brandolini，2010；Bosmans et al.，2014。

1997; Alesina et al., 2003; Montalvo and Reynal-Querol, 2005b; Esteban and Ray, 2011)。分隔化与不同种族群体的人口分布有关。例如，对于一个有三个种族的国家，当三个种族的人口数量相同时，该国被认为处于分隔化程度最高、冲突最严重的状态。

本文参考了马来西亚18轮家庭调查数据，以研究种族间收入分配如何在过去50年间演变。虽然历史数据有限，此前的研究也从未深入使用相关数据，但我们仍有可能获得一些令人惊喜的发现。

本文首先回顾了相关文献。重点是1969年之后的时期，但是此前也存在一些证据。本文第三部分使用1970~2016年间家庭调查数据，描述了马来西亚减少总体不平等的进展。本文第四部分研究了相对和绝对种族不平等、两极分化程度测算指标的演变。本文第五部分对全文进行了总结。

二、历史根基与当代辩论

历史记录表明，马来西亚独立之初的种族不平等情况在很大程度上是由于殖民主义的遗留问题。英国统治者很少关注种族不平等，甚至会通过种族分工来助长不平等。特别是在19世纪和20世纪初，马来西亚有利可图的新经济作物业和非农业领域都偏爱非原住民①。当时一批来自中国的移民（既是企业家，又是工人）进入马来西亚，扩大了采矿业和种植业，而其他工人则来自印度次大陆，主要进入香蕉种植园工作。

在文献中可以看到这些较高收入工作更偏爱非原住民的原因。一种说法认为，原住民不喜欢打工；另一种说法则认为，英国殖民者对原住民抱有家长式的态度，（有人认为）英国殖民者认为马来人只适合种植水稻。但是这些说法与其他可观察到的结果并不相符②。与其说不愿意工作，不如说这些工作的工资非常低。英国人可以让移民接受低工资（甚至包含旅行和安置费用），从而增加利润。原住民只想成为自给自足的农民的说法也很有问题，因为很多人观察到原住民会尝试多样化的作物（例如，尝试种植新兴的有利可图的橡胶树）。③ 当殖民统治者需要在主要为原住民的小农户与种植园的利益之间进行

---

① 赫施曼（Hirschman, 1975, 1983）、阿南德（Anand, 1983）、池本（Ikemoto, 1985）、德拉布尔（Drabble, 2000）、沙（Shah, 2017）等人描述了殖民地马来亚的社会分层情况。

② 有关这些观点的讨论可以参见利姆（Lim, 1977），赫施曼（Hirschman, 1975, 1983）和德拉布尔（Drabble, 2000）的研究。

③ 殖民政府行政人员还就马来人的农地使用和出售，针对非马来人施加了限制，如利姆（Lim, 1977）所述。这些措施也被合理化为保护马来人的努力。

权衡时，种植园往往更受青睐①。

在殖民时期，大多数原住民居住在学校稀缺的农村地区，缺乏接受现代教育的机会②。在殖民后期，虽然平均受教育程度总体上有所提高，但当时的教育制度使大多数原住民缺乏参与新兴非农业经济所需的技能（包括英语）。

因此，马来西亚在1957年独立前夕，是一个高度二元化的社会，同时包含一个庞大的、低生产率的传统农业部门，以及一个由外国控制的、以出口为导向的采矿和种植部门。在就业方面，马来西亚也存在着相应的种族两极分化，大部分马来人生活在自给自足的农业部门，而另一个部门中则主要是非马来人。这种分化转化为巨大的收入差异③。

目前唯一可得的基于调查的种族不平等程度量化数据是1957～1958年的家庭预算调查数据。这项调查与后续1970年开始的调查数据的可靠性都成疑（Anand，1983）。然而，这仍是我们唯一可以得到的数据。根据这项调查，1957年生活在城市中的华裔族群的人均收入是原住民的2.8倍（Ikemoto，1985）。原住民的贫困发生率要高得多。池本（Ikemoto，1985）估计，1957年原住民的贫困率为71%，而华裔和印度裔的贫困率分别为27%和36%④。

简而言之，尽管殖民时期造成了种族不平等的局面，但独立后不久的马来西亚当局决策者似乎对这种不平等的关注很少。文献的共识是，在独立后的十年里，种族不平等的程度始终很高，而且可能加剧⑤。

目前我们还不清楚早先的种族不平等在1969年5月7日吉隆坡马来人与华裔种族骚乱中所起的作用。最为普遍的观点是，暴动是由大选引发的，由华裔马来西亚人主导的反对党在大选中击败执政的政治党派联盟，占据了多数。马来人担心失去政治权利，使华裔得利，同时这也会使种族间的收入分配发生变化。在这段时间，马来人精英内部也进行了权力斗争。在骚乱后不久，马来西亚的首任总理敦库·阿卜杜勒·拉赫曼即遭罢免。

对于这场事件的政策回应就是1970年宣布的“新经济政策”⑥。马来西亚1957年宪法允许平权行动，而“新经济政策”则大大扩展了这一点。根据

① 利姆（Lim，1977）提供了一些例子。

② 赫施曼（Hirschman，1972，1983）根据1957年的人口普查数据，描述了独立初期马来西亚人的受教育程度。一些马来人因为从事殖民政府公务员工作而接受了教育。

③ 赫施曼（Hirschman，1983）对这些研究进行了评论，认为这段时间马来人的农村农业起源是他们在经济上处于劣势的主要原因，其中也包括在受教育机会方面的劣势。

④ 到1957年，马来亚的绝大多数华裔和印度裔居民都是在当地出生。参见Hirschman，1972。

⑤ 参见Drabble，2000；Yusof and Bhattasali，2008；Jomo and Wee，2014。

⑥ 可以在德拉布尔（Drabble，2000：第10章），乔莫和韦崇辉（Jomo and Wee，2014）、哈里德（Khalid，2014：第2章）的研究中找到有关“新经济政策”的各种政策的进一步讨论。

“新经济政策”，到1990年时，原住民将拥有至少30%的公司财富（政策实施将对上市公司的股权分配进行种族限制以确保这一点）。1975年，除小公司外的所有企业都必须保证原住民的股权所有权和就业配额。原住民还能优先通过配额和大学奖学金，接受公共教育。这些都是种族间的再分配政策①。一些表面上没有种族偏向性的政策实际上也有利于原住民，比如提高小农生产力的政策。

通过直接帮助原住民，“新经济政策”有望促进各族群的收入趋同，实现更大程度的“民族团结”。然而，人们担心“新经济政策”将主要有利于马来人中的精英阶层，从而使原住民族群内部的不平等程度进一步恶化②。另一个令人担忧的问题是，“新经济政策”可能会促进选择性的技术工人和资本外流，尤其是居住在马来西亚的熟练华人工人。已经有证据表明，这样的情况正在发生，只是尚不清楚是由“新经济政策”导致的，还是因为新加坡的快速经济扩张（世界银行，2011）。正如我们将看到的，从绝对意义上说，自从“新经济政策”开始实施以来，马来西亚的华裔族群仍然过得不错，但是很显然，“新经济政策”并不受他们的欢迎。对于他们来说，新加坡显然是一个更有吸引力的选择。

“新经济政策”正式结束于1991年，当时的马来西亚领导层不再强调不平等问题（Yusof and Bhattasali，2008；Jomo and Wee，2014）。然而，“新经济政策”对于种族不平等的关注并未在1991年消失，而是对政策制定产生了持续的影响（在一些时期尤其如此），并引发了一直持续到现在的激烈讨论。

有证据表明，在“新经济政策”实施之后，学校教育中的种族不平等现象有所改善。原本马来人在入学率方面落后于其他种族，但很快就赶上甚至超过了他们（Pong，1993）③。鉴于马来人内部也存在初始的教育不平等，这一进程也将在族群内部减少不平等现象，这可以从庞（Pong，1993）的研究中得到证实。然而，数学和科学的考试成绩表明，在不同种族之间，持续存在社会经济地位的不平等情况（Mohammadpour，2012；Saw，2016）。

1969年，马来西亚政府开始定期报告收入分配的某些方面的情况。马来西亚经济事务部经济计划司（EPU）发布的官方总体收入不平等统计数据是根据政府统计局（DOSM）收集的家庭调查数据，使用标准的家庭收入基尼系数得出的。他们的估计显示，从20世纪70年代中期开始，（根据官方数据）总体收入不平等开始

① 这种“再分配”措施比在种族之间直接进行货币转移更为普遍。再分配可以采用很多其他的“实物转移”形式，尽管通常会使用一些隐性的货币等价物。

② 例如，Gomez and Saravanamuttu，2013。

③ 庞（Pong，1993）利用马来西亚半岛的调查数据发现，马来人族群中年龄较大的人群的中学教育水平落后于其他群体，而且这种情况已经转向年龄较小的人群。她将其解释为“新经济政策”优惠教育政策的影响。

显现出下降趋势，贫困率从1970年的50%下降到今天接近0的水平①。

我们的讨论将会返回到对数据的更详细的研究中，但需要注意一点：种族问题具有历史重要性，而官方统计数据和学术文献似乎都没有包含任何随时间推移的种族不平等情况发展的汇总统计数据。确实，我们没有发现真正测算不同时期种族不平等情况的指标，这种指标可以定义为比较不同规模种族之间的不平等情况，而不考虑种族内部不平等情况的测算指标。此外，现有文献也没有提及种族分隔化、两极分化的程度，在更广泛的关于种族冲突文献中，这些问题通常受到研究者极高的重视（Esteban and Ray，1994；Alesina et al.，2003；Montalvo and Reynal-Querol，2005；Esteban et al.，2012）。

一些观察者对马来西亚整体不平等程度的下降感到惊讶，并且给出了一些相反的证据，比如使用财富进行衡量，而非收入（Lee and Khalid，2018）。但是，即使只看家庭收入，也有很多理由使我们必须谨慎下结论。有文献表明马来西亚劳动力市场持续存在"亲华裔"偏向（Milanovic，2006）②。李和哈里德（Lee and Khalid，2016）进行了一项随机实验，结果也显示雇主对求职者存在上述偏见——雇主因为求职者的名字不同而有不同的反应。与此同时，一些非马来人认为有利于马来人的政策措施具有歧视性③。

质疑马来西亚官方有关收入不平等程度降低说法的另一个原因是，官方发布的数据通常与相对不平等有关，而许多语境中的"不平等"实际上与绝对不平等有关——后者反映的是"富人"与"穷人"之间的绝对差异。这种区别在马来西亚非常显著，例如，《星报》曾发表了一篇报道，标题为《马来西亚贫富悬殊差距的扩大》（摘自KRI，2018）。

时至今日，人们常常可以听到一种政策立场：即使人们曾经同意实施这些基于种族的政策，它们也已经完成了使命，必须被替换为"需求驱动的积极措施"（Thillainathan and Cheong，2018：302；Economist，2017）。根据这种观点，有效解决种族不平等的余地已经不多。

这场（进行中的）辩论的双方都倾注了强烈的情感。本文的剩余部分将使用现有数据来尝试了解更多关于马来西亚在克服种族不平等方面取得进展的信息。

三、数据和统计分析

本文的重点是马来西亚的三个主要种族：原住民、马来西亚华裔、马来西

① 参见拉瓦利恩（Ravallion，2019）对这些减贫措施和替代方案的进一步讨论。

② 另请参见马祖姆达尔（Mazumdar，1991）和盖洛普（Gallup，1998）的早期研究。

③ 例如，参见拉马纳和苏亚（Ramana and Sua，2010：130）有关教育政策的讨论，以及《经济学家》（2015）中称"新经济政策"这类型的政策是"歧视性"政策的讨论。

亚印度裔。这三个种族占据了马来西亚99%的人口（这个数字来自1969年以来所有调查的平均水平）[①]。

收入分配数据： 1970～2016年间开展的18轮具有全国代表性的家庭调查数据[②]。其中，1970～1974年的可用数据仅覆盖马来西亚半岛（不包括东马来西亚）。我们在讨论中也将指出数据何时可能具有欺骗性。在本文的分析中，一个制约因素是我无法获得微观数据。机器可以读的微观数据始于1997年，而且即使是这些数据，也并非公开可得。值得庆幸的是，可得的汇总统计表格可以一直追溯到1970年，尽管不够详细。这些数据上的限制自然会在一些方面限制本文的分析，下文中也会提到这一点。尽管如此，我们仍然可以获得很多与上文的讨论主题有关的信息。

这项分析基于政府统计局（DOSM）调查的两个主要结果来源：一是EPU/DOSM的数据表格，主要取自1970年以来的DOSM调查；二是世界银行1984年以来的PovcalNet数据库，包括表格和（从2004年开始的）家庭收入、规模、调查权重的相关微观数据。这些数据由政府统计局提供给世界银行，供PovcalNet使用。按照国际惯例，政府统计局对"收入"的定义既包括现金收入，也包括实物收入（比如从家庭农场、家庭企业中获取的实物）的估算价值。需要注意的是，PovcalNet的数据系列缺失了"新经济政策"实施期间2/3的数据。还应注意的是，PovcalNet使用家庭人均收入和固定的（实际）"人均"贫困线，而经济事务部经济规划司（EPU）发布的数据表则使用的是家庭总收入（在计算均值和基尼系数时都是如此）。在此期间，需要注意DOSM调查的一个变化：1989年，调查对象变更为仅覆盖马来西亚公民。在此之前，调查对象包含非公民（主要是移民工人及其家庭），尽管我们并不清楚这个群体在调查中的覆盖程度，因为他们可能不太愿意参加调查。因此，1989年以来的数据反映出不平等程度下降，也可能部分反映了调查对象覆盖面的上述变化。

增长发生率： 增长发生率曲线（GIC）是表示收入分配总体变化的描述性工具（Ravallion and Chen，2003）。这种曲线可以根据收入分布从低到高的（匿名）百分位数给出不同时期的增长率。GIC是通过使用特定日期的分位数函数，以百分位数计算增长率获得的（推导详情可参见Ravallion and Chen，2003）。很可惜，我们无法从已发布的EPU/DOSM表格中计算得到GIC。尽管

---

① 在马来西亚，尤其是马来西亚东部，有很多种族（仅仅在砂拉越地区就有40个"亚种族"）。然而，现有的调查数据不允许我们在研究中做如此详细的分类。

② 在这之前有两轮调查，但与1970年的调查相比存在严重的可比性问题。

如此，我们仍可以使用 PovcalNet 数据，以数值方法进行计算①。GIC 方法的基年是 1984 年（在 PovcalNet 中，这是可获得的马来西亚数据的最早年份）。GIC 也不能按照种族进行细分，因为 PovcalNet 不提供此类信息。

图 1 中的 GIC 计算结果表明，经济增长更倾向于惠及较为贫困的人群，尽管其计算结果在整个收入分布中都很高（人均收入中位数以每年 2.9% 的速度增长）。人均家庭平均收入增长率从 5 百分位至 6 百分位的 3.4%，到最高收入分位时下降至最低点。鉴于所有分位数的收入都出现了正增长，因此所有的可能贫困线标准下的贫困率都在下降。由于百分位数越低，增长率越高，所以我们可以说，不平等程度已经下降。

相应的绝对 GIC 计算结果可见图 1（b)，我们可以由此得出各个分位水平上 32 年间的平均每日绝对收入（以 2011 年 ICP 计算，而非按比例计算）。我们可以看到，绝对收入从最贫困两个百分位的每天 3 美元增加至最富裕分位的每天 55 美元。

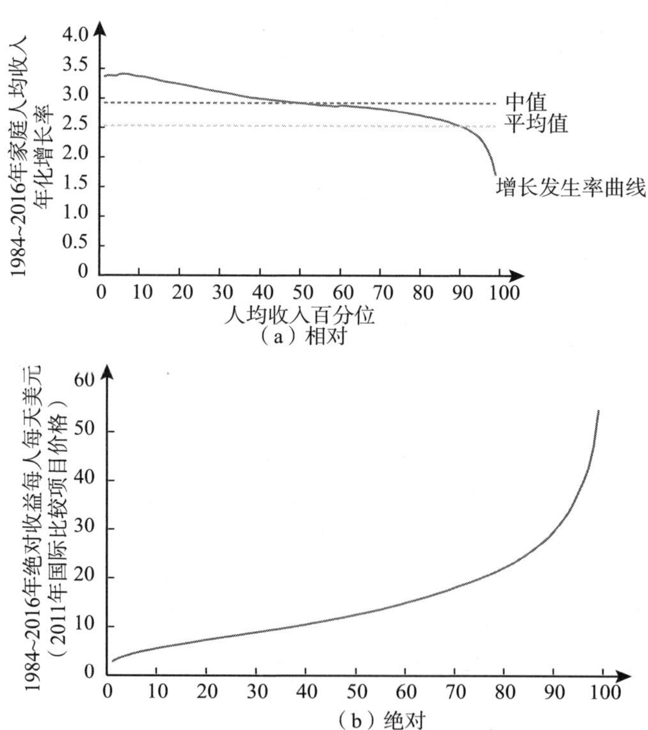

图 1　1984 ~ 2016 年马来西亚增长发生率曲线

资料来源：作者根据 PovcalNet 数据，使用数量方法计算得到。

① 这需要反转 PovcalNet 的计算过程，使用线搜索方法来寻找从贫到富的每一个贫困指数所对应的“贫困线”水平。

不平等测算： EPU/DOSM 的一系列不平等测算结果可以追溯至 1970 年。在普通的年份，EPU/DOSM 基于家庭收入计算的基尼系数低于 PovcalNet 使用人均收入计算的基尼系数，平均差异为 0.015（分别为 0.444 和 0.459）。图 2（a）绘制了整个时期 EPU/DOS 基尼系数的情况。在最初几年，该指标上升，但随后开始下降。1970 ~ 2016 年间，该指数从 0.513 降至 0.399。在所有年份中，趋势下降率（时间变量的回归系数）为每年 -0.0025（s. e. = 0.0003）[①]。如果使用 1984 ~ 2016 年的 PovcalNet 数据计算得到的人均基尼系数，那么趋势下降率为每年 -0.0020（s. e. = 0.0006）。我们可以将这一结果与拉瓦利恩和陈少华（Ravallion and Chen，2018）根据 144 国家庭调查数据所计算的基尼系数进行比较（最早调查的中间年份为 1993 年，最晚调查的中间年份为 2012 年）。在这一数据集中，基尼系数的平均变化率为每年 -0.0006，与 0 之间无显著差异（s. e. = 0.0004）。因此，马来西亚在减少不平等方面的成功绝不是一种典型的情况。

EPU/DOSM 会报告（标准）基尼系数，其中绝对差距会通过当前平均值进行标准化。这一指标给出了相对不平等的测算结果，与绝对不平等测算结果相异。图 2（b）则给出了绝对基尼系数——所有家庭配对的真实收入差异均值的一半。从这一结果中我们可以看到，绝对不平等现象明显增加，这反映了平均收入的增加和相对不平等程度的有限减少。

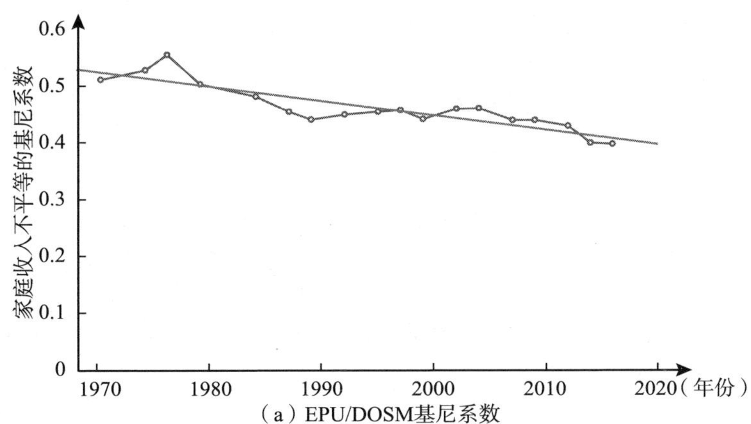

（a）EPU/DOSM基尼系数

资料来源：来自 EPU/DOSM 的公开数据。

① 本文使用的所有标准差都具有残差自相关性、异方差方面的稳健性，使用的方法来自纽伊和韦斯特（Newey and West，1987）（自动滞后期限的设定根据自由度进行了调整）。

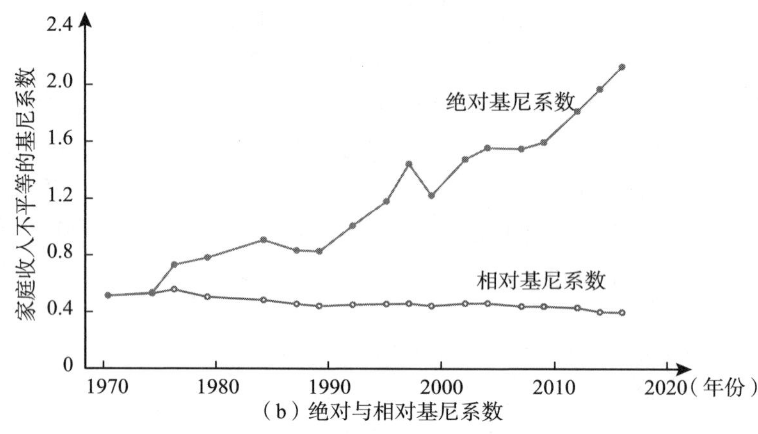

（b）绝对与相对基尼系数

图 2　全国家庭收入基尼系数

注：绝对指标设定的标度在 1970 年与相对指标一致。
资料来源：作者通过 EPU/DOSM 数据计算得到。

相对不平等程度并不是持续下降的[①]。这种下降直到 20 世纪 70 年代中期才开始，这恰好是“新经济政策”开始针对不平等程度采取针对性政策的时点。在“新经济政策”实施期间，情况出现了较为显著的逆转（见图 3）。这些观察结果之间当然无法建立起因果关系，但是这些结果与“新经济政策”发挥了应有作用的观点是一致的。

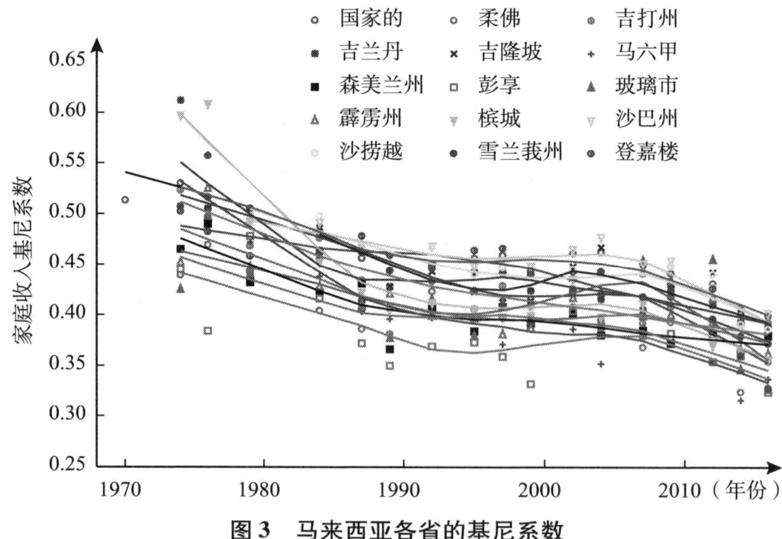

图 3　马来西亚各省的基尼系数

① 1989 年总体基尼系数略有下降，这与调查对象向“仅限公民”转变有关。尽管这一情况似乎也符合当时的近期趋势，所以调查范围变化是否能完全解释这一变化尚不清楚。

图 4 给出了按种族分组的基尼系数。自 20 世纪 70 年代中期以来，各组组内以及全国范围的基尼系数都呈现下降趋势。马来人与华裔之间的不平等程度的下降轨迹几乎相同。需要注意的是，在 20 世纪 90 年代，组内的不平等现象也在加剧。因此，我们后续将会再谈到这个问题：这不仅仅是关于种族不平等的问题。

图 4（b）显示了按种族划分的绝对基尼系数的情况。这三个群体的绝对不平等程度都在增加，但情况在华裔族群中则更为严重。

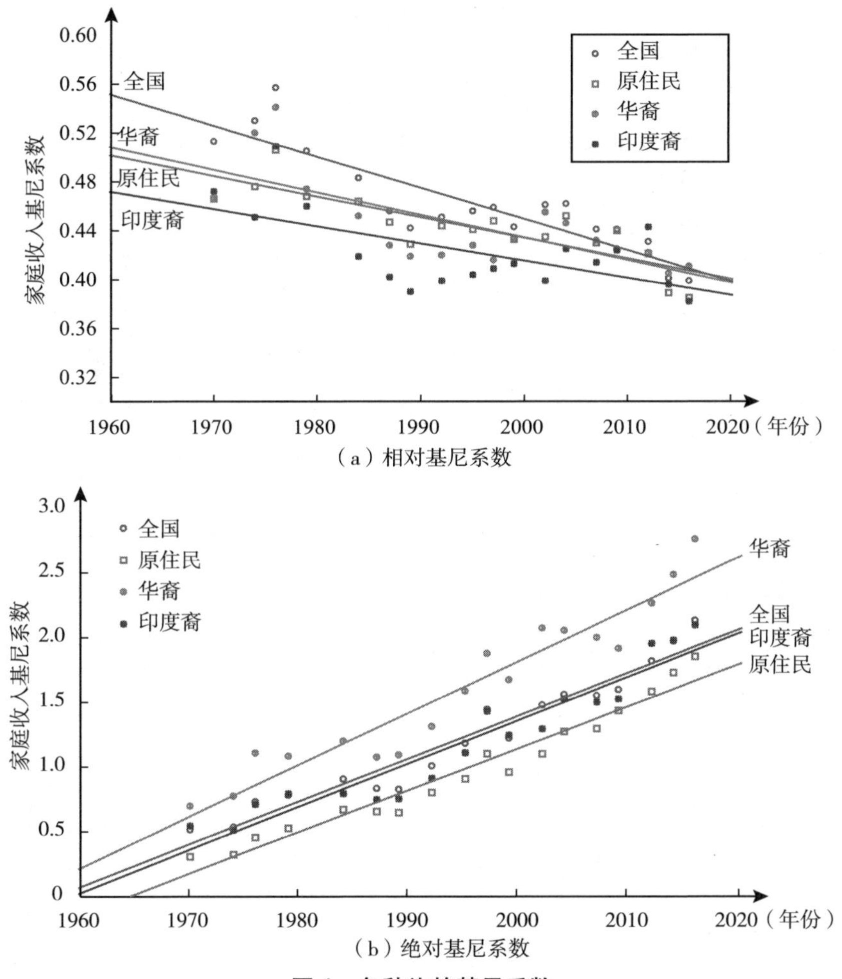

图 4　各种族的基尼系数

注：使用 1970 年的全国均值进行标准化处理。

资料来源：作者使用 EPU/DOSM 公开数据计算得到。

不平等与增长：表1（a）提供了平均实际家庭收入的对数差分与相对基尼系数的对数差分之间的相关系数①。在这些数据中，没有迹象表明家庭收入增长率较高的时期往往也是不平等程度上升或下降幅度较小的时期。实际上，家庭收入的增长率与相对不平等程度的变化之间接近于正交关系，见表1（a）中的加粗的相关系数。这种情况同时见于全国和各个种族组内（将组内不平等的变化与收入增长率进行比较）。原住民组内基尼系数（对数）和原住民组内收入均值（对数）之间的相关系数是0.25，但并不显著异于0（t=0.99）。华裔族群的相关系数为-0.03，印度裔族群为0.15，这两个数字都不显著异于0。在马来西亚全国以及在各种族组内，绝对不平等的相应测算结果均显示出与增长率之间存在强烈正相关，见表1（b）。

表1　　1970～2016年马来西亚不平等程度与增长的相关系数

（a）相对不平等

种族	对数均值收入变化				相对不平等的对数基尼系数变化			
	全国	原住民	华裔	印度裔	全国	原住民	华裔	印度裔
对数均值变化								
全国	1.000	0.880	0.792	0.662	0.226	0.132	0.351	0.113
原住民		1.000	0.553	0.694	0.232	0.247	0.278	0.116
华裔			1.000	0.403	-0.184	-0.287	-0.026	-0.315
印度裔				1.000	0.104	0.087	0.209	0.154
对数基尼系数变化								
全国					1.000	0.961	0.972	0.893
原住民						1.000	0.889	0.824
华裔							1.000	0.877
印度裔								1.000

① 由于只有18个观测值，时间序列分析的范围较为有限。但显而易见的是，这些变量呈现了强烈的变化趋势，从而使各个水平上的相关性可能是虚假的。我们的假设是，采用一阶差分可以有效地解决这一问题。

续表

（b）绝对不平等

种族	对数均值收入变化				绝对不平等的对数基尼系数变化			
	全国	原住民	华裔	印度裔	全国	原住民	华裔	印度裔
对数均值变化								
全国	1.000	0.961	0.972	0.893	0.941	0.908	0.817	0.776
原住民		1.000	0.889	0.824	0.872	0.944	0.698	0.715
华裔			1.000	0.877	0.959	0.857	0.909	0.814
印度裔				1.000	0.811	0.758	0.674	0.881
对数基尼系数变化								
全国					1.000	0.923	0.931	0.810
原住民						1.000	0.758	0.756
华裔							1.000	0.724
印度裔								1.000

四、种族分隔、群体间不平等和两极分化

到目前为止，我们已经看到了不平等测算结果如何在总体上、在主要族裔群体内部演变。现在，我们转向族群间的人口和收入分配问题。

种族人口份额与种族分隔：从 2010 年人口普查的结果来看，原住民占总数的 68%（其中马来人为 55%，其他的布米普特拉人为 13%），华裔族群占 25%，印度裔族群占 7%[①]。尽管本文选取国家层面的视角，但我们还是要提醒读者注意：族裔构成在马来西亚有着比较明显的地域差异[②]。在马来西亚西部，原住民几乎全部是马来人，而在马来西亚东部（萨巴赫、沙捞越地区）主要生活的是非马来人。

图 5 显示了不同时期的种族人口比例变化。将原住民与华裔相比较，前者较高的初始出生率是 20 世纪 90 年代后期以来两个族群人口增长率差异的主要

① 1970 年和 1980 年两轮人口普查对总人口进行了种族细分，但是后来的人口普查改为面向所有公民进行调查。

② 根据 2010 年的人口普查，马来人所占的百分比从槟城的 43%（吉隆坡紧随其后，为 45%）到登嘉楼的 97%（吉兰丹为 95%）不等。华裔所占的百分比从吉兰丹和登嘉楼的 3% 到槟城的 46%（吉隆坡为 43%）不等。

原因（70% ~80%）①。原住民人口（也是最贫困的族群）不断增加的人口比例影响了收入的总体分配，使其趋向于增加贫困率（反之亦然），尽管这在理论上仅仅能模糊地推断出不平等程度的相应变化（这其中的模糊性的主要来源是当最贫困群体的人口比例增加时，洛伦兹曲线很容易相交）。此外，需要注意的是，印度裔人口的比例一直保持稳定；原住民人口所占比例的上升主要来自华裔人口所占比例下降。

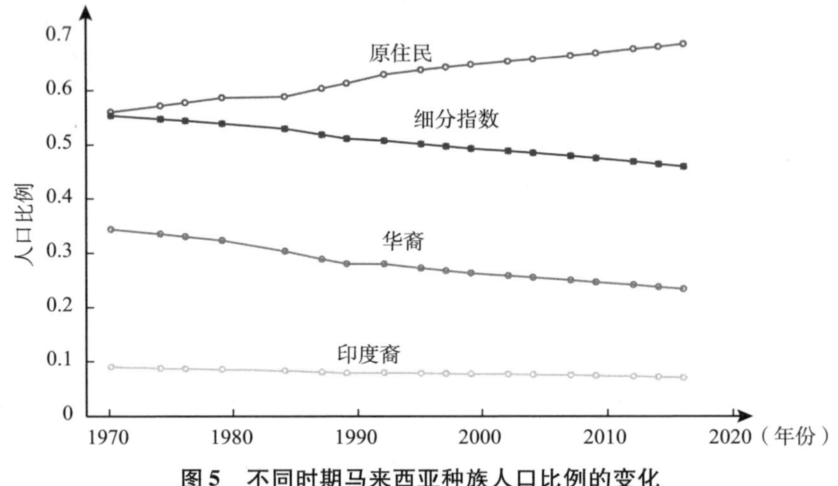

图 5　不同时期马来西亚种族人口比例的变化

资料来源：来自 DOSM 的公开数据。

如引言中所提及的，我们还希望能够计算种族分隔指数，表达式为 $F \equiv \sum_{i=1}^{3} s_i(1 - s_i) = 1 - \sum_{i=1}^{3} s_i^2$，其中 s_i 是族群 i 的人口占比。现在有三个族群，F 的最大值是 2/3，只有三个族群完全一样时才会达到。与不平等程度或两极分化指数不同，即使所有群体内部的收入增长速度都相同，种族分隔指数仍然会下降。这个指数主要被用于截面数据（比如国别数据）。由于只有使用人口普查数据才能较好地测算人口份额，数据的时间序列属性在某种程度上是不同轮次普查数据之间外推的产物，这种外推通常会使用恒定的人口增长率。尽管如此，我们仍然对整体趋势的变化结果很感兴趣。

图 5 还给出了分隔指数②。可以看出，该指数在 1970 年达到最高点 0.55

① DOSM 的数据显示，2014 年原住民和华裔的原始出生率分别为 2.05% 和 1.09%，而 2014 ~ 2016 年的年人口增长率则为 1.65% 和 0.45%。对 1998 年的数据重复上述计算步骤，这两个族裔社区的相应原始出生率分别为 3.66% 和 1.76%，年人口增长率（1997 ~ 1998 年）则分别为 2.82% 和 1.53%。

② 图 1 中的数据序列不包括第四个残差组，但即使包含了第四个残差组，结果差异也不会太大。

（达到了在一共只有三个族裔情况下最大可能值的 83%），并从那时起迅速下降，2016 年降至 0.46。考虑到印度裔人口比例较为恒定，原住民人口比例增加将会机械地降低分隔水平，因为原住民的人口比例高于华裔①。

尽管可能存在欺骗性，但是时间上的线性程度令人惊讶：回归系数的 t 值为 -61，R 平方值为 0.996，这表明 F 指数在不同时期几乎没有差异。然而，我们或许不应该过度解读这一结果。F 指数变化率是按隐含份额加权的变化率总和，表达式为 $\frac{\partial F}{\partial t} = \sum_{i=1}^{3}(1-2s_i)\frac{\partial s_i}{\partial t}$。这个式子对于原住民比例是负向加权的（因为 $s>0.5$），而对于最小比例的族群（也就是印度裔）是高度正向加权的。对于印度裔来说，份额变动的趋势非常接近线性，并且比其他两个族群更接近线性（见图 5）。同样，在此处外推也起了作用。但是，种族分隔的下降趋势可能是一个稳健的属性。

根据种族分组的收入增长率：随着时间的推移，所有三个种族的组内平均收入都在增长，其中原住民族裔的增长率最高，见图 6（a）②。原住民、华裔和印度裔在 1970 ~ 2016 年间的年均收入增长率（基于对数平均收入对时间变量的回归结果）分别为 4.15%（s. e. = 0.19%）、3.09%（0.18%）和 3.31%（0.13%）。因此，不同族裔的收入有趋同趋势，原住民的平均收入水平相比华裔和印度裔是上升的，见图 6（b）。20 世纪 90 年代则是例外。

另外，随着时间的推移，绝对收入则出现了分化，见图 6（c）。原住民与华裔相比，每个序列中的绝对收入差异都在显著扩大（在 1% 的水平显著），而原住民与印度裔的绝对收入差异扩大则并不显著（有扩大趋势，但是仅在 6% 水平下显著）。

显然，图 6（c）不支持所谓的“马来人与华裔、印度裔之间收入差距已显著缩小”的命题（Economist，2017）。事实上，人们可能更倾向于认为（绝对）收入差距已大幅增加。种族间收入绝对差距的不断扩大反映了最初种族不平等的程度以及种族内收入增长的模式差异。尽管原住民的收入增长率可能高于华裔，但是收入的绝对差异仍然在扩大。事实上，如果原住民收入的增长率与华裔收入增长率之比（尽管大于 1）小于华裔与原住民的初始均值收入之比，

① 对于三个种族来说，只要第三个种族的人口不变，那么 $\frac{\partial F}{\partial s_1} = 2(s_2 - s_1)$。

② 对于三个种族使用了一种共同的价格指数。因此，我们在计算过程中不考虑种族之间的消费模式差异和相对价格变化。

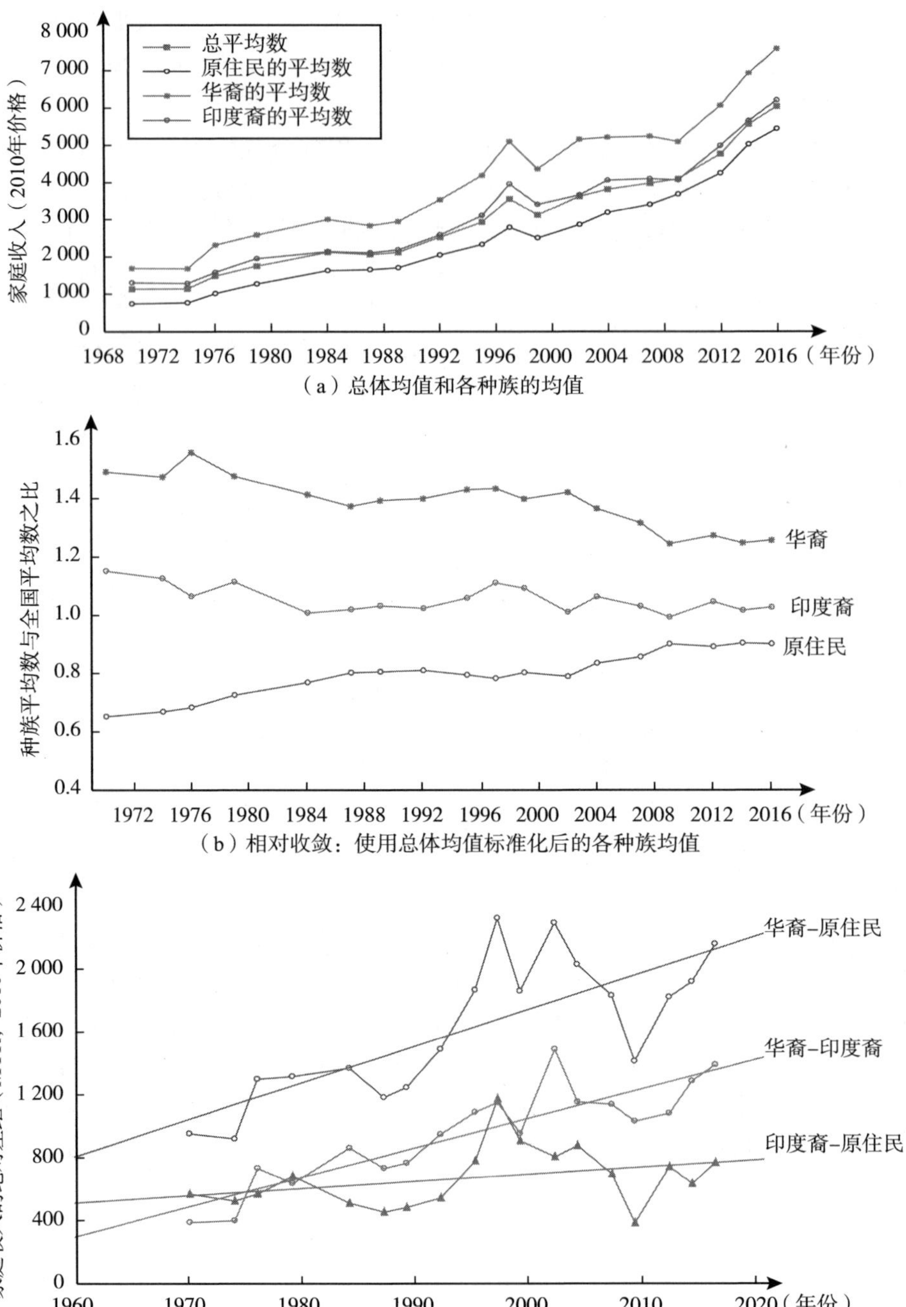

图 6 各种族真实家庭收入均值

资料来源：作者根据 EPU/DOSM 数据计算得到。

绝对收入就总是会扩大①。如果要弥合1970年时不同种族家庭平均收入的巨大差距，原住民的平均收入增长率必须达到华裔家庭的2.3倍，但是实际上这个比率只有1.3倍。

我们关注的一点是，在“新经济政策”实施期间，不同种族的收入增长率路径是否存在差异。如果“新经济政策”确实起到了减少种族不平等程度的作用，那么我们期望能在数据中看到相关的证据。值得注意的是，尽管马来西亚的总体不平等程度一直呈现下降趋势，但其实这种趋势直到20世纪70年代中期才开始出现。一个简单的测试是，观察在“新经济政策”实施期间，各组平均收入水平相对于总体收入均值是否变化。将三个种族看作一个整体，检验的回归方程式可以写为：

$$\mu_{jt}/\mu_t = \sum_{i=1}^{3} [\alpha_i + (\beta_{0i} + \beta_{1i}NEP_t)(t-1)]D_{ij} + \varepsilon_{jt} \quad (1)$$

其中，μ_{jt}代表j组在t年的收入均值，全国平均收入为μ_t，如果t在“新经济政策”实施的期间内，那么$NEP_t=1$，反之为0。如果$i=j$，那么$D_{ij}=1$，反之则为0。换言之，各组都有各自的起始比例，即组内收入均值与全国收入均值之比。各组的比例都随时间不断变化，但在“新经济政策”实施期间内的变化趋势则有所不同。使用三个族裔总体数据（$n=54$），我们发现$\hat{\beta}_{11}=0.003$（稳健s.e. =0.0005）（原住民），$\hat{\beta}_{12}=-0.003$（0.001）（华裔），以及$\hat{\beta}_{13}=-0.004$（0.001）（印度裔）。

尽管我们要警告可能存在的随机性因素，但是上述结果至少与这样的结论是一致的，即“新经济政策”促进了种族之间相对收入的收敛。如果从这个角度看，在没有实施“新经济政策”的情况下，原住民收入与全国平均收入的比值可能会降低0.06，也就是，1991年，从现实情况的0.81降至0.75。

我们已经看到，“新经济政策”实施期间原住民的相对平均收入的增长速度显著较高，而华裔、印度裔的收入增长速度则较低。结合前文所说的人口变化，在“新经济政策”实施期间原住民所占的总收入份额增长并超过了华裔所占的份额（见图7）。到2016年，原住民的收入份额达到62%，而1970年时仅为35%。

组间不平等程度测算：我们可以参考有关不平等分解的文献，将给定小组中的所有收入都设置为该组的均值，然后测算这种综合分布的不平等程度。这与人们的直觉一致，即如果任何一个种族群体内部都不存在不平等现象，那么

① 更准确地说，如果i组的均值以r_i的恒定速度增长，也就是$y_{it}=(1+r_i)y_{it-1}$，那么就可以推导出$y_{it}-y_{jt}<(>)y_{it-1}-y_{jt-1}$，如果$\frac{r_j}{r_i}>(<)\frac{y_{it-1}}{y_{jt-1}}$。

种族不平等的测算结果就应该与总体不平等测算结果相同。

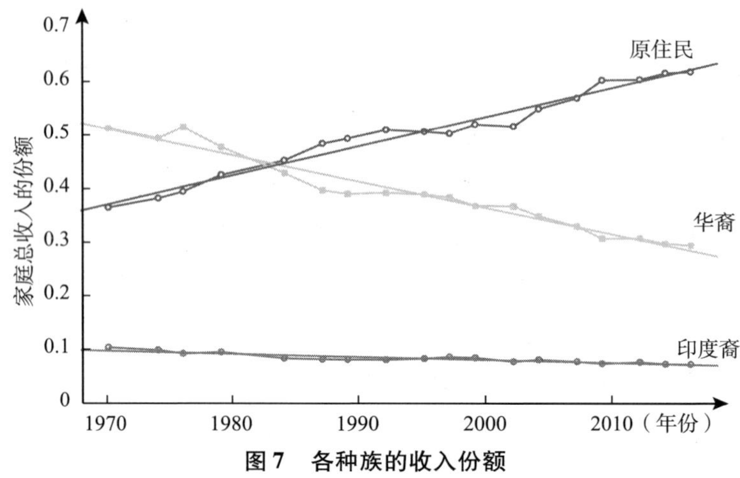

图7　各种族的收入份额

如果写得更为正式一些，可以令 y_{hj} 代表组 $j=1$，2，3 中的家户 $h=1$，…，n_j，各组平均收入为μ_j。那么，真实的分布为：

$$y \equiv (y_{11}, y_{21}, \cdots, y_{n_1 1}; y_{12}, y_{22}, \cdots, y_{n_2 2}; y_{13}, y_{23}, \cdots, y_{n_3 3}) \qquad (2)$$

对于一个合适的函数 I，总体不平等程度可以表达为 $I(y)$。各组之间不平等程度的测算函数则为 $I(y^*)$，基于以下总体分布：

$$y^* \equiv (\mu_1, \mu_1, \cdots, \mu_1; \mu_2, \mu_2, \cdots, \mu_2; \mu_3, \mu_3, \cdots, \mu_3) \qquad (3)$$

$I(y^*)$ 的关键特性是由个人组成的小组之间的不平等程度。这个测算指标自然会考虑各个组的规模大小，其特性与所选的函数形式 $I(.)$ 有关。同时，我们也许要注意到，简单地追踪组内均值比例的变化，并不需要完全揭示 $I(y^*)$ 的变化①。

这里考虑的是两种标准函数形式，即：

$$I_G(y^*) = \frac{1}{2\mu}\sum_{i=1}^{3}\sum\nolimits_{j=1}^{3} s_i s_j |\mu_i - \mu_j| \qquad (4.1)$$

$$I_{MLD}(y^*) = \ln(\mu) - \sum_{i=1}^{3} s_i \ln(\mu_i) \qquad (4.2)$$

其中，总体均值为 $\mu(=\sum_{i=1}^{3} s_i\mu_i)$。$I_G(y^*)$ 可以被视为组间的基尼系数，

① 例如，考虑这样一个起始状态：有两个家庭，其中一个属于比较贫困的 B 组，收入为 1 美元，另一个家庭则来自 C 组，收入为 2 美元。现在假定 B 组扩张为三个家庭，每个人都有 1 美元的收入，而 C 组维持不变。那么，此时基尼系数会下降，而均值的比例是不变的。

$I_{MLD}(y^*)$则为均值对数偏差（MLD）。（为简明起见，我有时会将其称为“种族基尼系数”和“种族 MLD”。）两者都满足通常的转移公理，即从第 j 组和第 i 组进行均值不变的转移时，如果 $\mu_j > \mu_i$，则组间不平等程度会减少①。MLD 可以精确地分解为组间部分和组内部分（Bourguignon，1979）。然而，尽管我们总是可以对一个总体分布 y^* 计算基尼系数，但是基尼系数和其所对应的 $I(y)$ 之间的差异并不仅仅反映组内不平等程度。众所周知，这个差异中有一个组成部分来自分布的重合部分，这个部分反映了组间、组内部分的交汇区域②。

图 8（a）显示了不同时期种族基尼系数和种族 MLD 的情况③。我们可以看到，族裔群体之间的相对不平等程度有明显的下降趋势。种族基尼系数从 0.200 下降到 0.069。这种变化并不是均匀发生的。（在 1976 年发生的不平等程度上升具有欺骗性，因为 1970 年、1974 年两轮调查排除了马来西亚东部。）同样值得注意的是，族裔群体之间的不平等程度开始上升。

与总体不平等程度形成对比的是（见表 1），有更明显的迹象表明，收入增长与组间不平等之间存在取舍。在家庭平均实际收入增长率较高的时期，测算组间不平等的对数基尼系数往往有着较高的增长率（$r=0.391$；$n=17$），这一结论在 6% 水平上显著。

图 8（b）给出了组间不平等的绝对基尼系数。与图 8（a）明显不同的是，我们看到绝对基尼系数呈趋势性上升，从 1970 年的 20.0 上升到 2016 年的 36.6。上升趋势基于回归的速度为每年 0.003，这一速度在 1% 的水平上显著（s. e. =0.001）。组间不平等的绝对基尼系数随时间波动，在“新经济政策”实施时期几乎没有增长，但在之后急剧上升。而且（正如预期的那样），其与家庭实际收入的增长率呈正相关（$r=0.81$）。

回顾前文，我们已经提到过原住民的人口比例在不断上升（见图 5）。种族人口构成的变化将影响不平等的测算结果。为了解这一影响的大小，图 9 比较了基尼系数和一个模拟的指数，在后者中，人口比例固定在基年的水平。我们看到，人口结构的变化有助于减少种族间的不平等，尽管这一效应的幅度并不大。到 2016 年，固定基年人口比例的模拟指数降至 0.08，比真实情况（0.07）稍高一些。

---

① $I_T(y^*)$（不是 $I_G(y^*)$）同时也满足考威尔和弗拉谢尔（Cowell and Flachaire，2017）的距离单调性公理，即当比较两个人收入的分配时，与平等的距离越大，不平等程度越高。

② 兰伯特和阿伦森（Lambert and Aronson，1993）对这一重叠部分给出了很好的解释。

③ 回顾一下，EPU/DOSM 使用的是家庭收入，而不是人均收入。除了对家庭进行同等加权并忽视家庭规模差异外，这里我们别无选择。

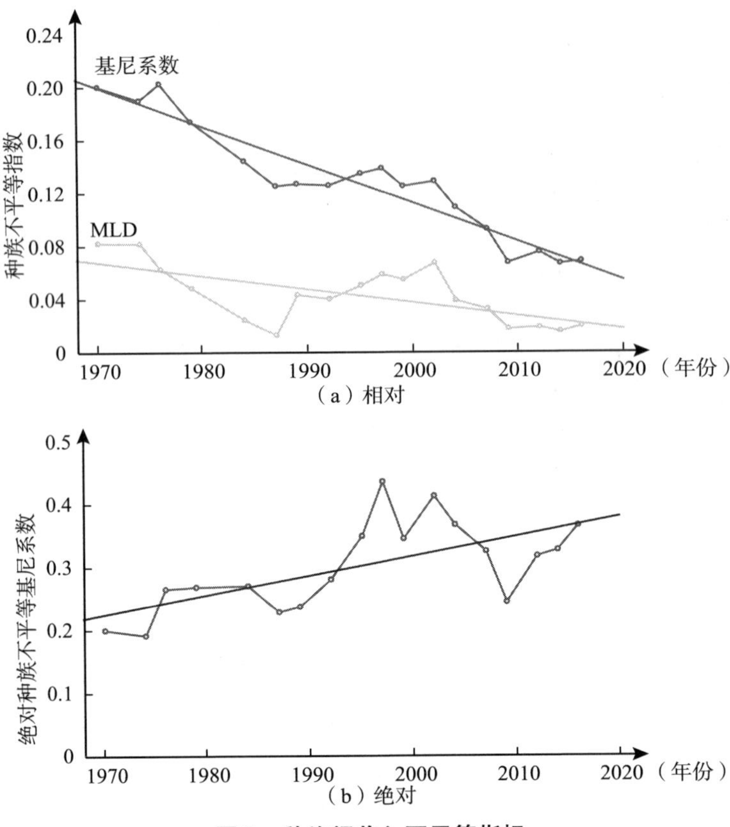

图8　种族间收入不平等指标

注：图为原住民、华裔、印度裔之间的不平等程度。MLD = 均值对数偏差。在基年（1970年），标准化设定绝对基尼系数与相对指标相等。

资料来源：作者使用EPU/DOSM数据计算得到。

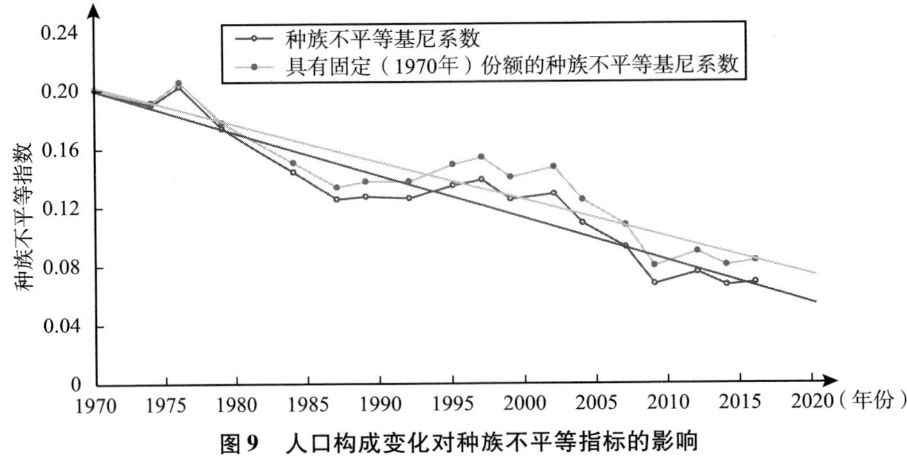

图9　人口构成变化对种族不平等指标的影响

图 10 显示了（相对）基尼系数随时间变动的完整分解结果[①]。总体不平等程度和不平等的组间部分［$I_G(y^*)$］都有所下降，但总体不平等中由种族差异所引起的部分下降明显，从 40% 下降至 17%。不平等的组内部分和重叠部分则较为稳定，事实上，这两个部分的变化（两个方向），在 5% 水平上均不具有统计显著性。尽管三个组别内部的基尼系数都下降了，见图 6（a），其对总体组内不平等的贡献需要通过人口和收入份额乘积加权才能计算得到，而这些乘积的总和并不严格等于 1[②]。此外，总体权重有显著的增强趋势，在 1970～2016 年间从 0.39 上升至 0.50。鉴于组内基尼系数较为相似，见图 6（a），这一结果意味着总体上组内组成部分非常接近于稳定状态。

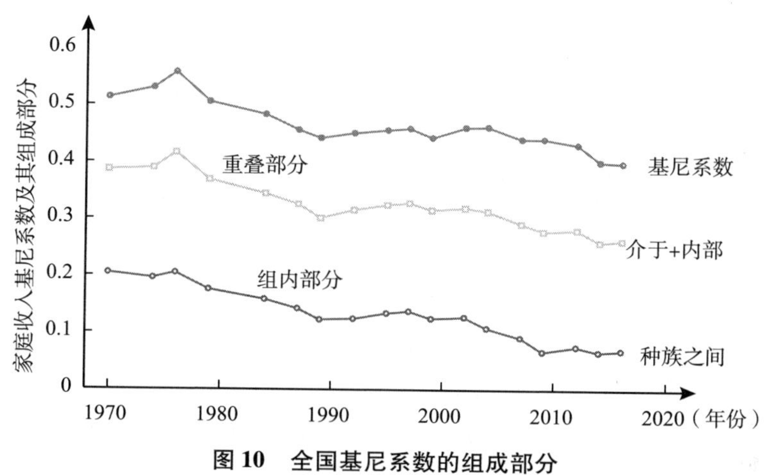

图 10　全国基尼系数的组成部分

测算种族之间的两极分化程度：标准的不平等测算方法可能无法很好地反映一个社会在种族层面上的“两极分化”情况。我们可以把它看作各个族群内部收入相似，但族群间收入不相似的总体程度。埃斯特班和雷（Esteban and Ray，1994）提出了一种基于公理的“两极分化”方法，目的是更好地反映人们可能期望（在这种情况下）在种族群体之间发现的“冲突”程度。这种测算标准通常是相对的（基于对数收入的差异），但相应地构建一种绝对测算标准也很简单。

正如埃斯特班和雷（Esteban and Ray，1994）明确指出的那样，我们完全

① 现有数据不允许对 MLD 进行相应的种族分解处理。

② 基尼系数的组内组成部分之和为 $\sum_i s_i s_i^y G_i$，其中 s_i^y 是第 i 组的收入均值，G_i 则为基尼系数。需要注意的是，$I_G(y^*)$ 现在包含了所有其他种族，尽管引起的变化并不大。

可以认为不平等和两极分化是不同的概念。一个很简单的例子是，在某种情况下，两极分化程度可以在不平等程度正在下降的情况下上升。那么，种族之间的不平等程度和两极分化情况如何？此处，我们谈论的这两个问题是否存在显著差异，其实是存疑的。为什么这么说？在测算种族之间的两极分化程度时，我们可以再次关注由式（3）定义的总体分布 y^*。种族之间的相对两极分化指数（P^R）和绝对两极分化指数（P^A）可以写为：

$$P^R = \sum_{i=1}^{3}\sum_{j=1}^{3} s_i^2 s_j \left| \ln(\mu_i/\mu_j) \right| \tag{5.1}$$

$$P^A = \sum_{i=1}^{3}\sum_{j=1}^{3} s_i^2 s_j \left| \mu_i - \mu_j \right| \tag{5.2}$$

比较式（4.1）和式（5.1）可以发现，这两个指标不太可能出现不同步的情况，除非存在较大的种族收入断层。为了更清楚地说明这一点，可以考虑两个组别，$\mu_1 \geqslant \mu_2$，人口比例固定。此时，$I_G(y^*) = s_1 s_2 (\mu_1 - \mu_2)/\mu$，$P^R = s_1 s_2 \ln\left(\frac{\mu_1}{\mu_2}\right)$，为 $I_G(y^*)$ 在 $\mu_1 = \mu_2$ 附近提供了非常好的近似。在马来西亚的数据中，可以令第一组为华裔，第二组为原住民，计算得到的 $(\mu_1 - \mu_2)/\mu$ 和 $\ln\left(\frac{\mu_1}{\mu_2}\right)$ 之间的相关系数高于0.99。

图11给出了式（5.1）和式（5.2）的计算结果。与不平等程度的计算情况相似，我们可以看到相对 *ER* 两极分化存在下降趋势，而绝对两极分化则相反。当“新经济政策”正式结束后，相对和绝对两极分化指标都出现显著上升。

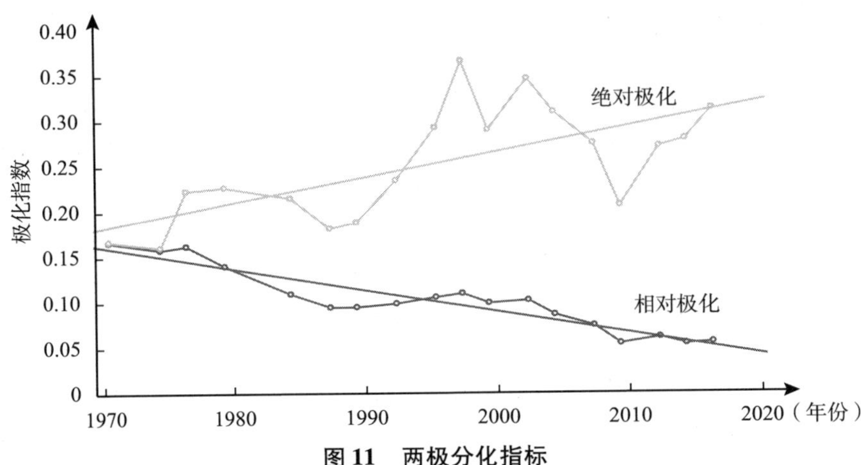

图11　两极分化指标

表 2 给出了各种不平等与两极分化测算指标之间相关系数的完整表格，包含了相对指标和绝对指标。其中，我们发现一个明显的模式：不平等和两极分化指数之间的相关性要高于相对指数与绝对指数之间的相关性。事实上，相比种族不平等指标，两极分化指标几乎不携带关于种族不平等程度的额外信息①。种族基尼系数和 ER 两极分化指标的一阶差分高度相关，对于相对指标和绝对指数，r 分别等于 0.973 和 0.996。然而，需要提醒读者注意的是，这些指标在实证中结果如此类似，实际上也反映了当前对种族差异的关注集中于各组的均值。在其他一些情况下，如果组内差异起到更大的作用，那么两类指标之间可能会呈现出更大的差异。

表 2　1970～2016 年马来西亚不平等与两极分化的相关系数

变化	相对基尼系数	绝对基尼系数	相对种族基尼系数	绝对种族基尼系数	相对 EB 两极分化指标	绝对 EB 两极分化指标
相对基尼系数	1.000	0.430	0.617	0.396	0.574	0.410
绝对基尼系数		1.000	0.545	0.862	0.505	0.854
相对种族基尼系数			1.000	0.773	0.973	0.795
绝对种族基尼系数				1.000	0.722	0.996
相对 EB 两极分化指标					1.000	0.760
绝对 EB 两极分化指标						1.000

五、结　论

马来西亚政府为减少国内种族不平等而采取了一系列政策努力，本文尝试评估了在这些政策实施之后，马来西亚在减少种族不平等方面取得的进展。

人口构成的变化（尤其是原住民人口的较高增长率与其较高的生育率相关联）意味着，在过去的 50 年中，马来西亚的种族分化程度有所降低。根据有关种族冲突和经济发展的文献，这种变化可以在种族平均收入不发生任何变化的情况下，有助于经济增长并（可能）减少贫困。

我们还发现收入不平等程度发生了巨大变化，其中很大一部分是由于不同族裔内部收入增长率的差异，而不是人口变化。本文计算的种族组间收入不平等基尼系数在 1970～2016 年间从 0.20 降至 0.07，呈大幅下降趋势。种族间不平等程度的下降是马来西亚总体不平等程度下降的主要原因，该国的家庭收入

① 这与张晓波和坎布尔（Zhang and Kanbur，2001）的研究相呼应。

基尼系数从 0.51 降至 0.40。在相关政策积极实施再分配的时期，种族群体间不平等程度明显减少，但此后又开始加剧。我们看到的证据并不支持这样的观点：经济增长会在各个种族内部加剧（相对）不平等程度。

50 年里，种族的总体不平等程度已减少了一半以上。但考虑到种族差异的初始程度，较贫困的原住民所获得的收益并不足以消除种族之间巨大的绝对差距。时至今日，种族之间的绝对差距甚至比 50 年前更大。原住民的收入增长率必须达到华裔的两倍以上，才能防止绝对差距扩大。然而，在“新经济政策”实施的某些时期，绝对种族不平等程度也保持了稳定，甚至有所下降。

本文发现，尽管（与不平等程度类似）绝对两极分化程度趋于上升，但种族之间的分隔、相对收入的两极分化程度是随时间下降的。我们还发现，两极分化指标随时间的变化几乎与相应的组间不平等指标变化完全同步。因此，这个测算选项的意义并不大。

在这样的情况下，“绝对”和“相对”之间的区分显然比“不平等”和“两极分化”之间的区分要重要得多。绝对与相对的区别（对应于不平等测算理论中两个相对理论的选择）在文献和公开辩论中造成了很多混淆和困扰。

当关注种族之间的绝对不平等时，本文的数据发现很难支持目前在马来西亚被提出的一种观点，即种族之间的收敛已经到来，或已接近。同时，这也并不意味着我们否认马来西亚在减少相对不平等和两极分化方面所取得的巨大进展。

参考文献

Alesina, Alberto, Arnaud Devleeschauwer, William Easterly, Sergio Kurlat, Romain Wacziarg, 2003, “Fractionalization”, Journal of Economic Growth, 8: 155 – 194.

Alesina, Alberto, and Eliana La Ferrara, 2005, “Ethnic Diversity and Economic Performance”, Journal of Economic Literature, 43: 762 – 800.

Amiel, Yoram, and Frank Cowell, 1992, “Measurement of Income Inequality: Experimental Test by Questionnaire”, Journal of Public Economics, 47: 3 – 26.

Anand, Sudhir, 1983, Inequality and Poverty in Malaysia: Measurement and Decomposition, New York: Oxford University Press.

Atkinson, Anthony and Andrea Brandolini, 2010, “On Analyzing the World Distribution of Income”, World Bank Economic Review, 24 (1): 1 – 37.

Blattman, Christopher, and Edward Miguel, 2010, “Civil War”, Journal of Economic Literature, 48 (1): 3 – 57.

Bosmans, Kristof, Koen Decanco and Andre Decoster, 2014, “The Relativity of Decreasing Inequality between Countries”, Economica, 81 (322): 276 – 292.

Bourguignon, François, 1979, “Decomposable Income Inequality Measures”, Econometrica, 47: 901 – 920.

Chakravarty, Shanti, and Abdul-Hakim Roslan, A. H., 2005, "Ethnic Nationalism and Income Distribution in Malaysia", European Journal of Development Research, 17 (2): 270-288.

Chua, Amy, 2003, World on Fire: How Exporting Free-Market Democracy Breeds Ethnic Hatred and Global Instability. London: Heinemann.

Cowell, Frank, 2000, "Measurement of Inequality", in A. B. Atkinson and F. Bourguignon (eds.), Handbook of Income Distribution, Amsterdam: North-Holland.

Cowell, Frank, and Emmanuel Flachaire, 2017, "Inequality Measures and the Median: Why Inequality Increased more than We Thought", Mimeo, London School of Economics.

Cowell, Frank, and Steven Jenkins, 1995, "How Much Inequality can We Explain? A Methodology and an Application to the United States", Economic Journal, 105 (429): 421-430.

Drabble, John, 2000, An Economic History of Malaysia, c. 1800-1990: The Transition to Modern Economic Growth. London: Macmillan Press.

Duclos, Jean-Yves, Juan Esteban, and Debraj Ray, 2004, "Polarization: Concepts, Measurement, Estimation", Econometrica, 72: 1737-1772.

Easterly, William, and Ross Levine, 1997, "Africa's Growth Tragedy: Policies and Ethnic Divisions", Quarterly Journal of Economics, 111 (4): 1203-1250.

Economic Planning Unit (EPU), 2010, Tenth Malaysia Plan 2011-2015. Economic Planning Unit, Prime Minister's Department, Putrajaya, Malaysia.

Economist, 2015, "Playing with Fire. A Floundering Government Risks Igniting Ethnic Tensions", September 26.

——, 2017, "Deformative Action: Malaysia's System of Racial Preferences Should be Scrapped", May 18.

Esteban, Joan-María, and Debraj Ray, 1994, "On the Measurement of Polarization", Econometrica, 62 (4): 819-851.

——, 2011, "Linking Conflict to Inequality and Polarization", American Economic Review, 101: 1345-1374.

Esteban, Joan-María, Laura Mayoral, and Debraj Ray, 2012, "Ethnicity and Conflict: Theory and Facts", Science, 336: 858-865.

Gallup, John Luke, 1998, "Ethnicity and Earnings in Malaysia", Harvard Institute for International Development, Harvard University.

Gomez, Edmund Terence and Johan, Saravanamuttu (eds.), 2013, The New Economic Policy in Malaysia: Affirmative Action, Ethnic Inequalities and Social Justice. Singapore: National University of Singapore Press.

Harrison, Elizabeth and Christian Seidl, 1994, "Perceptional Inequality and Preferential Judgment: An Empirical Examination of Distributional Axioms", Public Choice, 79: 61-81.

Hirschman, Charles, 1972, "Educational Patterns in Colonial Malaya", Comparative Education Review, 16 (3): 486-502.

——, 1975, Ethnic and Social Stratification in Malaysia, Arnold and Catherine Rose

Monograph Series, Washington DC: American Sociological Association.

——, 1983, "Labor Markets and Ethnic Inequality in Peninsular Malaysia", Journal of Developing Areas, 18: 1 –20.

Ikemoto, Y., 1985, "Income Distribution in Malaysia: 1957-80", The Developing Economies, 23 (4): 347 –367.

Jomo, Kwame Sundaram, 1989, "Malaysia's New Economic Policy and National Unity", Third World Quarterly, 11 (4): 36 –53.

Jomo, Kwame Sundaram and Wee Chong Hui, 2014, Malaysia@50: Economic Development, Distribution, Disparities. Petaling Jaya: Strategic Information and Research Development Centre.

Kanbur, Ravi, 2000, "Distribution and Development", in Anthony Atkinson and Francois Bourguignon (eds.) Handbook of Income Distribution Volume 1, Amsterdam: North Holland.

——, 2006, "The Policy Significance of Inequality Decompositions", Journal of Economic Inequality, 4: 367 –374.

Khalid, Muhammed Abdul, 2014, The Colour of Inequality. Ethnicity, Class, Income and Wealth in Malaysia, Kuala Lumpur: MPH Publishing.

Khazanah Research Institute (KRI), 2018, The State of Households 2018. Different Realities. Kuala Lumpur: Khazanah Research Institute.

Kolm, Serge-Christophe, 1976. "Unequal inequalities. I", Journal of Economic Theory, 12 (3): 416 –442.

Lambert, Peter, and J. Richard Aronson, 1993, "Inequality Decomposition Analysis and the Gini Coefficient Revisited", Economic Journal, 103: 1221 –1227.

Lee, Hwok-Aun and Muhammed Abdul Khalid, 2016, "Discrimination of High Degrees: Race and Graduate Hiring in Malaysia", Journal of the Asia Pacific Economy, 21 (1): 53 –76.

——, 2018, "Is Inequality Really Declining in Malaysia?", Journal of Contemporary Asia, Online.

Lim, Teck Ghee, 1977, Peasants and Their Agricultural Economy in Colonial Malaya 1874-1941, Kuala Lumpur: Oxford University Press.

Mazumdar, Dipak, 1991, "Malaysian Labor Market under Structural Adjustment", World Bank Working Paper 573, World Bank, Washington DC.

Milanovic, Branko, 2006, "Inequality and Determinants of Earnings in Malaysia, 1984-1997", Asian Economic Review, 20 (2): 191 –216.

Mohammadpour, E., 2012, "A Multilevel Study on Trends in Malaysian Secondary School Students' Science Achievement and Associated School and Student Predictors", Science Education 96 (6): 1013 –1046.

Montalvo, Jose, and Marta Reynal-Querol, 2005a, "Ethnic Diversity and Economic Development", Journal of Development Economics, 76 (2): 293 –323.

——, 2005b, "Ethnic Polarization, Potential Conflict and Civil Wars, American Economic Review, 95: 796 –816.

Newey, Whitney and Kenneth West, 1987, "A Simple, Positive Semidefinite, Heteroskedasticity and Autocorrelation Consistent Covariance Matrix", Econometrica, 55: 703 – 708.

Pong, Suet-ling, 1993, "Preferential Policies and Secondary School Attainment in Peninsular Malaysia", Sociology of Education, 66 (4): 245 – 261.

Ramana, Santhiram R.., and Tan Yao Sua, 2010, "Ethnic Segregation in Malaysia's Education System: Enrolment Choices, Preferential Policies and Desegregation", Paedagogica Historica, 46 (1 – 2): 117 – 131.

Ravallion, Martin, 2003, "The Debate on Globalization, Poverty and Inequality: Why Measurement Matters", International Affairs, 79 (4): 739 – 754.

——, 2018, "What Might Explain Today's Conflicting Narratives on Global Inequality?", WIDER Working Paper 2018/141.

Ravallion, Martin, and Shaohua Chen, 2018, "Welfare-Consistent Global Poverty Measures", NBER Working Paper 23739.

Roslan, Abdul-Hakim, 2001, "Income Inequality, Poverty and Development Policy in Malaysia", Universiti Utara Malaysia.

Saw, Guan Kung, 2016, "Patterns and Trends in Achievement Gaps in Malaysian Secondary Schools (1999 – 2011): Gender, Ethnicity, and Socioeconomic Status", Educational Research for Policy and Practice, 15 (1): 41 – 54.

Shah, Sultan Nazrin, 2017, Charting the Economy. New York: Oxford University Press.

Snodgrass, D. R., 1980, Economic Inequality and Development in West Malaysia, Kuala Lumpur: Oxford University Press.

Thillainathan, R., and Kee-Cheok Cheong, 2018, "Book Review" (of Khalid, 2014), Malaysian Journal of Economic Studies, 55 (2): 301 – 307.

World Bank, 2011, Malaysia Economic Monitor: Brain Drain. Kuala Lumpur: World Bank.

Yusof, Zainal Aznam, and Deepak Bhattasali, 2008, "Economic Growth and Development in Malaysia: Policy Making and Leadership", Working Paper 27, Growth Commission, World Bank.

Zhang, Xiaobo, and Ravi Kanbur, 2001, "What Difference Do Polarisation Measures Make? An Application to China", Journal of Development Studies, 37 (3): 85 – 98.

马来西亚自1965年5月以来的种族不平等与贫困情况（下篇）：贫困情况

马丁·拉瓦利恩*

摘　要： 过去50年，马来西亚经历了世界上最快的收入减贫。与此同时，马来西亚总体的不平等程度也快速下降，这在很大程度上是源于1969年悲剧性的种族暴乱后一系列解决种族不平等的政策的出台。本研究的上篇审视了种族不平等问题，下篇评估了种族不平等在成功解决贫困问题中所发挥的作用。为了分析这一问题，我们将使用一种新的方法分解50年的调查数据。结果显示，种族再分配有助于减贫，并且种族内部再分配与平均工资的增长对于减贫有着更重要的作用。本文通过实证研究，定义和分离了纯粹的种族再分配效应。早在20世纪70年代，种族再分配已经大幅提高了贫困人群的收入，表明早期政策是有效的。虽然贫困人口收入的绝对增长随着时间推移逐渐减少，但是贫困的种族再分配弹性仍然保持了较高水平。

一、引　言

即将摆脱贫困的国家的经济发展史对于减少全球极端贫困具有十分重要的借鉴意义。从可靠的测算数据可知，过去50年里马来西亚在减贫方面取得了巨大的成就。1970年，马来西亚的官方贫困率是50%，现在该数据已经降至1%以下，年复合下降率高达10%左右。图1展示了官方贫困测算标准下1970～2016年的数据。换个角度看，以马来西亚的贫困线为标准，相同时间段下，马来西亚的减贫率是东亚整体的两倍多，全球的五倍。① 根据世界银行每天1.90美元的极端贫困线，马来西亚极端贫困率已下降到0.1%左右。

在过去50年中，马来西亚保持了良好的长期经济发展趋势——从1970年到2016年，家庭实际收入在不平等没有增加的情况下年均增长3.7%。马来西亚也成为为数不多的整体收入不平等长期下降的国家之一。官方数据显示，马来西亚家庭收入基尼系数由1970年的0.513下降到2016年的0.399。

种族不平等是长期困扰马来西亚的一个问题。官方统计显示，马来西亚有三个主要的种族：马来西亚原住民、华裔和印度裔。历史上马来西亚一直积极消除种族不平等，并且实施配套的促增长举措。马来西亚在1970年采取的

* 作者简介：马丁·拉瓦利恩（Martin Ravallion）供职于乔治城大学经济系。

① 对于这些计算，作者使用的是PovcalNet中的“参考年”（1981～2015年）。将在后文提供详细信息。

“新经济政策”（NEP）直接使2/3处于贫困的马来西亚原住民脱贫。在“新经济政策”下，马来西亚原住民在教育、住房、公职以及公司合伙制上获得了优惠待遇。

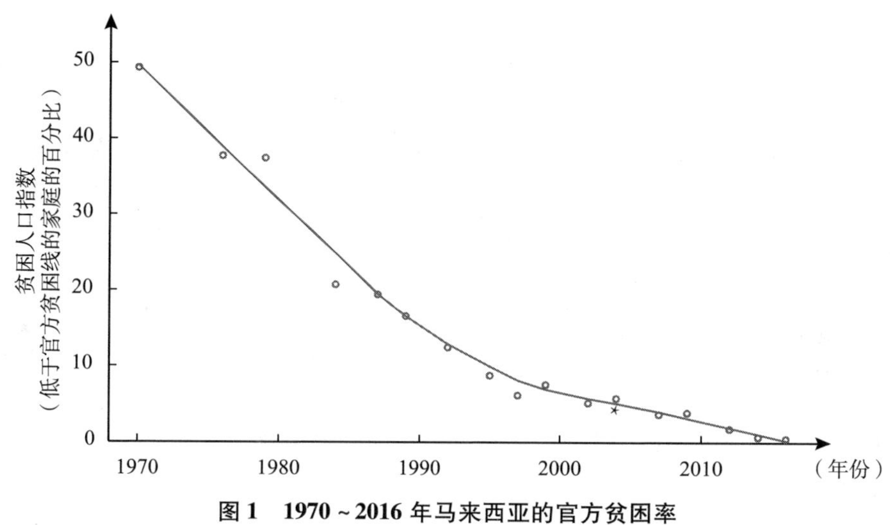

图1 1970～2016年马来西亚的官方贫困率

注：2004/2005年度统计方法有所改变。*是使用旧方法（Ragayah，2007）对当年进行的估计。
资料来源：根据政府统计部门收集的家庭调查数据，来自经济事务部经济规划司的官方贫困线。

贫困是马来西亚面临的一个重要问题，同时种族不平等在很大程度上被认为是导致贫困的主要原因。这不是说“新经济政策”的唯一动机是减贫。那些以种族问题为首要关切的再分配政策有多重目的，包括提升社会团结，减轻种族冲突和种族歧视。这些目标可能会被认为与减贫有关，但是它们也是独立的政策目标。然而，不可否认的是，减少贫困是这些政策很重要的一个目标。

这些都让马来西亚成为研究减少种族不平等与减少社会贫困这一问题的很有趣的一个案例。幸运的是，我们现在有从1970年以来的18轮家庭调查的数据。虽然历史数据的可得性十分有限，但是之前却从来没有人深入研究过，而现在进行深入研究将带来许多令人兴奋的结果。

种族再分配将减轻贫困这一直觉性的推断是十分草率的。有人认为“‘新经济政策’的最大成就就是减轻了贫困”（Khalid，2014）①，但同时也有其他说法，如“这些政策没能显著帮助到贫困的马来人”（Chin，2015）。这

① 人们可以在文献中找到许多类似的陈述，例如，Roslan（2001）。

两种观点哪个正确，目前还无法判定。我们很容易想象这样一种理论情景：较贫穷的种族群体获得的利益大部分被该群体内的非穷人所占据，而群体中真正的穷人的利益则被剥夺。那么，原本目的在于促进组间收入平等的政策会使国家贫困率更高，因为（在这种情况下）捐助者比接受者更穷。仅仅知道一个群体较贫穷并不能告诉我们较高的群体平均收入对贫困的边际影响的种族间差异，因此也无法得知在较低程度的不平等下全国贫困率将会发生怎样的变化。①

确实，没有什么能保证种族再分配将减轻贫困，甚至改变组内的收入分布。例如，假设较贫困的组有三个人，对应收入为（1，2，3），平均收入为2，同时较富裕的组的收入为（1，3，8），平均收入为4；贫困线为2.5，所以整体的贫困率为50%。现在对于较富裕组征收10%的“税”用于救助较贫困组，保持富裕组的收入分布不变。现在，新的收入分布为（1.2，2.4，3.6），平均收入为2.4；（0.9，2.7，7.2），平均收入为3.6。组间的收入不平等降低了，但是整体贫困率没有变化，仍为50%。② 目前来看，从1970年开始以种族问题为首要关切的政策对于马来西亚的贫困问题能产生多大的影响还是十分不明确的。

我们很难识别“新经济政策”对贫困的因果效应。因为我们观察不到马来西亚未实施“新经济政策”时的情况，同时也无法获得1970年实行“新经济政策”以前的充足数据来进行反复对比。因此，本文并不研究“新经济政策”，而是聚焦于一些不那么富有野心但是依旧十分重要的关于种族不平等与贫困之间关系的问题。这些问题包括：

- 较低程度的种族不平等是否对于马来西亚成功减贫有所贡献？在减贫过程中，种族间再分配、种族内再分配和整体经济增长的相对贡献分别是多少？

---

① 更确切地说，保持总体平均不变，考虑从群体 i 到 j 的再分配政策对（总体平均 μ_j、人口份额 s_j 和贫困率 H_j）国家贫困率（H）的影响。$dH = s_i dH_i + s_j dH_j = \left(\frac{dH_i}{d\mu_i} - \frac{dH_j}{d\mu_j}\right) s_i d\mu_i > (<) 0$，其中 $\frac{dH_i}{d\mu_i} > (<) \frac{dH_j}{d\mu_j}$（考虑到 $s_i d\mu_i + s_j d\mu_j = 0$）。

② 将这个例子推广到连续的分配，贫困随种族再分配政策（保持均值不变）减少的必要（和充分）条件是，在贫困线上的概率密度比例低于接受群体。要了解其中的原因，保持第 i 组和第 j 组的洛伦茨曲线不变，并减少两组之间的不平等，可以很容易地看出，$dH = \left(\frac{f_j(z)}{\mu_j} - \frac{f_i(z)}{\mu_i}\right) z s_i d\mu_i$，此处 $f_j(z)$ 是 j 在贫困线 z 处的收入密度（这是利用贫困率 H 在给定的洛伦茨曲线上，在平均值和贫困线之间零次齐次的事实）。贫困线被认为是恒定的。

• 历史上，马来西亚的贫困人口是否从这样的政策中获得真正的红利，并且该红利是否在过去的50年中逐渐消失？这些红利是否现在还有所遗留？

本文第二部分首先概述了文献中关于这一话题的有关争论。本文第三部分使用1970年到2016年的家户调查数据描述了马来西亚的减贫成就。第四部分用一种新的方式分解了这些数据，分离了种族不平等程度下降导致的减贫，以及人口统计变化与经济增长导致的减贫。第五部分定义并且测度了贫困对于种族再分配的（部分和整体）弹性，并且研究它是如何随时间变化的。第六部分为结论。

二、关于马来西亚贫困问题的讨论

因为1970年以前没有可比的全国性数据（Anand，1983），目前还不清楚马来西亚贫困率下降是最近10年发生的，还是1957年独立后就已经开始了。有些研究认为马来西亚贫困率在独立之后就开始下降，这一结论的依据在于其国内消费增速在独立之后开始上升，达到能够匹配国内生产总值（GDP）的增速，其增速与20世纪马来西亚被殖民期间的水平相近。① 然而，这并不能说明马来西亚原住民和华裔的收入不平等程度下降是在近十年发生的，还是自独立之后就开始了。

在1969年的种族冲突之后，随着1970年“新经济政策”的出台，这一切都改变了。“新经济政策”的目的在于通过一系列种族间再分配政策来补贴马来西亚原住民，改变马来西亚三个主要种族之间的经济平衡（如上篇所述）。② 但一些表面上体现为无种族偏见的政策实际上是偏向于马来西亚原住民的，比如对于提升小户农业生产效率的重视。

“新经济政策”与独立后的自由放任的经济政策不同，“新经济政策”强调国家在经济中的更为重要的地位（Drabble，2000；Jomo and Wee，2014）。然而，马来西亚经济仍然保持了相对开放。产业政策从重视进口替代转向强调提升出口。这一经济政策迅速惠及马来西亚原住民中的贫困人群，提升了马来西亚出口导向型轻工业的比较优势，同时也为包括女性在内的工作者创造了非农就业机会。通过提升教育可得性，马来西亚农村的年轻女性开始拥有城市就业的机会，

---

① 虽然英国殖民地马来亚（马来西亚的西部，或“半岛”，当时被称为马来亚）在1900～1939年间经历了每年约3%的可观的GDP增长（Shah，2017），但只有一小部分产出增长转化为国内实际工资、消费或国内投资的增长。历史数据显示，1900年至1939年期间，国内人均私人消费仅以每年1%的速度增长（Shah，2017）。

② 这种“再分配”的做法比种族之间直接的货币转移更为普遍。再分配可以采取许多其他“实物”形式，尽管通常是货币等价物。

比如在新兴的电子产业和服装产业工作（Ahmad，1998）。马来西亚积极支持新兴企业（包括经济支持）。20 世纪 70 年代的油价上涨也有助于为新政策的实施融资。

将“新经济政策”的再分配影响与新政治经济制度分离是错误的。提升马来西亚的产业活力——培育马来西亚新兴的资产阶级与非农经济——是这一时期提升经济增长和促进社会平等目标的核心。例如，马来人获得 30% 的企业所有权主要来自马来人所有的新建企业，而并非现有所有权结构的变化（Jomo and Wee，2014：第 1 章）。积极推动普及马来西亚教育不仅是为了解决自殖民时代遗留下来的教育不平等问题，更是为新兴的劳动密集型出口导向型的制造业创造劳动力，该行业是马来西亚经济增长的关键。

自 1969 年的种族冲突后，马来西亚政府开始定期报告贫困问题。官方的统计数据来源于经济事务部经济规划司（EPU）。该统计基于政府统计局（DOSM）的家户调查数据，展示出贫困率明显的下降趋势。根据官方数据，贫困率从 1970 年的 49% 下降到 2016 年的 0.4%（见图 1）。

一些观察者质疑贫困在马来西亚已经被消灭的观点，质疑点在于马来西亚 1970 年的官方贫困线在当下是否还适用。比如，2018 年，国际贸易与投资部副部长王建明（Ong Kian Ming）博士说，“工资收入的提升让我们成为中等收入国家，但我们并未相应地调高贫困标准。”①

虽然贫困在马来西亚原住民中更为普遍这一观点被广泛接受，但是一些观察者质疑减轻种族不平等是否有助于降低全国贫困。有两类文献和上述观点有关。第一类的质疑在于政策上的努力很大程度上并没有惠及贫困人口——原住民平均收入的持续增长主要来源于该种族中较为富裕的人群。马来西亚总理敦库·阿卜杜勒·拉赫曼（Tunku Abdul Rahman）在提及“新经济政策”时，反对原住民 30% 的企业所有权。他写道，“有一些马来西亚人在一夜之间暴富，但其他人却在同时成为卑劣的阿里巴巴②，整个国家的经济在倒退”（Abdul Rahman，1986：98）。与此类似，乔莫（Jomo，1989：42）写道，20 世纪 70 年代的新国家干预主义，在“新经济政策”下“主要惠及马来西亚的新兴中产阶级”；并没有“帮助马来西亚的贫困人群”。他继续反驳道：“在更为公平和有效的再分配政策下，消除贫困并且最小化政府资源浪费的另一前提是，政府表面上消除贫困的再分配政策没有让政客和农村项目的承包商中饱私囊”（Jomo，1989：46）。这里的阐述表明，虽然“新经济政策”的减贫努力

① 马来西亚《星报》（the Star）曾报道了此事。

② 这句话中的“阿里巴巴”指的是一些在平权行动计划下获得商业执照的马来人，但实际上他们把这些执照卖给了他国企业家。

确实提升了原住民的平均收入，但是只惠及部分具有先天优势或者运气的人群。历史上这一类文献的核心观点在于“新经济政策”创造了一个新兴的食利阶级，依靠政府补助和政治庇护，但同时大部分马来西亚民众却没有获得实质性的提升。支持这一论述的证据虽然较少，但是这个观点具有十分强大的影响力。

第二类观点认为，降低种族不平等的努力导致了经济增速下降，而经济增长是降低贫困的关键。例如，支持这一观点的人提出，“新经济政策”是支持马来西亚本土产业的政策——尤其是通过财政补助和法规优惠对马来西亚中小企业的公共支持——将资源从利润较高的企业转移出去，从而降低增长率（Thillainathan and Cheong，2016）。但也存在反对这一观点的声音，认为即使经济增速确实下降了，但至少短期内对于贫困的影响还是主要来源于经济增长红利的分配。经济增长可能确实下降了，但是这一缺点可以被更好的再分配所弥补。因此，这将我们带回第一类观点是否成立的问题。

同样需要被重视的是，再分配政策也被用来消除信贷市场和其他市场中可能对长期经济增长造成负面影响的普遍扭曲。少数经济强势群体将阻止对于有利于增长的机构和改革，这将使得大多数更为贫困的群体认为这些富裕的少数人将攫取经济增长的大部分红利。[①] 的确，有人可能会合理地辩称，如果不采取再分配措施，马来西亚的经济增长是不可持续的。独立后的自由放任政策确实促进了经济增长，但是没有解决自殖民时期以来的不平等问题。而在 1969 年种族冲突后推出的“新经济政策”在很大程度上是“市场友好的平权行动”（Ragayah，2014：50）。确实和观察到的一样，解决种族不平等的努力与一系列相对异端的经济政策关联很大，包括许多产业政策，但是马来西亚也保持了一个相对开放的经济，通过政治经济的有利环境吸引外国直接投资。虽然经济确实出现了一些波动，在一段时期内出现了资本外流，也有外部冲击风险，然而，正如鲍伊（Bowie，1991）和艾哈迈德（Ahmad，2010）所说，解决种族问题是马来西亚产业发展的前提，这就需要推行“新经济政策”。从长期来看，减少种族不平等与避免种族冲突（如 1969 年 5 月所发生的种族冲突）能够持续促进经济增长，而非阻碍经济增长。

在这些争论的推动下，今天经常听到的一个政策立场是，即使人们一致认为这些基于种族的政策曾经发挥过作用，但它们已经走到了尽头，需要被“基于需求的平权行动”所取代（Thillainathan and Cheong，2018：302，2017）。根据这种观点，有效解决种族不平等问题的空间已经所剩无几。但这种观点与证据一致吗？

---

① 有学者（Chua，2003）以马来西亚为例，提出了这样的论点。

三、马来西亚的贫困：1970～2016年

这里使用的数据大部分来自1970～2016年间的18个全国范围的家户调查[①]。由于数据的限制，分析受到了一些影响。一个限制是微观数据缺乏。机器可读的微观数据只有1997年后才有（来源为DOSM员工的采访），但即使是这种微观数据，也不是公开的。值得庆幸的是，汇总统计表格自1970年开始就是可以获取的，虽然存在局限，一是历史数据不够详细；二是缺乏区分种族的全国性数据。这些数据上的局限性限制了本文一些方面的分析，但是已有数据中仍然有大量可以被发掘的信息。

数据来源[②]**：**该分析使用了EPU/DOSM根据1970年以来政府统计局（DOSM）的调查编制的表格和世界银行自1984年开始的PovcalNet数据库。PovcalNet数据库包括基于表格的估计数和（自2004年以来）家庭收入微观数据（以及调查使用的权重），这些数据由政府统计局提供给世界银行用于PovcalNet。政府统计局对于收入的定义与国际标准一致，包括现金收入和对其他种类收入的价值估算（例如，来自家庭经营农场和企业的收入）。

这两种数据来源主要有四个方面的不同。第一，PovcalNet仅覆盖了“新经济政策”施行的1/3的时段。第二，经济事务部经济规划司（EPU）贫困统计允许区域间生活成本不同，而PovcalNet则不考虑这一点。第三，PovcalNet使用全国范围的CPI，而EPU以贫困所在地区的指数指标作为依据。第四，PovcalNet使用家户人均收入和固定的（实际）“人均”贫困线，而EPU使用的是家户总体收入作为排名参数，但是对于家户的不同家庭构成设置了不同的贫困线（以不同年龄的推荐热量摄入指标作为参照）。

马来西亚原住民的人口占比从1970年的56%上升到2016年的69%。[③] 这一最贫穷的种族占比上升将改变整体收入分布，在其他条件不变的情况下，贫困率将上升。

绝对指标：官方指标采用的是政府根据DOSM家户收入调查数据确定的贫困线。这一官方贫困线是在1977年根据1973年的调查数据确定的（Economic Planning Unit，1978）。贫困线确定的标准是根据推荐热量摄入要求：65%的热量来自淀粉类食物（主要是米），12%来自糖类，4%来自豆类，3%来自蔬

① 之前有两轮调查，但与1970年的调查存在严重的可比性问题（Anand，1983）。1970年的数据针对的是马来西亚半岛。剔除1970年的数据后，本文的结果依旧是稳健的。

② 上篇更详细地讨论了这些数据及其局限性（Ravallion，2019）。

③ 这主要反映了生育率的差异。1991年，原住民的生育率为4.5，相比之下，华裔为2.5，印度裔为2.8（Saw，2015）。到2011年，生育率分别降至2.7、1.6和1.7。

菜，5%来自鱼类，2%来自蛋类，2%来自奶类，7%来自油脂类。总体食物占比为67%。名义贫困线根据不同调查会被重新计算，这不仅是出于对价格变化的调整。[①] 因此，这些是绝对指标。

基于官方指标，马来西亚几乎完全消除了贫困，这对于三个主要种族均适用。图2（a）展示了全国贫困指标。贫困指数的年复合增长率达到了令人惊讶的-9.9%。[②] 1990年以前，马来西亚就达到了“新经济政策”制定的贫困率低于17%的目标。

PovcalNet让我们能够将马来西亚取得的进展与其他国家进行对比。个人消费的汇率转换成本文所使用的2011年国际比较项目（ICP）提出的购买力平价（PPP）汇率。2009年官方的平均贫困线为每家户每月800林吉特（约合人民币1 690元）（EPU，2010），或在2011年价格下为840林吉特（约合人民币1 774元）。2010年平均家庭规模为4.3人。因此，在平均家庭规模下，官方贫困为每人每天生活费为6.4林吉特（约合人民币13.5元）。当使用2011年ICP的PPP转化收入，官方公布的数字几乎正好是每天4美元。[③] 将得自PovcalNet的贫困率对数对年份进行回归，1984~2016年的贫困率变化为每年下降8.5%（s.e.=1.8%）。从绝对数值上远超世界整体水平，世界平均水平为每年下降4.1%（0.7%）。该时间段内，马来西亚在减贫方面确实表现突出。[④]

以世界银行公布的每天1.90美元的贫困标准（若采用2005年ICP的价格，为1.25美元），马来西亚是首个完成联合国可持续发展目标（SDG）提出的“在2030年消除贫困”的目标的国家。值得注意的是，世界银行本来的目标是在2030年将贫困率减少到3%（Ravallion，2013）。后来SDG的目标发展为消除贫困。虽然马来西亚在消除贫困方面是最成功的国家，但消除每天生活费低于1.90美元的最后3%的人口的贫困是十分困难的。基于PovcalNet，马来西亚在1984年生活费低于每天1.90美元的人口就已经仅占3%了（严格来说是2.9%）。32年之后，马来西亚仍然没有将贫困率降到0（为

① 官方贫困线的实际价值在2004/2005年略有上调，原因是采用了一种计算贫困线非粮食部分的新方法（遵循Ravallion，1994；Ragayah，2007）对修订后的贫困线进行了描述。方法上的变化使贫困率略有上升（与2002年和2004年相比），尽管使用旧方法使得贫困率持续下降（见图1）。

② 仅使用了序列的结尾计算，如果使用完整的序列回归对应时点的贫困人口对数，则增长率为-9.44%（s.e.=0.81%；n=17）。

③ 2011年ICP的PPP计算的个人消费的转换率是为1.59/1美元。这远远低于汇率，因为购买力平价是基于马来西亚人支付的实际价格，包括非国际贸易的商品。

④ 邻国泰国的表现稍好，年增长率为-9.9%（s.e.=1.4%）。中国和越南的年复合增长均为-5.0%（s.e.分别为1.0%和1.1%）。印度尼西亚为-2.0%（0.3%）。

0.1%）。事实上，1984 年以后的 20 年里马来西亚的贫困率仍然为 0.5%。当然，马来西亚仍是全球范围内的减贫明星。如果其他国家与马来西亚在减贫方面一样成功的话，那么在世界范围内至少也要花同样漫长的时间才能完全消除最后 3% 的贫困。

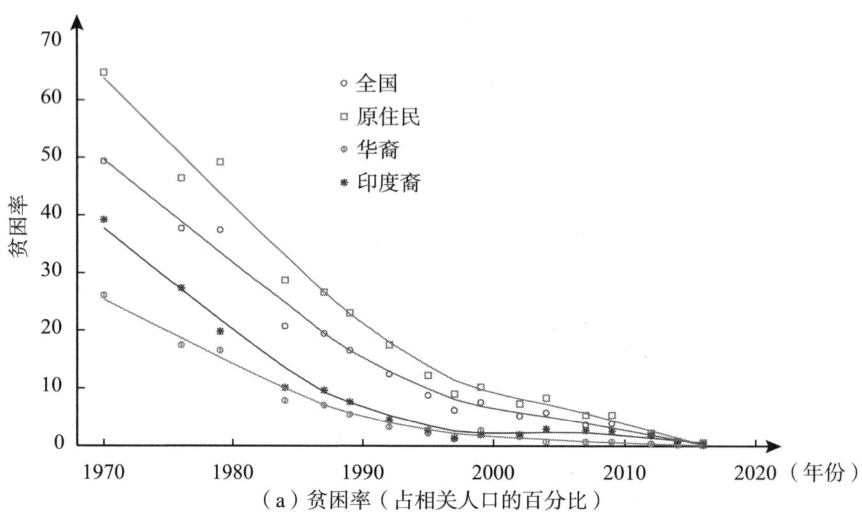

（a）贫困率（占相关人口的百分比）

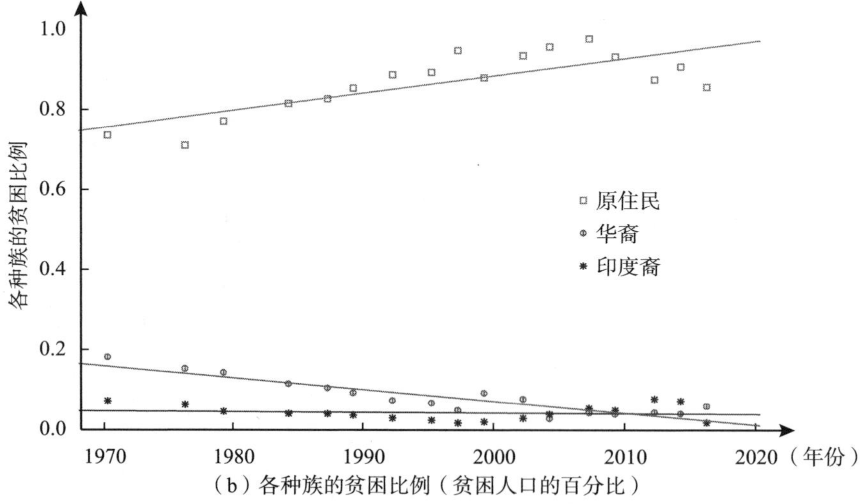

（b）各种族的贫困比例（贫困人口的百分比）

图 2 种族贫困概况

注：拟合直线是非参数回归，使用了最近邻域平滑。
资料来源：来自 DOSM 的公共数据。

下面我们讨论种族贫困方面的问题。我们的一个发现是，马来西亚原住民的贫困率从65%下降到0.5%，图2（a）。华裔和印度裔的贫困率从26%和39%分别下降到2016年的0.1%。三个主要种族都展现出贫困率的大幅下降，但是马来西亚原住民的减贫占比上升，见图2（b）。进入21世纪后，马来西亚原住民人口占比平均达到2/3，但是其中94%是贫困人口。虽然本文基于的是全国范围的视角，但也发现马来西亚贫困的分布出现了变化。1976年，29%的贫困人口居住在萨巴赫（Sabah）和沙捞越（Sarawak），但该比例在2012年上升到64%。[①]

更新贫困线：基于官方贫困指标，马来西亚减贫的进展令人惊叹。但值得注意的是，马来西亚的官方贫困线在当今是否还适用（如上文所述）。将马来西亚的贫困线与平均收入相近的国家进行对比将带来十分有趣的结果。虽然每天4美元的水平远高于世界银行每天1.90美元的水平，但是这并不令人惊讶，因为1.90美元锚定的是最贫困国家的贫困线，因此是偏低的。图3对比了马来西亚的贫困线与其他国家的贫困线。马来西亚现行的官方贫困线与其现有的平均生活水平相比，明显偏低。每天4美元对于1970年的马来西亚是合理的，但现在这一水平已经不十分合理了；马来西亚的实际人均收入在1970～2016年间增长了5倍有余，如果与世界其他和马来西亚收入相近的国家对比，该贫困线应该增加为每天12美元，即现在的3倍。[②]

作为替代，本文构建了基于平均收入变化的相对贫困线。该线斜率为1/3，截距为2.50美元，是官方贫困线的核心部分（给定官方贫困线的食物构成）。这些参数选择使得2016年的贫困线应该为每天12美元。这是拉瓦利恩和陈少华（Ravallion and Chen，2011）定义的“弱相对线”。“弱”代表贫困线对于平均收入有一定弹性，虽然弹性为正，但比单位弹性要小，而“强相对线”则要求贫困线与平均收入等比上涨（因此弹性为单位弹性）。强相对线有可能会导致所有人口的收入等比例上升（包括贫困人口），贫困率不会发生变化。[③] 弱相对线可以作为福利空间中的绝对线进行理论论证，其中“福利”正向依赖于自身收入和相对收入（Ravallion and Chen，2011）。这反映了对相对贫困的福利成本以及富裕国家高于PPP反映的对社会包容成本的担忧。

---

① 作者使用了1970年和2010年的人口普查数据。无法获得萨巴赫和沙捞越1976年之前的官方贫困率。

② 算上过去三年的算术平均值，2015年的平均收入是24.84美元。利用非经合组织国家的均值对国家贫困线进行线性回归，预测的贫穷线是11.94美元（s.e.＝0.34）。

③ 经济衰退时，贫困率也可以下降，这一点也是非常明显的。举个例子，如果有人用高度相关的线条来描述马来西亚，会发现该国的贫困率在2008年至2010年全球金融危机期间有所下降。这显然是有问题的。因此，弱贫困线更合理。

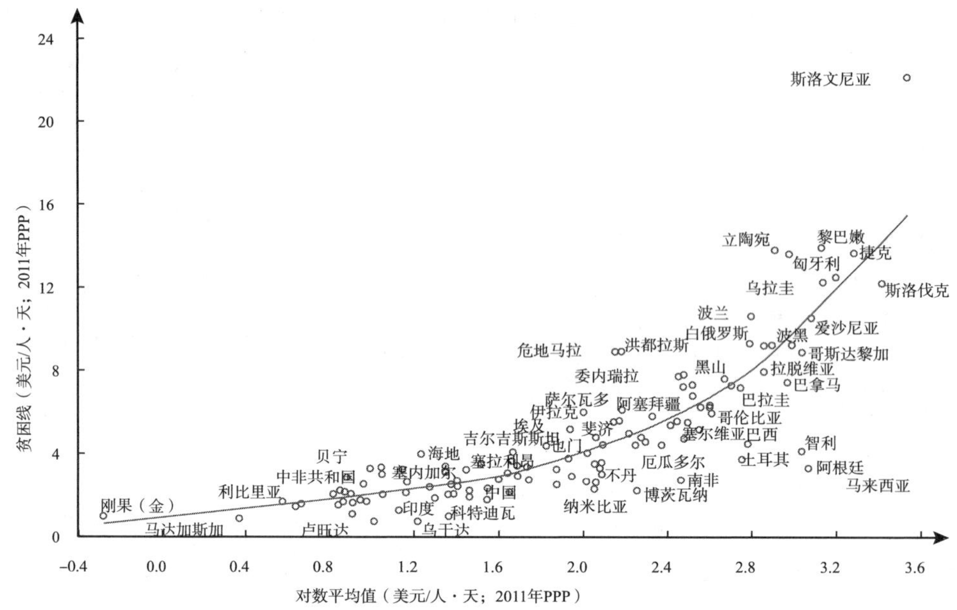

图 3　马来西亚官方贫困线与发展中国家的国家贫困线的比较

注：拟合直线是非参数回归，使用最近邻域平滑。AZ：阿塞拜疆；B&H：波斯尼亚和黑塞哥维那；CAR：中非共和国；CL：科特迪瓦；DRC：刚果民主共和国；ES：萨尔瓦多；Gu：危地马拉；Mont：黑山共和国；Sb：塞尔维亚；Sn：塞内加尔；SL：塞拉利昂；Ym：也门。

资料来源：拉瓦利恩和陈少华（Ravallion and Chen，2017）的国家贫困线。

图 4 对比了新的贫困测算指标与原来每天 4 美元的指标。由于这里唯一的数据选择是 PovcalNet，因此这一系列的指标均从 1984 年开始。我们仍然能观

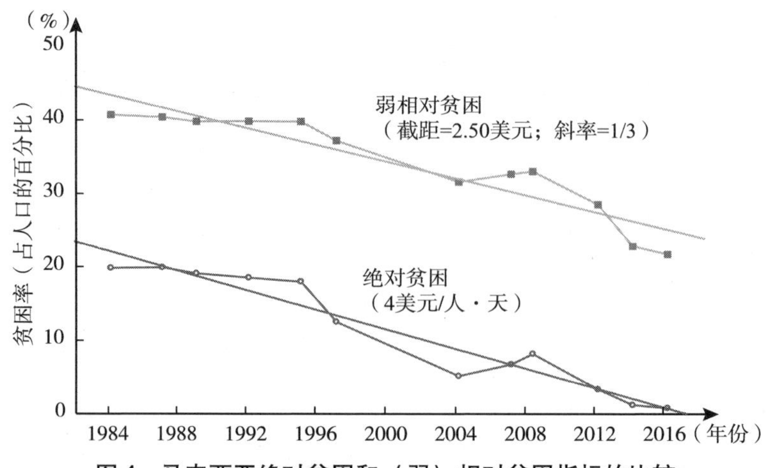

图 4　马来西亚绝对贫困和（弱）相对贫困指标的比较

资料来源：使用作者规定的贫困线和 PovcalNet 进行的计算。

察到长期贫困率的降低，从 1984 年的 41% 下降到 2016 年的 22%。然而，新的贫困测算指标显示，马来西亚距离完全消除贫困还有很远的路要走。讨论会经常回到这些相对贫困测算指标。然而，为了与“新经济政策”目标相匹配，大部分的分析将聚焦于绝对贫困。

四、对马来西亚反贫困进程的分解分析

本研究的上篇考虑了解决“种族不平等”问题的各种措施（Ravallion，2019）。这个问题的重点在于群体之间的相对不平等。贫困率既取决于平均收入，又取决于代表收入相对分布的洛伦兹曲线，因此它是这种情况下的自然衡量指标。直观地说，如果平均收入保持不变，那么贫困率的任何变化都会反映收入相对分布的变化。

使用 PovcalNet 可以计算反事实的度量，它将一个日期的平均值与另一个日期的分布（洛伦茨曲线）结合起来。表 1 中 PovcalNet 系列的初始点（1984 年）和结束点（2016 年）提供了这些度量。通过计算基数和最后年份的平均值，我们发现马来西亚 75% 的绝对贫困减少归因于家庭平均收入的增长，而 25% 是由于不平等程度的下降[①]（请注意，“新经济政策”始于 1971 年；如果 PovcalNet 系列也开始于 1970 年，那么不平等所占的份额可能更高）。如果有一个国家改用上文所述的（弱）相对指标，则这一情况会发生显著变化。同一分解方法（但使用现在的相对线）表明，在洛伦茨曲线不变的情况下，同期 43% 的贫困率下降是由于不断下降的不平等（给定贫困人口分布），57% 是由于平均值的增长。

表 1　　实际贫困率和反事实贫困率　　单位：%

绝对贫困（4 美元/人·天）			
		分布	
		1984 年	2016 年
均值	1984 年	19.82	11.82
	2016 年	2.26	0.75

① 保持 1984 年的洛伦兹曲线不变，而平均值以肉眼可见的速率增长。这相当于用原来的贫困线乘以终点平均值与 1984 年平均值的比值来重新估计 1984 年的贫困情况。我用初始年和最终年作为参考，取分解的平均值。正如达特和拉瓦利恩（Datt and Ravallion，1992）所指出的那样，当计算平均值时，分解就变得精确了。

续表

弱相对贫困（截距 = 2.50 美元；斜率 = 1/3）			
		分布	
		1984 年	2016 年
均值	1984 年	40.73	32.85
	2016 年	30.36	21.73

资料来源：作者使用 PovcalNet 计算所得。

考虑到上述数据的限制，不可能将 1970 年的数据分解或按种族分解。然而，从已公布的历史统计中可以确定种族不平等的变化受官方（绝对）贫困指标随时间演变的影响。这是本文其余部分的重点。

衡量种族再分配的影响：衡量较低程度的种族不平等对贫困影响的一种方法是，根据种族计算反事实的贫困度量，即用总体均值取代每个群体的具体均值。这样，种族不平等的影响被人为地消除了，而仅仅保留了群体内的分配。利用这种人口加权的反事实度量和实际的国家度量之间的差异来刻画种族不平等对国家贫困的贡献。但由于上述数据的限制（特别是 1970 年没有适当的调查数据），不可能进行这些反事实的计算，并且这也不是最好的方法。如前所述，减少种族不平等（按族裔划分的分解）很可能改变族裔群体内部的不平等。事实上，正如上文所指出的，历史记录中有一种观点认为情况确实如此，即原住民的平均收入的增长基本上超过了穷人。

然而，此处提出了一种可行的分解方法，即利用时间的改变，同时允许改变组内特定均值的分布。新的方法将消除贫困的进展分解为以下几部分的总和：（1）纯增长部分；（2）种族不平等部分，允许群体内部的不平等随着特定群体均值的变化而变化；（3）反映各组内部分配变化的部分，与特定群体的增长无关；（4）反映人口增长率种族差异的人口结构部分。

与任何分解一样，各部分被视为是相互独立的。这主要是因为“新经济政策”可能影响了马来西亚的经济增长率。根据来自其他国家的证据，预期的总体增长将表现为贫困的减少①。“新经济政策”可能导致增长放缓主导了种族再分配的收益。那么，本文所用的分解方法将夸大较低程度的种族不平等对减贫的贡献。然而，“新经济政策”降低了增长率的证据并不充分。如上文所述，解决种族不平等问题有助于国家的增长战略，但不能以牺牲一个种族为代价。正如我们所看到的，“新经济政策”实施期间的平均增长率并不低。虽然

① 关于这些证据的概述见拉瓦利恩（Ravallion，2016：第 8 章）的研究。

该案例并非最终定论，但可以认为，由于对增长率的间接影响而产生的任何偏差都会提高再分配的贡献。本文所呈现的分解是马来西亚的种族再分配对减贫贡献的下限。

类似地，此分解在总体上基本保持分布和均值不变。其他部分则可能存在未识别的间接人口影响。然后，我们将减贫贡献分解为四个部分：（1）总增长效应；（2）种族再分配效应；（3）非增长导致的种族内部分配变动；以及（4）人口构成效应。如果所有种族的平均收入增长率相同，则种族再分配效应为零。此外，如果种族内的不平等（特别是洛伦兹曲线参数）没有变化，并且所有种族的人口增长率相同，则只有整体增长率对减贫有影响。

经验实现：表 2 汇总了实施分解的相关统计数据。我们还需要减贫的增长弹性，即与该群体的平均增长率有关的特定群体贫困率的比例变化。表 3 提供了全国范围内这些弹性的回归估计。考虑到变量在水平上具有很强的时间趋势，这个结果同时也以对数形式显示了减贫的水平值和一阶差分值。因此，第二种范式可能对于与时间相关的遗漏变量来说更为稳健。我们看到，全国（对数）贫困率对三个贫困指标的（对数）平均值均有显著反应。官方（1970～2016 年）的弹性略低于 PovcalNet（1984～2016 年）。和预期一致，相对贫困指标对平均值的弹性较小，尽管这个反应已经足够显著。

表 2　　系列开始时和结束时的汇总统计信息

	1970 年	2016 年	复合增长率（年增长率）（%）
人数指数（官方）	0.493	0.004	-9.937
平均收入	1 131.13	6 042.69	3.710
原住民平均收入	736.95	5 442.59	4.443
华裔平均收入	1 688.12	7 598.95	3.320
印度裔平均收入	1 302.51	6 209.43	3.453
原住民人口占比（%）	0.560	0.686	0.442
华裔人口占比（%）	0.343	0.234	-0.831
印度裔人口占比（%）	0.090	0.070	-0.642
原住民贫困比例（%）	73.609	85.752	0.332
华裔贫困比例（%）	18.112	5.849	-2.457
印度裔贫困比例（%）	7.146	1.753	-3.055

资料来源：作者使用来自 EPU/DOSM 的公开表格计算所得，增长率按 $r = (y_{2016}/y_{1970})^{1/46} - 1$ 进行计算（用明显的符号表示）。

表 3　对数平均数对对数人数指数的回归

变量	绝对贫困（使用官方贫困标准）		绝对贫困（PovcalNet）		相对弱贫困（PovcalNet）	
	对数人数指数	对数差分	对数人数指数	对数差分	对数人数指数	对数差分
参数	24.215 *** (2.990)	n. a.	12.156 *** (1.384)	n. a.	5.477 *** (0.213)	n. a.
真实对数平均数	−2.788 *** (0.381)	−2.357 *** (0.698)	−3.588 *** (0.507)	−3.486 *** (0.763)	−0.696 *** (0.099)	−0.601 *** (0.134)
R^2	0.914	0.231	0.905	0.664	0.897	0.500
N	17	16	12	11	12	11

注：括号中的 HAC 标准误差（Bartlett Kernel，Newey-West 固定带宽为 3）。1974 年的贫困率是不可用的。1976 年的差分是相对于 1970 年计算的（包括对数平均值）。

资料来源：作者的计算。

表 4 提供了按种族划分的相应弹性，并提供了按种族划分的减贫增长弹性的估值。官方的估计符合三个主要种族的平均水平。以下分析将优先考虑以对数形式显示差异。

表 4　按种族划分的对数人数指数对对数平均数的回归

（a）按种族划分，采用官方贫困标准

变量	原住民		华裔		印度裔		其他	
	对数人数指数	对数差分	对数人数指数	对数差分	对数人数指数	对数差分	对数人数指数	对数差分
参数	20.323 *** (2.853)	n. a.	33.569 *** (3.314)	n. a.	25.574 *** (2.794)	n. a.	10.815 (6.596)	n. a.
真实对数平均数	−2.325 *** (0.374)	−1.958 *** (0.683)	−3.969 *** (0.403)	−3.003 *** (0.645)	−3.030 *** (0.362)	−3.008 *** (0.741)	−1.042 (0.864)	−0.428 (0.268)
R^2	0.889	0.043	0.935	0.366	0.876	0.142	0.136	−0.079
N	17	16	17	16	17	16	17	16

（b）按种族划分，采用官方测量的对数差异，加上年份的交互作用

变量	原住民	华裔	印度裔	其他
真实对数平均数差分	−4.705 *** (1.065)	−5.193 *** (0.514)	−4.852 ** (2.149)	−1.041 (0.674)
真实对数平均数差分（2016 年）	−0.105 *** (0.031)	−0.091 *** (0.018)	−0.087 (0.073)	−0.027 (0.025)

续表

变量	原住民	华裔	印度裔	其他
R^2	0.525	0.517	0.226	-0.045
N	16	16	16	16

注：括号内的 HAC 标准错误（Bartlett Kernel，Newey-West 固定带宽为 3），均值为相关族群。没有 1974 年的贫困率。1976 年的差值是相对于 1970 年计算的（包括对数平均值）。

资料来源：作者的计算。

表 4 所示的原住民较低的弹性似乎并不能反映该组平均数增长趋势，即较其他组而言更不公平。事实上，拉瓦利恩（Ravallion，2019）的研究结果显示，1970～2016 年，原住民不平等程度下降的速度几乎与华裔相同。更合理的是，女性的弹性越低，似乎反映出她们的贫困率越高。

表 4 的结果有两点值得关注。第一，存在弹性是否随时间保持不变的问题。表 4（b）在对数差分中包括了与时间的交互项。随着时间的推移，原住民和华裔的弹性已经下降（变得更负），到 2016 年达到约 -5。仅通过 18 个观测值，尚不清楚这些数据对检测弹性或其来源的变化有多大作用。当主要讨论稳健性时，我们将回到这个问题。

第二，由于对数差分的时变测量误差，在这些回归中存在一个可能的偏差，尽管该偏差的方向并不确定。在回归中，通常存在来自测量误差的衰减偏误，但由于与因变量中的测量误差可能存在负相关，因此也存在潜在的抵消偏差。（如果对某一调查的平均数估计过低或过高，则对贫困率的估计更倾向于过低或过高。）如果代理变量的测量误差与调查中的误差不相关，调查平均数的独立代理变量可提供一个有效的工具变量（Ⅳ）。国民账户消费是一个候选的工具变量（Ⅳ），因为在发展中国家（包括马来西亚）它通常是以剩余价值确定的（而非直接根据调查数据校准）。使用该工具变量的估计表明，OLS 对减贫增长弹性的估计几乎没有净偏差（Ravallion，2001）。目前，分析受到国民账户中没有种族分类的限制。第一阶段回归使用国民账户中实际人均消费的当前增长率和滞后增长率作为调查平均数增长率的工具变量（F =3.40；Prob. =0.062）。官方贫困指标对调查中平均数弹性的工具变量估计为 -2.67（s. e. =0.67），相当接近 OLS 估计的 -2.36（见表 3）。第一阶段的估算中关于原住民的结果也是令人满意的（F =3.37；Prob. =0.064），工具变量的估计值为 -2.28（s. e. =0.67），也很接近表 4 的结果。然而，第一阶段的估算中关于华裔、印度裔或其他种族的结果并不令我们满意，因此工具变量的估计值在这些群体上并不令人信服。接下来，我们将进行稳健性检验，以了解分解对这些参数偏差的稳健程度。

根据表 4 中的结果，以下分析将假定贫困人口增长弹性的基准值为 -2，华裔和印度裔各为 -3，其他为 0，使用初始贫困份额得到的 -2.23 的份额加权总体弹性（使用最终份额为 -1.94）。这相当接近表 3 中使用差分的官方贫困测算指标回归得到的弹性。然后，可以计算前两个分量。由于按种族划分的人口构成的变化，最后一项是非参数的，因此可以直接从数据中计算出来。不能归因于增长的组内分布项可以用残差确定。

表 5 给出了使用初始年和最后一年的贫困份额加权的分解结果。如前所述，减贫总速度每年接近 10%。纯增长效应为每年 7.7%（平均基准年和年末加权的结果），占所有效应的 78%。种族间再分配的贡献是使贫困人口每年大约减少 1%。增长无法解释的组内分配效应为贫困率每年下降 1.5%。正如预期的那样，人口效应恶化了贫困情况，但影响很小，每年仅为 0.3%。

表 5　　减贫率的分解

每年百分比（占总额的百分比）	基准参数		
	基准年份额权重	最后一年份额权重	平均值
总体增长	-8.273 (83.25)	-7.209 (72.54)	-7.741 (77.90)
种族再分配	-0.814 (8.20)	-1.176 (11.83)	-0.995 (10.01)
非增长因素导致的组内分配转移	-0.988 (9.95)	-1.929 (19.41)	-1.459 (14.68)
人口组成	0.139 (-1.40)	0.376 (-3.79)	0.257 (-2.59)
合计	-9.937 (100.00)	-9.937 (100.00)	-9.937 (100.00)

资料来源：作者的计算。

回顾前文，国民核算数据中的工具变量太弱，无法解决表 4 中华裔和印度裔回归的测量误差问题。考虑到这种不确定性，表 5 还提供了两个稳健性检验，“高情况”和“低情况”选项，分别使用 -3.5 和 -2.5 作为华裔和印度裔的增长弹性（保留 -2 表示原住民，0 表示其他）。在这一变化中，种族再分配的影响较大，在减贫总体比率中保持在 10% 左右。利用较高（较低）的弹性，增长分量略有上升（下降），而组内分布的效应则相反。

因此，这些计算表明，贫困减少的 10% 是由于种族不平等的减少。请记住，这些结果使用的是官方贫困测算，而上文提供的（弱）相对测算可能更能反映不平等情况。虽然这种计算不适用于相对贫困（考虑到上述数据获取的限制），但很有可能的是，较低的种族不平等程度对减少相对贫困的贡献大于对绝对贫困的贡献。回想一下，使用相对测算方法，分配效应对减贫绝对总量的解释从25%增长到43%。重新分配究竟在群体间还是在群体内对减贫产生影响并不重要，由此迹象可看出种族间份额应该向上调整，种族间分配将解释全国相对贫困减少的17%。

五、分离种族再分配对贫困人口总量的影响

虽然种族不平等的减少降低了马来西亚的贫困程度，但我们看到，与增长的影响相比，这种影响是相当温和的。这既反映了再分配的程度，也反映了它在减少贫困方面的影响。因此，分离后者是有意义的。

在“新经济政策”实施之初，马来西亚穷人的潜在收益是否很大？在经过50年的努力减少种族不平等之后，这些收益现在已经耗尽了吗？为了帮助解决上述两个问题，让我们回到引言中概述的理论情景，即在保持总体平均不变的情况下，将收入从j组重新分配到i组。然后，我们就可以得出种族再分配对贫困的影响，即在保持总体平均不变的情况下，国家贫困率的半弹性约等于以j组为代价的i组平均所得。

图5（a）给出了接受转移群体的平均收入增加1%后，种族再分配随时间变化的影响。正如所料，从华裔到印度裔的再分配的影响很低，因为这两组的贫困状况、收入份额（见表2）、增长弹性（见表3）都相当类似。从先前经验来看，从华裔到贫困人口的重新分配的预期弹性尚不明确；贫困人口所占比例很大，但增长弹性较低。然而，图5（a）显示了在1970年前后，也就是“新经济政策”开始实施时产生的重大影响。例如，1970年，通过华裔对其他群体的转移，如果原住民的平均收入增加5%，那么整个国家的贫困率就会下降2.5个百分点。不出所料，半弹性在该时期结束时接近于零，尽管自1991年“新经济政策”结束后不久，它们也一直处于相当低的水平。

类似地，我们可以定义总弹性，即第i组收入的平均百分比变化所引起的国家贫困率的变化。图5（b）给出了弹性。但值得注意的是，从原住民到华裔的再分配弹性并没有随着时间的推移而下降，甚至有增加的趋势（绝对值更大的负值）。应当强调的是，这些都是相对应的影响；如图5（a）所示，现在穷人从种族再分配中获得的绝对收益要小得多。

可以推测，图5（b）显示的近期的高弹性是一个伪命题，即对于每个种族群体来说，随着时间的推移，贫困对增长的弹性不变。然而，事实却并非如此。回想一下，随着时间的推移，原住民和华裔的弹性降低，到2016年达到

-5 左右（见表 3）。对两组均使用 2016 年的 -5 弹性，得到的种族再分配弹性为 -3.7，而不是 -1.3。

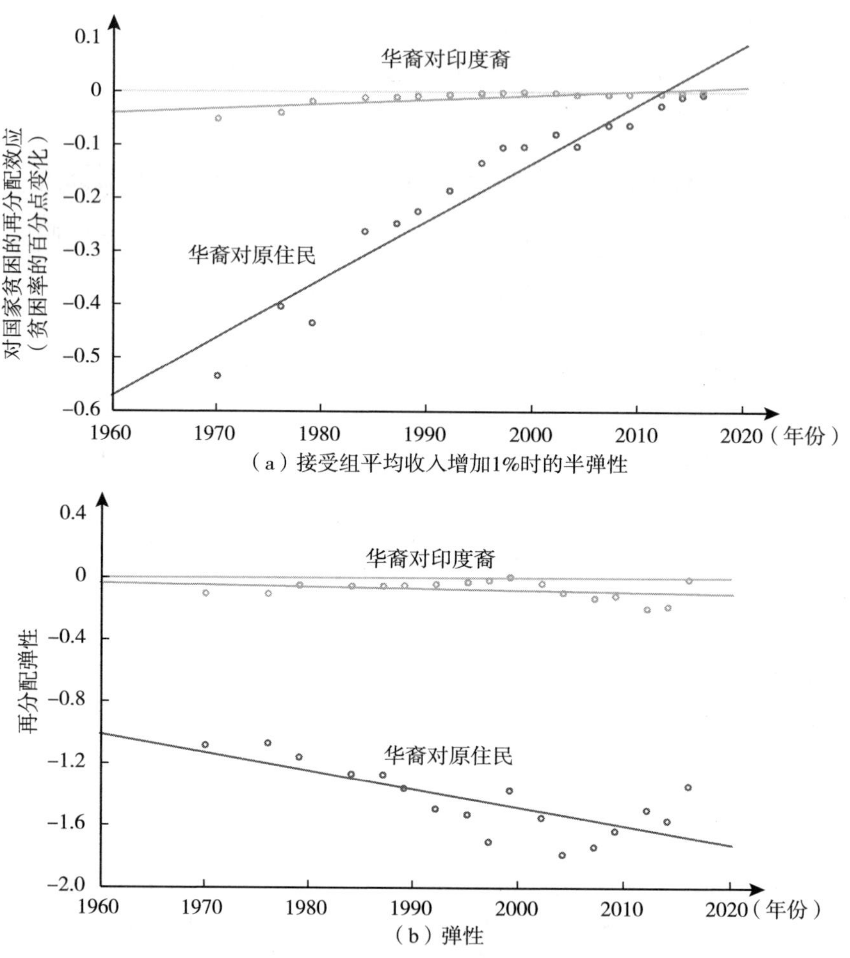

图 5　种族再分配对国家贫困的影响

注：半弹性给出了当资源从华裔转移给其他群体时，接受群体平均收入增长 1%，国家贫困率的变化。

资料来源：作者的计算。

六、结　　论

回顾 50 年的情况，马来西亚经济发展的两个特点尤为突出。第一，该国成功地应对了不平等，通过一系列政策努力来减少种族不平等，这些努力构成了该国发展政策的一个非正统因素。第二，马来西亚在减贫方面取得了相当大的成功（几乎超过所有其他国家）。本文试图评估降低种族不平等在减贫中所起的作用。

官方公布的贫困率从 1970 年的约 50% 下降到几乎为零。按照 2011 年的 ICP 价格计算，官方贫困线约为每天 4 美元，远高于世界银行的“极端贫困”标准，即每天 1.90 美元。当我们用后者评估时发现，在马来西亚很少有人（约占人口的 0.1%）生活在贫困中，但值得注意的是，马来西亚用了 30 多年时间才将极端贫困率从 3% 降至几乎为零。

无论以哪种贫困标准衡量，整体经济增长以及不平等降低显然都是减贫的重要推动因素。按照官方的贫困测算标准，总体减贫中约有 10% 要归因于主要种族之间平均收入不平等的减少（如果使用提议的相对贫困测算标准，这一比例可能会升至 17% 左右）。种族群体内部不平等的减少也起到了一定作用。人口种族构成的变化往往导致贫困的增加，尽管这种影响结果很小。

种族再分配并不是消除贫困的钝器。在“新经济政策”出台前后，从华裔到马来西亚原住民的再分配对国家贫困率的影响很大。随着时间的推移，这种效果显著下降。至少从官方的贫困线来看，半弹性现在接近于零。所以，从这个意义上说，作为减少贫困的工具，种族再分配的空间已经很大程度上被耗尽了。然而，这可能具有欺骗性，因为（官方）贫困率现在是如此之低。比例效应仍然相当高——实际上，从长期来看，弹性可能有所增加。因此，即便是种族不平等程度的小幅减少或增加，对消除马来西亚（绝对或相对）贫困仍具有重要意义。

本研究与多民族的发展中国家减贫相关，重要的经验是减少种族相对不平等可以不以牺牲减贫为代价，甚至可以获得净收益。虽然将因果归置到政策上从来都不是件容易的事（尤其是在这个案例中），但马来西亚的数据与该经验是一致的。诚然，经济增长仍有望为减贫分担大部分重担，但如果不平等情况得到控制，减贫会更容易实现，甚至有限的种族再分配也能有所帮助。

参考文献

Abdul Rahman Putra, Tunku, 1986. Political Awakening, Kuala Lumpur: Pelanduk Publications.

Ahmad, Aminah, 1998, “Women in Malaysia”, Country Briefing Paper, Asian Development Bank, Manila.

Ahmad, Shamsulbahriah Ku, 2010, “The New Economic Policy for Employment and Poverty Reduction”, in H. Osman-Rani (ed.) Tun Abdul Razak’s Role in Malaysia’s Development, Petaling Jaya, Malaysia: MPH Group.

Anand, Sudhir, 1983, Inequality and Poverty in Malaysia: Measurement and Decomposition,

New York: Oxford University Press.

Bowie, Alasdair, 1991, Crossing the Industrial Divide: State, Society, and the Politics of Economic Transformation in Malaysia, New York: Columbia University Press.

Chakravarty, Shanti, and Abdul-Hakim Roslan, A. H., 2005, "Ethnic Nationalism and Income Distribution in Malaysia", European Journal of Development Research, 17 (2): 270 – 288.

Chin, James, 2015, "The Costs of Malay Supremacy", New York Times, August 27.

Chua, Amy, 2003, World on Fire: How Exporting Free-Market Democracy Breeds Ethnic Hatred and Global Instability. London: Heinemann.

Datt, Gaurav, and Martin Ravallion, 1992, "Growth and Redistribution Components of Changes in Poverty Measures: A Decomposition with Applications to Brazil and India in the 1980s", Journal of Development Economics, 38: 275 – 295.

Drabble, John, 2000, An Economic History of Malaysia, c. 1800-1990: The Transition to Modern Economic Growth. London: Macmillan Press.

Economic Planning Unit (EPU), 1978, "Estimation of Poverty Line Income, 1977. Peninsular Malaysia", Mimeo, EPU, Prime Minister's Department, Government of Malaysia.

——, 2010, Tenth Malaysia Plan 2011-2015. Economic Planning Unit, Prime Minister's Department, Putrajaya, Malaysia.

Economist, 2017, "Deformative Action: Malaysia's System of Racial Preferences should be Scrapped", May 18.

Gallup, John Luke, 1998, "Ethnicity and Earnings in Malaysia", Harvard Institute for International Development, Harvard University.

Gastwirth, J. L., 1971, "A General Definition of the Lorenz Curve", Econometrica, 39: 1037 – 1039.

Hirschman, Charles, 1975, Ethnic and Social Stratification in Malaysia, Arnold and Catherine Rose Monograph Series, Washington DC: American Sociological Association.

Ikemoto, Y., 1985, "Income Distribution in Malaysia: 1957-80", The Developing Economies, 23 (4): 347 – 367.

Jomo, Kwame Sundaram, 1989, "Malaysia's New Economic Policy and National Unity", Third World Quarterly, 11 (4): 36 – 53.

Jomo, Kwame Sundaram and Wee Chong Hui, 2014, Malaysia@50: Economic Development, Distribution, Disparities. Petaling Jaya: Strategic Information and Research Development Centre.

Kakwani, Nanak, 1993, "Poverty and Economic Growth with Application to Côte D'Ivoire", Review of Income and Wealth, 39: 121 – 139.

Ken, Wong Lin, 1965, "The Economic History of Malaysia: A Bibliographic Essay", Journal of Economic History, 25 (2): 244 – 262.

Khalid, Muhammed Abdul, 2014, The Colour of Inequality. Ethnicity, Class, Income and Wealth in Malaysia, Kuala Lumpur: MPH Publishing.

Newey, Whitney and Kenneth West, 1987, "A Simple, Positive Semidefinite, Heteroskedasticity and Autocorrelation Consistent Covariance Matrix", Econometrica, 55: 703 - 708.

Ragayah Haji Mat Zin, 2007, "Understanding the Formulation of the Revised Poverty Line in Malaysia", Akademika, 70 (Januari): 21 - 39.

——, 2014. "Malaysian Development Experience: Lessons for Developing Countries", Institutions and Economies, 6 (1): 17 - 56.

Ravallion, Martin, 1994, Poverty Comparisons. Chur, Switzerland: Harwood Academic Press.

——, 2001, "Growth, Inequality and Poverty: Looking Beyond Averages", World Development, 29 (11): 1803 - 1815.

——, 2013, "How Long Will It Take to Lift One Billion People Out of Poverty?" World Bank Research Observer, 28 (2): 139 - 158.

——, 2019, "Ethnic Inequality and Poverty in Malaysia since May 1969. Part 1: Inequality between Ethnic Groups".

Ravallion, Martin, and Shaohua Chen, 2011, "Weakly Relative Poverty", Review of Economics and Statistics, 93 (4): 1251 - 1261.

——, 2018, "Welfare-Consistent Global Poverty Measures", NBER Working Paper 23739.

Roslan, Abdul-Hakim, 2001, "Income Inequality, Poverty and Development Policy in Malaysia", Universiti Utara Malaysia.

Saw, Swee-Hock, 2015, The Population of Malaysia (Second Edition), ISEAS Publishing, Singapore.

Shah, Sultan Nazrin, 2017, Charting the Economy. New York: Oxford University Press.

Snodgrass, D. R., 1980, Economic Inequality and Development in West Malaysia, Kuala Lumpur: Oxford University Press.

Thillainathan, R., and Kee-Cheok Cheong, 2016, "Malaysia's New Economic Policy, Growth and Distribution: Revisiting the Debate", Malaysian Journal of Economic Studies, 53 (1): 51 - 68.

——, 2018, "Book Review" (of Khalid, 2014), Malaysian Journal of Economic Studies, 55 (2): 301 - 307.

Yusof, Zainal Aznam, and Deepak Bhattasali, 2008, "Economic Growth and Development in Malaysia: Policy Making and Leadership", Working Paper 27, Growth Commission, World Bank.